Tom Butler-Bowdon

50 Lebenshilfe-Klassiker

Tom Butler-Bowdon

50 *Lebenshilfe* KLASSIKER

Die wichtigsten Werke von Dale Carnegie, Deepak Chopra, Dalai Lama, Mihaly Csikszentmihalyi, Daniel Goleman, Joseph Murphy und vielen anderen

Aus dem Amerikanischen übersetzt von Elisabeth Liebl

mvg Verlag

Bibliografische Information Der Deutschen Bibliothek
Die Deutsche Bibliothek verzeichnet diese Publikation in der Deutschen Nationalbibliografie; detaillierte bibliografische Daten sind im Internet über http://dnb.ddb.de abrufbar.

© 2003 by Tom Butler-Bowdon
All rights reserved
Titel des Originals: 50 Self-Help Classics
Aus dem Amerikanischen übersetzt von Elisabeth Liebl

Copyright © der deutschsprachigen Ausgabe 2004 bei mvgVerlag im verlag moderne industrie, Frankfurt am Main
http://www.mvg-verlag.de

Alle Rechte, insbesondere das Recht der Vervielfältigung und Verbreitung sowie der Übersetzung, vorbehalten. Kein Teil des Werkes darf in irgendeiner Form (durch Fotokopie, Mikrofilm oder ein anderes Verfahren) ohne schriftliche Genehmigung des Verlages reproduziert oder unter Verwendung elektronischer Systeme gespeichert, verarbeitet, vervielfältigt oder verbreitet werden.

Umschlaggestaltung: Atelier Seidel, Neuötting
Redaktion: Annette Gillich, Essen
Satz: mvg, Doris Ott
Druck- und Bindearbeiten: Himmer, Augsburg
Printed in Germany 73480/020404
ISBN 3-478-73480-0

INHALT

Einführung

1	James Allen, *Heile Deine Gedanken*	20
2	Steve Andreas und Charles Faulkner, *Praxiskurs NLP*	26
3	Marc Aurel, *Selbstbetrachtungen*	36
4	Martha Beck, *Das Polaris-Prinzip*	42
5	*Die Bhagavadgita*	48
6	*Die Bibel*	56
7	Robert Bly, *Eisenhans*	62
8	Boethius, *Trost der Philosophie*	70
9	Alain de Botton, *Wie Proust Ihr Leben verändern kann*	76
10	William Bridges, *Transitions*	84
11	David D. Burns, *Fühl Dich gut*	92
12	Joseph Campbell und Bill Moyers, *Die Kraft der Mythen*	100
13	Richard Carlson, *Alles kein Problem*	108
14	Dale Carnegie, *Wie man Freunde gewinnt*	116
15	Deepak Chopra, *Die sieben geistigen Gesetze des Erfolgs*	124
16	Paulo Coelho, *Der Alchimist*	132
17	Stephen Covey, *Die sieben Wege zur Effektivität*	146
18	Mihaly Csikszentmihalyi, *Flow*	138
19	Der Dalai Lama und Howard C. Cutler, *Die Regeln des Glücks*	154
20	*Dhammapada – Die Weisheitslehren des Buddha*	162
21	Wayne Dyer, *Wirkliche Wunder*	170
22	Ralph Waldo Emerson, *Selbstvertrauen*	178
23	Clarissa Pinkola Estés, *Die Wolfsfrau*	186
24	Viktor Frankl, *Trotzdem Ja zum Leben sagen*	194
25	Benjamin Franklin, *Autobiografie*	202

26	Shakti Gawain, *Stell dir vor*	210
27	Daniel Goleman, *EQ – Emotionale Intelligenz*	216
28	John Gray, *Männer sind anders, Frauen auch*	224
29	Louise Hay, *Gesundheit für Körper und Seele*	232
30	James Hillman, *Charakter und Bestimmung*	238
31	Susan Jeffers, *Selbstvertrauen gewinnen*	246
32	Richard Koch, *Das 80-20-Prinzip*	254
33	Ellen J. Langer, *Aktives Denken*	262
34	Lao Tse, *Tao Te King*	270
35	Maxwell Maltz, *Erfolg kommt nicht von ungefähr*	276
36	Abraham Maslow, *Motivation und Persönlichkeit*	284
37	Philip C. McGraw, *Lebensstrategien*	292
38	Thomas Moore, *Seel-Sorge*	300
39	Joseph Murphy, *Die Macht Ihres Unterbewusstseins*	308
40	Norman Vincent Peale, *Die Kraft des positiven Denkens*	316
41	Carol S. Pearson, *Der Held in uns*	324
42	M. Scott Peck, *Der wunderbare Weg*	334
43	Ayn Rand, *Atlas wirft die Welt ab*	342
44	Anthony Robbins, *Das Robbins-Power-Prinzip*	350
45	Florence Scovel Shinn, *Das Lebensspiel und seine mentalen Regeln*	360
46	Martin Seligman, *Pessimisten küßt man nicht*	368
47	Samuel Smiles, *Self-Help*	376
48	Pierre Teilhard de Chardin, *Der Mensch im Kosmos*	384
49	Henry David Thoreau, *Walden*	392
50	Marianne Williamson, *Rückkehr zur Liebe*	400

50 weitere Klassiker 408
Danksagung 420
Quellen 422

Einführung

Die wohl größte Entdeckung meiner Generation ist, dass ein Mensch sein Leben verwandeln kann, indem er seine Einstellung ändert.
William James (1842–1910)

Denkgewohnheiten müssen nicht ewig gleich bleiben. Eine der bedeutsamsten Entdeckungen der Psychologie in den letzten 20 Jahren ist, dass Menschen ihre Art zu denken verändern können.
Martin Seligman, Pessimisten küßt man nicht

Wahrscheinlich haben Sie das schon unzählige Male gehört oder gelesen: »Gestalten Sie Ihr Leben neu! Ändern Sie Ihre Denkgewohnheiten!« Aber haben Sie je darüber nachgedacht, was es wirklich bedeutet? Dieses Buch hat sich zum Ziel gesetzt, einige der interessantesten Ideen zur Veränderung der eigenen Persönlichkeit vorzustellen – und zwar aus der Sicht der Autoren.

Ich nenne diese Bücher »Lebenshilfeklassiker«. Vielleicht haben Sie ja schon eine Vorstellung, was Selbsthilfe eigentlich ist. Doch die Autoren und Bücher, mit denen ich Sie auf den nächsten Seiten bekannt mache, können Ihre Ideen noch wesentlich vertiefen. Wenn es einen roten Faden gibt, der sich durch diese Werke zieht, dann ist es die Weigerung, das alltägliche Unglück oder die stille Verzweiflung hinzunehmen, unter der so viele Menschen leiden. All diese Autoren akzeptieren Rückschläge und Probleme als Teil des Lebens, doch sie machen uns auch Mut, uns davon nicht festlegen zu lassen. Wie schwierig die Situation, in der wir stecken, auch immer sein mag, die Freiheit, sie für uns zu interpretieren, kann uns niemand nehmen. Dies zeigen vor allem Bücher wie Viktor Frankls *Trotzdem Ja zum Leben* sagen und Boethius' *Trost der Philosophie*.

Bewusst zu entscheiden, wie wir denken, bedeutet, dem Schicksal, der Umwelt oder unseren Genen keinen Einfluss auf uns einzuräumen. Dies ist die zentrale Botschaft der Selbsthilfeliteratur.

Die meisten Menschen glauben, Selbsthilfe habe etwas mit Problemen zu tun. In Wirklichkeit aber geht es meist um Möglichkeiten. Diese Bücher helfen uns, unseren einzigartigen Lebensweg zu finden. Sie schlagen eine Brücke zwischen Angst und Glück oder inspirieren uns, bessere Menschen sein zu wollen. Samuel Smiles schrieb das erste Werk dieser Art 1859. Er nannte es schlicht *Self-Help*, also »Selbsthilfe«, und fürchtete noch, seine Leser würden es als Aufforderung zur Selbstsucht missverstehen. Tatsächlich ging es ihm darum, dass wir uns auf unsere eigenen Kräfte verlassen sollten, dass wir niemals aufgeben sollten, wenn wir uns ein Ziel gesetzt haben, und dass wir nicht auf die Hilfe des Staates oder anderer Menschen warten sollten. Smiles war ursprünglich ein Mensch, der nach politischen Reformen strebte, doch nur zu bald kam er dahinter, dass die wahren Revolutionen in den Köpfen der Menschen stattfinden. Er nahm also die progressivste Vorstellung seiner Zeit auf, die vom »Fortschritt« selbst, und wandte sie auf das individuelle Leben an. Er erzählte die Lebensgeschichten von einigen seiner bemerkenswertesten Zeitgenossen, um anderen zu zeigen, dass alles möglich ist, wenn man nur den Mut hat, es zu versuchen.

In vielen Büchern über Hilfe zur Selbsthilfe taucht der Name Abraham Lincoln auf, weil er für ein Denken steht, das sich keine Grenzen auferlegt. Doch Lincoln wandte sein Denken nicht auf sich selbst an – er hielt sich vielmehr für einen unbeholfenen Depressiven –, sondern auf das Potenzial, das er in einer Situation erblickte: die Nordstaaten zu retten bzw. Amerika von der Sklaverei zu befreien. Lincoln war kein Prahlhans. Er lebte wahrhaft für ein höheres Ziel.

Im besten Fall hat Selbsthilfe nichts mit den Fantasien des Ego zu tun, sondern trägt dazu bei, ein Ziel, ein Projekt, ein Ideal zu entwickeln, mit

Hilfe dessen wir unseren Beitrag zu einer besseren Welt leisten können. Dann verändern wir die Welt tatsächlich – und uns mit ihr.

Das Phänomen Selbsthilfe

... die Symbole des Göttlichen tauchen gewöhnlich dort auf, wo in unserem Leben der größte Schmutz herrscht.

Philip K. Dick, Valis

Selbsthilfebücher sind eine der größten Erfolgsgeschichten des 20. Jahrhunderts. Die tatsächliche Anzahl der verkauften Exemplare lässt sich unmöglich ermitteln, doch allein von der vorliegenden Auswahl von fünfzig Büchern wurden mehr als hundertfünfzig Millionen verkauft. Wenn wir die zahllosen anderen Titel hinzuzählen, kommen wir wohl leicht auf eine halbe Milliarde.

Die Idee der Selbsthilfe an sich ist nicht neu, doch erst im 20. Jahrhundert wurde daraus ein Phänomen, das die breite Masse ansprach. Bücher wie *Wie man Freunde gewinnt* (1936) und *Die Kraft des positiven Denkens* (1952) wurden von ganz »normalen« Menschen gekauft, die aus ihrem Leben etwas machen wollten und es nicht befremdlich fanden, dass die Geheimnisse des Erfolgs zwischen den Deckeln eines Taschenbuches ruhen sollten. Vielleicht rührt das schlechte Image der Selbsthilfebücher daher, dass sie nicht teuer waren, viel versprachen und über Dinge berichteten, die kein Gelehrter oder Geistlicher je verkündete. Doch wie sich das Image auch entwickeln mochte, die Menschen reagierten positiv auf diese neue Quelle innerer Führung. Endlich einmal stieß man uns nicht ständig auf das, was wir ohnehin nie schaffen würden, sondern hielt uns an, nach den Sternen zu greifen.

Ein Selbsthilfebuch kann zum besten Freund werden. Es bringt uns dazu, an unsere Möglichkeiten, unsere innere Schönheit zu glauben. Und das ist manchmal mehr, als man von lebenden Menschen bekommen kann. Angesichts der Tatsache, dass diese Bücher uns an unseren Stern glauben lassen, dem wir folgen müssen, um die Welt zu verändern, sollten wir sie vielleicht besser die »Literatur der Möglichkeiten« nennen.

Viele Menschen wundern sich, dass die Abteilungen für Selbsthilfebücher in den Buchhandlungen so reichhaltig bestückt sind. Ich finde das gar nicht so erstaunlich: Was immer unser Recht zu träumen bestätigt und uns dann noch zeigt, wie diese Träume verwirklicht werden können, ist wertvoll und stark.

Die Bücher

Die vorliegende Auswahl der Klassiker beruht auf meiner eigenen Leseerfahrung und entsprechenden Recherchen. Wenn ein anderer Mensch dieses Projekt in Angriff genommen hätte, wäre die Wahl vielleicht anders ausgefallen. Ich habe mich hauptsächlich auf die Selbsthilfebücher des 20. Jahrhunderts konzentriert, aber auch einige ältere Werke mit aufgenommen, denn die Idee der Selbsthilfe begleitet den Menschen ja schon seit Jahrhunderten. Zu den älteren Werken zählen beispielsweise: die *Bibel*, die *Bhagavadgita*, die *Selbstbetrachtungen* Marc Aurels oder die Autobiografie von Benjamin Franklin. Auf den ersten Blick wirken diese Titel vielleicht nicht wie Hilfe zur Selbsthilfe, doch ich hoffe deutlich machen zu können, warum ich sie trotzdem aufgenommen habe.

Die meisten der zeitgenössischen Autoren sind Amerikaner, doch tatsächlich ist die Idee der Selbsthilfe in den ganzen Welt zu Hause. Und es gibt unzählige Titel, die Selbsthilfe in Bezug auf bestimmte

Lebensbereiche wie Beziehungen, Ernährung, Verkaufstechniken oder Selbstbewusstsein anbieten. Die hier versammelten Titel zielen hingegen auf eine breite Persönlichkeitsentwicklung ab, die uns ganz allgemein helfen will, glücklich zu sein. Meine Zusammenstellung sollte vor allem auch eine gewisse Bandbreite aufzeigen, welche die einzelnen Titel abdecken. Bei vielen fiel die Wahl leicht, weil sie sowohl bekannt als auch in ihrem Bereich tonangebend waren. Andere hingegen wurden ausgesucht, weil sie mit ihrem Gedankengut eine bestimmte Nische füllen. Außerdem sollte jedes Buch gut lesbar sein und einen gewissen kreativen »Funken« überspringen lassen, der Zeit und Raum überwinden konnte. Clarissa Pinkola Estés listet am Ende ihres Buches *Die Wolfsfrau* eine Menge Bücher auf, die sie ihren Lesern empfiehlt. Und sie fragt: »Sie möchten wissen, was diese Bücher miteinander zu schaffen haben? Was das eine dem anderen gibt? Vergleichen Sie sie doch einfach und achten Sie dann darauf, was passiert. Manche Kombinationen sind hochexplosiv. Andere legen Samen für spätere Entwicklungen.«

Genau dasselbe möchte ich Ihnen hier ebenfalls ans Herz legen. Damit Sie bestimmte Themenbereiche besser bearbeiten können, habe ich einzelne Werke zu Gruppen zusammengefasst. Und am Ende des Buches finden Sie eine Liste mit weiteren fünfzig Klassikern.

Die Macht des Denkens
Ändern Sie Ihre Art zu denken und Sie ändern Ihr Leben
James Allen, *Heile Deine Gedanken*
Steve Andreas und Charles Faulkner, *Praxiskurs NLP*
David D. Burns, *Fühl Dich gut*
Daniel Goleman, *EQ – Emotionale Intelligenz*
Louise Hay, *Gesundheit für Körper und Seele*
Ellen J. Langer, *Aktives Denken*
Joseph Murphy, *Die Macht Ihres Unterbewusstseins*
Norman Vincent Peale, *Die Kraft des positiven Denkens*

Florence Scovel Shinn, *Das Lebensspiel und seine mentalen Regeln*
Martin Seligman, *Pessimisten küßt man nicht*

Träume wahr werden lassen
Ziele verwirklichen und Leistung bringen
Dale Carnegie, *Wie man Freunde gewinnt*
Deepak Chopra, *Die sieben geistigen Gesetze des Erfolgs*
Paulo Coelho, *Der Alchimist*
Stephen Covey, *Die sieben Wege zur Effektivität*
Benjamin Franklin, *Autobiografie*
Shakti Gawain, *Stell dir vor*
Susan Jeffers, *Selbstvertrauen gewinnen*
Maxwell Maltz, *Erfolg kommt nicht von ungefähr*
Anthony Robbins, *Das Robbins-Power-Prinzip*

Das Geheimnis des Glücks
Tun Sie, was Ihnen gefällt, und Sie tun, was möglich ist
Martha Beck, *Das Polaris-Prinzip*
Mihaly Csikszentmihalyi, *Flow*
Der Dalai Lama und Howard C. Cutler, *Die Regeln des Glücks*
Dhammapada – Die Weisheitslehren des Buddha
Wayne Dyer, *Wirkliche Wunder*
John Gray, *Männer sind anders, Frauen auch*
Richard Koch, *Das 80-20-Prinzip*
Philip C. McGraw, *Lebensstrategien*
Marianne Williamson, *Rückkehr zur Liebe*

Das große Ganze
Den Überblick behalten
Marc Aurel, *Selbstbetrachtungen*
Boethius, *Trost der Philosophie*

Alain de Botton, *Wie Proust Ihr Leben verändern kann*
Wiliam Bridges, *Transitions*
Richard Carlson, *Alles kein Problem*
Viktor Frankl, *Trotzdem Ja zum Leben sagen*
Lao Tse, *Tao Te King*

Seele und Mysterium
Ihre innere Tiefe ausloten
Robert Bly, *Eisenhans*
Joseph Campbell und Bill Moyers, *Die Kraft der Mythen*
Clarissa Pinkola Estés, *Die Wolfsfrau*
James Hillman, *Charakter und Bestimmung*
Thomas Moore, *Seel-Sorge*
Carol S. Pearson, *Der Held in uns*
M. Scott Peck, *Der wunderbare Weg*
Henry David Thoreau, *Walden*

Die Welt verwandeln
Ändern Sie sich selbst und Sie verändern die Welt
Die Bhagavadgita
Die Bibel
Ralph Waldo Emerson, *Selbstvertrauen*
Abraham Maslow, *Motivation und Persönlichkeit*
Ayn Rand, *Atlas wirft die Welt ab*
Samuel Smiles, *Self-Help*
Pierre Teilhard de Chardin, *Der Mensch im Kosmos*

EINFÜHRUNG

Es liegt an Ihnen

Letztlich ist das Leben des Einzelnen alles, was zählt. Nur das Individuum schreibt Geschichte. Nur in seinem Leben finden wirkliche Veränderungen statt. Die gesamte Zukunft, die ganze Weltgeschichte entspringen den verborgenen Quellen in der Seele des Einzelnen.

Carl Gustav Jung

Früher lebten wir in Stammesgruppen. Diese bestimmten unser Leben und versorgten uns mit allem, was wir auf körperlicher, sozialer und spiritueller Ebene so brauchten. Als dann die »Zivilisationen« entstanden, übernahmen Kirche bzw. Staat diese Funktion für uns. Heute gibt Ihnen vielleicht noch Ihre Firma ein Gefühl der Zugehörigkeit und eine gewisse materielle Sicherheit.

Die Geschichte zeigt, dass alle Institutionen irgendwann einmal in sich zusammenstürzen. Ist dies der Fall, dann ist das Individuum schutzlos. Dann werden Veränderungen von außen erzwungen, und da das Leben immer schneller wird, ist die Wahrscheinlichkeit, dass uns so etwas trifft, enorm gestiegen. So ist es durchaus sinnvoll, wenn wir mehr über uns erfahren und mit Veränderungen besser umgehen lernen wollen. Wir brauchen einen Lebensplan, der nicht von Institutionen abhängt. Ob Sie nun die Welt ändern wollen oder sich selbst, Sie haben völlig Recht, wenn Sie annehmen, dass niemand dies für Sie übernehmen wird. Am Ende liegt alles bei Ihnen.

Doch es gibt noch einen weiteren Faktor, der das moderne Leben belastet. So seltsam es auch klingen mag: Die Wahlfreiheit, die wir heute besitzen, macht das Leben schwieriger. Die meisten von uns schätzen diese Freiheit, doch wenn wir tatsächlich eine Wahl treffen müssen, empfinden wir die Entscheidung als Last. Viele der vorgestellten Bücher beschäftigen sich mit dem Paradox dieser »Qual der Wahl«: Philip McGraws *Lebensstrategien*, Martha Becks *Das Polaris-Prinzip* und

Thoreaus *Walden*. Einen Job findet heute jeder, aber einen Lebenssinn? Im 20. Jahrhundert ging es hauptsächlich um die Anpassung an immer größere Organisationsstrukturen. Erfolg hieß »hineinpassen«. Und doch hat Richard Koch in seinem Buch *Das 80-20-Prinzip* nachgewiesen, dass wahrer Erfolg erst dann kommt, wenn man ganz man selbst sein kann. Erst wenn wir unsere Einzigartigkeit leben, haben wir etwas zu geben, was außer uns keiner hat. Wir schenken der Welt etwas von wahrem Wert. (Auch Teilhard von Chardin wies auf die »unsagbare Einzigartigkeit, an der jeder Mensch teilhat« hin.) Dies ist zum einen ein streng moralisches Prinzip, zum anderen hat dieser Grundsatz auch auf wirtschaftlicher oder wissenschaftlicher Ebene einen Sinn. Zu evolutionären Veränderungen kommt es nur durch Differenzierung und nicht durch Erfüllung eines vorgegebenen Standards. Daher wird das Leben immer jene belohnen, die nicht nur einfach gut, sondern außergewöhnlich sind.

Die Zukunft des Selbsthilfegedankens

Ich widerspreche mir selbst. Ich bin die Weite. Ich umfasse Welten.
Walt Whitman

Im Zentrum der ganzen Selbsthilfeliteratur stehen zwei grundlegende Gedanken, die damit zu tun haben, wie wir uns selbst sehen. Titel wie Wayne Dyers *Wirkliche Wunder*, Thomas Moores *Seel-Sorge* und Deepak Chopras *Die sieben geistigen Gesetze des Erfolgs* gehen davon aus, dass in uns ein unveränderlicher Wesenskern lebt (den man entweder »Seele« oder »höheres Selbst« nennt), welcher uns leitet und hilft, unser einzigartiges Lebensziel zu erfüllen. Vor diesem Hintergrund erscheint Selbsthilfe als Pfad zur inneren Reife.
Andere Bücher hingegen wie Ayn Rands *Atlas wirft die Welt ab*, Anthony Robbins' *Das Robbins-Power-Prinzip* und die Autobiografie von Benjamin

Franklin sehen das Leben als leeres Blatt Papier, das uns einlädt, unsere Geschichte darauf festzuhalten. Niemand drückt dies besser aus als Nietzsche *(Menschliches, Allzumenschliches 2)*:

> *Wolle ein Selbst. — Die tätigen, erfolgreichen Naturen handeln nicht nach dem Spruche ›kenne dich selbst‹, sondern als ob ihnen der Befehl vorschwebte: wolle ein Selbst, so wirst du ein Selbst.*

Selbsterkenntnis und Selbstschöpfung sind natürlich nichts weiter als abstrakte Vorstellungen. Jeder Mensch kennt beide Wege. Und beide Standpunkte gehen letztlich davon aus, dass das Selbst unabhängig und einzigartig (eben »eins«) ist. Doch das 21. Jahrhundert zwingt uns viele Rollen auf. Wir gehören verschiedenen Gemeinschaften an und verfügen über eine Vielzahl gesellschaftlicher Masken. Unsere Erfahrung ist also von Vielfalt geprägt. Wie passt dies nun zum Gedanken des »einen« Selbst, wie er sich in der Selbsthilfe ausdrückt?

In seinem Buch *Das übersättigte Selbst* legt Kenneth Gergen dar, wie die alte Vorstellung vom einheitlichen Selbst sich weiterentwickeln musste, um zur modernen Persönlichkeit mit ihren tausend Facetten – oder dem, was Gergen die »multiphrenische Persönlichkeit« nannte – zu passen. Ein anderer Autor, Robert Jay Lifton, meint in *The Protean Self: Human Resilience in an Age of Fragmentation*, dass wir heutzutage ein widerstandsfähigeres und ausgeprägteres Selbst entwickeln müssen, wollen wir das Gefühl vermeiden, in alle Richtungen gleichzeitig gezerrt zu werden. Nur dieses »Proteus-Selbst«, das sich seiner zahllosen Persönlichkeitsanteile bewusst ist, sei in der Lage, mit der unendlich vielgestaltigen modernen Welt fertig zu werden. Für Lifton ist das alte, einheitliche Selbst keineswegs tot. Es muss sich nur neuen Herausforderungen stellen.

Aber wird denn das neue Selbst mit dem unglaublichen technologischen Fortschritt, der uns erwartet, mithalten können? Welche Menschen wird das 21. Jahrhundert hervorbringen, wenn die Gentechnologie und andere Möglichkeiten uns erlauben werden, unsere Intelligenz zu steigern und unsere Persönlichkeit nach Belieben zu gestalten? Wenn wir unser Selbst so massiv verändern können – was bedeutet dann noch »Selbsterkenntnis« im Sinne Platos?

Die Wissenschaft ist überzeugt, dass viele Kinder, die im nächsten Jahrzehnt geboren werden, eine Lebenserwartung von hundert, hundertvierzig oder hundertfünfzig Jahren haben könnten. Wird eine solch lange Lebensdauer den roten Faden in unserem Inneren stärken? Oder werden fünfzehn Jahrzehnte andauernder Veränderung auf allen Gebieten – Beziehung, Familie, Beruf und der äußere Lauf der Dinge – auch das letzte Gefühl für Kontinuität und Sicherheit hinwegfegen? Und dabei gibt es noch ganz andere Utopien: jene zum Beispiel, die davon ausgeht, dass wir die »Software« unseres Gehirns am Leben erhalten können, auch wenn unser Körper verbraucht ist, und sie auf einen neuen Körper übertragen werden.

Die immer komplexer werdenden Technologien, mit denen wir dem menschlichen Körper sowie dem Gehirn auf die Sprünge zu helfen versuchen, machen die Frage »Was ist das Selbst?« brandaktuell. Wird in einer Zukunft der Blade Runner die Idee der Selbsterkenntnis zu einem historischen Relikt, das nur noch einigen menschlichen Wesen der »nach-humanen Periode« etwas sagt?

Selbsthilfebücher entstanden vor dem Hintergrund kollabierender Sicherheiten und Traditionen. Aber natürlich gingen die Klassiker davon aus, dass wir wissen, was wir unter »Selbst« verstehen. Wenn diese Grundannahme in Frage gestellt wird, werden die Selbsthilfebücher der Zukunft sich mit dem Thema befassen müssen, was das Selbst eigentlich ist.

50
Lebenshilfe
KLASSIKER

Heile Deine Gedanken
1902

„Von all den Seelen-Wahrheiten, die dieses Zeitalter wieder hergestellt und ans Licht gebracht hat, schenkt keine mehr Freude oder mehr Zutrauen in die göttliche Fügung als diese: Dass Sie der Meister Ihres Denkens sind, der Urheber Ihres Charakters, der Schöpfer Ihrer Lebensumstände, Ihrer Umwelt, Ihres Schicksals.

Gute Gedanken und Taten können niemals schlechte Ergebnisse hervorbringen; schlechte Gedanken und Taten können niemals gute Resultate zeitigen ... Dieses Gesetz lässt sich an der Natur beobachten, und wir können es auf uns anwenden. Doch was es für die geistige und moralische Welt bedeutet, wird kaum verstanden, obwohl es auch dort auf dieselbe einfache und unmissverständliche Weise funktioniert. Daher arbeiten so wenige Menschen damit.

Das Gesetz – nicht das Chaos – ist das herrschende Prinzip im Universum. Gerechtigkeit, nicht Ungerechtigkeit, ist die Seele und Substanz des Lebens. Rechtschaffenheit, nicht Lüge, ist die Formkraft, welche die geistige Welt bewegt. Daher müssen wir uns nur selbst aus»richten«, um das Universum »richtig« zu finden."

Kurz gesagt
Wir ziehen nicht an, was wir wünschen, sondern was wir sind. Nur indem wir unsere Gedanken verändern, verändern wir auch unser Leben.

Ähnliche Titel
Joseph Murphy, *Die Macht Ihres Unterbewusstseins*
Florence Scovel Shinn, *Das Lebensspiel und seine mentalen Regeln*

· 1 ·
James Allen

Die Vorstellung, dass der Geist »alles webt und wendet«, indem er unseren Charakter prägt, der wiederum auf die äußeren Umstände einwirkt, ist das zentrale Thema von *Heile Deine Gedanken*. Somit ist dies eines der ersten und umfassendsten Bücher, das sich mit diesem zentralen Thema der Selbstfindung auseinander setzt. James Allens Verdienst war es, auf eine Tatsache hinzuweisen, von der wir alle fraglos ausgehen: Dass wir unsere Gedanken kontrollieren, nur weil wir nicht wie Roboter funktionieren. Die meisten von uns denken, dass Geist und Materie zwei verschiedene Dinge sind, daher glauben wir, unsere Gedanken verbergen, ja sie unschädlich machen zu können. Wir denken also auf eine Weise und handeln auf eine andere. Allen allerdings war der Ansicht, dass der unbewusste Geist mindestens ebenso viel Einfluss auf unser Handeln hat wie der bewusste. In seinen Augen glauben wir zwar, dass wir mit Hilfe des bewussten Ich Kontrolle ausüben, in Wirklichkeit jedoch müssten wir uns eigentlich folgende Frage stellen: »Weshalb schaffe ich es nicht, dies oder jenes zu tun?«

Allen fand heraus, dass unser Wollen und Wünschen ständig von Gedanken sabotiert wird, die unserem Streben entgegengesetzt sind, und zog daraus den beängstigenden Schluss, dass wir nicht das anziehen, was wir wollen, sondern das, was wir sind. Zur Erfüllung unserer Wünsche kommt es nur dann, wenn wir als Persönlichkeit den Wunsch gleichsam verkörpern. So »haben« wir keinen Erfolg, sondern »werden« zum Erfolg. Zwischen Geist und Materie gibt es keinen Unterschied.

Wir sind die Summe unserer Gedanken

Die Logik des Buches ist absolut zwingend: Edle Gedanken machen aus uns einen guten Menschen, negative Gedanken verwandeln uns in

Unglücksraben. Jemand, der von Negativität umgeben ist, sieht die Welt durch die Brille von Verwirrung und Furcht. Andererseits stellte Allen fest, dass »die Welt um uns herum sanfter wird und uns unterstützt«, wenn wir unseren negativen Gedanken Einhalt gebieten.

Denn wir ziehen ja nicht nur das an, was uns gefällt, sondern auch das, was wir fürchten. Dafür gibt er eine einleuchtende Erklärung: Jene Gedanken, denen wir am meisten Aufmerksamkeit widmen – seien sie nun guter oder schlechter Natur –, wandern am Ende in unser Unbewusstes und werden dort zum Treibstoff für die späteren Ereignisse in unserem Leben. Emerson drückte dies so aus: »Ein Mensch ist, was er den lieben langen Tag denkt.«

Unsere äußeren »Umstände« sind wir

Allens Buch hatte unter anderem deshalb so großen Erfolg, weil er erkannt hatte, dass »nicht die Umstände einen Menschen prägen. Sie enthüllen vielmehr, aus welchem Stoff er gemacht ist«. Das klingt zunächst vielleicht herzlos, so, als wolle er die Bedürftigen ihrem Elend überantworten und liefere für Ausbeutung, Missbrauch und Hochmut seitens all jener, die an der Spitze der Gesellschaft stehen, die nötige Rechtfertigung, weil diejenigen, die unten stehen, dies auf Grund ihres Charakters ja auch verdienten.

Dies wäre aber eine ziemlich gedankenlose Schlussfolgerung aus einer im Grunde sehr subtilen Einsicht. Alle Umstände, wie schlimm sie auch immer sein mögen, bergen in sich eine einzigartige Möglichkeit zum Wachstum. Hätten immer die Umstände über das Schicksal des Menschen bestimmt, wäre es nie zu Fortschritt und Veränderung gekommen. Die Umstände jedoch scheinen extra dafür geschaffen, das Beste in uns zum Vorschein zu bringen. Glauben wir jedoch fest, dass irgendjemand uns »ungerecht behandelt« hat, dann werden wir wohl nie Anstrengungen unternehmen, um uns aus der aktuellen Lage zu befreien. Wie jeder Biograf nur zu gut weiß, sind die Umstände, unter denen ein Mensch aufwuchs, häufig das größte Geschenk, das ihm gemacht wird.

Der ernüchternde Aspekt von Allens Erkenntnissen ist, dass wir die Schuld nicht mehr auf andere Leute schieben können. Doch da alles an uns liegt, tun sich für uns auch ungeahnte Möglichkeiten auf. Waren wir früher Experten auf dem Sektor der Ängste und Beschränkungen, so entwickeln wir uns nun zu intimen Kennern des Möglichen.

Ändern Sie Ihre Welt, indem Sie Ihren Geist verändern

Allen war klar, dass Armut etwas ist, das jedem passieren kann – auf individueller oder gemeinschaftlicher Ebene. Doch er ging auch davon aus, dass es keinen Sinn hat, sich an denjenigen zu hängen, der sie verursacht hat, weil wir so den Karren nur noch weiter in den Dreck fahren. Was uns ausmacht, was unsere Persönlichkeit zum Vorschein kommen lässt, ist ja eben, ob wir diese Umstände als Ansporn zum Vorwärtskommen sehen. Am erfolgreichsten sind jene Menschen oder Gemeinschaften, die am effizientesten mit Misserfolgen umgehen.

Allen machte folgende Beobachtung: »Die meisten Menschen sind ängstlich darauf bedacht, ihre äußeren Umstände zu verbessern. Keiner aber will sich selbst verändern. Aus diesem Grund bleiben wir stehen, wo wir sind.« Wohlstand und Glück stellen sich nicht ein, wenn unser altes Selbst immer wieder seine gestrigen Rituale durchspielt. Meist ist der Grund für mangelnden Wohlstand im Unbewussten der Menschen zu suchen.

Ruhe = Erfolg

Welch starken Einfluss der Buddhismus auf Allen ausgeübt hat, wird klar, wenn man sieht, welchen Wert er dem »rechten Denken« beimisst. Doch auch in der Vorstellung, dass geistige Ruhe der Königsweg zum Erfolg ist, zeigen sich buddhistische Anklänge. Ruhe, Entspannung und Zielstrebigkeit bei einem Menschen wirken fast immer ganz natürlich, sind aber meist die Frucht geistigen Trainings.

Die meisten Menschen haben die Wirkungsweise von Gedanken in jahrelanger »Forschungsarbeit« erkundet bzw. sie sich zu Nutze gemacht. Allen zufolge wirken diese Menschen so anziehend, weil nicht jede Kleinigkeit sie gleich umkippen lässt. Da sie sich selbst gemeistert haben, wenden wir uns an sie um Hilfe. Die »Sturmgebeutelten« suchen ihren Erfolg im Kampf, doch für gewöhnlich meidet das Glück unsichere Gewässer.

Zu guter Letzt

Etwa ein Jahrhundert nach seiner ersten Veröffentlichung findet Allens Hauptwerk immer noch begeisterte Leser. Leicht zu lesen, ohne Übertreibungen – auf diese Weise hebt das Buch sich angenehm ab von der Masse jener Titel, die schillernde Persönlichkeiten präsentieren und sensationelle Versprechungen machen. Die Tatsache, dass wir so wenig über den Autor wissen, macht das Werk vielleicht noch interessanter.

Über James Allen

Allen wurde 1864 in Leicester in England geboren. Mit fünfzehn musste er von der Schule abgehen, um zum Familieneinkommen beizutragen. Sein Vater, der nach dem Bankrott des Familienbetriebes in die USA ausgewandert war, wurde dort ausgeraubt und ermordet. Bis 1902 war

Allen als Angestellter verschiedener Manufakturen in England tätig, dann begann er sich ganz aufs Schreiben zu konzentrieren. Er zog nach Ilfracombe an der Südwestküste Englands und führte dort ein ruhiges Leben, das er dem Lesen, Schreiben, Gärtnern und Meditieren widmete.

Heile Deine Gedanken war das zweite von insgesamt neunzehn Büchern, die Allen innerhalb eines Jahrzehnts vollendete. Obwohl es als sein Meisterwerk gilt, wurde es erst auf Drängen seiner Frau hin veröffentlicht. Andere Titel sind: *From Poverty to Power, Byways of Blessedness, The Life Triumphant* und *Eight Pillars of Prosperity*. Allen starb 1912.

Praxiskurs NLP
1994

Dieses Buch wird Ihr Leben verändern. Wir sind dessen absolut sicher. Was Sie hier lesen, hat unser Leben nämlich schon verändert.

Sie wären überrascht, mit welchen inneren Bildern Menschen sich selbst zu motivieren versuchen. Vor ihrem geistigen Auge sehen sie kleine Dias, die dunkel die erledigte Arbeit zeigen, oder verschwommene Schwarzweißbilder von der Belohnung, die sie sich fürs Durchhalten versprechen. Kein Wunder, dass die Motivation nicht besonders stark ist. Nun können Sie ein prächtiges, ansprechendes Bild dessen schaffen, was Sie erreichen wollen und was Sie wert sind. Je schöner, ausgefeilter, farbiger, dreidimensionaler und klarer es wird, umso besser!

Kurz gesagt
Alle Menschen funktionieren perfekt. Programmieren Sie Ihre Gedanken, Taten und Gefühle um, dann verändert Ihr Leben sich von selbst.

Ähnliche Titel
Richard Koch, *Das 80-20-Prinzip*
Philip C. McGraw, *Lebensstrategien*
Maxwell Maltz, *Erfolg kommt nicht von ungefähr*
Anthony Robbins, *Das Robbins-Power-Prinzip*

· 2 ·

Steve Andreas und Charles Faulkner

Der Science-Fiction-Autor Arthur C. Clarke schrieb einmal: »Jede ausreichend entwickelte Technologie ist nicht von Magie zu unterscheiden.« Dieses Zitat findet sich zu Beginn des Buches *Praxiskurs NLP*, während viele andere Titel zu diesem Thema so schließen. Die Neurolinguistische Programmierung ist eine Technik, die in weniger als zwanzig Jahren ihren Weg um die ganze Welt gefunden hat. Mit Hilfe von NLP-Techniken haben Menschen, die schon seit Jahren unter Phobien leiden, sich in wenigen Minuten befreit. Andere, die schon von Kindesbeinen an schreckliche Erinnerungen mit sich herumtragen, sind sie innerhalb kürzester Zeit losgeworden.

An die Vorstellung, dass Veränderungen Zeit brauchen und alles, was schön ist, auch etwas kostet, sind wir so gewöhnt, dass wir es gar nicht glauben können, wenn eine Methode das Gegenteil behauptet. Sogar die Autoren des hier vorgestellten Titels räumen ein: »Es hört sich nach Größenwahnsinn an. Es klingt so unwahrscheinlich, dass einige Menschen dies als Ausrede benutzen werden, sich nie damit auseinander zu setzen.« Wenn es um Psychologie geht, sitzen wir in einer Zeitschleife fest. Wir glauben immer noch an Freud, obwohl dessen Erkenntnisse vor mehr als hundert Jahren veröffentlicht wurden. Wie viele Menschen aber, so fragen Andreas und Faulkner, würden ein hundert Jahre altes Auto fahren?

Da die Kognitionswissenschaft inzwischen entscheidende Fortschritte gemacht hat und da es die Methoden der NLP gibt, ist die Frage, wie persönlicher Wandel sich vollzieht, längst kein Geheimnis mehr – es kann schnell gehen, zuverlässig sein und trotzdem Spaß machen.

NLP: die Anfänge

Richard Bandler war in den frühen siebziger Jahren des vergangenen Jahrhunderts Mathematikstudent an der University of California. Er hegte ein starkes Interesse für Informatik und Psychologie. Bandler lernte den Linguistikprofessor John Grinder kennen, und gemeinsam leiteten sie regelmäßige wöchentliche Therapiesitzungen, in denen sie Methoden und Stil des Begründers der Gestaltpsychologie, Fritz Perls, imitierten. Dieser Versuch, die Erfolge einer anderen Person nachzustellen, indem man ihr Verhalten und ihre Methoden imitiert (der deutsche Akzent, der Schnurrbart und das Kettenrauchen wurden schließlich als unnötiges Beiwerk wieder aufgegeben), führte zu einer Methode, die sie »menschliche Vollkommenheit nachbilden« nannten.

Eine Studie zum Thema Phobien brachte Bandler und Grinder zu der Einsicht, dass Menschen, die sich von ihrer Angst lösen können (die also die Angstpersönlichkeit geistig aus der Distanz zu betrachten lernen), diese Angst verlieren. Der klinische Hypnotiseur Milton Erickson schuf auf dieser Grundlage eine Vielzahl therapeutischer Techniken. Bandlers Doktorarbeit wurde zum ersten Band ihrer Seminare über *NLP – The Structure of Magic*.

Eine neue Technologie der Erfüllung

Im Wesentlichen geht es bei der Neurolinguistischen Programmierung darum, wie man die Art und Weise verändert, in der man über das Denken denkt. »Neuro« bezieht sich dabei auf das Nervensystem und die geistigen »Leiterbahnen« der fünf Sinne. »Linguistisch« bezieht sich auf die Sprache als solche, auf den Gebrauch von Wörtern, Sätzen, Körpersprache und Gewohnheiten, die unsere mentale Welt widerspiegeln. »Programmierung« ist hingegen ein Begriff, den man sich aus der Informatik geborgt hat. Zusammen ergibt dies Folgendes: eine neue Technik, die zeigt, dass Gedanken, Gefühle und Taten auf gewohnheitsmäßigen Programmierungen beruhen, die man manipulieren kann.

Der Praxiskurs NLP ist eine der besten Einführungen, die es zu diesem Thema gibt. Er wurde von einem Team von NLP-Trainern verfasst, das mit den Begründern des NLP in engem Kontakt steht. Das Buch ist gedanklich gut nachvollziehbar und bietet eine Menge Übungen bzw. »Gedankenexperimente«. Schon die ersten beiden Kapitel geben Ihnen Methoden an die Hand, die sofortige Veränderungen mit sich bringen. Lesen Sie das ganze Buch, machen Sie die Übungen und Sie besitzen die nötigen Instrumente, um auf Ihre Stimmung Einfluss zu nehmen, Ihr Verhalten und Ihre Erinnerungen zu ändern, Ihre Gedanken und Taten umzuprogrammieren und damit endlich nach Ihren ganz persönlichen Wertvorstellungen zu leben. Im Praxiskurs NLP geht es um:

* Die richtige Motivation
* Das Entdecken der eigenen Berufung
* Das Erreichen gesteckter Ziele
* Das Schaffen starker Beziehungen
* Die richtigen Überzeugungsstrategien
* Das Überwinden von Ängsten und Phobien
* Den Aufbau von Selbstvertrauen
* Wertschätzung und Selbstachtung
* Die Sicherung positiver geistiger Gewohnheiten
* Das Erreichen von Höchstleistungen

Die Prinzipien des NLP

1. Die Landkarte ist nicht das Land selbst. Wir reagieren nicht auf die Welt, wie sie ist, sondern auf die mentalen Bilder, die wir von ihr gespeichert haben. Wenn wir uns darum bemühen, die Landkarte ständig der Welt anzupassen, haben wir viel größere Chancen, das zu erreichen, was wir uns wünschen. Diese Strategie ist auf jeden Fall Erfolg versprechender als zu versuchen, die Welt nach unseren Vorstellungen umzukrempeln.

2. Jede Erfahrung hat eine Struktur. In unserer Art zu denken finden sich gewisse Muster. Indem wir sie verändern, ändern wir unsere Erfahrung und mit ihr auch die Art, wie wir über vergangene Ereignisse denken.

3. Wenn ein Mensch etwas Bestimmtes tun kann, dann kann das auch jeder andere. Wir können das Denken und Verhalten erfolgreicher Menschen nachahmen und ähnliche Ergebnisse erzielen wie sie.

4. Geist und Körper sind Teile des gleichen Systems. Unsere Gedanken beeinflussen unsere Atmung, unseren Muskeltonus etc., was wiederum das Denken prägt. Wenn Sie Ihr Denken kontrollieren können, haben Sie auch die Kontrolle über Ihren Körper.

5. Jeder Mensch verfügt über alle Ressourcen, die er braucht. Aus dem Lagerhaus unserer Gedanken, Erinnerungen und Empfindungen können wir uns alles holen, was wir zum Aufbau neuer mentaler Strukturen, die unseren Zielen besser dienen, brauchen.

6. Man kann nicht nicht kommunizieren. Alles an uns – der Ausdruck unserer Augen, unsere Körperhaltung, unsere Stimme, unsere Gewohnheiten – ist Art der Kommunikation. Stimmt das, was wir tun, nicht mit dem überein, was wir denken, wird dies jeder sofort bemerken.

7. Die Kommunikation beinhaltet das, was »ankommt«. Da jeder Mensch unsere Botschaft durch die Filter seiner mentalen Landkarte erfährt, müssen wir unsere Botschaft ständig auf unser Gegenüber einstellen, damit die Botschaft, die bei diesem ankommt, auch tatsächlich das aussagt, was wir hineingelegt haben.

8. Hinter jedem Verhalten steht eine positive Absicht. Gewalt geht meist auf Furcht oder einen Mangel an Selbstwertgefühl zurück, Kritik oder lautes Schimpfen zeugt häufig vom Bedürfnis, Anerkennung zu finden. Werfen Sie einen Blick hinter die Fassade, dann werden Sie die positiven Absichten hinter dem Verhalten der Menschen erkennen.

9. Menschen treffen stets die bestmögliche Wahl. Wir treffen unsere Entscheidungen auf Grund unserer Erfahrung. Mehr bzw. bessere Erfahrung erweitert also unseren Spielraum.

10. Wenn das, was Sie tun, nicht funktioniert, tun Sie etwas anderes. Machen Sie einfach etwas Neues. Nur wenn Sie bei dem bleiben, was Sie immer schon getan haben, werden Sie immer die gleichen Ergebnisse erzielen.

Im *Praxiskurs NLP* werden diese Grundsätze näher erläutert:

* Jeder Mensch hat eine »Motivationsrichtung«: hin zur Freude, zur Erlangung von Zielen oder zur Vermeidung von Schmerz. Das NLP-Team fand heraus, dass die meisten Menschen zur Schmerzvermeidung neigen. Ändern wir jedoch unsere Motivation so, dass wir sie auf das Positive ausrichten, dann konzentrieren wir uns auf unsere Möglichkeiten statt auf unsere Ängste. Das heißt nicht, dass wir die rosarote Brille aufsetzen, sondern nur, dass wir anders mit uns selbst umgehen. So könnten Sie beispielsweise, nachdem Sie Ihre üblichen negativen Kommentare abgegeben haben, Ihr positives Ziel laut bekräftigen. Diese Anordnung, bei der auf das Negative das Positive folgt, ist ein sehr wirksamer Motivationsmotor.

* Machen Sie sich den Unterschied zwischen einem Beruf und einer Berufung klar. Ein Beruf ist viel zu klein für einen Menschen. Eine

Berufung hingegen erfordert ein ganzes Leben, um ihr gerecht zu werden. Wenden Sie das NLP-Prinzip an, nach dem ein Mensch alles erreichen kann, was ein anderer bereits erreicht hat. Nehmen Sie die Erfolg versprechenden Einstellungen und Verhaltensweisen von Menschen an, die Sie bewundern, um Ihre eigenen Ziele zu erreichen. Der Regisseur Steven Spielberg, der Maler Michelangelo, die berühmte Hundeschlittenführerin Susan Butcher sowie der Medienmogul Ted Turner sind Beispiele für Menschen, die genau wissen, was sie wollen. NLP-Übungen helfen Ihnen, Ihre wahre Leidenschaft zu entdecken und Ihre Werte herauszufinden, sodass Sie um eine Berufung bald nicht mehr verlegen sein werden.

* Veränderungen finden von einem Augenblick auf den anderen statt. Sie sollten natürlich und einfach verlaufen. Ganz egal, wie oft Sie versuchen, Ihren Computer dazu zu bringen, etwas ganz Bestimmtes zu tun: Wenn Sie nicht die richtige Software haben oder kein Handbuch, aus dem Sie lernen können, wie Sie das Gerät bedienen, ist dieser Versuch zum Scheitern verurteilt. Und das menschliche Gehirn ist noch viel komplizierter als ein Computer. NLP dient uns hier als Handbuch, das die Sprache des Gehirns dazu nutzt, bestehende neuronale Pfade zu verändern bzw. neue anzulegen. NLP hängt nicht von der Kraft unseres Willens ab. Wenn Sie die technischen Details kennen, wird Veränderung zum Kinderspiel.

* Die Grundregel des NLP ist, dass wir nicht einfach nur unsere geistigen Inhalte verändern müssen, sondern unsere Art zu denken. Wir wählen eine andere Form, um die Vielzahl von Bildern, Gefühlen und Erinnerungen zu verarbeiten, die wir gespeichert haben, eine Form, die uns nützt statt uns zu schaden. So lässt sich eine negative Erinnerung vergleichsweise einfach verändern, indem wir ihr eine neue Bedeutung zuordnen: Wir können ein schönes Lied hören, wann immer sie uns einfällt. Oder wir können sie mit unserer Lieblingsfarbe übermalen bzw. sie in einen alten Schwarzweißfilm verwandeln oder uns vorstellen, wie

wir lachen statt zu weinen. Sobald diese neuen Assoziationen im Gehirn »gelegt« wurden, verändert sich unsere Art, diese Erinnerung wahrzunehmen, nicht nur blitzartig, sondern auch dauerhaft. Wann immer Sie sich darauf besinnen, wird die neue Assoziation auftreten. Versuchen Sie es, bevor Sie das Ganze als Unfug ablehnen.

* NLP weicht unsere Gewohnheit des »Entweder-Oder«-Denkens auf. Im NLP gibt es ein Sprichwort: »Wenn du nur eine Art kennst, etwas zu tun, bist du ein Roboter. Kennst du zwei, hast du ein Problem. Kennst du aber mindestens drei Wege, dann hast du den ersten Zipfel einer beginnenden Flexibilität in der Hand.« NLP bietet also ein breites Spektrum der Veränderung, aus dem wir nur zu wählen brauchen. Es gibt nur wenige Regeln, aber viele erfolgreiche Experimente.

* Jeder Mensch besitzt innere Stimmen. Machen Sie diese zu Helfershelfern statt sich weiter von ihnen sabotieren zu lassen. So können Sie beispielsweise aufbauende Musik auf Ihren geistigen CD-Player legen, wenn Sie schnell etwas benötigen, das Ihnen Vertrauen schenkt. Oder Sie üben sich darin, jedes Mal ein helles Lachen zu hören, wenn Sie auf ein Problem stoßen. Mit Hilfe solcher Methoden werden Sie in jedem Moment Ihres Lebens zum Herrn Ihrer Reaktionen. Dann können Sie auch konstruktiv mit Kritik umgehen.

* Das Unbewusste kennt keine Negationen. Wenn Sie sich selbst dauernd sagen: »Ich will Gewicht verlieren«, dann prägen Sie Ihrem Unbewussten den Begriff »Gewicht« ein, weil es sich unter Begriffen wie »verlieren« nichts Rechtes vorstellen kann. Professionelle Trainer von Abnehmgruppen raten ihren Teilnehmern immer, sich auf ein Wunschgewicht zu konzentrieren. Auf diese Art und Weise stellen sie den Körper darauf ein und er muss sich nicht ständig daran erinnern, dass er etwas »verlieren« soll. Auch im NLP lernen wir, unsere Wünsche positiv zu formulieren und uns auf das zu konzentrieren, was wir wollen, nicht auf das, was wir fürchten.

* Selbstvertrauen, Güte oder die Fähigkeit, die eigenen Wünsche erfüllt zu sehen, bevor sie Wirklichkeit werden, können Sie in einem Augenblick erlangen. Viele erfolgreiche Menschen nutzen die Techniken des NLP, ohne es zu wissen. Sie sehen, hören, fühlen, schmecken den Erfolg, noch bevor er eintritt. Das Gefühl, zu den Gewinnern zu gehören, zieht den Gewinn automatisch an. Malen Sie sich die Zukunft in den schönsten Farben, dann ziehen Sie sie auch an. Wer die Kunst der kreativen Visualisierung beherrscht, kennt die alte NLP-Maxime, nach der nicht jeder Träumer ein Sieger ist, aber jeder Sieger ein Träumer.

Zu guter Letzt

Eine psychologische Richtung, welche Geist und Körper als programmierbare Rechenmaschine betrachtet, eignet sich besonders für die technologie-orientierte Kultur, in der wir leben. Die Wirkung des NLP ist allerdings nicht technisch: Es intensiviert die Qualität unseres Lebens. Obwohl NLP aus Linguistik und Informatik hervorgegangen ist, geht es dabei letztlich darum, dem Menschen neue Möglichkeiten zu eröffnen.

In der traditionellen klinischen Psychologie werden Probleme immer beschrieben und analysiert. Man sucht verzweifelt nach ihren Ursachen. Die Neurolinguistische Programmierung dagegen konzentriert sich auf das Potenzial des Einzelnen und analysiert, wie das Gehirn bestimmte Ergebnisse hervorbringt. Wollte man NLP in einem Satz zusammenfassen, dann müsste dieser wohl lauten: »Alle Menschen funktionieren perfekt.« Unsere ganz persönlichen Gedanken, Gefühle und Taten haben uns zu dem gemacht, was wir heute sind. Wenn wir diesen »Input« ändern, werden wir auch andere Resultate erhalten – ein anderes Ich also.

Jeder von uns ist ein Bündel von Emotionen, Verhaltensweisen und Potenzialen. Um das zu erreichen, was im NLP »persönliche Kongruenz« genannt wird, müssen wir lernen, dieses Bündel zu akzeptieren, ja zu mögen. Dann stimmen Wünsche und Werte genau mit unseren Fähigkeiten überein.

Über Steve Andreas und Charles Faulkner
Steve Andreas war Industriechemiker, bevor er NLP-Trainer wurde und es um neue Methoden ergänzte. Mit seiner Frau Connirae gründete er 1979 in Colorado das NLP-Comprehensive-Institut, an dem die ersten NLP-Trainer-Zertifikate erworben werden konnten. Mit seiner Frau hat er zwei Bücher geschrieben: *Gewusst wie* und *Mit Herz und Verstand*. Er verfasste zahlreiche Artikel und produzierte Video- und Audio-Kurse in NLP. Außerdem schrieb er eine Biografie von Amerikas berühmtester Beziehungstherapeutin, Virginia Satir: *Virginia Satir – Muster ihres Zaubers*. Seinen akademischen Grad in Psychologie erwarb er an der Brandeis-Universität. Außerdem leitete er über dreißig Jahre lang den Verlag Real People Press, der sich auf Literatur zum Thema persönlicher Wandel spezialisiert hat.

Charles Faulkner entwickelte mehrere bahnbrechende Methoden zum intuitiven Sprachunterricht, ist jedoch auch durch seine Anwendung des NLP auf dem Gebiet der Finanzen bekannt geworden. Er bildete mehrere erfolgreiche Broker aus. Außerdem hat er einige bekannte Audio-Programme erstellt.

Der NLP-Praxiskurs hat noch mehrere Co-Autoren: Kelly Gerling, Tim Halbom, Robert McDonald, Gerry Schmidt und Suzi Smith. Das Buch entstand ursprünglich als Audio-Programm 1991.

Selbstbetrachtungen
2. Jahrhundert n. Chr.

Beginne jeden Tag in dem Wissen, dass du heute mit Einmischungen, Undankbarkeit, Unverschämtheit, Untreue, Bosheit und Selbstsucht zu kämpfen haben wirst. All das geht darauf zurück, dass dein Gegenüber nicht weiß, was gut ist und was böse. Ich jedoch habe seit langem die Güte des Guten erkannt, die Gemeinheit des Bösen und auch die Natur des Schuldigen selbst, der mein Bruder ist (nicht im körperlichen Sinne, sondern weil er ein Mitgeschöpf ist, das mit Vernunft begabt ist und seinen Anteil am Göttlichen innehat); daher wird all das mich nicht erschüttern, denn nichts und niemand kann mich in die Beachtung niederer Dinge verstricken.

Begehre nichts, was nicht mit dem Webmuster deines Schicksals einhergeht. Denn was könnte deinen Bedürfnissen besser entsprechen?

Alles – sei es nun ein Pferd oder eine Weinrebe – wurde zu einem bestimmten Zweck geschaffen. Das ist weiter nicht verwunderlich: Sogar der Sonnengott selbst würde von sich behaupten: »Ich bin hier, um diese Aufgabe zu erfüllen.« Und alle anderen Götter täten wohl dasselbe. Für welche Aufgabe aber wurdest du geschaffen? Etwa zum Vergnügen? Kann dies wirklich angehen?

KURZ GESAGT
Verstrick dich nicht in Kleinigkeiten oder banale Dinge, sondern lerne das Leben vor einem weiteren Horizont zu schätzen.

ÄHNLICHE TITEL
Boethius, *Trost der Philosophie*
Richard Carlson, *Alles kein Problem*

· 3 ·
Marc Aurel

Marcus Aurelius Antonius war von 161 bis zu seinem Tod neunzehn Jahre später Kaiser von Rom. Als er an die Macht gelangte, war das Römische Reich ernsthaft bedroht: Ständige Kriege mit den »Barbarenvölkern« an den Grenzen, Epidemien, die von den Soldaten eingeschleppt wurden, die Pest und sogar Erdbeben erschütterten das Land. Stellen wir uns doch einmal vor, wie wir reagieren würden, wenn der Präsident der Vereinigten Staaten sich in solchen Krisenzeiten der Philosophie widmen würde! In Rom jedoch wurde Marc Aurel nach seinem Tod zum vollkommenen Herrscher erklärt, zum wahren Philosophenkönig, der letzte wahrhaft edle Kaiser vor der Barbarei seines Sohnes Commodus und der Anarchie im 3. Jahrhundert unserer Zeitrechnung.

Marc Aurel war Stoiker, eine philosophische Richtung, die uns rät, uns von den Schwierigkeiten des Lebens nicht unterkriegen zu lassen. Der Stoizismus entstand in Griechenland etwa um 300 v. Chr. Einfach gesagt könnte man die Philosophie der Stoiker wie folgt umreißen: Die richtige Lebensweise für den Menschen sei, sich den Gesetzen des Universums zu unterwerfen. Die Gedanken der Stoiker drehten sich um Pflichtgefühl, Vernunft und die Furcht vor dem Tod. Leere Vergnügungen lehnten sie ab. Der Stoiker erklärte sich für sein Handeln voll verantwortlich. Er strebte geistige Unabhängigkeit an und stellte das größere Ganze über den eigenen Vorteil. Marc Aurel würde sich heute wohl für die Vereinten Nationen und andere internationale Körperschaften einsetzen, die auf das Wohl aller abzielen. Die Stoiker blickten über die Grenzen ihres Landes und glaubten an die Brüderschaft der gesamten Menschheit.

Auch Zeit war ein Konzept, das bei den Stoikern eine besondere Auslegung erfuhr, wie das folgende Zitat aus den Selbstbetrachtungen zeigt:

Alle Dinge treten in die Vergangenheit ein und werden zur Legende. Bald fallen sie dem Vergessen anheim. Auch das Leben jener Männer, die Ruhm und Ehre anhäufen, ist eines Tages vorüber. Und noch bevor der Atem ganz aus ihnen gewichen, sind sie – wie Homer sagt – »dem Auge und der Erinnerung gleichermaßen verloren«. Was ist also schon unsterblicher Ruhm? Ein leeres, hohles Ding. Was hingegen ist erstrebenswert? Nur dieses eine: rechtes Denken, selbstloses Handeln, eine Zunge, die nicht von Falschheit befallen ist, ein Gemüt, das jedes Ereignis als vorgegeben betrachtet, es sogar erwartet, da es aus einer einzigen Quelle kommt, einen einzigen Ursprung hat.

Diese Worte wurden vor etwa 1900 Jahren geschrieben. Und doch scheinen sie umso aktueller, eben weil sie so alt sind. Marc Aurel selbst ist dafür das beste Beispiel. Kein Mensch würde sich heute noch wegen seiner Taten als römischer Kaiser an ihn erinnern. Doch seine Selbstbetrachtungen, stille Gedanken, die er häufig auf Kriegszügen am abendlichen Lagerfeuer festhielt, leben heute in den Herzen der Menschen weiter.

In den Selbstbetrachtungen heißt es, dass alle Dinge und Wesen im Kosmos letztlich eins sind, auch die Menschen. Wenn wir also durch die Augen eines anderen zu sehen bemüht sind, erweitern wir unsere eigene Perspektive und vereinen sie mit der anderer Menschen. Wenn wir einen anderen Menschen verachten, verurteilen oder ihm aus dem Weg gehen, dann handeln wir damit gegen das Gesetz der Natur. Die Erkenntnis, dass wir genau das Gegenteil tun müssen, wenn wir die Beziehungen der Menschen zueinander auf eine höhere Ebene heben wollen, ist die Grundlage des aurelianischen Denkens.

Auf jeder Seite der Selbstbetrachtungen tritt uns ein Thema entgegen: Wir müssen Menschen und Dinge so annehmen, wie sie sind, nicht wie wir sie gerne haben möchten. Manchmal ist diese Erkenntnis nicht ohne Bitterkeit:»Auch wenn dein Herz bricht, werden die Menschen weitermachen wie zuvor.« Mitunter drängt sich der Eindruck auf, man lese die

Gedanken eines sehr einsamen Mannes. Doch Marc Aurels Fähigkeit, das Leben objektiv zu sehen, schützte ihn vor Verbitterung:

Sei wie die Landspitze, gegen die unaufhörlich die Wellen anbranden: Still steht sie und fest, bis das schäumende Wasser rund um sie sich wieder zur Ruhe begibt. »Ich Unglücklicher! Wie konnte mir das geschehen!« Solches Denken sei ferne von dir. Denke vielmehr: »Wie glücklich ich bin, dass dieses Ereignis mich ohne Bitterkeit zurückgelassen hat. Die Gegenwart erschüttert mich nicht, die Zukunft jagt mir keine Furcht ein.«

Die große Stärke der stoischen Philosophie liegt darin, dass sie uns hilft, die Dinge wieder zurechtzurücken, sodass das wirklich Bedeutsame in den Vordergrund tritt. Insofern sind die Selbstbetrachtungen eine ältere und edlere Form von *Alles kein Problem*. Ein Mensch, der die Welt so sehen kann, wie sie ist, vermag auch, über sie hinauszublicken. Wir sind hier, und wir haben eine Aufgabe. Gleichzeitig aber haben wir das Gefühl, dass wir von einem anderen Ort kamen, an den wir auch zurückkehren werden. Das Leben kann traurig und einsam sein, eine Anhäufung unangenehmer Erlebnisse. Doch dies sollte uns niemals vom grundlegenden Staunen über das Wunder unseres Seins in dieser Welt abhalten:

Betrachte die wandernden Sterne, als wärest du mitten unter ihnen. Achte so oft wie möglich auf den ständig sich wandelnden Tanz der Elemente. Anblicke dieser Art reinigen uns vom Verdruss dieses erdgebundenen Lebens.

Zu guter Letzt

Was sagt uns die Tatsache, dass Marc Aurels Sohn Commodus sich nach dessen Tod des Thrones bemächtigte und mit der Tradition des nichterblichen Herrschertums brach? Wenn der Philosoph ein so großer Mann war, wie konnte er dann solch einen brutalen Schwächling zum Sohn haben?

Selbstbetrachtungen ist kein Selbsthilfebuch mit simplen Antworten. Sein eigentliches Thema ist die Unvollkommenheit. Wir werden nie genau wissen, weshalb etwas geschieht und warum Menschen so handeln, wie sie es tun. Doch in jedem Fall ist es nicht an uns, darüber zu richten. Jedes Leben, jedes Ereignis hat eine höhere Bedeutung, die wir nicht kennen. Allein dieses Wissen birgt schon Trost in sich.

Dieses kurze Buch ist ein Quell der Weisheit in einer verrückten Welt. Der zeitgenössische Leser wird es schon wegen seiner schönen Sprache schätzen, die es vor den moderneren Büchern auszeichnet. Gönnen Sie sich eine schöne Ausgabe. Sie werden sie Ihr Leben lang benützen.

Über Marc Aurel
Bevor Hadrian, einer der mächtigsten Kaiser Roms, 138 starb, ernannte er Antonius Pius zu seinem Nachfolger. Dieser wiederum adoptierte auf Hadrians Anweisung den 17-jährigen Marc Aurel und ernannte ihn zu seinem Nachfolger. Das Schicksal des jungen Mannes stand fest, als er mit Faustina, der Tochter von Antonius Pius, vermählt wurde. Er erfüllte seine höfischen Pflichten und widmete sich ansonsten dem Studium des Rechts und der Philosophie. Im Alter von vierzig Jahren kam er an die Macht und teilte sie bereitwillig mit seinem Bruder Lucius Verus, der jedoch acht Jahre später starb.

Obwohl Marc Aurel ein friedliebender Mensch war, sah er sich gezwungen, ständig Krieg zu führen. Er musste das Reich gegen die einfallenden Germanenstämme, vor allem gegen die Markomannen verteidigen. Die Selbstbetrachtungen waren nur in einer einzigen Handschrift überliefert, die mittlerweile verloren ist. Marc Aurel wollte nicht, dass seine Reflexionen veröffentlicht würden. Zum ersten Mal gedruckt wurden sie 1559, fast 1400 Jahre nach dem Tod des Kaisers im Jahr 180.

50 Lebenshilfe-Klassiker

Obwohl Ridley Scott im Film *Der Gladiator* darauf anspielt, dass Marc Aurel von seinem Sohn Commodus ermordet worden sei, gibt es darauf keinen Hinweis.

Das Polaris-Prinzip
2001

Hören Sie genau zu: Die Familie, in die Sie hineingeboren wurden, weiß nicht, wie Sie zu Ihrem Leitstern gelangen können. Sie wussten es nicht, als Sie ein Kind waren. Sie wissen es jetzt nicht und sie werden es niemals wissen ...
Auch Menschen, die von ihrer Familie viel Liebe und Unterstützung erfahren haben, müssen sich mit dem Gedanken anfreunden, dass alle Liebe der Welt sie nicht in das Leben führen wird, für das sie bestimmt sind.

Viele meiner Klienten finden nicht heraus, was sie im Leben anfangen sollen, bis ihre Gesundheit sie endlich darauf aufmerksam macht und Wochen oder Monate der Aufmerksamkeit fordert. Was immer Ihr Körper Ihnen zu sagen hat, die Chancen stehen gut, dass dies der nächste Schritt zu Ihrem Lebensziel, Ihrem Leitstern, ist.

KURZ GESAGT
Das ideale Buch, wenn Sie das Gefühl haben,
Ihr Leben sei irgendwo »falsch abgebogen«.

ÄHNLICHE TITEL
Joseph Campbell und Bill Moyers, *Die Kraft der Mythen*
Wayne Dyer, *Wirkliche Wunder*
Clarissa Pinkola Estés, *Die Wolfsfrau*
James Hillman, *Charakter und Bestimmung*
Susan Jeffers, *Selbstvertrauen gewinnen*
Richard Koch, *Das 80-20-Prinzip*

Martha Beck

Stella Polaris, der Nordstern, steht im wirklichen Leben über dem Nordpol. Da er ein Fixstern ist und sich nicht bewegt, wird er seit jeher von Entdeckern und Seefahrern benutzt, um die eigene Position festzustellen. Der Polarstern ist also der perfekte Leitstern – für Martha Beck das Symbol schlechthin für das »richtige Leben«, die erfüllte Existenz, die auf uns wartet, wenn wir unserer Bestimmung folgen und sie einzufordern wagen.

Wie finden wir nun unseren Leitstern? Wir achten auf unseren inneren Kompass, das heißt auf körperliche Reaktionen, intuitive Einsichten, Sehnsüchte und Wünsche. Sie weisen uns den Weg und führen uns auf den Pfad zurück, wenn die Stürme des Lebens uns die Sicht verstellen. Martha Beck meint, die Kunst des richtigen Lebens beruhe einzig auf der Fähigkeit, zwischen unserem wahren Selbst und unserem sozialen Selbst unterscheiden zu lernen. Dies ist der Punkt, der uns für unsere Zwecke am meisten interessiert.

Das wahre Selbst und das soziale Selbst

Was ist nun dieses »wahre Selbst«? Es ist jene Stimme in uns, die uns dazu auffordert, »nach einem anderen Takt zu marschieren«, wenn wir in Wirklichkeit lieber mit der Menge mitlaufen würden. Das soziale Selbst hingegen ist jene Stimme, die bislang vermutlich fast alle Ihre Lebensentscheidungen bestimmt hat. Dieses Selbst hat sich bestimmte Fähigkeiten angeeignet, es hat ein soziales Netz aufgebaut und ist einigermaßen »verantwortlich«. Viele Menschen überlassen dem sozialen Selbst die ganze Herrschaft, doch wenn Sie ein wirklich erfülltes Leben haben möchten, sollte dies anders sein. Lassen Sie sich vom wahren

Selbst leiten, während das soziale Selbst alles tut, was nötig ist, um Sie dorthin zu bringen, wo Sie Ihr Ziel sehen.

Martha Beck kommt aus einer Akademikerfamilie. Sie lernte daher, sich »schwierigen« Anforderungen zu stellen. So belegte sie an der Universität Chinesisch als Hauptfach, weil es so intellektuell und bewundernswert klang – aber Martha gefiel das Chinesischstudium nicht. Es war wirklich schwierig, und sie fühlte sich immer dümmer. Alles, was nur mit Stress und Kampf zu erreichen ist, ist vielleicht nicht das Richtige, egal, wie »wertvoll« es klingt. Finden Sie also etwas, was Ihnen wirklich Spaß macht, wo Sie ohne große Mühe produktiv sind, dann folgen Sie vermutlich Ihrem Leitstern. Die taoistische Philosophie spricht in diesem Fall von wu wei – »nicht handeln«.

In der Vergangenheit war Erfolg leichter zu erringen, wenn man sich anpasste und dem sozialen Selbst die Herrschaft überließ, da das Individuum stets als Teil des größeren, gesellschaftlichen Ganzen betrachtet wurde. Im 21. Jahrhundert jedoch ist das anders geworden. Heute haben nur die Leute Erfolg, die ihrer ganz persönlichen Vision folgen und deshalb eine einzigartige Fähigkeit oder ein einzigartiges Produkt hervorbringen. Einzigartigkeit ist etwas, das nicht in Gruppen oder Versammlungen entsteht. Sie wächst tief aus dem Individuum heraus, aus unserem wahren Selbst.

Das wahre Selbst hervorlocken

Das wahre Selbst ist der daimon, das Bild der Seele, das uns James Hillman in *Charakter und Bestimmung* zeigt. Da diese Instanz sich auf begrifflicher Ebene nicht bemerkbar machen kann, sucht sie andere Wege, um mit uns zu kommunizieren. Viele von Martha Becks Klienten klagten darüber, dass sie sich dauernd selbst sabotierten: Sie verpatzten, ohne zu wissen warum, Examen oder Vorstellungsgespräche, die eigentlich prima hätten laufen müssen. Doch was auf der einen Ebene wie ein unverzeihlicher Fehler scheint, bringt Sie auf der anderen vielleicht Ihrem Lebensziel näher.

Einer der wesentlichsten Schritte bei der Entdeckung des wahren Selbst ist es, Nein sagen zu lernen. Das japanische Wort für Nein ist iie, aber weil gerade die japanische Gesellschaft so sehr auf Anpassung ausgelegt ist, ist dieses Wort dort einfach tabu. Wir lernen schon als Kleinkinder, dass wir nicht sagen dürfen, was wir wollen, und dem sozialen Selbst den Vortritt vor dem wahren Kern lassen müssen. Doch wie ein Tiger im Käfig, der durch die Gitterstäbe hindurch zuschlägt, wenn jemand in seine Nähe kommt, so weiß auch das wahre Selbst ganz genau, wann ein klares Nein die richtige Antwort ist. Und dieses Nein sollten wir dann auch akzeptieren, denn nur so kann das wahre Selbst seine Grenzen setzen. Andernfalls werden wir Neurotiker, weil wir immer und zu allen nett sein wollen.

Ihr Körper und Ihr Verstand werden es Ihnen klipp und klar sagen, wenn Ihr wahres Selbst übergangen wurde. Sie wählen dazu die Sprache der Krankheit, der Vergesslichkeit, der dumpfen, unerklärlichen Abneigung, der Apathie. Sie drücken sich in Freud'schen Versprechern ebenso aus wie in einer Neigung zu Suchtgiften. Hören Sie also auf Ihren Körper!

Folgen Sie hingegen Ihrem Leitstern, schlägt sich dies in bemerkenswerter Vitalität nieder, einer Lebensfreude, die Sie vielleicht zum letzten Mal als Kind erfahren haben. Sie werden sich plötzlich richtig leiden mögen, nichts mehr vergessen, sich richtig um Ihre Gesundheit kümmern und zum Rest der Welt ganz von selbst ungeheuer nett sein. In den Augen der Menschen, die Ihnen am nächsten stehen, mag es vielleicht auf den ersten Blick selbstsüchtig wirken, wenn Sie sich plötzlich entschließen, Ihrem Leitstern zu folgen, aber was würden sie erst sagen, wenn Sie Ihr wahres Selbst weiter im Käfig hielten? Würden sie mit den Resultaten wirklich fertig werden?

Den Quantensprung wagen

Wenn wir über bestimmte Veränderungen in unserem Leben nachdenken (ein Kind bekommen, den Beruf an den Nagel hängen, ein Jahr ins Ausland gehen), blockieren wir uns manchmal selbst, indem wir uns sagen, dass »die anderen« uns sicher für Idioten halten oder uns ihre Liebe entziehen werden. Das hört sich furchtbar an – bis wir feststellen, dass »die anderen« meist nur einige wenige Menschen sind, die zu allem Überfluss meist gar nicht mehr leben. Die Psychologie nennt dies die »generalisierten anderen«. Martha Beck zum Beispiel brauchte lange, bis sie begriff, dass sie – nur um die Anerkennung ihres Vaters zu erlangen – einen schrecklich trockenen, akademischen Stil schrieb, wo die simple Alltagssprache ihren Zwecken doch viel besser gedient hätte.

Sobald wir einsehen, dass es zu jedem Faktum Millionen verschiedener Ansichten gibt, kann das imaginäre Gegenüber uns nicht mehr bremsen. Dann sind wir endlich frei, das zu tun, was uns wirklich am Herzen liegt. Denken Sie daran, so meint Martha Beck, dass das soziale Selbst darauf programmiert ist, Gefahren abzuwenden, auch wenn sie nur in unserer Einbildung bestehen. Wenn Sie jedoch Ihren Träumen folgen, dann werden Sie eine neue und positive Beziehung zur Furcht aufbauen.

Zu guter Letzt

Das Polaris-Prinzip ist ein sehr umfassendes Selbsthilfebuch, das alle möglichen Themenbereiche abdeckt: die eigene Schönheit schätzen lernen, großzügig sein, Veränderungen zulassen, auch wenn alles wunderbar scheint, Furcht bei sich selbst und anderen erkennen, Trauer, Ärger und Hass ausdrücken, der eigenen Intuition folgen. Was all das mit dem Leitstern zu tun hat? Nun, wenn wir unser »richtiges« Leben nicht leben, dann wirkt sich dies auf sämtliche Lebensbereiche aus. Wenn wir zu diesem Urzustand des Polaris-Prinzips zurückfinden wollen, müssen wir lernen, unsere Emotionen und inneren Zustände richtig zu deuten.

Im letzten Teil des Buches geht es um die vier Phasen des Lebens, die wir durchlaufen, wenn wir auf unsere Bestimmung zu halten. Allein dieser Teil hätte schon ein eigenes Buch ergeben. Die Übungen und Fragebögen sind ein wichtiges Hilfsmittel, um uns aus unserer Schale zu locken.

Über Martha Beck
Martha Beck hat ihren Abschluss an der Elite-Universität Harvard gemacht, wo sie auch ihren Doktortitel erworben hat. Sie lehrte in Harvard und an der *American Graduate School* of *International Management*, einer international renommierten Management-Schule. Nachdem sie ihre akademische Karriere an den Nagel gehängt hatte, wurde sie Lebensberaterin und rief die *Life Design Inc.* ins Leben, die sich zum Ziel gesetzt hat, ihren Klienten zur Verwirklichung ihres vollen Potenzials zu verhelfen.

Von Martha Beck sind noch andere Bestseller erhältlich: *Ein wunderbares Kind – Wie Adam mein Leben verändert hat.* Und: *Why Women Fall Apart and How They Can Re-Create Their Lives.* Außerdem schreibt sie häufig für amerikanische Zeitschriften.

Martha Beck lebt mit ihrer Familie in Phoenix, Arizona.

Die Bhagavadgita

Wir werden in die Welt der Natur geboren, doch unsere zweite Geburt geschieht in der Welt des Geistes.

Wer aber seinen starken Körper dem Geist unterordnet und das Richtige tut, ohne nach Gewinn zu fragen, der ist wahrlich ehrenhaft, Arjuna! Nimm deine Aufgabe willig auf dich.

Der, dessen Geist von anderen nicht gestört wird und vor dem andere Frieden finden jenseits von Aufruhr, Ärger oder Furcht – der ist mir lieb.

Versuchst du der Schlacht deines Lebens zu entgehen, weil du dich selbstsüchtig vor ihr fürchtest, so wisse, dass dein Bestreben vergebens ist: Das Leben wird dir diese Schlacht aufzwingen.

Ich habe dir Worte der Einsicht und der Weisheit geschenkt, deren Geheimnis tiefer ist als das verborgenste Mysterium. Bedenke sie in der Stille deiner Seele und handle dann nach deinem freien Willen.

KURZ GESAGT
Suche den Frieden in dir selbst. Erfülle deine Aufgabe und öffne dich voller Staunen den Wundern des Universums.

ÄHNLICHE TITEL
Deepak Chopra, *Die sieben geistigen Gesetze des Erfolgs*
Dhammapada – Die Weisheitslehren des Buddha

· 5 ·

In der Bhagavadgita wird von einem Gespräch zwischen einem jungen Mann und einem Gott berichtet, der als Wagenlenker Krishna auftritt. Der junge Krieger Arjuna, der zur königlichen Familie der Pandavas gehört, ist am Morgen vor der großen, entscheidenden Schlacht voller Furcht, denn die »Feinde«, gegen die er zu kämpfen hat, sind seine Cousins, die er sehr gut kennt.

In seiner Verzweiflung wendet Arjuna sich an Krishna, seinen Wagenlenker. Die Antwort, die er erhält, ist nicht unbedingt die, die er sich gewünscht hat, denn Krishna ergreift die Gelegenheit, um einen Sterblichen darüber zu belehren, wie die Welt funktioniert und wie man als Mensch sein Leben am besten einrichtet.

Die Gita ist ein kleiner, aber sehr beliebter Teil des großen Hindu-Epos *Mahabharata*, einer Chronik in Versform, welche die Geschichte zweier verfeindeter Gruppen, der Kauravas und der Pandavas erzählt, die miteinander verwandt sind. Der Titel bedeutet »Himmlischer Gesang« oder »Gesang des Erhabenen«. Dieses Werk stellt zweifellos einen Gipfelpunkt indischer Spiritualität dar.

An der Gita fasziniert vor allem, dass sie auf so vielen verschiedenen Ebenen fruchtbar ist: Sie ist als literarisches Werk genauso vollkommen wie als philosophisches. Für die Hindus gehört sie zu den heiligen Büchern, für uns hält sie Ratschläge bereit, an denen wir unser Leben ausrichten können.

Die Zwangslage Arjunas

Arjuna will nicht kämpfen. Das ist nur zu verständlich. In seiner Ablehnung einer kriegerischen Auseinandersetzung mit Menschen, die er gut kennt, wird der Leser ihm zustimmen. Doch man darf nicht vergessen, dass diese Geschichte symbolische Bedeutung hat. Es geht um Handeln und Nicht-Handeln, und sie macht uns mit dem Sinn von Begriffen wie karma oder dharma bekannt.

Zu Recht fragt Arjuna, weshalb er sich in einer so schlechten Welt überhaupt noch darum kümmern solle, ob er Gutes oder Böses tut. Joseph Campbell weist in *Die Kraft der Mythen* darauf hin, dass die Akzeptanz des Bösen, die Anerkennung, dass es zu unserer Welt gehört, ein unverzichtbarer Schritt auf dem Weg zur inneren Reife ist. Dass wir »alles akzeptieren« müssen, bedeutet nicht, dass wir uns nicht zur Wehr setzen sollen. Wir sehen nur ein, dass wir bestimmten Dingen die Existenzberechtigung nicht absprechen können. Alles, was existiert, hat einen bestimmten Grund, und sei es nur, dass es uns zum Kämpfen bringt.

Es wäre schön, wenn man sich vom Leben zurückziehen, ja über allem stehen könnte, doch das ist nicht möglich. Da wir lebendig sind, können wir nicht untätig bleiben. Und wir müssen uns den Konsequenzen unseres Tuns stellen. Dies ist die wahre Bedeutung von *karma*.

Wenn wir also dem Leben entgegentreten müssen, nach welchen Prinzipien sollen wir dann unser Handeln ausrichten? Es gibt Handlungen, die einfach nur von Verlangen motiviert sind, und andere, in denen sich unser Lebenssinn erfüllt.

Der erste Weg ist natürlich leichter zu beschreiben. Er fordert von uns keine Selbsterkenntnis, sodass wir ohne Fragen in den Tag hineinleben können. Doch solch ein Leben widerspricht dem Gesetz des Universums, weil sich auf diese Weise der Geist aus unserer Existenz entfernt. Handlungen, in denen sich der eigene Lebenssinn erfüllt – das klingt zunächst einmal unklar und kompliziert, doch tatsächlich ist dies der Weg, der der Natur der Dinge entspricht. In diesem Weg liegt unser Heil, liegt all unsere Freude. Die Bezeichnung für diesen Weg ist *dharma*.

Vernunft

Die Bhagavadgita ist ein so wunderbares Buch, weil sich darin die Freiheit der Vernunft ausdrückt, die sich für ein Leben nach bestimmten Grundsätzen entscheidet, statt sich einzig vom Verlangen lenken zu lassen. Würde Arjuna nur seinem Wunsch, nicht zu kämpfen, folgen, würde er dabei nichts lernen. Krishna hingegen lehrt ihn, wie er »den guten Kampf« bestehen könne. In anderen Worten: Wie er seinem Lebenssinn, seinem dharma, folgen kann.

Arjuna legt seine Unentschiedenheit ab, als er begreift, dass seine Gegner ihrem Schicksal ohnehin ausgeliefert sind. Arjuna ist nur das Instrument des göttlichen karma.

Der Leser sollte sich nicht zu lange mit der Frage aufhalten, weshalb der Gott hier eine Schlacht gutheißt. Es geht vielmehr darum, dass der junge Krieger sein Handeln und seine Existenz in Frage stellt und so Vernunft beweist. Heute setzen wir Vernunft häufig mit Intelligenz gleich. Das ist in gewisser Weise Denkfaulheit, denn dann wäre jeder Hund, ja jeder Computer, der in der Lage ist, gewisse Operationen auszuführen, uns ebenbürtig.

Vernunft ist vielmehr die Fähigkeit, mit Hilfe derer wir unseren Platz im Universum erkennen. Sie zeigt sich vor allem dort, wo wir in Worten oder Taten unserer Existenz Sinn verleihen. Denn das ist es, was uns Menschen ausmacht.

Daher ist die Gita auch kein Ausflug ins Mystische. Sie weist uns vielmehr den Weg zum richtigen Einsatz der Vernunft, die zu den höchsten Fähigkeiten des Menschengeschlechts, zu unseren größten Gütern gehört.

Arbeit

Die Bhagavadgita stellt uns die drei Elemente der Natur vor: Tamas (Dunkelheit), Rajas (Feuer) und Sattva (Licht). Die Rajas-Energie führt zu einem Leben voller Aktion. Man ist ständig beschäftigt, hat seine Finger überall drin und hungert immer nach mehr. Man ist rastlos und hat einen grenzenlosen Appetit auf Dinge und Menschen. In solch einem Leben geht es immer um Gewinn und Verlust, um das, »was mir gehört und was mir noch nicht gehört«.

Klingt dabei eine vertraute Saite an? Dieses Leben ist ergebnisorientiert. Es mag von höherer Qualität sein als ein Leben, das sich nur an der Tamas-Energie ausrichtet (und daher von Trägheit, Stumpfheit, Achtlosigkeit und Unwissenheit geprägt ist), ist jedoch immer noch Mittelmaß. Was aber kann uns Sattva bieten, das Licht? Sie leben ein von Sattva-Energie getragenes Leben, wenn Sie edle Ziele haben und im Handeln Frieden empfinden. Ihre Arbeit ist Ihnen alles, und Sie würden sie sogar dann ausüben, wenn man sie nicht bezahlen würde.

Die Bhagavadgita weist uns darauf hin, dass wir unsere Seele verfinstern, wenn wir nicht die Arbeit tun, die wir lieben. Wenn Ihnen dies nicht möglich sein sollte, dann lernen Sie zu lieben, was Sie tun. Daraus ergibt sich eine grenzenlose Freiheit – von Ängsten und der ständigen Sorge um das Ergebnis. Der Weise trägt immer ein Ziel im Geist, doch er haftet nicht daran, und das macht ihn umso effektiver.

So lehrt uns das indische Epos auch, dass der Frieden, den wir finden, wenn wir uns von der Frucht unseres Handelns abwenden, noch höher einzuschätzen ist als derjenige, der aus der Meditation entsteht. In diesem Zustand sind wir frei von vorgefassten Erwartungen. Dann ist Raum für das Schöne, das Unerwartete.

Das unerschütterliche Selbst

Vielleicht sitzen Sie gerade gemütlich in Ihrem Fernsehsessel und sehen sich die Oscar-Verleihung im Fernsehen an. Glanz und Glitter, Stars und Sternchen. Plötzlich meint der Moderator: »Hier würde der Rest der Welt jetzt wohl gerne sein!« Und plötzlich macht sich unter dem oberflächlichen Vergnügen, das Sie an der Reportage haben, ein Gefühl der Unterlegenheit breit. »Wen interessiert schon, ob das seicht ist? Ich möchte auch dort sein. Was habe ich nur mit meinem Leben angestellt! Warum kann ich nicht an einer dieser Partys teilnehmen? Ich habe überhaupt keine Lust mehr, am Montag zur Arbeit zu gehen!«

In der Psychologie gibt es dafür einen passenden Begriff: »Objektreferenz«. Das bedeutet, dass wir uns auf andere Menschen konzentrieren und durch sie Bestätigung suchen. Und gerade Hollywood ist ein klassisches Symbol für die Veräußerlichung von Werten. Dort sorgt man sich ständig darum, was die anderen wohl denken mögen. Solch ein Leben ist vor allem von Angst geprägt. Laufen die Dinge einmal nicht so, wie wir uns das vorstellen, dann packt uns die Verzweiflung. Die Bhagavadgita aber lehrt uns, dass wir keine Bestätigung von außen brauchen, wenn wir mit uns im Einklang leben wollen. Dann wissen wir nämlich einfach, dass mit uns alles in Ordnung ist.

Einer der Königswege zu dieser inneren Haltung ist die Meditation. In der Meditation lösen wir uns von Emotionen wie Angst und Verlangen. Wir entdecken ein Selbst, das nicht der Veränderung unterworfen ist, das – wie Deepak Chopra sagt – »gegen Kritik immun ist, das sich nicht vor Herausforderungen fürchtet und sich niemandem unterlegen fühlt«. Verglichen mit dem, was wir in der Welt des Tuns erreichen können, ist dies wahre Macht.

In unseren gewöhnlichen Bewusstseinszuständen sind wir wie alle andern Menschen. In der Meditation aber erfassen wir unsere Einzigartigkeit. Wenn wir meditieren, erzeugen wir auch kein negatives karma, da wir uns in einem Raum voller Reinheit und Weisheit aufhalten. »Vollkommene Versenkung führt zu vollkommener Tat«, heißt es in der Bhagavadgita.

Der »Gesang des Erhabenen« betont immer wieder, dass der erleuchtete Mensch in Glück oder Unglück derselbe bleibt, dass der Sturm der Emotionen und Ereignisse ihn nicht verändern kann. Daher ist die Gita vor allem eine Anleitung, wie wir dieses unerschütterliche Selbst erlangen. Ironischerweise geschieht dies nur dann, wenn wir die vergängliche Natur des Lebens und das unnachsichtige Verrinnen der Zeit akzeptieren können. Das Universum ist in stetem Fluss, wir aber lehren unseren Geist, sich davon nicht beeindrucken zu lassen. Daher ist die Bhagavadgita ein wunderbares Buch, wenn wir uns klein und unbedeutend fühlen, wie das in der Hektik des modernen Lebens immer wieder vorkommt.

Zu guter Letzt

Jeder, der religiöse Bücher als »mystischen Quatsch« ablehnt, wird erstaunt sein zu hören, dass es in der Bhagavadgita in erster Linie um die Souveränität des menschlichen Geistes geht. Am Ende meint Krishna zu Arjuna:

Ich habe dir Worte der Einsicht und der Weisheit geschenkt, deren Geheimnis tiefer ist als das verborgenste Mysterium. Bedenke sie in der Stille deiner Seele und handle dann nach deinem freien Willen.

Obwohl Gott allmächtig ist, besitzt der Mensch einen freien Willen. Diese Botschaft verkündet die Gita seit Jahrtausenden in der Sprache der Poesie, welche die Sprache des Herzens ist.

Daher ist die Gita ein wunderbares Selbsthilfebuch: weder kompliziert noch gestelzt. Dieses Werk ist eine Quelle tiefster Weisheit, das uns den Pfad zu unerschütterlichem geistigem Gleichmut weist. Außerdem lehrt sie uns, wie wir Freude an unserer Arbeit empfinden können, was in der Hektik des modernen Lebens eine wertvolle Gabe ist.

Die Bibel

*Was du wirst vornehmen, wird er dir lassen gelingen,
und das Licht wird auf deinem Weg scheinen.
(Hiob, 22, 28)*

Der Herr ist mein Hirte, mir wird nichts mangeln. Er weidet mich auf grüner Aue und führct mich zum frischen Wasser. (Psalm 23)

Weiter, liebe Brüder, was wahrhaftig ist, was ehrbar, was gerecht, was keusch, was lieblich, was wohllautet, ist etwa eine Tugend, ist etwa ein Lob, dem denket nach. (Philipper 4, 8)

Ich vermag alles durch den, der mich mächtig macht, Christus. (Philipper 4, 13)

Er gibt dem Müden Kraft und Stärke genug dem Unvermögenden. (Jesaia 40, 29)

Ist Gott für uns, wer mag wider uns sein? (Römer 8, 31)

Alles, was ihr bittet in eurem Gebet, glaubet nur, dass ihr's empfangen werdet, so wird's euch werden. (Markus 11, 24)

KURZ GESAGT
Liebe, Glaube, Hoffnung, die Erhabenheit Gottes, die Natur des Menschen, die zur Vervollkommnung fähig ist.

ÄHNLICHE TITEL
Die Bhagavadgita
Dhammapada – Die Weisheitslehren des Buddha

Die meisten Menschen betrachten die Bibel entweder als heiligen Text, als historisches Werk oder als Geschichtensammlung. Dass wir so daran gewöhnt sind, sie in eine dieser drei Kategorien einzuordnen, hindert uns häufig daran zu sehen, dass sie auch eine unglaublich reichhaltige Quelle neuer Ideen ist, die unsere Vorstellung vom Mensch-Sein zutiefst verändern kann.

Fortschritt

Wir vergessen nur zu schnell, wie sehr das Alte und das Neue Testament die Welt, in der wir heute leben, geformt haben. In seinem Buch *Abrahams Welt*, in dem es darum geht, wie der jüdische Einfluss die Welt verändert hat, schreibt Thomas Cahill:

> *Ohne die Bibel gäbe es keine Bewegung zur Abschaffung der Sklaverei, keine Bewegung zur Gefängnisreform, keine Kriegsgegner, keine Arbeiterbewegung, keine Bürgerrechtsbewegung, keine Menschenrechtsbewegung der Indianerstämme, keine Anti-Apartheid-Bewegung in Südafrika, keine Solidarnosc-Gewerkschaft in Polen, keine Demokratiebewegung in Südkorea, den Philippinen oder China. All diese politischen Bewegungen der letzten Jahrhunderte benutzten die Ideen und die Sprache der Bibel.*

Vielleicht war es die Idee des Fortschritts, die unser Denken so sehr verändert hat. In der frühen Menschheitsgeschichte wurde Zeit als etwas Zyklisches betrachtet. Die großen Schöpfungsgeschichten der alten Hochkulturen waren für die Menschen so wichtig, dass der Gedanke an die Zukunft fast keine Rolle spielte. Die Vorstellung, das Morgen könne besser sein als das Heute, war den alten Kulturen fremd. Es gab zwar viele Götter, doch diese waren launenhaft, unpersönlich und ohne eine Vision für die Zukunft der menschlichen Rasse.

Durch die Offenbarung der Zehn Gebote auf dem Berg Sinai änderte sich dies ein für alle Mal. Der neue und einzige Gott musste zwar gefürchtet werden, doch er ging eine Verpflichtung seinem Volk gegenüber ein. Er hatte für seine Gläubigen eine Vision. Er war der Gott, der die Juden aus der ägyptischen Gefangenschaft in das Gelobte Land führte. Er gestaltete die Geschichte, damit sie seinen Zwecken diente. Der Gott des Fortschritts.

Wir saugen diese Vorstellung mittlerweile mit der Muttermilch ein, sodass sie uns selbstverständlich geworden ist. Tatsächlich ist die westliche Kultur aus dem Fortschrittsglauben entstanden, und mittlerweile haben auch nahezu alle anderen Länder der Welt ihn angenommen. Er ist – wie Cahill darlegt – die große Kraft, die hinter allen Emanzipationsbewegungen der modernen Zeit steht. Diese bezogen sich häufig auf das Buch Exodus des Alten Testaments mit seinem zentralen Gedanken, dass die Dinge nicht sein müssen, wie sie sind. Derselbe Gedanke findet sich in vielen Selbsthilfebüchern wieder.

Die Macht der Liebe

Das Alte Testament prägt also die Entwicklung der westlichen Gesellschaften durch die Jahrtausende hindurch, das Neue Testament hingegen wurde zum Symbol für persönliche Entwicklung. Das Alte Testament war revolutionär, weil in ihm das Individuum zu neuen Ehren gelangt, das Neue hingegen machte deutlich, dass ein einzelner Mensch nicht nur die Möglichkeit hat, die Welt zu verändern, sondern dass dies sogar seine Pflicht ist. Die Welt konnte nach dem Vorbild Gottes geformt werden. Jesus war dafür das beste Beispiel. Dies macht aus dem Neuen Testament ein Handbuch aktiver Liebe und Hinwendung. Jene Form der Liebe, die heilend und schöpferisch wirkt wie der Fortschrittsgedanke, den das Alte Testament aufbrachte, ist etwas, das wir heute ebenso für selbstverständlich halten. Doch wie Andrew Welburn in *Am Ursprung des Christentums* schreibt: »Liebe ist die Offenbarung Gottes an den individualisierten Menschen, der sich selbst erkannt hat. So wie Macht und weise Ordnung die Offenbarung Gottes an die alte Menschheit war, die sich noch nicht der Selbsterkenntnis verschrieben hatte.«

Das biblische Thema von der Macht der Liebe zeigte ein neues Zeitalter in der Entwicklung der Menschheit an. So wurde Saulus von Tarsus (der später zum heiligen Paulus wurde) »vom Licht geblendet«, als er nach Damaskus unterwegs war, wo er, der gefürchtete Christenjäger, weitere Opfer finden wollte. Diese wunderbare Geschichte einer persönlichen Wandlung unterstrich deutlich die damals ungewohnte Idee, dass Liebe stärker sein kann als Macht oder Ansehen.

Glaube

Die Vielzahl von Gottheiten, welche die Welt in vorjüdischen polytheistischen Zeiten anbetete, war nichts weiter als eine Spiegelung menschlichen Verlangens. Wenn man nicht bekam, was man wollte, war man wohl bei den Göttern in Ungnade gefallen. Der Gott Moses' war viel schwieriger zu befriedigen. Seine Anhänger mussten an ihn glauben, damit er seine Ziele vollenden und Allmacht beweisen konnte. Der Gott des jüdischen und christlichen Glaubens war nicht nur ein Gott der Schöpfung und Zerstörung. Er machte den Menschen zum Mit-Schöpfer.

Das beste Beispiel dafür ist die Geschichte von Abraham. Ihm wird gesagt, er solle auf den Berg steigen und seinen Sohn als Opfer darbringen. Erstaunlicherweise begehrt er nicht dagegen auf, sondern besteigt mit Isaak den Berg und errichtet einen Altar, auf den er den Jungen legt. In letzter Minute hält der Engel Gottes Abraham auf und lässt ihn einen

Schafbock an Stelle seines Sohnes opfern. Da Abraham diese Glaubensprüfung erfolgreich besteht, leben seine Nachfahren in Reichtum und Wohlstand.

Doch bei diesem Test ging es nicht nur um Abrahams Treue zu Gott, ja nicht einmal nur um Abraham selbst. Die ganze Menschheit bestand diese Prüfung. Wir waren nicht länger mehr Tiere, die vor Angst zitterten und an die physische Welt gebunden waren. Wir wurden zum Abbild Gottes, indem wir im Glauben still wurden.

Die Bibel und das Individuum

Andere Religionen und geistige Traditionen betrachteten die Welt entweder als Illusion oder als Drama, in dem wir den uns zugedachten Part zu übernehmen haben. Im Christentum jedoch spielte das Individuum die zentrale Rolle. So wurde die Menschheitsgeschichte aufgewertet und wurde zur Geschichte des menschlichen Bemühens, den Himmel hier auf Erden zu schaffen.

Das Christentum befreite die Gläubigen davon, ihr Los auf Erden ohne Fragen akzeptieren zu müssen. Insofern war es absolut emanzipatorisch: Keines Menschen Heil hing von anderen Menschen, von launischen Gottheiten, dem Schicksal oder den Sternen ab. Eben diese Vorstellung weckte in den Menschen den Gedanken, dass ihr Schicksal nicht von Herkunft, Rasse oder Vermögen bestimmt werden durfte.

Das Revolutionäre an der Bibel, vor allem aber am Neuen Testament, war, dass plötzlich die »unsagbare Einzigartigkeit des Seins, an der jeder Mensch teilhat«, im Vordergrund stand, wie Teilhard de Chardin dies schrieb. Die Vision der Bibel sieht eine ganzheitliche menschliche Gemeinschaft vor, doch diese Gemeinschaft lässt jedem Individuum seine ganz persönliche Eigenart. Was auch immer Sie von Johannes Paul II. halten mögen, dies war der wahre Grund, weshalb er den

Kommunismus so leidenschaftlich bekämpfte: weil dieses System die Individualität des Einzelnen der Gemeinschaft zu opfern bereit war.

Zu guter Letzt

Die Bibel sollte mit neuen Augen gelesen werden. Vergessen wir doch einmal Dinge wie Erbsünde, Buße, Kirchenhierarchie und Kreuzzüge und erinnern uns stattdessen an die einfache Botschaft von Mitgefühl, Erfüllung und moralischer Entwicklung unserer Persönlichkeit. Die wahre Moral des Christentums besteht nicht darin, dass wir anderen unsere Grundsätze aufoktroyieren. Die Bibel ist ein spannendes historisches Buch mit faszinierenden Geschichten, und wir tun ihr Unrecht, wenn wir außer Acht lassen, dass es im Christentum in erster Linie um persönliches Wachstum geht.

Eisenhans
1990

Das Männliche ist in den letzten zwanzig Jahren rücksichtsvoller und sanfter geworden. Das bedeutet nicht, dass es sich gleichzeitig befreit hat. Das neue Männerbild ist ein netter Junge, der nicht nur seiner Mutter gefällt, sondern auch der jungen Frau, mit der er zusammenlebt.

Das Wort »besonders« ist für den naiven Mann ausgesprochen wichtig. Mit bestimmten Menschen verbindet ihn eine »besondere« Beziehung. Wir alle haben »besondere« Beziehungen, doch er umgibt die »besondere« Person mit einer »besonderen« Menge süßlicher Aufmerksamkeit. Die Beziehung ist deshalb so »besonders«, weil er die dunklen Seiten der anderen Person immer unter den Teppich kehrt.

In der Geschichte vom Eisenhans spiegeln sich Initiationsriten für Männer, die im Nordeuropa der Urzeit wurzeln. Die Aufgabe des Wilden Mannes ist es, dem Jungen zu zeigen, wie unterschiedlich, vielgestaltig und facettenreich seine Männlichkeit ist. Auf den Körper des Jungen werden die physischen Fähigkeiten seiner lange verstorbenen Ahnen übertragen, während sein Geist die spirituellen und seelischen Kräfte erbt, die sich vor Jahrhunderten entwickelt haben.

KURZ GESAGT
Traditionelle Märchen helfen uns, die uralte Macht des Männlichen wieder zu erwecken.

ÄHNLICHE TITEL
Joseph Campbell und Bill Moyers, *Die Kraft der Mythen*
Clarissa Pinkola Estés, *Die Wolfsfrau*
Thomas Moore, *Seel-Sorge*

· 7 ·
Robert Bly

Robert Bly ist ein bekannter amerikanischer Dichter. Was brachte ihn dazu, einen Selbsthilfe-Bestseller zu schreiben? Bly hatte, um sein Einkommen aufzubessern, immer wieder Vorträge über Märchen und Mythologie gehalten. Dabei stellte er fest, dass das Brüder-Grimm-Märchen vom Eisenhans bei Männern einen Nerv traf. Sein Buch über diese uralte Geschichte legte den geistigen Grundstock für die Männerbewegung und seine Seminare trugen viel zu den Stereotypen über den »neuen Mann« bei, der trommelte und Bäume umarmte.

Der moderne Mann

In seinen frühen Seminaren forderte Robert Bly die Männer auf, eine Szene aus der Odyssee nachzustellen: Odysseus geht mit erhobenem Schwert auf das Urbild des Weiblichen zu, die Zauberin Circe. Besonders friedliebende Männer waren dazu nicht in der Lage, weil sie vollkommen fixiert darauf waren, ja niemanden zu verletzen. Diese Männer waren in der Zeit des Vietnamkrieges groß geworden. Sie wollten nichts mit einem Männer-Stereotyp zu tun haben, das einen Feind braucht, um sich lebendig zu fühlen. Anders als die eindimensional denkenden Männer der fünfziger Jahre waren sie jedoch durchaus in der Lage, sich in andere hineinzuversetzen und deren Standpunkt zu verstehen.

Bly meint, dass dieser neue »sanfte Mann« zwar durchaus imstande sei, eine neue Welt zu schaffen, doch andererseits sei sein Dasein auch durch Depressionen geprägt, weil er keinen Raum mehr für seine Aktivität findet. Und so versuchte Bly diesen Männern zu zeigen, dass das Ziehen des Schwertes noch nicht bedeutet, dass man kriegslüstern sei. Genauso gut spiegelt sich darin »freudige Entschlossenheit« wider.

Im Eisenhans geht es darum, Männer durch die Welt der Mythen und Legenden zurück zur Quelle ihrer Männlichkeit zu führen. Es geht um den Mittelweg zwischen der größeren Bewusstheit des »sensiblen New-Age-Mannes« und der Vitalität des Kriegers.

Die Geschichte

In der einen oder anderen Form wird die Geschichte vom Eisenhans in allen Kulturen erzählt. Kurz zusammengefasst geht sie etwa so: Ein Jäger wird vom König aufgefordert, einen Teil des Waldes zu betreten, dem Menschen gewöhnlich fernbleiben, und er nimmt die Herausforderung an. Der Jäger geht also in den Wald, wo plötzlich eine Hand aus einem Teich emporschnellt, seinen Hund packt und unter Wasser zieht. Der Jäger leert den Teich und findet auf seinem Grund einen haarigen wilden Mann, den er ins Schloss bringt, wo er in einen Käfig gesperrt wird.

Anderntags spielt der Sohn des Königs in dem Hof, wo der Gefangene sitzt, mit einem goldenen Ball. Der Ball rollt in den Käfig, und der Gefangene schließt mit dem Prinz einen Handel ab: Er gibt den Ball erst heraus, wenn der Prinz ihn frei gelassen hat. Dieser Handel steht für den Übertritt des Jungen in die Welt der Erwachsenen. Er ist bereit, sich von seinen Eltern zu trennen und seinen »goldenen Ball« (die Vitalität der Jugend) dort zu suchen, wo die maskuline Energie herkommt.

Wer oder was ist der Wilde Mann?

Hier trifft Bly eine wichtige Unterscheidung zwischen dem Wilden Mann und dem Barbaren. Der Barbar zerstört die Umwelt, missbraucht Frauen und so weiter, weil seine innere Verzweiflung ihn dazu treibt. Er projiziert seinen Hass und seine mangelnde Selbstachtung auf die Welt und auf andere Menschen. Der Wilde Mann hingegen weiß, wo er verletzt. Aus diesem Grund ähnelt er mehr einem Zenpriester bzw. einem Schamanen als einem Barbaren. Der Wilde Mann ist der höchste Ausdruck der Männlichkeit, der zerstörerische Barbar hingegen der niedrigste.

Ein zivilisierter Mann versucht, seine Wildheit in ein größeres Ganzes einzuordnen. Als der Junge in der Geschichte alles auf eine Karte setzt und den Wilden Mann in den Wald begleitet, denken seine Eltern, ihr Sohn sei vom Teufel entführt worden. Tatsächlich aber macht er die Erfahrung der Initiation, des Erwachens. Bly will uns vor allem eines vermitteln: Wenn wir unsere Kinder in Watte packen, nehmen wir ihnen einige ihrer wichtigsten Energiequellen. Süchte und psychische Krankheit spiegeln die Unfähigkeit unserer modernen Gesellschaft wider, ihre »dunkle Seite« zu integrieren.

Bly ist der Ansicht, dass die New-Age-Mythologie vom höheren Bewusstsein und der inneren Harmonie für naive Männer eine besonders gefährliche Anziehungskraft besitzt. Die Mythen fordern uns dazu auf, die ganze Fülle des Lebens umzusetzen, auch Blut und Tränen. Wir werden nur dann vollkommen entwickelte Menschen, wenn wir uns auf »den Schatz« (eine Idee, eine Person, eine Vision, eine Frage) konzentrieren und unser ganzes Leben danach ausrichten. Dies ist ein Zeichen innerer Reife. Treffen wir diese Entscheidung, erwacht der König in uns zum Leben und setzt all unsere Kräfte frei.

Den Krieger wieder erwecken

Wenn die Kraft des Kriegers nicht gewürdigt und kanalisiert wird, schafft sie sich anderweitig Luft: in Jugendgangs, verprügelten Ehefrauen, Pädophilie und tiefen Schamgefühlen. Wird sie jedoch richtig genutzt, kann sie in ihrer verfeinerten Form eine Quelle der Inspiration sein. Wie sonst, so Bly, ließe sich unsere Bewunderung für glorreiche Ritter, für Männer in Uniformen mit medaillenbewehrter Brust erklären? Diese Bilder stehen für die zivilisierte Energie des Kriegers.

Die Autor meint, der Geist des Kriegers sowie eine gewisse Wildheit habe auch in jeder Beziehung ihren Platz. Er zitiert den Psychoanalytiker C. G. Jung, der meinte, amerikanische Ehen seien die traurigsten überhaupt, weil der Mann all seine kämpferische Energie im Büro verbrauche. Zu Hause seien amerikanische Männer reine Schmusekätzchen. Wildheit bedeutet, für das zu kämpfen, was einem rechtmäßig zusteht. Frauen wollen wissen, wo die Grenzen eines Mannes liegen.

Auf den Boden zurückkommen

Zwischen zwanzig und vierzig gehören viele Männer zur »fliegenden Truppe«. Sie machen ihre Höhenflüge und glauben, dass nichts sie aufhalten könne. Doch damit ein Mann »ganz« werden kann, muss er eine »Öffnung« erleben, eine Wunde, die ihm geschlagen wird, damit seine Seele in ihn einkehren kann. In vielen Mythen wird diese Aufgabe von einem wilden Tier übernommen. In der Geschichte vom Eisenhans wird der Junge von einem Ritter am Bein verletzt. Als er vom Pferd fällt, wird sein goldenes Haar sichtbar, das er bislang unter einem Helm verbarg. Bis dahin, so meint Bly, sei er ein zweidimensionales Geschöpf gewesen. Denn die Akzeptanz von Schmerz und Kummer ist für das Potenzial eines Mannes ebenso wichtig wie die Fähigkeit, zu Höhenflügen anzusetzen.

Ein Hunger nach Männlichkeit

Die Initiationsriten für Männer aller Kulturen beinhalten die Reise zur dunklen Seite. Frauen können Männer nicht einweihen. In vielen Kulturen wird der Junge aus der Welt der Frauen, die bislang für ihn sorgte, entfernt und muss für eine Zeit unter älteren Männern leben. Die moderne Gesellschaft hat nur wenige Initiationsriten. Daher verbringen die Jungs ihre endlos langen Teenagerjahre, indem sie sich schlecht benehmen, grob zu den Eltern (vor allem zur Mutter) sind und Musik hören bzw. Kleidung tragen, welche Aufmerksamkeit garantieren.

Millionen von Männern sind in einem Umfeld aufgewachsen, das von weiblicher Energie geprägt war – was an sich noch kein Problem ist, wenn es genug maskuline Energie gibt, die für den Ausgleich sorgt. Wenn sie älter werden, denken Männer mehr über ihren Vater nach. In der Mythologie wird dies dargestellt durch das »Betreten des väterlichen Hauses«, was gleichbedeutend ist mit: die Erwartung eines schönen, leichten Lebens hinter sich zu lassen und sich der Realität zu stellen. Hamlet, so Bly, sei ein perfektes Beispiel für einen Mann, der den Übergang vom Reich der Mutter in das des Vaters zu bewältigen hat.

Die Farben des Lebens

Als der Junge aus dem Märchen ins Schloss seines Vaters zurückkehrt, tut er dies unerkannt zu einem Turnier, bei dem er zuerst ein rotes, dann ein weißes und schließlich ein schwarzes Pferd reitet. Diese Farben stehen in symbolischer Verbindung zu den Stadien des männlichen Lebens: Rot signalisiert die Emotionen und die ungebremste Sexualität der Jugendjahre, Weiß steht für das Leben nach dem Gesetz und damit für die Arbeit, Schwarz hingegen ist das Sinnbild der Reife, in der sich Menschlichkeit und Mitgefühl zeigen.

Bly merkt dazu an, dass Lincoln in seinen späten Jahren nur noch Schwarz trug. Er hatte alles gesehen. Von seinen Emotionen (Rot) ließ er sich nicht länger gängeln. Auch äußere Prinzipien und Gesetze (Weiß) hatten keine Macht mehr über ihn. Es heißt, dass er im Alter einen geradezu philosophischen Sinn für Humor entwickelt hatte. Männer in dieser Phase des Lebens erkennt man an ihrer absoluten Vertrauenswürdigkeit.

Zu guter Letzt

Weshalb berührte Blys Interpretation eines Märchens so viele Männer?

Die Geschichte vom Eisenhans wurde über die Jahrhunderte an den Lagerfeuern der Welt erzählt. Bedauerlicherweise wird nicht jedes Erbe seinem wahren Wert nach geschätzt. Der Erfolg dieses Buches lässt vermuten, dass der Bedarf an echter Männlichkeit mittlerweile erkannt ist. Frauen und der Rest der Gesellschaft werden davon ebenso profitieren wie die Männer selbst.

Jene Männer, die über solche Bücher lachen, haben sie vermutlich am allernötigsten. Die gefährlichsten Typen sind Männer ohne Fähigkeit zur Selbstreflexion. Frauen sollten sich daher freuen über diese Rückkehr einer starken, aber nicht zerstörerischen Form der Männlichkeit. Was *Eisenhans* für die Welt des Mannes ist *Die Wolfsfrau* für die der Frauen. Auch dieses Buch kann ich nur empfehlen.

Eisenhans ist ein Buch, das man durchaus mehrfach lesen kann, vor allem, wenn man mit der Welt der Märchen und Mythen nicht so vertraut ist. Es ist zwar Blys erstes Prosa-Buch, enthält aber trotzdem eine Menge Gedichte.

Über Robert Bly
Bly wurde 1926 in Madison im Staate Minnesota geboren. Seine Eltern waren Farmer. Bly erwarb seine akademischen Grade in Harvard und an der Universität von Iowa. Er gehört zweifellos zu den bekanntesten zeitgenössischen Dichtern Amerikas und hat viele Lyrikbände herausgegeben. Er tritt für junge Schriftsteller ein und sorgte durch seine zahlreichen Übersetzungen dafür, dass die Lyrik nicht englischsprachiger Länder in den USA bekannter wurde. In der Bewegung gegen den Vietnamkrieg gehörte er zu den führenden Stimmen.

Nach *Eisenhans* hat Bly noch weitere kulturkritische Werke geschrieben: *Die kindliche Gesellschaft*, wo er darlegt, dass wir in einer »kindlichen« Kultur leben; zusammen mit Marion Woodman *Die ferne Zarin*, wo es um die Vereinigung von männlichem und weiblichem Prinzip geht. Sein jüngstes englischsprachiges Werk ist *Eating the Honey of Words*, in dem er seine besten Gedichte aus den letzten drei Jahrzehnten zusammenfasst. Er lebt in Minnesota.

Der Trost der Philosophie
6. Jahrhundert

Betrachte die Weite und Ewigkeit des Himmels – und lasse die Bewunderung wertloser Dinge sein.

... ein Mangel an Selbsterkenntnis ist bei anderen Wesen natürlich, beim Menschen jedoch zeugt er von moralischer Schwäche.

Obwohl euch gewöhnlichen Sterblichen die Welt verwirrend erscheint, weil ihr nicht im Stande seid, die Ordnung der Dinge zu sehen, so hat doch nichtsdestoweniger ein jedes seinen Platz, an dem es zum Guten wirkt und lenkt.

»Aus diesem Grund«, fuhr sie fort, »sollte der Weise nicht jammern, wenn ihm das Glück nicht hold ist, noch sollte der Tapfere zagen, wenn der Schlachtenlärm ertönt. Denn für jeden von ihnen verbirgt sich in der Schwierigkeit die Gelegenheit. Der Tapfere mag in der Schlacht seinen Ruhm mehren, der Weise im Unglück seine Weisheit vertiefen.«

Kurz gesagt
Was auch immer geschieht, die Freiheit des Geistes bleibt uns erhalten.

Ähnliche Titel
Marc Aurel, *Selbstbetrachtungen*
Viktor Frankl, *Trotzdem Ja zum Leben sagen*

·8·
Boethius

Der Stellenwert von Boethius' Werk *Trost der Philosophie* kann im Kanon der Selbsthilfebücher gar nicht hoch genug eingeschätzt werden. Boethius ist zwar heutigen Lesern kaum geläufig, doch sein Werk prägte über ein Jahrtausend lang den christlichen Westen und wurde an Beliebtheit höchstens noch von der Bibel übertroffen.

Boethius führte ein unglaublich privilegiertes Leben. Sein Geburtsname war Anicius Manlius Severinus Boethius. Er kam als Kind einer adligen Familie im späten Römischen Reich zur Welt und wurde von dem Staatsmann Symmachus adoptiert, dessen Tochter er heiratete. Zu einem Leben im Zentrum der Macht bestimmt, erhielt er die bestmögliche Erziehung. Noch bevor er das dreißigste Lebensjahr vollendet hatte, ernannte man ihn zum römischen Konsul. Als Mitglied des römischen Senates war er hoch geschätzt und entwickelte sich zur Stütze der römischen Gesellschaft. Doch auch als Gelehrter leistete er einen wichtigen Beitrag mit seinen Aristoteles-Übersetzungen und -kommentaren, die im Mittelalter Grundlagen für das Studium der klassischen Literatur waren. Doch sein Lebenstraum, das Gesamtwerk von Plato und Aristoteles zu übersetzen und beide Autoren zu harmonisieren, erfüllte sich nicht, denn Boethius lebte in bewegten Zeiten.

Das Römische Reich hatte sich in ein Ost- und in ein Westreich aufgeteilt, die von Byzanz bzw. von Ravenna aus regiert wurden. Der Herrscher über das Weströmische Reich war kein Römer mehr, sondern ein »Barbar«, obwohl er die meisten der römischen Traditionen beibehielt: der Ostgote Theoderich. Boethius wurde Berater an Theoderichs Hof. Seine Aufgabe war es, zwischen dem römischen Senat und dem neuen Herrscher zu vermitteln. Eine höfische Intrige führte jedoch dazu, dass Theoderich seinen Berater des Hochverrats anklagte und ihn zum Tod durch die Folter verurteilen ließ. Boethius wurde hingerichtet.

Ein Leben, das vorher vom Glück begünstigt schien, lag plötzlich in Trümmern. Wie konnte Boethius' geliebte Philosophie ihm in dieser Lage nützen? Seine schreckliche Situation ließ ihn eine Antwort finden: An der Schwelle zum Tod entstand *Trost der Philosophie*.

Das Rad des Glücks

Das Buch beschreibt zu Beginn, wie die Dame Philosophie einen verzweifelten Gefangenen (in dem wir wohl Boethius selbst erkennen dürfen) in seiner Zelle besucht. Sie hörte den Gefangenen über die Ungerechtigkeit seiner Lage klagen und erläutert ihm, weshalb es keinen Sinn habe, über die Wechselhaftigkeit des Glücks zu jammern. Zwischen der Philosophie und dem Gefangenen entspinnt sich ein Dialog.

Das Glück kommt und geht, wie es will. Daher sollten wir uns von ihm nicht abhängig machen. Für den Gefangenen war »Glück« seine hohe Stellung, die öffentliche Anerkennung und sein Reichtum. Doch die Philosophie erklärt ihm, dass dies nicht die wahre Quelle des Glücks sei, da ihn all dies schließlich in die Lage gebracht habe, in der er sich jetzt befinde. Wenn man sich von Fortuna abhängig macht, muss man mit ihrem Verschwinden genauso rechnen wie mit ihrem Kommen. Sie kommt und geht wie die Jahreszeiten. In seinem Zorn habe der Gefangene nur vergessen, wie die Welt geordnet sei.

Doch wie sieht die Ordnung der Dinge nun aus? Die Philosophie bringt ihren Gesprächspartner dazu einzugestehen, dass das höchste Gut, das wir suchen können, Gott ist. Mit unserem Streben nach äußeren Dingen wie Ruhm, Reichtum oder Macht suchen wir letztlich nur nach der wahren Quelle des Glücks. Anders als Fortuna aber ist Gott unveränderlich. Er lässt sich nur finden, wenn wir in unser Herz blicken. Wer nach Gott sucht, erlangt so am Ende Selbsterkenntnis.

Immer noch bedrückt wendet der Gefangene ein, dass am Ende die Bösen doch über die Guten obsiegen. Doch die Philosophie bestreitet dies. Erreichen die bösen Menschen, was sie wollen, so werden sie dadurch nur zu Tieren. Verfolgt jedoch der gute Mensch sein Ziel, so erhebt er sich über seine Mitmenschen und nähert sich Gott an. Daher kann das Böse niemals wirklich gewinnen, denn der »Erfolg« im Bösen führt zu nichts, während unser Streben nach dem Guten uns auf eine höhere Stufe hebt.

Schicksal und Vorsehung

Dann wendet das Buch sich der ewig menschlichen Problematik des freien Willens zu. Als Dame Philosophie ihm erklärt, dass es im Universum keinen Zufall gebe, dass die Vorsehung alles zum Besten ordnen würde, stellt der Gefangene die Frage: »Weshalb verfügt der Mensch dann über einen freien Willen?« Die Philosophie erklärt ihm, dass Gott in der Gegenwart die künftigen Ereignisse sähe, welche aus der freien Wahl entstünden. Gott weiß, was geschehen wird, wenn wir eine bestimmte Wahl treffen. Trotzdem greift er nicht ein, außer wir bitten ihn um Führung.

Der Gefangene erfährt weiterhin, dass die Vorsehung ohne Anstrengung das gesamte Universum lenkt, während das Schicksal sich auf die Bewegung des Menschen in der Zeit beziehe. Wer Gott näher ist, lebt im Einklang mit der Vorsehung und kann sich auf ihre Hilfe verlassen. Wer jedoch daran glaubt, alles selbst in der Hand zu haben, ist seinem Schicksal ausgeliefert und hat paradoxerweise weniger Kontrolle über sein Leben. Wer die Stille kennt, kann sich der Vorsehung überantworten. Wer jedoch nur Verwirrung und Chaos betrachtet, sieht nur die Härte des Schicksals.

Sinn entsteht aus Leiden

Die Philosophie versucht dem Gefangenen klar zu machen, dass niemand besser als er den wahren Wert weltlicher Güter wie Reichtum, Macht, Ruhm und die Vorteile einer guten Abstammung beurteilen könne, da er all dies besessen und verloren habe. Nichts und niemand kann uns vor dem, was dem Gefangenen geschah, bewahren. Tatsächlich kann nur er solch ein Schicksal erleiden. In seinen letzten Tagen tritt uns Boethius als »Gefangener« gefasster entgegen. Was er zu besitzen meinte, so begreift er, ist nicht annähernd so wichtig wie die Selbsterkenntnis, die er im Augenblick erlangt.

Es dämmert Boethius, dass sein Leben zu Höherem bestimmt war als zu Macht und Selbstverwirklichung mittels der Kraft des Willens. In diesem einen Jahr Gefängnis gibt er die Anhaftung des jungen Mannes an Ruhm und Reichtum auf und tauscht sie gegen eine tiefe Wertschätzung der Einmaligkeit des ganzen Universums. Er wandelt sich vom machthungrigen Politiker zum weisen Alten. Mit dem Trost der Philosophie gewinnt sogar ein so schrecklicher Tod wie der seine einen Sinn.

Wirkung des Buches

Trost der Philosophie inspirierte Dante, Chaucer und Thomas von Aquin. Es wurde unter König Alfred (9. Jahrhundert) und Königin Elisabeth I. (16. Jahrhundert) ins Englische übersetzt. Allgemein gesprochen trug es zu eben jener Frömmigkeit und Innenschau bei, die wir heute am Mittelalter bewundern.

Boethius' Wunsch, ein größeres Publikum zu erreichen, drückt sich schon in der Wahl der poetischen Form aus, denn der *Trost der Philosophie* ist in einer Mischung aus Prosa und Lyrik geschrieben, die man vormals der so genannten Menippischen Satire zuordnete. Der populäre und leichte Stil sollte den Leser anziehen und ihm Vergnügen ebenso schenken wie Trost. Und genau das tut das Buch.

Zu guter Letzt

Obwohl Boethius einer der großen Intellektuellen seiner Zeit war, ist sein Buch vor allem ein höchst persönliches Werk, das den Leser jeden Alters direkt anspricht und ihm Rat, Trost und Inspiration vermittelt. Die zentrale Frage nach der Willensfreiheit mutet zunächst recht theoretisch an, doch letztlich ist sie für die ganze Frage nach der Möglichkeit zur Selbsthilfe entscheidend. Denn die höchste Entwicklungsstufe des Menschen ist es, im Geiste frei zu sein, wenn der Körper dies nicht ist – wie es bei Boethius der Fall war. Daher ist *Trost der Philosophie* eine der klügsten Analysen der Natur von Glück.

Wie Proust Ihr Leben verändern kann
1997

Obwohl Proust sein Werk nicht mochte und es mehrfach als »unglücklich« (1914), »irreführend« (1915) und »hässlich« (1917) bezeichnet hatte, legt Auf der Suche nach der verlorenen Zeit *den Finger genau in die Wunde der Moderne: Es sucht nach Gründen für die Auflösung und den Verlust der Zeit. Es geht dabei also nicht nur um epische Klagen über das Ende eines poetischeren Zeitalters, sondern um eine universell anwendbare Geschichte darüber, wie man aufhören kann, seine Zeit zu verschwenden und sein Leben zu schätzen.*

Die Philosophen aller Zeiten kümmern sich traditionell um die Suche nach Glück. Dabei wäre es doch viel klüger, nach Wegen zu suchen, wie man wirklich und produktiv unglücklich sein kann. Die sture Wiederkehr des Unglücks kann doch nur bedeuten, dass die Entwicklung einer sinnvollen Art, damit umzugehen, sinnvoller ist, als ständig nach utopischen Glückszuständen zu suchen.

KURZ GESAGT
Genießen Sie den Reichtum des Lebens, auch wenn die Umstände dagegen sprechen. Geringe Erwartungen sorgen für angenehme Überraschungen.

ÄHNLICHE TITEL
Thomas Moore, *Seel-Sorge*

… 9 …

Alain de Botton

Papa Proust war ein angesehener Professor für Hygiene, der viel reiste und zahllose gelehrte Werke schrieb. Auch der Sohn wurde Arzt. Er liebte Sport und war finanziell erfolgreich. Körperlich war er so robust, dass er sogar einen Unfall überlebte, bei dem er von einer Pferdekutsche überrollt wurde.

Und dann war da noch der andere Sohn, ein ewig kränkelnder Ästhet, der vom Geld seiner Eltern lebte und nicht einmal einer Aufgabe als Bibliothekar gewachsen war. Als er noch gesünder war, sah man ihn häufig in der Pariser Oper. Auch Dinnerpartys gab er gerne. Erst nachdem beide Eltern gestorben waren, beschloss er, mit seinem Leben etwas anzufangen. Er war etwa Mitte dreißig, als er zu schreiben begann. Bevor er auch nur die geringste Anerkennung bekam, sollten Jahre vergehen. Wie Alain de Botton erzählt, sagte Proust einmal zu seinem Dienstmädchen etwas, was damals wie eine vergebliche Hoffnung erscheinen musste: »Ach Celeste, könnte ich mit meinen Büchern doch nur so viel Gutes tun, wie mein Vater für seine Kranken tat.«

Heute, wo wir wissen, welchen Ruhm Proust mit seinen Werken erlangen sollte, scheint dieser Wunsch lächerlich gering. In de Bottons Augen liegt jedoch genau darin die wahre Bedeutung von Prousts Werk verborgen. Der Schriftsteller zielte tatsächlich darauf ab, den Erfolg seines Vaters als Heiler zu imitieren. De Bottons Buch sucht also hinter dem äußeren Anschein des literarischen Meisterwerks *(Auf der Suche nach der verlorenen Zeit)* nach der therapeutischen Kraft, die darin verborgen liegt, und zeigt uns, dass Proust genauso verstanden werden wollte.

Der Sinn des Schmerzes

Proust wollte, dass Schmerz einem guten Zweck diene. Darin lag für ihn »die ganze Kunst des Lebens«. De Botton weist darauf hin, dass Philosophen aller Zeiten nach dem wahren Glück gesucht hätten. Proust jedoch habe eine weit sinnvollere Formel für das Leben gefunden: Statt aus unserem Leben eine Art Disneyland der erfüllten Erwartungen zu machen, sollten wir Wege finden, auf »fruchtbare Weise unglücklich« zu sein.

Das Leid überrascht uns immer, obwohl dies nicht so sein sollte. Viele der Proustschen Charaktere sind schlechte Leidende. Sie entwickeln Verteidigungsstrategien gegen ihre Probleme, was sie zu unerträglichen Menschen macht. Der gute Leidende sieht die bittere Logik in dem, was er oder sie fühlt: Das Leid verliert irgendwann seine emotionale Macht und lässt Ansätze von Weisheit zurück.

Die Kunst des Lebens, so wie Proust sie verstand, besteht nicht darin, einen großartigen Lebensstil zu finden, sondern trotz (und nicht wegen) der Umstände Wert und Sinn im Leben zu entdecken. So betrachtet stellt das »fruchtbare Unglück« sich schnell als sinnvolle Lebensstrategie heraus.

Wie man Freundschaften pflegt ... und trotzdem seinen Platz in der Geschichte nicht verliert

Proust hatte viele Freunde, die ihn sehr schätzten. Viele von ihnen haben ihn liebevoll in ihren Erinnerungen beschrieben. De Botton zeigt, weshalb der Schriftsteller so sehr geschätzt wurde.

Zunächst einmal glaubt er, dass Freundschaften nicht dazu da seien, sich gegenseitig sein Herz zu öffnen, auch wenn das Gegenüber durchaus Interesse an der eigenen Befindlichkeit zeigen möchte. Wenn man einen Freund gewinnen und seine Persönlichkeit kennen lernen wolle, solle man zuhören, so Proust. Vielleicht wurde er deshalb so sehr geschätzt. Des Weiteren dachte er, dass Freundschaften vergnüglich und nicht allzu intellektuell sein sollten. Mit einem Gespräch sollte man den anderen amüsieren und ihn spüren lassen, dass er ein ganz besonderer Mensch ist.

All das könnte auch in einem Dale-Carnegie-Buch über Beziehungen stehen. Tatsächlich aber erfanden Prousts Freunde ein Wort für seine Art, mit ihnen umzugehen: Proustifier bedeutete, einem anderen volle Aufmerksamkeit zu schenken und ihm seine Vorzüge bewusst zu machen. De Botton zeigt anschaulich, wie Proust absichtlich die »Wahrheit« und jede Form von Intellektualität aus der Gleichung der Freundschaft entfernte, um seine rasiermesserscharfen analytischen Fähigkeiten literarisch auszuleben – und seine Freunde zu behalten.

Was uns dieser Meister der Freundschaft vermittelt, ist, dass wir von unseren Freunden nicht zu viel erwarten sollten. Und dass wir unser Glück nicht von anderen Menschen abhängig machen dürfen. Finden Sie Ihre wahre Passion, Ihre echte Liebe (normalerweise kein Mensch, sondern etwas tief in unserer Seele, das nach Ausdruck schreit – bei Proust war es das Schreiben), und leben Sie damit. Die Befriedigung, die dies schenkt, rückt Freundschaften und andere Beziehungen in den richtigen Blickwinkel.

Wie man sich ein Leben schafft (das nicht wie jedes andere ist)

Würde der Arzt Ihnen sagen, dass Sie nur noch eine Woche zu leben haben, wäre die Welt für Sie ein Ort der Wunder. Warum also sind wir im gewöhnlichen Leben immer so niedergeschlagen, gelangweilt oder übersättigt? Proust ging davon aus, dass diese Seelenzustände zwar der Normalzustand sind, aber dennoch auf eine fehlerhafte Wahrnehmung zurückgehen. Der Erzähler in seinem Buch begibt sich in ein Seebad in der Hoffnung, dort eine stürmische, dunkle Küste mit klagenden Möwen vorzufinden. Stattdessen wartet auf ihn ein netter, kleiner Badeort, und er ist enttäuscht. Doch sein Freund Elstir, ein Maler, weist ihn auf die in den schlichten Dingen vorhandene Schönheit hin, zum Beispiel das strahlende Weiß eines Baumwollkleides in der Sonne, und kann so den Schönheitssinn des Erzählers wieder wecken.

Für viele Menschen ist der Name Proust untrennbar mit intellektuellen Spitzfindigkeiten verbunden, die uns in ein goldenes Pariser Zeitalter zurückführen, in dem das Leben irgendwie vielfältiger und facettenreicher gewesen zu sein scheint. De Botton aber zeigt uns, wie falsch dieser Eindruck ist. Ironischerweise enthält de Bottons Buch auch eine Warnung, sich nicht allzu sehr in den französischen Autor zu verlieben. So sollten wir gar nicht erst versuchen, nach Combray zu reisen, den Ort seiner Kindheit, um zu sehen, was er sah. Proust zeigt uns, wie wir unsere Wahrnehmung steigern können, und diese Fähigkeit können wir immer und überall einsetzen. Wenn wir also wünschen, wir hätten zu Prousts Zeiten gelebt, als es noch selbst gebackene Madeleines gab, Pferdekutschen und rauschende Bankette, ist das ein Verbrechen gegen die Schätze der Gegenwart.

Zeit

In gewisser Weise ist Prousts zentrales Thema die Fähigkeit, den Augenblick zu schätzen, die winzigen Details des Lebens. Er wollte, dass wir den Luxus Zeit genießen, dass wir uns in sie versenken – eine Obsession, die sich in seinem Schreibstil widerspiegelt. Wenn ein Satz als Augenblick in Worten gelten kann, dann versuchte er, diesen Augenblick so weit wie möglich auszudehnen. Wenn etwas wert war, ins Wort gebannt zu werden, dann war es auch wert, in breiter, epischer Form festgehalten zu werden. De Botton weist uns auf einen Satz hin, der – wenn man ihn in Standardschriftgröße drucken würde – mehr als vier Meter lang wäre. Er ließe sich siebzehnmal um eine Weinflasche wickeln.

Andererseits war Proust die Zeit auch völlig egal. Verkürzend wurde der Originaltitel von Prousts Werk häufig übersetzt mit »Auf der Suche nach der Vergangenheit«. Dies ist eine gängige Lesart: dass er vergangene Dinge um ihres sentimentalen Werts willen wiederzubeleben versucht hat. Doch de Botton meint, dass es in diesem Meisterwerk letztlich nicht um die Vergangenheit gehe. Wie alle großen Romanciers benutzte Proust die Vergangenheit, um zu zeigen, dass die Dinge außerhalb der Zeit stehen. Freilich wird der Strom der Ereignisse irgendwann unwiederbringlich zur Vergangenheit, doch das tiefere Verständnis für Menschen, Liebe und das Leben, das Proust uns nahe bringen will, ist nicht an die Zeit geknüpft. Zu seinem eigenen Buch wurde de Botton gerade von der Zeitlosigkeit Prousts inspiriert.

Zu guter Letzt

Hat das mehrbändige Werk *Auf der Suche nach der verlorenen Zeit*, das mehr als 1,25 Millionen Wörter enthält und von manchen Menschen als das wertvollste Werk des 20. Jahrhunderts erachtet wird, irgendetwas mit Selbsthilfe zu tun? Dass dies so sein könnte, hat einige der Proust-Anhänger zutiefst erbittert, denn Kunst sollte sich ja nicht in die Niederungen therapeutischer Verwertbarkeit begeben. Obwohl Prousts Werk als reichlich elitäres Kulturgut gilt, wollte er selbst Leser ansprechen, die »irgendein schlecht gedrucktes Buch kaufen, bevor sie zum Zug hasten«. In de Bottons Augen schrieb Proust nicht, um Anerkennung als literarisches Genie zu erlangen, sondern um seiner eigenen Befreiung willen. Und wenn es ihm half, dann ist es vielleicht auch für andere nützlich.

Wie Proust Ihr Leben verändern kann ist nicht nur Hommage an einen Dichter. Letztlich ist damit – wenn auch vielleicht ironisch – die Ethik der ganzen Selbsthilfe angesprochen. Und es macht jene, die es nicht vermögen, das Werk des französischen Dichters selbst zu lesen, mit seinen wesentlichsten Gedanken bekannt. Somit steht das Proust'sche Verständnis des Lebens in all seiner Vielfalt und Komplexität nun auch solchen Lesern offen, die vielleicht niemals über die einfachen Sätze eines Anthony Robbins hinauskommen würden.

De Botton und mit ihm auch Proust wären dann erfolgreich, wenn Menschen, die normalerweise höchstens Bücher über Zeitmanagement lesen, sich plötzlich mit der Natur der Zeit selbst beschäftigen.

Über Alain de Botton

De Botton wuchs in der Schweiz auf und besuchte die Eliteschule Harrow in England. Seine akademischen Würden erwarb er an der Universität Cambridge. Er ist erst Anfang dreißig, trotzdem wurde sein Werk bereits in mehr als sechzehn Sprachen übersetzt. Weitere Titel von ihm: *Liebesbriefe* (1993), *The Romantic Movement* (1994), *Isabel* (1995) und *Die Kunst des Reisens* (2002). Sein Buch *Trost der Philosophie* (2000) wurde zu einer englischen Fernsehserie umgestaltet, in der der Autor uns mit den Gedanken von Sokrates, Epikur, Seneca, Montaigne, Schopenhauer und Nietzsche bekannt macht und zeigt, wie diese auf die Probleme des Alltags angewandt werden können.

De Botton lebt in London und arbeitet als Forscher am Lehrstuhl für Philosophie der *University of London School of Advanced Study*.

Transitions
1980

In der Natur können wir beobachten, dass Wachstum in Schüben stattfindet, in denen es zu gravierenden Veränderungen kommt. Lange Zeit bewegt sich nicht viel, sodass gar nichts zu passieren scheint. Und dann plötzlich bricht die Eischale auf, die Knospe öffnet sich, der Schwanz der Kaulquappe fällt ab, das Blatt fällt, der Vogel kommt in die Mauser, der Winterschlaf beginnt. Bei den Menschen ist das ähnlich. Auch wenn die Zeichen weniger klar sind als in der Welt der Federn und Blätter, so ist die Funktion der Übergangsphasen doch dieselbe.

Ob Sie nun freiwillig den Wandel suchen oder nicht, in Ihnen steckt ungelebtes Potenzial – Interessen und Talente, die Sie noch nicht ausleben. Übergangsphasen bereiten den Boden für neues Wachstum. Der Vorhang fällt, die Bühne wird für eine neue Szene umgestaltet. Was ist es, das an diesem Punkt Ihres Lebens ruhig darauf wartet, durch ein Stichwort auf die Bühne geholt zu werden?

KURZ GESAGT
Alle Übergangsphasen im Leben folgen einem Muster.
Wenn wir dieses Muster erkennen, haben wir es in harten Zeiten leichter.

ÄHNLICHE TITEL
Martha Beck, *Das Polaris-Prinzip*
Robert Bly, *Eisenhans*
Joseph Campbell und Bill Moyers, *Die Kraft der Mythen*
Clarissa Pinkola Estés, *Die Wolfsfrau*
Thomas Moore, *Seel-Sorge*

· 10 ·
William Bridges

William Bridges schrieb dieses Buch nur sehr widerwillig. Er durchlebte damals gerade selbst eine Periode der Veränderung und hatte den Eindruck, dass es niemanden gab, der etwas über solche Übergangsphasen geschrieben hatte. Zu seiner Überraschung erlebte *Transitions* einen unmittelbaren Erfolg. Bis heute wurden über 250. 000 Exemplare verkauft. Das Buch wurde vor allem durch Mundpropaganda bekannt.*

Seine Qualitäten liegen vor allem darin, dass es nicht einfach nur zeigt, »wie man es schafft«, sondern darlegt, dass Chaos, Tod und Erneuerung fundamentale Muster sind, die in der Natur ebenso verwurzelt sind wie im Mythos. Das Leben ist nicht gleichförmig, sondern folgt stetig diesem Rhythmus. Intuitiv wissen wir das auch. Gestehen wir uns diese Tatsache auch noch ein und setzen uns bewusst mit diesen Prozessen auseinander, dann sind die unvermeidlichen Zeiten des Übergangs leichter zu ertragen.

Art des Übergangs

Interessanterweise geschehen Veränderungen immer unerwartet. Viele Frauen bzw. Paare haben Schwierigkeiten, wenn ein Kind in ihr Leben tritt, weil dies zu einem unmittelbaren Verlust an Zeit und Freiheit führt. Bevor sie dieses Wunder genießen können, müssen sie zunächst einmal mit dem unwiderruflichen Ende ihres alten, weniger begrenzten Lebens fertig werden.

---

* Der vollständige Titel lautet *Transitions – Making Sense of Life's Changes*, auf Deutsch: *Der Wandel – Wie man in der Veränderung Sinn entdeckt*. Es gibt keine deutsche Übersetzung des Buches.

In Bridges' Seminare zum Thema »Lebensphasen und Übergänge« kam einmal ein Mann, der erst kürzlich befördert worden war. Er und seine Familie besaßen nun alles, was sie sich immer gewünscht hatten, und trotzdem hatte er Schwierigkeiten, die neue Situation seelisch anzunehmen. Weshalb? Nun, in gewisser Weise leben wir alle nach hergebrachten Mustern, und in gewisser Weise ist es nicht einmal wichtig, ob wir mit diesen Mustern glücklich sind oder nicht – wenn sie verändert werden, empfinden wir dies immer als Verlust. Sogar ein Musiker, der jahrelang in verrauchten Clubs spielte, wird dies vermissen, wenn er plötzlich zum Star wird. Und Lotteriegewinner brauchen immer einige Zeit, um sich an ihre neuen Verhältnisse anzupassen.

Die Moral von der Geschichte ist: Wichtig ist nicht, ob ein Ereignis für Sie gut oder schlecht ist, sondern ob es Ihr Leben verändert. Machen Sie sich keine Sorgen, wenn das betreffende Ereignis Ihnen eigentlich völlig belanglos erscheint. Möglicherweise ist es nur ein Symbol für eine Veränderung, die weit tiefer geht.

Das einzig Sichere ist der Wandel

Mitunter ist es sinnvoll, solche Übergangsphasen vor dem Hintergrund der gesamten Lebensreise zu betrachten. Viele Sozialwissenschaftler sehen heute das Alter um die Dreißig als den Punkt, an dem der Mensch erwachsen wird. Früher lag dies bei 21 Jahren. Zu Bridges kamen Männer, die meinten, sie fühlten sich schon alt, obwohl sie doch gerade erst der Pubertät entwachsen seien. Tatsache ist, dass Übergangsphasen das ganze Leben prägen und nicht nur ein bestimmtes Alter.

Bridges stellt den Mythos von Odysseus vor, der auf seiner langen Reise nach Hause viele Prüfungen bestehen musste. Obwohl er eine geborene Führungspersönlichkeit war, entdeckte Odysseus, dass er vieles von dem, was er in der Vergangenheit gelernt hatte, vergessen musste, wenn er den Anforderungen gerecht werden wollte. Und dies ist eine der wichtigsten Botschaften, die uns solche Zeiten des Chaos vermitteln: Wir können nicht unser Leben lang dieselbe Person sein und dieselben Sachen tun, die wir »immer schon« getan haben. Wenn man jung ist, glaubt man, dass vom dreißigsten Lebensjahr bis zum Tod keine Veränderung mehr stattfindet. Doch dies ist nur selten der Fall, und wenn unser Leben zu gleichförmig wird, dann kommt es zur Veränderung – entweder durch eigene Initiative oder durch das Leben selbst, das sich wandelt.

In der Folge sind die drei Stadien des Wandels, die Bridges beschreibt, kurz zusammengefasst. Sie lehnen sich an die Initiationsriten an, welche die Völkerkunde bei den meisten eingeborenen Stämmen vorgefunden hat.

Altes geht zu Ende

Wenn wir einen Neuanfang wagen wollen, muss etwas Altes vorher enden. Unter traditionellen Stammesvölkern ist es Sitte, dass derjenige, der eine dieser Übergangsphasen zu durchleben hat, sich vom Alltagsleben des Stammes fern hält. So erleben auch wir häufig das Bedürfnis, uns von den Wirren der Welt zurückzuziehen.

Dem folgt ein Gefühl der Disidentifikation: Wir wissen nicht mehr, wer wir sind. Unsere alten Sehnsüchte fallen weg. Manchmal ist dieses Gefühl auch von einer gewissen Enttäuschung begleitet, wenn wir entdecken, dass unsere Sicht der Dinge nicht unbedingt mit der Wirklichkeit übereinstimmte. Dies kann im ersten Stadium des Wandels geschehen, aber auch im letzten, da diese Einsicht den Boden für eine neue Weltsicht bereitet.

Jeder geht mit Abschieden auf seine Weise um, doch gewöhnlich brechen dabei alte Wunden wieder auf. Schamgefühle machen sich breit.

Wenn Sie sich als Kind je »unwert« oder »unwürdig« gefühlt haben, schmerzt Sie im späteren Leben jeder scheinbare Fehlschlag, da Sie an diese alte Wahrnehmung erinnert werden. Auch wenn es sich manchmal so anfühlt, so ist der Abschied doch meist nicht das Ende. In den Stammeskulturen wurden besondere Riten entwickelt, damit der Betroffene lernte, dass das Ende nichts Endgültiges war, sondern eine für den Neubeginn notwendige Phase.

Die neutrale Phase

Die unangenehme Zeit nach dem Schock eines Abschieds würden wir alle lieber heute als morgen hinter uns lassen. Und doch kann sie zur kostbarsten Zeit unseres Lebens werden, wenn wir nach der »gewaltsamen Zerstörung« unserer Lebensmuster bereit sind, uns auf etwas Neues einzulassen. Für diese Zeit im Limbus, im Zwischenreich, gibt Bridges folgende Tipps:

1. Achten Sie darauf, genügend Zeit für sich selbst zu haben. Heißen Sie die Leere willkommen. Gehen Sie irgendwohin, wo es nur wenig Ablenkung gibt, damit Sie buchstäblich nichts tun können – ohne die große Erleuchtung zu erwarten. Achten Sie einfach nur auf Ihre Träume und Gedanken.
2. Führen Sie über Ihre Erfahrungen im Zwischenreich Tagebuch. Schreiben Sie Ihr Leben auf. Gestalten Sie Ihre höchstpersönliche »Lebensgeschichte«.
3. Versuchen Sie herauszufinden, was Sie wirklich wollen. Was ist Ihr Lebenssinn? Wenn Ihr Leben heute zu Ende gehen würde, was hätten Sie Ihrer Ansicht nach unbedingt tun sollen?

Viele der großen Geister der Weltgeschichte (Paulus, Mohammed, Dante, Buddha) zogen sich in den Wald oder in die Wüste zurück. Vielleicht wollen Sie ja nicht unbedingt die Welt retten, aber Menschen ziehen sich seit Jahrtausenden von der Umwelt zurück, wenn sie Wichtiges zu tun haben.

Der Neubeginn

Wann wissen wir, dass wir die neutrale Phase hinter uns haben? Wann erfolgt endlich unser Neustart? Meist erkennen wir dies erst aus der Rückschau. Ein echter Neuanfang ist fast immer recht unspektakulär. Wir lernen jemanden auf einer Party kennen, zu der wir eigentlich gar nicht wollten, und fünf Jahre später sind wir verheiratet. Wir besuchen eine Freundin und öffnen ein Buch, das unser Leben für immer verändert.

Wenn wir bereit sind weiterzugehen, werden die Gelegenheiten sich wie von selbst ergeben. Das ist eine aufregende Phase. Lassen Sie sich Zeit und brechen Sie nicht völlig mit Ihrem alten Leben. Setzen Sie die Erkenntnisse aus Ihrer Zeit im Zwischenreich um und lassen Sie sich nicht entmutigen, wenn nicht alles so schnell geht, wie Sie es gerne hätten.

Bridges erinnert uns hier an das alte Zen-Sprichwort: »Nach der Erleuchtung kommt die große Wäsche.«

Zu guter Letzt

Wenn man eine größere Veränderung hinter sich hat, sei es nun eine Scheidung, mit vierzig ein neues Studium zu beginnen oder einen Neustart im Beruf, man hat immer das Gefühl, wieder »bei null« anfangen zu müssen. Häufig denkt man, alle vorherigen Anstrengungen seien verlorene Liebesmüh gewesen. Nicht selten fragt man sich, ob man nicht einfach wie bisher hätte weitermachen sollen. »Schließlich war das alte Leben ja gar nicht so übel, oder?«

An diesem Punkt wird Bridges' Buch zum Motor unserer Entwicklung. Es zeigt, dass Veränderungen nicht das Ende darstellen, sondern einfach nur Teil eines zyklischen Prozesses sind, an dessen Ende eine klarere Sicht auf die eigene Entwicklung steht. Der Autor zitiert hier Ralph Waldo Emerson, der einmal sagte: »Nicht am Ziel wird der Mensch groß, sondern auf dem Weg dorthin.« Wenn Sie lernen, wie Sie am besten mit schwierigen Lebensphasen umgehen, werden Sie mehr Vertrauen in das Leben an sich entwickeln.

Das hört sich im Moment vielleicht nicht so spannend an, doch wenn Sie beim nächsten Mal das Gefühl haben, dass eine Zeit relativer Ruhe ihrem Ende zugeht, sollten Sie an dieses Buch denken.

Über William Bridges

Bridges war früher Professor für englische Sprache und Literatur, bevor er Mitte der siebziger Jahre des vorigen Jahrhunderts begann, sich mit der Bewältigung schwieriger Lebensphasen zu befassen. Heute arbeitet er als Berater und geht regelmäßig auf Vortragsreisen. Auch für große Unternehmen wie Intel, Apple oder Shell hat er Strategien für Übergangszeiten entwickelt.

Auch seine anderen Bücher beschäftigen sich mit den Herausforderungen, die das moderne Leben an den Menschen stellt: *Survival Guide für die neue Arbeitswelt, Manager in eigener Sache* und *Ich & Co*. Sein letztes Werk, *The Way of Transition*, schrieb er als Reaktion auf den Verlust seiner Frau Mondi. William Bridges lebt in Mill Valley, Kalifornien.

Fühl Dich gut
1980

Sie müssen keine schweren Depressionen haben, um großen Nutzen aus diesen neuen Methoden ziehen zu können. Wir alle können von Zeit zu Zeit ein mentales »Tuning« gebrauchen. Dieses Buch will Ihnen zeigen, was Sie tun können, wenn Sie einmal völlig niedergeschlagen sind.

Wo ist der entscheidende Schlüssel, der Ihr emotionales Gefängnis öffnet? Ganz einfach: Ihre Gedanken schaffen Ihre Emotionen. Ihre Gefühle können also nicht als Beleg dafür herhalten, dass das, was Sic denken, richtig ist. Unangenehme Gefühle besagen nur, dass Sie etwas Unangenehmes denken und daran glauben. Ihre Gefühle folgen Ihren Gedanken wie die Entchen der Entenmutter.

KURZ GESAGT
Gefühle sind keine Tatsachen. Fragen Sie sich immer,
ob Ihr Fühlen wirklich der Realität entspricht.

ÄHNLICHE TITEL
Daniel Goleman, *EQ – Emotionale Intelligenz*
Martin Seligman, *Pessimisten küßt man nicht*

David D. Burns

Fühl Dich gut entstand aus einer allgemeinen Unzufriedenheit mit der konventionellen Behandlung von Depressionen in der Freud'schen Tradition. Aaron T. Beck, David Burns Lehrer, fand heraus, dass die Wirksamkeit psychoanalytischer Behandlung bei depressiven Patienten nicht empirisch nachgewiesen werden konnte. Tatsächlich fühlt der Patient sich danach gewöhnlich noch schlechter. Freud nahm nämlich an, dass ein Patient mit dem Gefühl, schwer wiegende Fehler zu haben, vielleicht ganz richtig liegt!

Becks Erfahrung mit Depressiven zeigte hingegen eine tiefe Kluft zwischen ihrer Selbsteinschätzung und ihren tatsächlichen Leistungen. Ihre Beteuerungen, »nichts wert zu sein«, geben für einen neutralen Beobachter gewöhnlich keinen Sinn. Daraus schloss er, dass Depressionen aus falschem Denken entstehen. Negative oder fehlerhafte Selbstwahrnehmung treibt eine Person immer tiefer in den Teufelskreis depressiver Symptome, die sich gegenseitig verstärken. Diese Einsicht bildete die Basis der Kognitiven Therapie, bei der die Patienten sich »aus der Depression heraus reden«, indem sie ihre Gedanken immer und immer wieder unter die Lupe nehmen, bis sie frei von fehlerhafter Selbstwahrnehmung sind.

Diese Forschungsarbeit rief ein ungewöhnlich starkes Interesse hervor, sodass die Kognitive Therapie zu einem Pfeiler moderner Depressionsbehandlung wurde – zusammen mit Medikamenten und anderen Formen der Psychotherapie.

Die Geschichte von Fühl Dich gut

David Burns war Mitarbeiter des *Beck Center für Kognitive Therapie* an der Universität von Pennsylvania. *Fühl Dich gut* war das Ergebnis seiner jahrelangen klinischen und wissenschaftlichen Erfahrung. Heute klingt sein Ansatz nicht mehr so revolutionär wie zu Anfang. Trotzdem ist *Fühl Dich gut* immer noch eine der besten Einführungen in diese Art der Therapie. Es zeigt wirksame Methoden auf, wie man sich besser fühlt, wenn es einem schlecht geht, und ist daher noch heute ein Bestseller.

Wenn Sie eine psychologisch fundierte Methode suchen, mit Ihren Gefühlen umzugehen, dann ist dieses Buch die erste Wahl. (In den USA wurde es von Lebensberatern und Psychologen unter 1000 Titeln zum Thema »Selbsthilfe bei Depressionen« auf Platz eins gewählt.) Die vielen Tabellen, grafischen Darstellungen und fiktiven Arzt-Patienten-Gespräche sind für manchen Leser vielleicht ein wenig verwirrend, doch man kann sie auch gut überspringen.

Und doch ist *Fühl Dich gut* mehr als nur ein Handbuch zur Selbstbehandlung bei Depressionen. Bislang wurden davon über drei Millionen Exemplare verkauft, weil es uns auch hilft, unseren Gefühlsschwankungen im Alltag besser zu begegnen. Ebenso wie Seligmans Klassiker *Pessimisten küßt man nicht* aus der wissenschaftlichen Erforschung erlernter Hilflosigkeit entstand, führten die Forschungen des Beckschen Teams über die »schwarze Galle« der Depression zu einem Buch, das zeigt, wie man das Gegenteil erzeugt: Freude und die Meisterung des eigenen Denkens, die ihr zu Grunde liegt.

Daher wollen wir uns im Folgenden einige Ergebnisse von David Burns genauer ansehen.

Entmystifizieren der Depression

In der Geschichte der Psychologie wurde Depression immer als emotionale Störung behandelt. Der kognitive Ansatz sieht sie jedoch als Ergebnis fehlerhaften Denkens, das die Krankheit schafft bzw. verstärkt.

Daher ist Depression eine Krankheit, die wir nicht haben müssen.

Negative Gedanken haben einen gewissen Schneeball-Effekt. Ein einziger führt uns in eine gedämpft schlechte Stimmung, die sich dann zu einem »Nebel« ausweitet, der sich über unsere Wahrnehmung legt und alles schlecht oder sinnlos erscheinen lässt. Wenn jemand deprimiert ist, wird die empfundene Wertlosigkeit, die zu den vier Leitsymptomen führt (sich als Verlierer fühlen, sich als ungenügend empfinden, sich verlassen fühlen und die eigene Wirkmächtigkeit in Frage stellen), fraglos als die eine und einzige Wirklichkeit akzeptiert. Depressive Patienten verlieren die Fähigkeit, klar zu denken. Je tiefer die Depression ist, desto krasser ist die Fehlwahrnehmung. Ist das eigene Denken klar, stimmt der persönliche Blickwinkel, dann ist es unmöglich, kein Vertrauen und kein Selbstwertgefühl zu haben.

Burns unterscheidet klar zwischen Trauer und Depression. Trauer oder Niedergeschlagenheit sind Teil des menschlichen Gefühlsspektrums. Sie erweitern unsere Lebenserfahrung und führen zu mehr Selbsterkenntnis. Die Depression aber verdeckt uns die Sicht auf unsere Möglichkeiten und wirkt daher lähmend.

Gefühle sind keine Tatsachen

Gewöhnlich glauben wir, dass unsere Gefühle eine selbstverständliche Realität sind, deren Berechtigung wir nicht in Frage stellen. Emotionen gaukeln uns vor, »richtig« zu sein. Negative Gefühle in Bezug auf uns selbst scheinen daher absolut unumstößlich zu sein. Schließlich lernen wir ja, »unseren Gefühlen zu vertrauen«. Doch wenn die Gedanken, aus denen sie entstehen, nicht der Wirklichkeit entsprechen und auf Vorurteilen oder Fehlwahrnehmungen beruhen, dann ist es ziemlich riskant, diesen Gefühlen zu trauen.

Burns veranschaulicht diesen Sachverhalt mit folgendem Bild: »Ihre Emotionen folgen Ihren Gedanken wie kleine Entchen der Entenmutter. Doch die Tatsache, dass die Tierchen ihrer Mutter folgen, heißt noch nicht, dass diese weiß, wo es lang geht.« Emotionen sind so ungefähr das Letzte, dem wir vertrauen sollten, denn: Gefühle sind keine Tatsachen.

Wenn Sie sich »super fühlen« – bedeutet das, dass Sie ein besonders wertvoller Mensch sind? Wenn Sie darauf mit Nein antworten, heißt das, dass umgekehrt eine miese Stimmung auch nichts über Ihren wahren Wert aussagt. »Ihre Gefühle bestimmen nicht Ihren Wert, sondern höchstens Ihren Seelenzustand«, meint Burns. Daher rät er uns, uns selbst niemals Etiketten wie »wertlos« oder »verachtenswert« aufzukleben. Wir sind keine Objekte, die man auf diese Weise beurteilen könnte. Jeder Mensch entwickelt sich. Er ist ein fließendes Phänomen, das sich gegen eine abschließende Beurteilung sperrt. Einige Aspekte unseres Verhaltens sind vielleicht weniger gut, aber es hat überhaupt keinen Sinn, sich eine Meinung über sein Verhalten zu bilden und diese dann zu einem allgemeinen Werturteil auszuweiten.

Wie man zu einem niedrigen IQ (Irritabilitätsquotienten) kommt

Es gibt zwei Arten, mit Ärger umzugehen: Man verdrängt ihn nach innen, wo er dann alles zerfrisst und Apathie bzw. Depressionen hervorruft. Oder man »lässt ihn raus«.

Seinen Ärger auszudrücken kann manchmal recht wirkungsvoll sein. Auf jeden Fall stellt dies eine vergleichsweise primitive Lösung dar und kann allerhand Probleme verursachen. Der kognitive Ansatz geht über beide Möglichkeiten des Umgangs hinaus. Er versucht, den Ärger erst gar nicht entstehen zu lassen. Doch dazu müssen wir erst erkannt haben, dass der Ärger aus unseren ärgerlichen Gedanken und nicht aus irgendwelchen äußeren Ereignissen entsteht. Auch wenn etwas geschieht, was an gewöhnlichen Maßstäben gemessen schlecht für Sie ist, sollten Sie bei Ihrer Reaktion die Freiheit der Wahl haben statt automatisch und unkontrolliert zu reagieren. Wenn Sie wütend sind, dann liegt das daran, dass Sie sich dafür entschieden haben.

Würden Sie gerne Ihre Angst vor Kritik überwinden? Vielleicht gar in der Lage sein, auf Kritik kühl und sachlich zu reagieren? Diese Fähigkeit hätte eine enorme Auswirkung auf Ihre Selbstwahrnehmung. Kritik kann richtig oder falsch liegen oder ein wenig von beidem haben, doch der einzige Weg, dies herauszufinden, ist, sich den kritischen Fragen zu stellen. Seien Sie dabei so genau wie möglich, auch wenn die Kritik auf persönliche und verletzende Weise geäußert wurde. Dann erkennen Sie entweder, dass die Kritik auf Wahrheit beruht, und können Ihr Verhalten dementsprechend ändern. Oder Ihnen wird klar, dass Ihr Kritiker sich vom Ärger hinreißen ließ und das, was er sagte, eben nicht auf einer korrekten Wahrnehmung Ihrer Person beruht. In beiden Fällen gibt es eigentlich keinen Grund, mit einer negativen emotionalen Reaktion zu antworten. Sie können die Kritik entweder positiv nutzen oder sie zurückweisen und sich auf die wirklich wichtigen Punkte konzentrieren. Mit dieser Reaktion entschärfen Sie auch die Wut Ihres Kritikers.

Häufig entsteht Ärger als Verteidigungshaltung gegen einen Verlust des Selbstwertgefühls. Doch wenn Sie lernen, Ihren Zorn zu kontrollieren, dann bleibt Ihr Selbstwert unangetastet, weil Sie nicht jede Situation zu einer emotionalen Herausforderung machen. Oder wie Burns sagt: »Um Mensch zu bleiben, brauchen Sie Ihren Ärger nicht.« Dass Sie Ihre Gefühle kontrollieren, heißt ja nicht, dass Sie ein Roboter sind. Ganz im Gegenteil: Sie haben dadurch eine Menge Energie übrig, um das Leben wirklich zu genießen.

Der Rest des Buches

Das Buch enthält exzellente Kapitel über Schuldgefühle, über die Sucht nach Anerkennung und Liebe, über Arbeit, den Umgang mit Perfektionismus (Mut zum Durchschnitt!) und Nichtstun.

Überraschenderweise findet sich am Ende ein Kapitel über die medikamentöse Behandlung von Depressionen. Zusammen mit einer Kognitiven Therapie haben Medikamente häufig den Vorteil, den depressiven Patienten erst einmal zu einer wirklichkeitsnäheren Denkweise zu verhelfen. Auf dieser Basis zeitigt die Kognitive Therapie dann mehr Wirkung.

Zu guter Letzt

Vielleicht denken Sie ja, das Auf und Ab der Gefühle sowie das daraus resultierende selbsthemmende Verhalten sei ein natürlicher Teil des Mensch-Seins. *Fühl Dich gut* räumt mit diesem Mythos auf. Darüber hinaus zeigt es wirkungsvolle Techniken auf, wie einfach sich Stimmungsschwankungen beseitigen lassen. Die meisten depressiven Verstimmungen ergeben sich, weil die Betroffenen in einen schrecklichen Trott verfallen sind und ihren ursprünglichen Antrieb vergessen haben. Jetzt aber haben Sie die Möglichkeit zu erkennen, was die intensiven Gefühle, die Sie vorher für so wichtig erachtet haben, wirklich sind: Zeitverschwendung.

Die Meisterung des eigenen Gefühlslebens macht uns keineswegs zu Robotern, sondern erschließt uns neue Dimensionen der Menschlichkeit. *Fühl Dich gut* bereitete den Weg für Titel wie *EQ – Emotionale Intelligenz* oder *Pessimisten küßt man nicht*, die beide ebenfalls darauf abzielen, die menschliche Vernunft wieder zur Herrin über das Reich der Emotionen zu machen.

Über David D. Burns

Burns studierte am *Amherst College* und erwarb seinen Doktortitel an der Universität Stanford. Er vervollständigte seine Ausbildung zum Psychiater an der Universität von Pennsylvania, wo er Psychiatrischer Oberarzt am *Medical Center* war. An der *Harvard Medical School* arbeitet er als wissenschaftlicher Mitarbeiter, an der *Stanford University School of Medicine* ist er als *Clinical Associate Professor* tätig. Dort wurde er von den Studenten des Abschlussjahrgangs 1998 zum Dozenten des Jahres gewählt. Außerdem hält er Fortbildungsseminare für Psychologen aus aller Welt.

Burns hat noch einige weitere erfolgreiche Ratgeber veröffentlicht: *Feeling Good Handbook, Love is Never Enough* (in dem es um Beziehungen geht) und *Ten Days to Self-Esteem*.

Die Kraft der Mythen
1987

Moyers: Haben Sie auch manchmal das Gefühl, dass unsichtbare Hände Ihnen helfen, wenn Sie Ihrer Bestimmung folgen? Mir passiert das manchmal. Campbell: Ständig. Das ist das wahre Wunder in meinem Leben. Es führte sogar dazu, dass manche Menschen mich abergläubischer Praktiken für fähig halten, weil ich immer so viel »Glück« habe. Wenn Sie Ihrem Glücksstern folgen, dann beschreiten Sie einen Pfad, der immer schon da war und auf Sie wartete. Sie führen endlich das Leben, das Ihnen bestimmt war. Wenn Sie das erkennen, lernen Sie immer mehr Menschen kennen, die zum Einflussbereich Ihres Glückssterns gehören, und diese öffnen Ihnen Türen. Daher sage ich immer: Folgen Sie Ihrem Stern und fürchten Sie sich nicht. Dann werden sich Ihnen Türen öffnen, von denen Sie nicht einmal wussten, dass es sie gab.

Kurz gesagt
Tun Sie, was Sie gerne tun, und genießen Sie Ihr Leben wie eine wunderbare Reise.

Ähnliche Titel
Martha Beck, *Das Polaris-Prinzip*
James Hillman, *Charakter und Bestimmung*
Thomas Moore, *Seel-Sorge*
Carol S. Pearson, *Der Held in uns*

· 12 ·
Joseph Campbell und Bill Moyers

Dies ist ein leidenschaftliches Buch von einem Mann, der ein ausgesprochen erfülltes Leben führte. Campbell war seinem Wesen nach ein Geschichtenerzähler, der seine Tage damit zubrachte, Geschichten und Mythen zu erforschen, die in seinen Augen die Kraft hatten, die Entfremdung des modernen Lebens zu durchbrechen. Obwohl er als Wissenschaftler höchste Anerkennung erlangt hatte, war seine Arbeit auch grundlegend für die Schaffung eines modernen Mythos, nämlich für das Drehbuch zu *Krieg der Sterne*. Regisseur George Lucas sagte immer, was ihn am meisten inspiriert hätte, sei Campbells Klassiker *Der Heros in tausend Gestalten* gewesen. Und so wurde Campbell selbst zum Vorbild für Meister Yoda, den weisesten aller Jedi-Ritter.

Die Bemerkung Campbells, dass sein Leben nun selbst zum Mythos werde, verliert ihren ironischen Nachklang, wenn man die zentrale Aussage von Campbells Werk betrachtet. Das Leben jedes Menschen ist eine Heldensaga. Seine Vorstellung von der großen Reise des Helden zu seiner Erfüllung inspirierte nicht wenige Menschen zum Aufbruch zu neuen Ufern.

Die Kraft der Mythen ist ein Gespräch zwischen Campbell und dem Journalisten Bill Moyers, in dem es um die Geschichten und Symbole der Kulturen geht. Ursprünglich wurden diese Gespräche auf George Lucas' Ranch *Skywalker* geführt und für das Fernsehen aufgezeichnet. Doch die Serie hatte einen so großen Erfolg, dass sie am Ende zum Buch gestaltet wurde – ein Bestseller. Da Campbell bald nach den Aufnahmen starb, wurde *Die Kraft der Mythen* gleichsam zu seinem geistigen Vermächtnis.

Die Kraft der Mythen

Campbells zentrale Fragestellung war: »Wie kann die Kraft der Mythen für den modernen Menschen nutzbar gemacht werden?« Kann man unser heutiges Leben tatsächlich mit dem des Helden Odysseus oder der Göttin Artemis vergleichen?

Campbell ging davon aus, dass die mythischen Charaktere Archetypen der menschlichen Möglichkeiten darstellten. Der Held im Mythos steht vor einem Problem, und die Art, wie er es löst, zeigt uns, wie wir mit dem Leben umgehen können. Wenn wir uns also mit dem jungen Krieger Arjuna aus der Bhagavadgita identifizieren, dann ist dies kein Größenwahn, sondern zeigt einfach nur, dass dieser Gestalt etwas innewohnt, von dem wir lernen können. Daher sind wir nie allein, wenn wir uns auf die Mythologie einlassen. Sie liefert unserem Geist Modelle, die jedermann zugänglich sind. Die Mythologie zeichnet uns für jeden Abschnitt des Lebens eine Landkarte vor, die uns durch unsere Erfahrung geleitet. Campbell nannte die Mythologie »den Gesang des Universums«, der von Tausenden von verschiedenen Kulturen und Völkern angestimmt wurde und wird. Der Mythos macht unsere Erfahrung zu einem bedeutsamen Erlebnis. Ohne Mythos hingegen wird das Leben zu einem sinnlosen Auf und Ab.

Doch Campbell meinte auch, dass nicht der Mythos uns den Sinn des Lebens liefere. Sein Ziel sei vielmehr, unsere Wertschätzung für »das Abenteuer des Lebens« zu wecken. Ohne eine Beziehung zur Geschichte menschlicher Vorstellungskraft und Erfahrung fehlt es unserem Leben an Tiefe. Die Geschichten und Bilder, die wir in unseren Köpfen haben, sind dabei nur ein kleiner Teil dessen, was uns zur Verfügung steht. Suchen wir jedoch die lebendige Verbindung zum Wissen alter Kulturen, erfährt unser Leben dadurch eine unendliche Bereicherung.

Dem Glücksstern folgen

In *Die Kraft der Mythen* erzählt Campbell von der mittelalterlichen Vorstellung vom Glücksrad, einer Metapher für das Leben, die uns seit Jahrtausenden fasziniert. Das Rad hat eine Mitte, die Nabe, und einen Rand, die Felge. Es läuft durch die Zeit, und solange wir am Rand hängen, werden wir hochgeschleudert und zu Boden gerissen. Wir erleben Höhen und Tiefen. In der Sprache des 20. Jahrhunderts ausgedrückt, steht die Felge für die Jagd nach höherem Einkommen, nach Macht oder Schönheit. In diesem erbarmungslosen Zyklus von Glück und Schmerz sind wir gefangen, so lange wir uns an dieses Leben klammern.

Doch das Glücksrad enthält auch eine Lösung für alle Probleme: Wenn wir lernen, wie wir in der Mitte leben können, im Zentrum, dann folgen wir unserem Glücksstern. Das kann eine bestimmte Art der Arbeit sein, aber auch eine andere Aktivität, die unsere Leidenschaft erregt. Der Stern ist uns eigen, auch wenn wir ihn manchmal ganz unerwartet entdecken oder mitunter sogar jahrelang gegen ihn Widerstand leisten. Die moderne Psychologie hat dafür einen neuen Ausdruck gefunden: Wir nennen es den »Flow« (siehe Csikszentmihalyi). Es ist das Gefühl, das uns trägt, wenn wir das tun, was wir am besten können. Die Zeit scheint stillzustehen und unsere Schöpferkraft fließt ohne die geringste Anstrengung. Darin liegt eine tiefe Glückseligkeit, die sich vom gewöhnlichen »Spaß-Haben« unterscheidet.

Campbell beschreibt diesen Zustand als Beschreiten eines Pfades, der auf uns wartet, als »unsichtbare Hände«, die immer dafür sorgen, dass unsere Arbeit die besten Umstände findet. Mythologisch gesehen ist der Glücksstern die Große Mutter, die über eine unerschöpfliche Quelle von Trost, Freude und Schutz vor den Irrungen und Wirrungen des Alltags gebietet.

In einem anderen Buch, *The Way of Myth*, schildert Campbell jene Menschen, die ihr Leben damit zubrachten, die Karriereleiter hochzuklettern, um am Ende festzustellen, dass diese Leiter an der falschen Wand lehnte. Kevin Spacey spielt in *American Beauty* einen Mann, dessen Leben immer von den Erwartungen anderer diktiert wurde und der schließlich beschließt, endlich zu tun, was er will. Er hat genug vom Leben am Rand des Rades. Was Campbell uns zu sagen hat und was dieser Film unterstreicht, ist, dass in der Banalität unseres gegenwärtigen Lebens immer eine der ganz großen Geschichten verborgen liegt.

Der Weg des Helden

Campbells Belesenheit war sprichwörtlich. Er kehrte ein paar Tage vor dem großen Crash von 1929 aus Europa in die Vereinigten Staaten zurück und war fünf Jahre lang arbeitslos. Nichtsdestotrotz war diese Zeit für ihn sehr fruchtbar: »Ich fühlte mich nicht arm. Ich hatte nur das Gefühl, kein Geld zu haben.« Sein Glücksstern war es zu lesen, jeden Tag von morgens bis abends, in einer schäbigen Behausung, die er für fast nichts gemietet hatte.

Was als simpler Wissensdurst begann, wurde schließlich zum Versuch, den »Schlüssel zu allen Mythen« zu finden. Je mehr er von den mythischen Erzählungen der Welt las, desto klarer wurde das Muster, dem sie alle folgten: der Weg des Helden, eine Abfolge von archetypischen Erfahrungen, durch die der Held seine Persönlichkeit sowohl prüfte als auch unter Beweis stellte.

Mythen zeigen uns zu Beginn gewöhnlich das ruhige, wenn auch langweilige Leben des Helden in seiner Heimat. Dann geschieht etwas: Er oder sie erhält den »Ruf« und geht mit einem bestimmten Ziel auf große Fahrt. In der Artussage ist dies die Suche nach dem Gral, Odysseus hingegen will nach Hause. Luke Skywalker in *Krieg der Sterne* muss Prinzessin Leia retten. Der Held besteht eine Reihe kleinerer Abenteuer, bevor er sich der letzten großen Prüfung unterzieht, in der zunächst alles verloren scheint, bevor es am Ende doch noch zum Triumph des Helden kommt. Und schließlich muss der Held versuchen, das »magische Elixier« (ein geheimes Wissen oder ein Objekt) unbeschadet nach Hause zu bringen, in die Wirklichkeit seines Alltags. Dieses Muster kennt allerlei Variationen, doch dies sind die grundlegenden Stationen.

Was kann uns dieses Muster heute noch sagen? Oder, wie die Frage von Bill Moyers formuliert wird: Worin unterscheidet der Held sich von einer Führungspersönlichkeit? Eine Führungspersönlichkeit, antwortet Campbell, sei ein Mensch, der sehe, was getan werden kann, und dies dann tut. Er organisiert ein Unternehmen oder sogar ein ganzes Land und ist gut darin. Der Held jedoch schafft etwas völlig Neues. (Deshalb macht die neue Innovationskultur in den Unternehmen auch den persönlichen Heldenweg unabdingbar.)

Zu guter Letzt

Mythen enthüllen uns das unglaubliche Potenzial für ein erfüllteres Leben, in welcher Form auch immer. »Ich fühle mich immer ein wenig unwohl, wenn man von 'gewöhnlichen' Männern, Frauen und Kindern spricht. Ich meinerseits habe nie einen 'gewöhnlichen' Menschen getroffen«, meinte Joseph Campbell. Er war jedoch auch der Meinung, dass viel zu viele Menschen die Bitterkeit und Trostlosigkeit eines nichtauthentischen Lebens akzeptieren, ein Leben, das sich nicht nach ihrem Glücksstern ausrichtet oder in dem sie nicht einmal wissen, dass es ihn gibt.

Campbell war ein Universalgelehrter, der sich für alles interessierte. Er spürte zwar, dass der Trend in der westlichen Gesellschaft zu einer immer stärkeren Spezialisierung geht, war aber trotzdem stolz, ein Universalist zu sein, der im menschlichen Leben und seiner Erfahrung das Verbindende erkannte. Er erweckte den Heldenmythos zu neuem Leben und gab dem modernen Menschen so einen Bauplan an die Hand, mit Hilfe dessen er seine Erfahrungen und Träume besser begreifen kann. Dieses Muster ist in den Mythen aller Kulturen präsent und nicht an nationale Grenzen gebunden. Eile und Hast haben darin keinen Platz (wofür auch Campbells eigenes Leben ein gutes Beispiel ist), da es letztlich darum geht, den Reichtum des Augenblicks zu erfassen. Bezeichnenderweise geht es auch hier um Selbsterkenntnis und nicht um neue Ego-Trips.

Das *Human Potential Movement** der sechziger und siebziger Jahre des letzten Jahrhunderts waren sicher nicht unwichtig, doch es war jemand wie Joseph Campbell nötig, um uns daran zu erinnern, was Mythen uns seit Jahrtausenden zu sagen versuchen: dass jeder Mensch das Recht hat, ein Held zu sein.

Über Joseph Campbell
Campbell wurde 1904 in New York geboren. Schon als Junge begeisterte er sich für die Mythen der amerikanischen Indianer. Als er fünfzehn war, brannte das Haus seiner Familie nieder. Campbell verlor seine Großmutter und seine Sammlung indianischer Fundstücke und Geschichten. Am *Dartmouth College* studierte er Biologie und Mathematik. An der *Columbia University* schrieb er seine Magisterarbeit über die Artussage. Er war aber auch ein guter Sportler und brach in New York den Stadtrekord im Halbmeilenlauf. In Jazzbands spielte er Saxophon.

1927 erhielt er ein Stipendium für das Studium alter Sprachen in Paris, dann kam er nach München, wo er Sanskrit und indoeuropäische Sprachwissenschaft studierte. Als er zurück in den USA war, lebte er

---

* Aus dieser „Bewegung für das menschliche Potential" entwickelten sich viele neue therapeutische Techniken wie Gestalttherapie, Bioenergetik und humanistische Psychologie

einige Jahre lang in einer Hütte in der Nähe von Woodstock. Während dieser Zeit reiste er nach Kalifornien, wo er John und Carol Steinbeck sowie ihren Nachbarn Ed Ricketts kennen lernte, der in Steinbecks Roman *Cannery Row* verewigt wurde.

Campbells erste Stellung war ein vergleichsweise bescheidener Job am neu gegründeten Frauencollege *Sarah Lawrence*. Dort blieb er 38 Jahre lang. Er heiratete Jean Erdman, die seine Studentin gewesen war und später Tänzerin wurde. Die Liste seiner Veröffentlichungen wurde immer länger. So schrieb er eine Einführung zu James Joyce *Finnegan's Wake* und wirkte bei der Übersetzung und Herausgabe der *Upanishaden* mit. *Der Heros in tausend Gestalten* wurde 1949 publiziert.

Campbell wurde von mehreren Institutionen zu Vorträgen eingeladen: vom amerikanischen Außenministerium, von der sowjetischen Akademie der Wissenschaften und dem Esalen Institut für persönliches Wachstum. Er reiste viel und arbeitete an seinen späteren Veröffentlichungen: *Die Masken Gottes* (1969), *Lebendiger Mythos* (1974) und *Die Mitte ist überall* (1986). Er starb 1987 in Honolulu.

Alles kein Problem
1997

So viele Menschen verschwenden ihre Lebensenergie, weil sie sich wegen jeder Kleinigkeit schrecklich aufregen. Auf diese Weise verlieren sie den Draht zur magischen Schönheit des Lebens. Wenn Sie sich davon befreien, werden Sie bald feststellen, dass Sie sehr viel mehr Energie zum Nettsein zur Verfügung haben.

Einer der Hauptgründe, warum wir dieses gehetzte, ängstliche und wettbewerbsorientierte Leben führen und tun, als sei es ein einziger, riesiger Notfall, ist die Angst, dass wir, wenn wir friedlich und liebevoll sind, unsere Ziele nicht erreichen. Wir fürchten uns davor, faul und träge zu werden. Machen Sie dieser Furcht den Garaus, indem Sie sich verdeutlichen, dass genau das Gegenteil zutrifft. Wenn unsere Gedanken sich vor Angst überschlagen, verlieren wir ungeheuer viel Energie, was unserem Leben wiederum Kreativität und Sinn raubt.

Kurz gesagt
Betrachten Sie Ihre kleinen Kämpfe von einer höheren Warte aus. So haben Sie mehr von Ihren Mitmenschen und vom Leben allgemein.

Ähnliche Titel
Marc Aurel, *Selbstbetrachtungen*
Wayne Dyer, *Wirkliche Wunder*
Norman Vincent Peale, *Die Kraft des positiven Denkens*
Martin Seligmann, *Pessimisten küsst man nicht*

· 13 ·
Richard Carlson

Alles kein Problem wurde zum internationalen Bestseller. Wie der Titel entstand, erzählt der Autor in der Einführung. Ein ausländischer Verleger bat Carlson, zu seinem Buch *You Can Feel Good Again* einen Klappentext von einem anderen Bestsellerautor, nämlich Wayne Dyer, zu besorgen. Da Dr. Dyer bereits zu einem anderen Buch von Carlson einen solchen Text geliefert hatte, versprach Carlson, sich darum zu kümmern. Er schrieb einen Brief und schickte ihn ab. Doch die Zeit verging, und es kam keine Antwort. Nach sechs Monaten schickte der Verleger aus dem Ausland Carlson ein Belegexemplar des übersetzten Buches. Entsetzt sah er, dass der Verleger den Klappentext von einem früheren Buch genommen hatte. Carlson schrieb also einen langen Brief an Wayne Dyer, in dem er sich für diese Eigenmächtigkeit entschuldigte. Er erklärte, er würde versuchen, die Auflage zurückziehen zu lassen. Nach einigen sorgenvollen Wochen erhielt er einen Brief von Wayne Dyer, in dem Folgendes stand.

Lieber Richard, es gibt zwei Grundregeln für ein harmonisches Leben. 1) Machen Sie kein Problem aus Kleinigkeiten! 2) Letztlich ist alles eine Kleinigkeit. Lassen Sie den Text ruhig stehen! Alles Liebe, Wayne.

Für Carlson atmete diese nette Antwort den Geist eines ewigen spirituellen Gesetzes: Der beste Weg ist der des geringsten Widerstands. Dies inspirierte ihn zu seinem neuen Buch. *Alles kein Problem* ist kein Handbuch der Selbstvervollkommnung. Sie finden darin nur eine Sammlung guter Ideen, wie Sie Stress möglichst vermeiden können. Die hundert Strategien, die Carlson in kurzen Essays vorstellt, haben ihren Wert bereits bei Lesern und Klienten des Autors unter Beweis gestellt.

Die Perspektive

Das Buch verfügt über die etwas schrullige Aufrichtigkeit von Menschen wie Dale Carnegie oder Norman Vincent Peale, kombiniert mit einer östlich inspirierten Auffassung von Zeit und der Bedeutung innerer Stille. Sein wahrer Wert aber liegt darin begründet, dass Carlson sich der mitunter brutalen Anforderungen des modernen Lebens in unserer Kultur vollkommen bewusst ist. Natürlich tut ein Wochenende der Meditation gut. Auch der sonntägliche Spaziergang am Strand beruhigt, doch leider geht der Effekt solcher Maßnahmen nur zu bald verloren. Dienstag früh rasen wir bereits wieder wie die Irren, sind stocksauer und hetzen uns ab wie in der Woche davor.

Wie können wir Frieden und Abgeklärtheit mit ins reale Leben nehmen? Das ist Carlsons Fragestellung. Und das Schöne an seinem Buch ist, wie er uns klar macht, dass wir uns wegen unserer negativen Gefühle nicht zu schämen brauchen. Versuchen Sie gar nicht erst, sie loszuwerden, stellen Sie sie einfach nur in einen größeren Rahmen.

Viele von Carlsons Tricks sind recht simpel, andere durchaus innovativ. Daher möchte ich Ihnen eine Auswahl aus seinen hundert Strategien vorstellen.

Wer früh aufsteht

Carlson steht lange vor seiner Frau und seinen Kindern auf. So hat er eine »goldene Stunde« für sich, in der er lesen, meditieren oder in Ruhe und Frieden über den Tag nachdenken kann. Viele seiner Klienten erzählten ihm immer wieder, wie allein die Tatsache, dass sie zum Frühaufsteher wurden, ihr Leben verändert hatte.

Auch sanfte, entspannte Menschen können Erfolgstypen sein

Ein Leben, in dem ein Notfall den anderen jagt, entspricht unserer Vorstellung von einem kraftvollen, leistungsbetonten Dasein. Friedliebende Träumer assoziieren wir hingegen mit Trägheit und Apathie. Doch wenn wir ständig gehetzt und in Bewegung sind, verschwinden Motivation und echter Erfolg aus unserem Leben. Carlson erzählt, dass er einfach Glück gehabt habe. Er sei immer von entspannten Menschen umgeben gewesen, die jedoch in jeder Hinsicht erfolgsverwöhnt waren. Wenn Sie sich inneren Frieden zur Gewohnheit machen, erreichen Sie Ihre Ziele mit Leichtigkeit und schaffen es sogar noch, anderen einen Gefallen zu tun.

Unterbrechen Sie andere nicht, und beenden Sie deren Sätze nicht

Das ist ein ganz simpler Weg, um sich zu einer entspannten, freundlichen Person zu entwickeln. Versuchen Sie es ruhig.

Leben Sie im Hier und Jetzt

John Lennon sagte einmal, Leben sei das, was geschehe, wenn wir gerade mit anderen Plänen beschäftigt seien. Konzentrieren wir uns auf die Gegenwart, dann verflüchtigen sich unsere Ängste, die sich ja gewöhnlich auf eine imaginäre Zukunft beziehen. Sie werden erstaunt sein, wie leicht sich der Ärger von morgen plötzlich lösen lässt. Gewöhnen Sie sich an, so zu denken, und Ihr Leben wird sich tief greifend verändern.

Fragen Sie sich: »Wie wichtig wird dies in einem Jahr für mich sein?«

Je öfter er diese Frage einsetzt, meint Carlson, umso mehr bringt sie ihn zum Lachen – über Dinge, die ihm früher die Sorgenfalten auf die Stirn trieben. Die Energie, die er früher für Ärger und Sorgen aufwendete, nutzt er jetzt für seine Familie und um kreativ zu sein.

Gönnen Sie sich etwas Langeweile

Haben Sie keine Angst vor einem Moment der Leere. Die menschliche Existenz ist dem Sein gewidmet, nicht dem Tun. Also genießen Sie das Dasein und langweilen Sie sich. Sie werden sich wundern, wie es den Geist klärt, nachdem man erst einmal die ersten unruhigen Momente hinter sich gebracht hat. Es schafft Raum für neue Gedanken.

Stellen Sie sich Ihr eigenes Begräbnis vor

Dies ist der ideale Weg, um zu klären, was wirklich zählt. Nur wenige Menschen wären wohl mit ihrem Leben zufrieden, wenn sie in dieser Form darauf zurückblicken müssten. Zu viel Ärger, zu viel Stress. Fragen Sie sich: Welcher Mensch war ich? Habe ich die Dinge getan, die ich mochte? Habe ich die mir nahe stehenden Menschen wirklich geliebt?

Stellen Sie sich die Menschen in Ihrem Leben als kleine Kinder bzw. als hundertjährige Greise vor

Das führt fast immer zu einer besseren Perspektive sowie zu mehr Mitgefühl. (Von den Lachsalven ganz zu schweigen!)

Legen Sie neu fest, was wichtig ist

Statt immer und ewig äußeren Anforderungen zu gehorchen, sollten Sie sich einmal fragen, was Sie in puncto persönlicher Entwicklung erreicht haben. Dazu könnte zum Beispiel zählen, dass Sie trotz heftiger Probleme Ihre Mitte nicht verloren haben.

Öffnen Sie sich für das, »was ist«

Häufig ist die Welt nicht so, wie wir sie gerne hätten. Wenn jemand Sie ablehnt, vielleicht sogar eine nahe stehende Person, wenn Sie in der Arbeit keinen Erfolg hatten, dann gestehen Sie sich ruhig ein, dass dies nun einmal der Fall ist – und zwar ohne emotionale Dramen. Nach einiger Zeit kommen die Dinge, die Sie jetzt so stören, von selbst wieder ins Lot. Auf diese Weise befreien Sie sich von ihnen.

Und es gibt noch ein paar andere sinnvolle Strategien:

Akzeptieren Sie hin und wieder – nur so zum Spaß – die Kritik, die sich gegen Sie richtet (und beobachten Sie dann, wie die Kritikpunkte verschwinden).
Seien Sie dankbar, wenn es Ihnen gut geht, und flexibel, wenn es Ihnen schlecht geht.

Seien Sie mit sich selbst zufrieden.
Lassen Sie sich ruhig mal etwas durchgehen.

Zu guter Letzt

Wenn Sie sich für Hilfe zur Selbsthilfe interessieren, aber keine Zeit haben, dicke Wälzer zu lesen, dann sind Carlsons Bücher der ideale Kompromiss. Sie kommen zwar simpel daher, beruhen aber auf dem Ansatz der Kognitiven Therapie, der zeigt, wie sehr unsere Gefühle das Produkt unserer Gedanken sind. Wenn wir uns unseres Denkens bewusster werden, können wir unsere Gedanken und damit auch unsere Gefühle verändern. Der Ratschlag, sich keinen Stress aufzubürden, ist keineswegs nur »Psychologie für den Hausgebrauch«. Der bekannte Psychologe Abraham Maslow sieht darin die zentrale Technik der selbstverwirklichten Person. Maslow meint damit einen Menschen, der die Kleingeisterei aufgegeben hat und dem weiten Horizont in seinem Leben Raum gibt.

Alles kein Problem ist so angelegt, dass wir uns darin vertiefen können, wann immer wir ein bisschen freie Zeit erübrigen können. Öffnen Sie es irgendwo, um darin die Inspiration zu finden, die Sie gerade brauchen. Da es keine ausufernden Begründungen nötig hat und auf Anekdoten weitgehend verzichtet, findet sich darin konzentriert, wozu andere Autoren mehrere hundert Seiten brauchen würden. Wenn Sie nur ein oder zwei Strategien daraus verwirklichen, war es der Mühe des Lesens wert.

Über Richard Carlson

Carlson wuchs in Piedmont im amerikanischen Bundesstaat Kalifornien auf. Seine Doktorarbeit schrieb er 1986 über die Psychologie des Glücks. Dies führte zu einer beliebten Zeitschriftenserie mit dem Titel »Rezepte fürs Glück«. Diese Veröffentlichungen machten ihn zu einem bekannten Spezialisten für Strategien zur Stressreduktion.

Alles kein Problem wurde über zehn Millionen Mal verkauft und in viele Sprachen übersetzt. Zwei Jahre lang führte es die US-Bestsellerlisten an.

Doch Carlson hat noch mehr bekannte Bücher geschrieben: *Glücklich sein, auch wenn das Leben hart ist; Reg dich nicht auf; Werde glücklich, werde reich.* Mit Benjamin Shield zusammen hat er *Das kleine Buch für die Seele* und *Das kleine Buch fürs Herz* herausgebracht. Mit Unterstützung seiner Frau entstand *Alles kein Problem in der Liebe.* Und er weitete den Ansatz noch aus in: *Alles kein Problem im Job* bzw. *Alles kein Problem in der Familie.*

Heute lebt er mit seiner Frau und seinen zwei Töchtern in Nordkalifornien.

Wie man Freunde gewinnt
1936

Hören wir doch auf, Menschen zu verurteilen, und versuchen vielmehr, sie zu verstehen. Stellen wir uns vor, weshalb sie tun, was sie tun. Das ist so viel lohnender als Kritik, weil dadurch Sympathie, Toleranz und Freundlichkeit anwachsen. »Alles wissen heißt alles verzeihen.«

Denken Sie daran, dass die Menschen, mit denen Sie reden, hundertmal mehr Interesse für sich und ihre Wünschen und Probleme hegen als für Sie und Ihre Anliegen. Die eigenen Zahnschmerzen nimmt man gewöhnlich wichtiger als eine Hungersnot in China, auch wenn diese Millionen Menschen das Leben kostet. Ein Abszess im Hals interessiert uns mehr als vierzig Erdbeben in Afrika. Daran sollten Sie denken, wenn Sie das nächste Mal ein Gespräch beginnen.

KURZ GESAGT
Versuchen Sie wirklich, die Welt mit den Augen anderer zu sehen. Dies trägt Ihnen die Wertschätzung Ihres Gegenübers ein, sodass es Ihnen tatsächlich zuhört, wenn Sie etwas zu sagen haben.

ÄHNLICHE TITEL
Stephen Covey, *Die sieben Wege zur Effektivität*
Norman Vincent Peale, *Die Kraft des positiven Denkens*

· 13 ·
Dale Carnegie

Der vollständige Titel des Buches lautet: *Wie man Freunde gewinnt – Die Kunst, beliebt und einflussreich zu werden.* Haftet dem nicht der Ruch des Unseriösen an? Wer würde nicht gerne damit prahlen, jederzeit Freunde »gewinnen« und sie zum eigenen Nutzen beeinflussen zu können? Nein, das hört sich gar nicht nett an. Für einen modernen Leser riecht das nach geistigen Tricks und einer Welt, in der der Mensch dem Menschen zum Wolf wird. Der Titel klingt ganz entschieden nach einem üblen Machwerk, das ein Handelsvertreter zur Zeit der Weltwirtschaftskrise geschrieben hat. In diesem Fall scheint es angemessen, nach dem äußeren Schein zu urteilen, nicht wahr? Gäbe es da nicht ein paar sehr wichtige Punkte, die für das Buch sprechen.

Vier Gründe, Dale Carnegie zu lesen und ihn zu mögen

1. Die Dreistigkeit des Titels passt überhaupt nicht zum Inhalt. Liest man dieses Buch genauer, stellt man fest, dass es sich dabei keineswegs um einen Machiavelli der Moderne handelt, in dem wüste Manipulationstechniken beschrieben werden. Ganz im Gegenteil. Für Carnegie hatte es etwas Verächtliches, Freunde zu einem bestimmten Zweck gewinnen zu wollen: »Wenn wir bloß versuchen, andere Menschen zu beeindrucken und ihr Interesse zu erwecken, werden wir nie viele wahre, echte Freunde haben. Freunde, echte Freunde, gewinnt man nicht auf diesem Weg.« Die Energie, die das Buch immer noch zu einer guten Lektüre macht, ist die Kraft der Liebe zu den Menschen. Vielleicht gibt es auch heute noch Egomanen, die es kaufen, um berühmt zu werden (wie die Werbung in den USA dies häufig empfiehlt), doch ich denke es ist an der Zeit, Carnegies Buch in neuem Licht zu sehen.

2. Carnegie schrieb dieses Buch in den USA der dreißiger Jahre des 20. Jahrhunderts. Das Land versuchte gerade, die Weltwirtschaftskrise abzuschütteln, daher gab es für Menschen mit beschränkter Ausbildung wenig Möglichkeiten. Carnegie aber bot allen einen Weg, vorwärts zu kommen, indem er zeigte, wie sie den einen Rohstoff nutzen können, den ihnen niemand nehmen kann: die Persönlichkeit. Auch in den Augen des modernen Lesers scheinen Carnegies Versprechungen nicht übertrieben. Heute ist die Motivationspsychologie fest im Bewusstsein der Öffentlichkeit verankert. Aber stellen Sie sich die Wirkung von Carnegies Methoden 1937 vor, also lange Zeit vor der ununterbrochenen Periode wirtschaftlichen Wohlstands. Damals – und heute – waren Carnegies Techniken Gold wert.

3. *Wie man Freunde gewinnt* will uns vor allem zum Tun anleiten. Es »enthüllt dem Leser ein Geheimnis«. Keine Theorie, nur einfach ein paar Regeln, die »wie Magie« funktionieren. Carnegies Plauderstil berührt all jene, die versucht haben, sich mit wissenschaftlichen Werken der Psychologie auseinander zu setzen, wie eine frische Brise. Für Menschen, die sonst nicht lesen, ist er geradezu eine Erholung. Ideen, die Arbeit sparen, sind ein Kennzeichen der Kultur Amerikas. Ein Buch, das verspricht, unser Leben zu verändern, ohne uns Jahre schweißtreibender Arbeit abzuverlangen, musste zum Erfolg werden.

4. Das Buch wurde nicht als Bestseller konzipiert. Tatsächlich handelt es sich um Skripten für Carnegies Kurse über Rhetorik und menschliche Beziehungen. (Das »Wie man ...« im Titel weist noch auf diese praktische Ausrichtung hin.) Die ursprüngliche Auflage betrug nicht mehr als 5000 Exemplare. Es stellte also keinen Masterplan für mehr Profit dar, der die niederen Instinkte im Menschen anspricht. Ziel und Zweck war vielmehr, die Inhalte von Kursen einem breiteren Publikum vorzustellen.

Das Phänomen „Wie man Freunde gewinnt"

Trotz des etwas unglücklichen Titels wurde das Buch ein absoluter Renner. Es gehört heute noch zu den meistverkauften Büchern der Welt. (Alle Sprachen zusammengenommen wurde es über fünfzehn Millionen Mal verkauft!) Auf dem Ratgebersektor ist es das erfolgreichste Buch aller Zeiten. Dorothy Carnegie schrieb zur amerikanischen Auflage von 1981 ein Vorwort, in dem sie festhielt, dass die Ideen ihres Mannes ein wirkliches Bedürfnis erfüllten, das »mehr war als nur ein vorübergehendes Phänomen in der Zeit nach der Weltwirtschaftskrise«.

Und tatsächlich wird *Wie man Freunde gewinnt* häufig unter den fünfzig bedeutsamsten Büchern des 20. Jahrhunderts aufgeführt. In der *Ultimate Business Library* von Crainer & Hamel zählt es zu den *50 Books that Made Management*. Dort steht Carnegie neben Autoren wie Henry Ford, Adam Smith, Max Weber und Peter Drucker.

Die Botschaft: Offenheit, nicht Manipulation

Der Erfolg von Carnegies Kursen für Erwachsene enthüllte, dass viele Menschen nicht wussten, wie sie als Führungspersönlichkeiten die auch heute noch begehrten *soft skills* (»weiche Fähigkeiten«) erwerben konnten. Wie sollten sie es schaffen, ihre Ideen auszudrücken, wie das Team zur Mitarbeit motivieren? Dass Wissen und Intelligenz allein nicht zum Erfolg führen, ist heute eine bekannte Tatsache. Zu Carnegies Zeiten rückte die Vorstellung, dass Erfolg verschiedene Komponenten habe, erst allmählich in den Blickpunkt des Interesses. Indem er verdeutlichte, wie sehr die persönlichen Fähigkeiten den Erfolg beeinflussten, bereitete er der Vorstellung von einer emotionalen Intelligenz den Weg – Jahre, bevor sie in akademische Kreise Eingang fand.

Carnegie hatte einen Ausspruch John D. Rockefellers (dem Bill Gates seiner Zeit) im Hinterkopf behalten, der besagt, dass die Fähigkeit, mit Menschen umzugehen, wertvoller sei als alle anderen zusammengenommen, und doch gebe es gerade dazu kein einziges Buch. Carnegie und seine Helfer lasen alles, was sie über menschliche Beziehungen finden konnten: Philosophisches, Urteile aus dem Familienrecht, Zeitschriftenartikel, klassische Texte, die neuesten Psychologiebücher und Biografien, vorzugsweise von Leuten, die für ihre Führungsstärke bekannt waren. Carnegie interviewte sogar zwei der wichtigsten Erfinder des Jahrhunderts: Marconi und Edison. Er sprach mit Franklin D. Roosevelt und mit den Filmstars Clark Gable und Mary Pickford.

Aus diesen Forschungsarbeiten kristallisierten sich allmählich ein paar grundlegende Ideen heraus. Diese wurden zu einem kurzen Vortrag verarbeitet, um an den Teilnehmern von Carnegies Kursen getestet zu werden. Fünfzehn Jahre später wurden sie zu den Prinzipien von *Wie man Freunde gewinnt*. Was immer man über dieses Buch auch sagen kann: Es entstand sicher nicht aus einer Laune heraus.

Carnegies Prinzipien

Aber funktionierten diese Prinzipien auch? Zu Beginn seines Buches berichtet Carnegie von einem Mann, der seine über 300 Angestellten immer angetrieben hatte. Offenbar handelte es sich dabei um einen dieser schrecklichen Chefs, die unfähig sind, nur ein positives Wort über ihre Angestellten zu verlieren. Nachdem er einen Kurs bei Carnegie besucht und dort das Prinzip des Nicht-Kritisierens erlernt hatte, verwandelten sich für ihn »314 Feinde in ebenso viele Freunde«. Plötzlich waren seine Mitarbeiter loyal zu ihm, was vorher nicht der Fall gewesen war. Und die Profite stiegen. Aber der Mann hatte noch mehr Erfolg: Er war glücklicher mit seiner Familie, hatte mehr Freizeit und fand, dass sich sein Lebensziel »stark verändert« hatte.

Was Carnegie daran interessierte, war nicht etwa, dass seine Kursteilnehmer finanzielle Erfolge einheimsten oder in ihrer Karriere vorankamen. Ihn faszinierte einfach die Tatsache, dass Menschen nur durch Öffnen ihrer Augen ihr ganzes Leben verändern konnten. Plötzlich erkannten sie, dass ihr Leben viel einfacher sein konnte, dass es sich nicht zwangsläufig zum Kampf um Geld oder Macht entwickeln musste.

Das zweite Kapitel des Buches beginnt mit einem Zitat des amerikanischen Philosophen John Dewey. Er sagt, das tiefste Bedürfnis im Menschen sei es, wichtig genommen zu werden. Auch Freud meinte, dass neben Sex das Verlangen nach Größe die wichtigste menschliche Antriebsfeder sei. Abraham Lincoln nannte dieses Bedürfnis die »Sehnsucht nach Anerkennung«.

Ein Mensch, der diese Sehnsucht nach Anerkennung wirklich verstünde, so Carnegie, würde auch wissen, wie man Menschen glücklich machen könne, sodass »sogar der Totengräber seinen Tod beweinen würde«. Solch ein Mensch würde auch wissen, wie man das Beste aus anderen Menschen herauskitzelt. Carnegie erzählte gerne die großen Erfolgsstorys seiner Zeit. Charles Schwab war der erste Mensch, der eine Million Dollar pro Jahr verdiente. Er war Chef der *Andrew Carnegie's United States Steel Company*. Schwab meinte, das ganze Geheimnis seines Erfolgs beruhe darauf, dass er seinen Angestellten gegenüber »des Lobes voll« sei. Dass es für den eigenen Erfolg wichtig ist, seine Mitarbeiter zu schätzen und ihnen zu vermitteln, wie wichtig ihr Anteil an der Arbeit ist, gehört heute zum Basiswissen jedes Managementadepten. Zur Zeit von Andrew und Dale Carnegie war das noch nicht der Fall.

Gleichzeitig aber war Carnegie strikt gegen Schmeicheleien. Damit, so meinte er, gehe man nur auf die Eitelkeit des Adressaten ein. Weiß man jedoch die positiven Seiten seines Gegenübers zu schätzen, ist dies ein Akt der Dankbarkeit, der darauf beruht, dass man diesen Menschen richtig wahrnimmt – vielleicht zum allerersten Mal. Dies wiederum

bewirkt, dass man für diesen Menschen ebenfalls wertvoller wird. Der Ausdruck der eigenen Wertschätzung steigert also unseren eigenen Wert. Sie erleben das Vergnügen, ein anderes Gesicht aufleuchten zu sehen, und am Arbeitsplatz wird aus Langeweile und Misstrauen ein schwungvolles Miteinander. Carnegies Prinzip, offen und ehrlich seine Wertschätzung auszudrücken, beruht letztlich darauf, die Schönheit anderer Menschen wirklich sehen zu können.
Das Buch führt 27 Prinzipien auf, von denen die meisten dem Muster der hier näher erklärten folgen. Dazu gehört zum Beispiel:

- Erwecken Sie in anderen Menschen ein echtes Bedürfnis.
- Interessieren Sie sich wirklich für andere Menschen.
- Nur der gewinnt im Streit, der ihn vermeidet.
- Zeigen Sie Respekt für die Meinungen anderer Menschen. Sagen Sie niemals: »Da liegen Sie falsch.«
- Wenn Sie Unrecht haben, geben Sie das sofort und unumwunden zu.
- Seien Sie nett.
- Lassen Sie Ihr Gegenüber reden.
- Appellieren Sie an edlere Motive.
- Signalisieren Sie Ihrem Gegenüber Ihre gute Meinung von ihm, damit es sie wahr machen kann.

Zu guter Letzt

Über dieses Buch gibt es zahlreiche ironische Kommentare. Das mag daran liegen, dass es an sich schon wirklich witzig ist, was bei Selbsthilfebüchern leider eine Seltenheit ist. Carnegies außergewöhnlicher Sinn für Humor macht den Text heute noch attraktiv. So lautet eines seiner berühmtesten Prinzipien: »Denken Sie immer daran, dass der Name eines Menschen für diesen der süßeste Klang überhaupt ist.«

Wie man Freunde gewinnt wird wohl auch in fünfzig Jahren noch gelesen werden, denn in diesem Buch geht es in erster Linie um Menschen. Vor diesem Buch war man noch der Meinung, der Umgang mit Menschen sei eine angeborene Fähigkeit, die man entweder habe oder nicht habe. *Wie man Freunde gewinnt* machte seinen Lesern bewusst, dass menschliche Beziehungen besser verstanden werden können, als wir glauben, und dass die dafür nötigen Fähigkeiten erlernbar sind. Außerdem machte es deutlich, dass man Menschen nur dann beeinflussen kann, wenn man sie aufrichtig mag und schätzt – ganz im Gegensatz zu dem, was man Carnegies Buch so nachsagt.

Über Dale Carnegie
Carnegie wurde 1888 in Maryville im amerikanischen Bundesstaat Missouri geboren. Als Sohn eines armen Farmers sah er seine erste Eisenbahn erst mit zwölf Jahren. Noch als Teenager hatte er um drei Uhr morgens aufzustehen, um die Kühe seiner Eltern zu melken. Trotzdem schaffte er es, eine Ausbildung am Staatlichen Lehrerkolleg in Warrensburg zu machen. Sein erster Job war es, einen Fernkurs für Farmer zu verkaufen. Später wurde er Vertreter für Speck, Seife und Schmalz bei Armor & Company. Er war darin so erfolgreich, dass sein Verkaufsbezirk, Oklahoma, zum führenden innerhalb der Firma wurde.
Da er zu gerne Schauspieler werden wollte, kam Carnegie nach New York, wo er die *American Academy of Dramatic Arts* besuchte. Er reiste mit einem Stück durchs Land, kehrte aber bald zum Verkaufs-geschäft zurück und wurde Vertreter für Packard-Autos. Nachdem er die YMCA überzeugt hatte, und sie ihm ein Forum zur Verfügung stellte, hielt er Rhetorikkurse für Geschäftsleute ab, die ein großer Erfolg wurden. Sein erstes Buch *Public Speaking and Influencing Men in Business* entstand aus den Skripten seiner Kurse. Weitere Bücher sind: *Sorge dich nicht, lebe!* und *Der Erfolg ist in dir.* Kurse nach den Carnegie-Prinzipien gibt es heute auf der ganzen Welt. Dale Carnegie starb 1955.

Die sieben geistigen Gesetze des Erfolgs
1994

Wenn wir diese Gesetze verstehen und sie im Leben anwenden, können wir alles schaffen, was wir wollen, denn jene Gesetze, welche die Natur anwendet, um einen Wald, eine Galaxie, einen Stern oder einen menschlichen Körper entstehen zu lassen, können auch für die Erfüllung unserer innigsten Wünsche sorgen.

Die beste Art, das Gesetz des Gebens praktisch anzuwenden, ist, einen Beschluss zu fassen: Jedes Mal, wenn Sie mit einem Menschen in Kontakt kommen, werden Sie ihm etwas geben. Das müssen keine materiellen Dinge sein. Es kann sich auch um eine Blume, ein Kompliment oder ein Gebet handeln. Die Geschenke von Zuwendung, Aufmerksamkeit, Wertschätzung und Liebe gehören zu den wertvollsten, die wir geben können, und sie kosten uns keinen Pfennig.

Das vierte geistige Erfolgsgesetz ist das Gesetz des geringsten Aufwands. Es beruht darauf, dass die Intelligenz der Natur mühelos und mit gelassener Leichtigkeit arbeitet. Genau das besagt das Gesetz des geringsten Aufwands, des geringsten Widerstands ... Wenn wir diese Lektion von der Natur lernen, erfüllen wir all unsere Wünsche ohne Schwierigkeiten.

Kurz gesagt
Es gibt einen einfachen Weg, vom Leben das zu erhalten, was wir wollen. Wir müssen uns nur auf die Natur und das Universum einstimmen.

Ähnliche Titel
Die Bhagavadgita
Florence Scovel Shinn, *Das Lebensspiel und seine mentalen Regeln*

· 14 ·
Deepak Chopra

In seiner mühelosen Effizienz und Einfachheit ist *Die sieben geistigen Gesetze des Erfolgs* ein glänzendes Beispiel für die Ratgeberliteratur unserer Zeit. Man könnte alle anderen Bücher in die Ecke stellen und nur mit diesem alleine leben.

Die Konzentration auf Erfolg und Wohlstand mag für einige nicht »spirituell« genug klingen, doch genau darum geht es in diesem Buch. Solange Sie kein Einsiedler sind, der sich von Wurzeln und Beeren ernährt, sind Sie ein Teil des Wirtschaftskreislaufs und müssen Geldverdienen mit geistigem Fortschritt vereinen. *Die sieben geistigen Gesetze des Erfolgs* geht auf eben dieses Problem ein. Es ist gleichermaßen ein Wohlstandsbuch wie ein spirituelles Buch. Das macht es für unsere Zeit so ungeheuer wertvoll.

Alle Selbsthilfebücher versuchen, die unveränderlichen Gesetze des Erfolgs zu erkunden. Die Gesetze des karma (Ursache und Wirkung) sowie des dharma (Lebenssinn) begleiten die Menschen seit Jahrtausenden. Deepak Chopra baut sie in seinen Kanon der sieben geistigen Erfolgsgesetze ein. Daher werden wir uns hier nur mit den restlichen fünf beschäftigen.

Das Gesetz des reinen Potenzials

Das Feld des reinen Potenzials ist das Reich der Stille, aus dem alle Dinge entstehen, aus dem heraus »das Nicht-Manifeste manifest wird«. In diesem Zustand des reinen Bewusstseins erfreuen wir uns des reinen Wissens, aber auch der vollkommenen Balance. Wir sind unbesiegbar, glückselig. Betreten wir dieses Feld, erleben wir unser höheres Selbst, das uns erkennen lässt, wie sehr wir unser Leben verschwenden, wenn wir den Gelüsten des Ego nachgeben. Das Ego lebt von der Angst, das Höhere Selbst hingegen von Liebe und Sicherheit:

Es ist immun gegenüber Kritik, hat keine Furcht vor Herausforderungen und fühlt sich niemandem unterlegen. Und trotzdem ist es bescheiden und fühlt sich auch nicht überlegen, denn es erkennt, dass alle dasselbe Selbst besitzen, denselben Geist, der nur verschiedene Formen annimmt.

Wenn der Schleier des Ego fällt, wird die Weisheit offenbar. Dies führt zu außergewöhnlich tiefen Einsichten. Chopra zitiert hier Carlos Castaneda, der eine seiner Figuren sagen lässt: »Wenn wir nur aufhören könnten, uns für so wichtig zu nehmen, würden wir die Größe des Universums schnell erkennen.«

Das Feld des reinen Potenzials steht uns in der Meditation und der Stille offen. Wichtig ist auch, eine Haltung der Vorurteilslosigkeit und des Sich-Einstimmens auf die Natur. Sobald Sie dieses Feld einmal kennen gelernt haben, können Sie es betreten, wann immer Sie wollen – unabhängig von äußeren Umständen, Menschen und Dingen. Aller Wohlstand, aller Überfluss entstehen in diesem Feld.

Das Gesetz des Gebens

Ist Ihnen je aufgefallen, dass Sie umso mehr bekommen, je mehr Sie geben? Warum trifft dieses Gesetz immer und überall zu? Chopra meint, das liege daran, dass unser Geist in einer ständigen Austauschbeziehung mit dem Universum stehe. Wenn wir schöpferisch tätig sind, lieben und wachsen, dann hält dies den Austausch in Gang. Hören wir jedoch auf zu geben, dann stört dies den Fluss und die Energie fängt an – wie Blut – zu verklumpen. Je mehr wir geben, desto mehr nehmen wir am Energiefluss des Universums teil. Und desto mehr bekommen wir auch zurück – in Form von Liebe, Geld und freudvollen Erfahrungen. Geld bewegt tatsächlich die Welt, aber nur, wenn es sowohl gegeben als auch empfangen wird.

Doch wenn Sie geben, sollten Sie dies voller Freude tun. Wollen Sie gesegnet werden, segnen Sie die Menschen, indem Sie ihnen positive Gedanken senden. Haben Sie kein Geld, dann tun Sie etwas für jemand anderen. Was das Geben angeht, unterliegen wir keinerlei Beschränkung, da die Natur des Mensch-Seins die Fülle und der Überfluss sind. Die Natur versorgt uns mit allem, was wir brauchen, und das Feld des reinen Potenzials steuert die nötige Intelligenz bei, um auf kreative Weise noch mehr zu erzeugen.

Das Gesetz des geringsten Aufwands

Wie es die Natur des Fisches ist, das Wasser zu durchschneiden, oder die Natur der Sonne, uns mit ihrem Licht zu erfreuen, so liegt es in der Natur des Menschen, seine Träume in die Wirklichkeit umzusetzen – und dies mit leichter Hand. Das vedische Prinzip der Ökonomie der Mittel weist uns an, »weniger zu tun, um mehr zu leisten«. Ist diese Vorstellung nun revolutionär oder einfach völlig unsinnig? Sind harte Arbeit, Planen und Streben wirklich nur Zeitverschwendung?

Chopra meint, dass wir, wenn unser Handeln von Liebe getragen ist und nicht von den Wünschen des Ego, überschüssige Energie erzeugen, mit Hilfe derer wir erschaffen können, was wir gerne möchten. Wenn wir jedoch Macht über andere erlangen wollen bzw. ihre Anerkennung suchen, kostet uns dies eine Menge Energie. Wir versuchen ständig, etwas zu beweisen, doch wenn wir von unserem höheren Selbst aus agieren, müssen wir nur noch entscheiden, wo und wie wir den Lauf der Dinge beeinflussen und Fülle erzeugen wollen.

Der erste Schritt dazu ist das Annehmen dessen, was geschieht. Wir können nicht hoffen, die Energie des Universums mühelos lenken zu können, wenn wir dagegen ankämpfen. Sagen Sie sich also auch in schwierigen Situationen: »Dieser Moment ist so, wie er sein sollte.« Und üben Sie sich in Widerstandslosigkeit. Wenn wir uns ständig damit aufhalten, unsere Meinung zu verteidigen und anderen Schuld zuzuweisen, können wir nicht wirklich offen für die vollkommene Alternative sein, die in den Kulissen auf uns wartet.

Das Gesetz von Absicht und Wunsch

Dies ist das komplexeste und deshalb wohl auch das faszinierendste der sieben Gesetze. Chopra meint, dass ein Baum nur einen einzigen Lebenssinn hat: Er verwurzelt sich, wächst und betreibt Fotosynthese. Die Intelligenz des Menschen jedoch erlaubt uns, unseren Geist und die Gesetze der Natur so anzuwenden, dass wir unsere Resultate nach unserer Vorstellung formen können. Dies geschieht durch zwei Eigenschaften unseres Bewusstseins: Aufmerksamkeit und Absicht.

Die Aufmerksamkeit lädt etwas mit Energie auf, während die Absicht diese Energie umwandelt und »ihre eigene Erfüllung bewirkt«. Wie kommt es dazu? Der Autor benutzt hier das Bild eines Teiches. Ist der Teich unseres Inneren still, dann sorgt schon ein winziger Kiesel »Absicht« dafür, dass die Wellen auf dem Wasser sich durch Raum und Zeit fortsetzen. Ist der Geist jedoch aufgewühlt, kann ein ganzer Wolkenkratzer hineinstürzen, ohne dass das vorherrschende Muster sich ändert. Ist die Absicht gefasst, können wir uns auf die dem Universum innewohnende Organisationskraft verlassen, die dem Feld der Stille entspringt. Sie sorgt für die Manifestation. Und das Universum selbst steuert die Details bei.

Das Gesetz des Loslassens

Doch auch wenn Sie Ihre Absicht korrekt entwickelt haben, müssen Sie sie doch wieder loslassen, bevor Ihr Wunsch Wirklichkeit werden kann. Wenn wir unseren Geist konzentriert auf ein bestimmtes Ziel ausrichten, kann das durchaus funktionieren. Klammern wir uns jedoch zu sehr an ein bestimmtes Ergebnis, entstehen nur Unsicherheit und Furcht bei dem Gedanken, dass es vielleicht nicht eintreten könnte. Ein Mensch, der mit seinem höheren Selbst in Harmonie lebt, hegt zwar Wünsche und Absichten, doch sein Selbstgefühl ist nicht von ihnen abhängig. Ein Teil von ihm bleibt von all dem unberührt. Oder wie Deepak Chopra schreibt:

Nur aus gelassenem Engagement heraus entwickeln sich Freude und Lachen. Dann entstehen die Symbole von Reichtum und Wohlstand spontan und ohne jede Mühe. Ohne Loslassen sind wir Gefangene von Hilflosigkeit, Hoffnungslosigkeit, weltlichen Bedürfnissen, banalen Sorgen, stiller Verzweiflung und tiefer Schwermut – die Eigenheiten einer mittelmäßigen Existenz voller Armutsbewusstsein.

Ohne die Qualität des Loslassens haben wir das Gefühl, Lösungen erzwingen zu müssen. Können wir uns aber von unseren Erwartungen lösen, dann werden wir Zeugen, wie die Ideallösung sich spontan aus dem Chaos entwickelt. Diese Zusammenfassung ist bei weitem nicht genug. Sie sollten sich Deepak Chopras prachtvollen Stil durchaus selbst gönnen und das Büchlein kaufen. Vielleicht liegen Sie ja nicht sofort mit ihm auf einer Wellenlänge, doch die Mühe lohnt sich. Außerdem werden Sie immer neue Bedeutungsebenen in dem Buch entdecken, je öfter Sie es lesen. Und ist nicht dies das Zeichen für einen echten Klassiker?

Zu guter Letzt

Das Verblüffende an den Selbsthilferatgebern des 20. Jahrhunderts ist, dass sie höchst spirituelle Belehrungen mitunter in ein recht materielles Gewand stecken. Wir kaufen ein Buch über Reichtum und Wohlstand und finden uns darin mit der Vorstellung vom liebevollen Universum konfrontiert, das für uns sorgt. Wir kaufen ein anderes über die Gesetze des Erfolgs und lesen erstaunt, dass dieser sich nur einstellt, wenn unser Handeln gutes Karma hervorruft und wir uns von den Früchten des Erfolgs verabschieden können. Man wirft Chopra häufig vor, dass er spirituelle Werte dazu nutzt, um den Menschen den Weg zu mehr Reichtum zu weisen. Das stimmt, doch daran ist letztlich nichts Schlechtes. Wenn die Natur des Universums Fülle ist, dann ist ein Leben voller Armutsbewusstsein ein verschwendetes Leben.

Das eigentliche Thema des Buches ist die Einheit von allem und jedem in diesem Universum. Auch wenn es vordergründig um Erfolg geht, handelt es im Grunde von Energie. Wenn wir uns der Einheit und Vollkommenheit öffnen, nehmen wir ihre Energie auf. Verschließen wir uns vor ihr und sehen uns als von der Welt getrennt an, werden wir dadurch geschwächt. Denn die besten Bücher zur persönlichen Entwicklung, zu denen ich das vorliegende von Deepak Chopra zähle, lehren uns, Erfolg nicht darin zu sehen, dass wir zum »Herrn der Welt« werden, sondern im Einssein mit dem großen Ganzen.

Über Deepak Chopra

Deepak Chopra wurde 1947 in Neu Delhi als Sohn eines berühmten Herzspezialisten geboren. Er studierte Medizin und ging 1970 in die USA, wo er sich in Boston als Endokrinologe niederließ. Er lehrte an der Universität von Boston sowie an der *Tufts Medical School*. Gleichzeitig war er Chefarzt am *New England Memorial Hospital*.

Seine Wandlung vom hoch spezialisierten Arzt zum Guru wurde maßgeblich durch seine Begegnung mit Maharishi Mahesh Yogi beeinflusst, der in den sechziger Jahren in den USA die Kunst der Meditation lehrte. Chopra praktizierte Transzendentale Meditation und entwickelte ein verstärktes Interesse am Ayurveda, der alten indischen Heilkunst. Bald gründete er die *American Association of Ayurvedic Medicine*.

1999 zählte die Times Chopra zu den hundert wichtigsten Köpfen des Jahrhunderts und zwar als »Dichter-Propheten einer alternativen Heilkunst«. Er sprach vor den Vereinten Nationen, vor der Weltgesundheitsorganisation und der Sowjetischen Akademie der Wissenschaften. Seine Bücher – darunter *Die heilende Kraft, Jung bleiben – ein Leben lang, Die göttliche Kraft* und *Die Quelle von Wohlstand und Glück* – wurden in mehr als 35 Sprachen übersetzt. Er gab eine Anthologie mit Gedichten von Rabindranath Tagore heraus und hat außerdem mehrere Romane geschrieben, zum Beispiel *Die Feuer von Camelot*.

Der Autor lebt in La Jolla im amerikanischen Bundesstaat Kalifornien. Dort bietet das *Chopra Center for Well Being* Kurse und Vorträge an.

Der Alchimist
1993

Er hatte Latein, Spanisch und Theologie studiert. Doch schon als er noch ein kleiner Junge war, wollte er die Welt kennen lernen. Dies war ihm viel wichtiger als Gott und die menschlichen Sünden. Eines Nachmittags, als er seine Familie besuchte, brachte er den nötigen Mut auf, um seinem Vater zu sagen, dass er nicht Priester werden wolle. Reisen sei alles, was er sich wünsche.

»Diese Kraft scheint auf den ersten Blick negativ, dabei zeigt sie dir nur, wie du dein Schicksal erfüllen kannst. Sie bereitet deinen Geist und deinen Willen vor, denn es gibt eine große Wahrheit, die diesen Planeten beherrscht: Wer immer du bist, was immer du tust, wenn du etwas wirklich willst, dann nur, weil dieser Wunsch in der Seele des Universums geboren wurde. Dies ist deine Bestimmung auf Erden.«
»Auch wenn man nur reisen will? Oder die Tochter des Tuchhändlers heiraten?«

KURZ GESAGT
Wir geben unsere Träume viel zu leicht auf, dabei ist das Universum immer bereit, sie uns zu erfüllen.

ÄHNLICHE TITEL
Martha Beck, *Das Polaris-Prinzip*
Joseph Campbell und Bill Moyers, *Die Kraft der Mythen*

· 16 ·
Paulo Coelho

Santiago ist Schäfer. Er liebt seine Herde, doch er kann nicht umhin, die Beschränkungen der Existenz der Schafe zu bemerken. Sie suchen nur nach Nahrung und Wasser. Niemals heben sie ihre Köpfe, um die grünen Hügel oder den Sonnenuntergang zu bewundern. Santiagos Eltern müssen ständig ums Überleben kämpfen, und haben ihre Erwartungen ans Leben entsprechend zurückgeschraubt. Sie leben in der schönen Landschaft Andalusiens, das mit seinen malerischen Häuschen und sanften Hügeln zahlreiche Touristen anzieht. Doch für sie ist dies nicht der Ort ihrer Träume.

Santiago aber hat lesen gelernt und möchte reisen. Eines Tages macht er sich auf den Weg in die Stadt, wo er ein paar Schafe verkaufen will. Dort trifft er auf einen alten Mann und eine Traumdeuterin. Diese drängen ihn dazu, »den Zeichen zu folgen« und die Welt, die er kennt, zu verlassen. Die Zigeunerin schickt ihn gar zu den ägyptischen Pyramiden und verheißt ihm dort einen Schatz.

Verrückt wie er ist, glaubt er ihr. Er verkauft die Herde und schifft sich ein. Natürlich kommt es bald zur ersten Katastrophe: In Tanger stiehlt man ihm seine gesamten Ersparnisse. Damit sind die Früchte harter Arbeit für ein lächerlich kleines Abenteuer verloren gegangen! Doch seltsamerweise ist Santiago kein bisschen niedergeschlagen. Er bezieht seine Sicherheit längst aus einer anderen Quelle: Er weiß, dass er auf dem richtigen Weg ist. Er lebt nun ein anderes Leben als früher, ein Leben, in dem jeder Tag neu und befriedigend ist. Immer denkt er daran, was man ihm auf dem Markt gesagt hat, bevor er Spanien verließ:»Wenn du etwas wirklich willst, tut sich das ganze Universum zusammen, um es dir zu schenken.«

Dem eigenen Traum folgen

Dieser Glaubenssatz ist wunderbar. Er hilft allen, die sich aufmachen und ein großes Projekt verwirklichen wollen. Aber scheint er nicht völlig haltlos? Wohl kaum, wenn wir an die Energie denken, die wir in unsere Träume investieren, sobald wir beschlossen haben, sie wahr zu machen. Dass »das Universum sich zusammentut«, um uns zu geben, was wir wollen, ist nichts weiter als eine Spiegelung unserer eigenen Entschlossenheit. Wenn wir *Der Alchimist* lesen, fallen uns unwillkürlich Goethes Verse ein: »Unsere Wünsche sind Vorgefühle der Fähigkeiten, die in uns liegen, Vorboten desjenigen, was wir zu leisten im Stande sein werden.«

Wie Coelho in Interviews mehrfach geäußert hat, geht es in seinem Buch nicht so sehr um den Preis, den wir für unsere Träume bezahlen, als um den Preis, den wir bezahlen, wenn wir sie nicht erfüllen. Schließlich können wir für denselben Betrag einen Blazer kaufen, der uns passt und gut aussieht, oder eine schlecht sitzende Jacke. Was immer wir auch im Leben anstellen, Schwierigkeiten gibt es ohnehin. Daher ist es besser, wir schlagen uns mit Problemen herum, die uns sinnvoll erscheinen, weil sie sich aus dem ergeben, was wir uns wünschen. Andernfalls sind unsere Schwierigkeiten nämlich nur anstrengend, ein nervtötender Rückschlag nach dem anderen. Menschen, die ihren Träumen folgen, haben eine größere Verantwortung, weil sie ihre eigene Freiheit steuern müssen. Das hört sich nicht schwierig an, doch tatsächlich erfordert es einen Grad an Achtsamkeit, den wir vielleicht nicht gewöhnt sind.

Der alte Mann, den Santiago auf dem Marktplatz kennen lernt, sagt ihm, er solle doch nicht der »dicksten aller Lügen« aufsitzen, der, dass der Mensch sein Schicksal nicht in der Hand habe. Das sei durchaus der Fall, aber er müsse lernen, »die Zeichen zu lesen«. Und das sei nur möglich, wenn er gelernt habe, die Welt als Einheit zu sehen. Wir können in der Welt lesen wie in einem Buch, doch wir werden dieses Buch nie begreifen, wenn wir unser Dasein auf den kleinsten Nenner beschränken, unser Los als gegeben hinnehmen und alle Risiken meiden.

Liebe

Der Alchimist ist vor allem deshalb bemerkenswert, weil das Buch eine Liebesgeschichte erzählt, welche ohne die Vorstellung auskommt, Liebe und Romantik seien die wichtigsten Dinge im Leben. Jeder Mensch hat seine Bestimmung zu erfüllen, die von anderen Menschen unabhängig ist. Damit ist das gemeint, was wir wären oder täten, wenn wir alle Liebe und alles Geld der Welt zur Verfügung hätten. Der Schatz, den Santiago sucht, ist das Symbol dieses individuellen Traumes namens Schicksal. Trotzdem gibt er diesen auf, als er die Frau seiner Träume in einer Oase findet. Doch der Alchimist, den er in der Wüste trifft, erklärt unserem Schäfer, dass diese Liebe sich nur dann als richtig erweisen wird, wenn das Mädchen bereit ist, seine Suche nach dem Schatz zu unterstützen.

Santiago erlebt also den Konflikt zwischen Liebe und persönlicher Erfüllung. Nur zu häufig verfallen wir dem Irrtum, eine Beziehung könne der Sinn unseres Lebens sein. Doch meist hindert uns die zwanghafte Suche nach der romantischen Liebe nur daran, die Verbindung mit dem Rest der Welt aufrechtzuerhalten. Aber natürlich hat auch das Herz seine Rechte, nicht wahr? Coelho gibt darauf folgende Antwort: Wenn wir unseren Traum leben, wird in unserem Leben mehr Herz sein, als wir jetzt glauben: »... kein Herz hat je auf der Suche nach seinen Träumen gelitten, denn jede Sekunde dieser Suche ist eine Sekunde der Begegnung mit Gott und der Ewigkeit.«

Liebe ist wichtig, aber sie ist nicht unser Lebensziel – dieses liegt in unserem Traum verborgen. Nur durch Hingabe an diesen Traum enthüllt sich uns die »Seele der Welt«, das Wissen, das unsere Einsamkeit ein für alle Mal zerstört und uns Kraft und Hoffnung gibt.

Zu guter Letzt

In der Selbsthilfeliteratur geht es häufig darum, seinem Schicksal zu folgen. Leider vermögen unsere Träume allein uns noch nicht auf den richtigen Weg zu bringen. Ihre Stimme ist zwar immer vorhanden, aber sie erklingt nur leise. Es braucht nicht viel, um sie zu ersticken. Wer ist schon bereit, Bequemlichkeit, Routine, Sicherheit und bestehende Beziehungen aufzugeben, um etwas zu suchen, das zunächst einmal wie eine Luftspiegelung aussieht? Dazu ist Mut nötig und viele eselsohrige Exemplare von Coelhos Roman, die zum dauerhaften Begleiter all jener werden, die täglich unerschrocken um ihre Vision kämpfen.

Über Paulo Coelho

Coelho wuchs in einer Mittelklassefamilie in Rio de Janeiro in Brasilien auf. Nach dem Willen seines Vaters sollte er in seine Fußstapfen treten und ebenfalls Ingenieur werden. Als er seinen Wunsch äußerte, Schriftsteller zu werden, wurde er drei Jahre lang von einer psychiatrischen Klinik an die andere weitergereicht. Danach führte er ein Vagabundenleben. In Italien schloss er sich einer magischen Sekte an, in Brasilien wurde er von der Polizei verhaftet und gefoltert, weil er »regierungskritische« Lieder für eine Rockband geschrieben hatte.

Coelho gehört zu den großen Bestsellerautoren der Welt. *Der Alchimist* wurde durch eine Erzählung aus den Geschichten von 1001 Nacht inspiriert. Der Roman verkaufte sich mehr als zwanzig Millionen Mal, obwohl sein erster Verleger ihn aus dem Programm nahm, weil von der ersten Auflage nicht einmal tausend Exemplare über den Ladentisch gingen. Coelho fand einen anderen.

Coelho ist Katholik und hat eine besondere Beziehung zu Pilgerwegen. Daher spielen zwei seiner Romane *Auf dem Jakobsweg* und *Die heiligen Geheimnisse eines Magiers* in Santiago de Compostela in Spanien. Andere Titel sind: *Veronika beschließt zu sterben, Am Ufer des Rio Piedra saß ich und weinte.*

Er lebt mit seiner Frau Christina, einer Malerin, in Rio de Janeiro.

Die sieben Wege zur Effektivität
1989

Die Charakter-Ethik beruht auf der Vorstellung, dass es Prinzipien gibt, welche die menschliche Effektivität steuern – Naturgesetze in der Dimension des Menschlichen also, die genauso real, unwandelbar und unbestreitbar gültig sind wie zum Beispiel das Gesetz der Schwerkraft auf der physikalischen Ebene.

Menschen könnten mit der Veränderung nicht leben, gäbe es da nicht einen unwandelbaren Kern in ihnen. Der Schlüssel zur Veränderung der eigenen Person ist das Bewusstsein eines unwandelbaren Selbst, das einen Sinn und einen Wert hat.

Die meisten Menschen denken in Gegensätzen: stark oder schwach, Fußball oder Handball, gewinnen oder verlieren. Doch diese Art zu denken ist grundlegend falsch. Sie beruht auf Positions- und Machtstreben statt auf Prinzipien.
Ein Denken, das beide Parteien als Gewinner sieht, gründet auf der Idee, dass letztlich genug für alle da ist. Daher kann der Erfolg eines Menschen nie aus dem Misserfolg eines anderen hervorgehen.

Kurz gesagt
Wirkliche Effizienz entsteht einzig aus Klarheit (über die eigenen Prinzipien, Werte und Visionen). Veränderungen sind erst dann Wirklichkeit, wenn sie uns zur Gewohnheit geworden sind.

Ähnliche Titel
Viktor Frankl, *Trotzdem Ja zum Leben sagen*
Benjamin Franklin, *Autobiografie*
Philip C. McGraw, *Lebensstrategien*

Stephen Covey

Stephen Coveys Buch ist unter den modernen Ratgebern zur Persönlichkeitsentwicklung eines der erfolgreichsten. Seit es erschienen ist, werden davon etwa eine Million Stück pro Jahr verkauft. Es wurde in 32 Sprachen übersetzt und bildet die intellektuelle Basis für das Lebenswerk von Stephen Covey. Dale Carnegies *Wie man Freunde gewinnt* brauchte sechzig Jahre, um ähnlich einflussreich zu werden.

Was hob dieses Buch aus der Masse jener heraus, die behaupteten, das Rezept für ein besseres Leben parat zu halten?

Erfolg – auf den Kopf gestellt

Da war zunächst einmal das Timing. *Die sieben Wege zur Effektivität* erschienen Anfang der neunziger Jahre des 20. Jahrhunderts. Plötzlich war es den Menschen nicht mehr genug, in schultergepolsterten Anzügen den Boss zu spielen. Sie suchten nach anderen Möglichkeiten, das zu realisieren, was sie wollten. Coveys Botschaft von der Ethik des Charakters klang damals so altmodisch, dass sie schon beinahe revolutionär war.

Covey hatte sich für seine Doktorarbeit mit den Erfolgsratgebern der letzten 200 Jahre auseinander gesetzt. Auf dieser Grundlage definierte er eine »Persönlichkeits-Ethik« (zu der er all die schnellen Lösungen im Bereich menschlicher Beziehungen zählt, die der Großteil der Ratgeberliteratur des 20. Jahrhunderts anbot) und eine »Charakter-Ethik«, bei der es um unumstößliche persönliche Prinzipien geht. Covey geht davon aus, dass äußerer Erfolg kein wirklicher Erfolg ist, wenn er nicht das Ergebnis innerer Meisterschaft ist. Der persönliche Sieg hatte also dem in der Öffentlichkeit vorauszugehen.

Ein Masterplan für das eigene Leben

Der zweite Grund, weshalb dieses Buch einen so großen Erfolg hatte, ist vermutlich die Tatsache, dass es sich gut lesen lässt und dass seine Ratschläge ebenso gut für die persönliche Entwicklung wie für Probleme im Management taugen. Auf diese Weise erschloss es sich einen doppelten Markt. Möglicherweise reagiert ein Leser, der es der persönlichen Komponente wegen liest, eher negativ auf die vielen Fachbegriffe aus dem Management, die Diagramme und Anekdoten aus dem Geschäftsleben, die das Buch bereithält. Es ist schon erstaunlich, dass ein Buch, in dem es hauptsächlich um die Veränderung von Denkmustern geht, dem Denkmuster des Geschäftslebens so viel Platz einräumt.

Doch das ist ein vergleichsweise geringer Preis für einen brillanten Ratgeber, der Ihr ganzes Leben verändern kann und von Coveys ganz persönlichen Erfahrungen zum Beispiel mit seiner Familie glänzend illustriert wird. In mancher Hinsicht ist Covey der legitime Erbe Dale Carnegies, weil sein Buch systematischer, umfassender und lebensnäher ist als die meisten Ratgeber, die vor ihm erschienen sind.

Gewohnheiten: die Bausteine der Veränderung

Auch die Betonung der »Macht der Gewohnheit« hat wohl zum enormen Erfolg des Buches beigetragen. Covey erkannte, dass wahre Größe dadurch entsteht, dass wir allmählich in kleinen Schritten unseren Charakter verändern. Wie wir täglich denken und handeln – das macht unsere Größe aus. *Die sieben Wege* versprechen einen grundlegenden Wandel unseres Lebens, und zwar nicht als Urknall, sondern als langsam sich entwickelnde Verbesserung in tausend winzigen Dingen. Der englische Romancier Charles Reade drückte dies so aus:

Pflanze einen Gedanken und du erntest eine Handlung. Pflanze eine Handlung und du erntest eine Gewohnheit. Pflanze eine Gewohnheit und du erntest einen Charakter. Pflanze einen Charakter und du erntest ein Schicksal.

Effektiv versus effizient

Schließlich verdankt das Buch seinen Erfolg dem Begriff der Effektivität, den es schon im Titel trägt. In den späten achtziger Jahren gab es zahllose Titel zur Steigerung der Effizienz. Die Vorstellung vom »Zeitmanagement«, Produkt einer maschinenbesessenen Kultur, begann gerade, sich auch im Privatleben durchzusetzen. Das brachte mit sich, dass man zu glauben begann, wenn etwas im Leben nicht klappte, liege dies am »ineffizienten Einsatz der eigenen Ressourcen«. Covey hingegen verfolgte eine andere Theorie. Er schlug vor, wir sollten herausfinden, was uns am wichtigsten sei, und dann überprüfen, ob dies auch wirklich Mittelpunkt unseres Lebens ist. Keine Sorge mehr um Effizienz. Es hat keinen Sinn, effizient sein zu wollen, wenn dem eigenen Tun nicht bestimmte Werte zu Grunde liegen, die unserem Leben Sinn verleihen.

Für Covey zählt Effektivität mehr als Leistung. Die Leistung nämlich bleibt hohl, wenn sie der Mühe nicht wert ist. Dies aber ist sie nur dann, wenn sie unseren höchsten Zielen oder dem Dienst am anderen dient. Covey war der Ansicht, die Persönlichkeits-Ethik des 20. Jahrhunderts habe eine Hochleistungsgesellschaft geschaffen, die nicht mehr wusste, in welche Richtung sie steuern sollte.

Die Gewohnheit der Verantwortung

Die sieben Wege beruhen auf dem Willen, die Welt mit neuen Augen zu sehen und den Mut zu haben, das Leben ernst zu nehmen. Das Buch traf einen Nerv, weil es so vielen Menschen zeigte, was Verantwortung bedeutet. Es hatte keinen Sinn, »die Wirtschaft«, »den schrecklichen Arbeitgeber« oder »die Familie« für den eigenen Ärger verantwortlich zu machen. Um Erfüllung und persönlichen Einfluss zu gewinnen, müssen wir entscheiden, wofür wir Verantwortung übernehmen wollen, was uns also »etwas angeht«. Dann müssen wir an uns selbst arbeiten, um unseren Einfluss zu verstärken.

Dies sind die sieben Wege der Effektivität:

1. Seien Sie pro-aktiv. Wir besitzen immer die Freiheit, unsere Reaktion auf bestimmte Reize selbst zu wählen, auch wenn uns alles andere genommen wurde. Mit dieser Fähigkeit geht das Wissen einher, dass wir nicht so leben müssen, wie die Familie bzw. die Gesellschaft uns dies vorschreibt. Statt »gelebt zu werden«, nehmen wir die volle Verantwortung für unser Leben auf uns und leben es nach unserem Gewissen. Wir sind keine reaktiven Maschinen, sondern pro-aktive Menschen.

2. Fangen Sie beim Ende an. Was sollen die Menschen über Sie bei Ihrer Beerdigung sagen? Schreiben Sie Ihre eigene Grabrede, oder verfassen Sie einen Text über Ihre persönliche Berufung. So entwerfen Sie ein Bild von sich, dem Sie sich dann allmählich nähern können. Und Sie übernehmen selbst die Führung. Auf diese Weise fällt es Ihnen leicht, weise und richtige Entscheidungen zu treffen: Was Sie heute tun, deckt sich mit dem, was das Ende Ihnen bringen soll.

3. Das Wichtigste zuerst. Mit dieser Gewohnheit setzen wir die Vision der zweiten Stufe um. Wenn wir uns erst ein Idealbild von uns selbst geschaffen haben, können wir unseren Tag mit einem Maximum

an Effektivität und Freude planen. So verbringen wir unsere Zeit nur mit Dingen bzw. Menschen, die uns wirklich wichtig sind.
4. Alle gewinnen. Ihr persönlicher Erfolg muss nicht auf Kosten anderer gehen. Wenn wir uns daran halten, gefährden wir unsere Prinzipien nicht und verbessern gleichzeitig unsere Beziehungen: »Nicht auf meine oder Ihre Art, sondern auf die bestmögliche Art.« Auf diese Weise beziehen wir den Standpunkt unseres Gegenübers mit ein.
5. Erst verstehen, dann verstanden werden. Ohne Einfühlungsvermögen kein Einfluss. Ohne Guthaben auf dem emotionalen Beziehungskonto gibt es kein Vertrauen. Aufmerksam zuhören lässt dem anderen Menschen Raum und öffnet ein Fenster zu seiner Seele.
6. Synergien nutzen. Synergien entstehen aus dem Zusammenwirken aller anderen Faktoren. Aus ihnen ergibt sich häufig der »dritte Weg«, der vollkommene Kompromiss, der mehr ist als die Summe aller Teile.
7. Schärfen Sie die Säge. Wir müssen die körperlichen, spirituellen, intellektuellen und sozialen Dimensionen unseres Lebens in Einklang bringen. Die »Säge schärfen« bedeutet, dass wir regelmäßig eine Auszeit brauchen, um uns auf all diesen Gebieten zu regenerieren.

Zu guter Letzt

Wenn wir einen Blick auf die Vorbilder des Autors werfen, macht uns dies seine Philosophie deutlich. Als vollkommenes Beispiel einer Ethik des Charakters nennt Covey Benjamin Franklin. Seine Biografie sei »die Geschichte eines Mannes, der versuchte, bestimmte Prinzipien tief in seiner Natur zu verankern«. Auch Anwar el Sadat, der ägyptische Präsident, auf dessen Initiative die Friedensverträge im Nahen Osten zurückgehen, zählt für Covey zu den Menschen, die sich erfolgreich neu »erfunden« haben. Oder die Geschichte von Viktor Frankl, der die Konzentrationslager der Nazis überlebte – sie gilt Covey als Beispiel vollkommener persönlicher Verantwortung. Und Henry David Thoreau ist für ihn das ideale Modell eines unabhängigen Geistes.

Kritiker wandten mehrfach ein, Coveys sieben Wege seien ja nichts weiter als das, was der gesunde Menschenverstand ohnehin raten würde. Für jede einzelne Regel mag dies zutreffen, doch sie in einer Folge zusammenzuführen und daraus eine neue Ethik der Prinzipien zu schaffen ist durchaus eine schöpferische Leistung.

Die Selbsthilfe-Gemeinde muss sich häufig die Kritik gefallen lassen, dass ein Buch bzw. Seminar uns zwar enorm inspirieren kann, der Effekt jedoch auch schnell wieder verfliegt. Coveys Buch verfolgt einen anderen Weg. Indem es Gewohnheiten zu den Bausteinen der Veränderung macht, erlaubt es uns, unsere Einsichten in den Alltag zu integrieren. Er zeigt uns, wie wir uns im Kleinen verändern können, um die Wandlung im Großen herbeizuführen.

Über Stephen Covey

Covey wurde 1932 geboren. Er machte seinen akademischen Abschluss in Harvard und verbrachte den Großteil seiner beruflichen Laufbahn als Professor für Unternehmensmanagement an der *Brigham Young University* in Utah.

1984 gründete er das *Covey Leadership Center*, das dreizehn Jahre später mit der *Franklin Quest Company* zu *Franklin Covey* verschmolz, einem Unternehmen mit 500 Millionen Dollar Umsatz, das sich auf Persönlichkeitsentwicklung spezialisiert hat. Dort werden Bücher und Hilfsmittel zum Thema verkauft, jährlich 750.000 Menschen in Seminaren ausgebildet und die 150 Läden (inklusive der Internet-Seite www.FranklinCovey.com) verwaltet. Coveys Partner ist Hyrum Smith, der selbst mehrere Bücher geschrieben hat (darunter *The 10 Natural Laws of Time* und *Life Management*). Auch Covey hat mehrere andere Titel veröffentlicht: *Principle-Centered Leadership, Der Weg zum Wesentlichen, The 7 Habits of Highly Effective Families* und *So leben*

Sie die sieben Wege. Sein letztes Buch heißt ganz einfach: *Leadership*.

Covey wurden mehrere Ehrendoktortitel verliehen. Das *Time Magazine* wählte ihn unter die 25 einflussreichsten Amerikaner. Er lebt mit seiner Frau Sandra in Provo, Utah. Sie haben neun erwachsene Kinder und 34 Enkel.

Flow: Das Geheimnis des Glücks
1990

Ob wir glücklich sind oder nicht, hängt von unserer inneren Harmonie ab und nicht davon, ob wir Macht über die Kräfte des Universums ausüben. Natürlich sollten wir weiterhin versuchen, die äußere Umgebung zu meistern, da davon unser physisches Überleben abhängt. Doch auf Grund dieser Fähigkeiten werden wir als Individuen uns keinen Deut besser fühlen. Sie helfen uns nicht, das Chaos, das wir täglich erleben, zu verringern. Wenn wir dies erreichen wollen, müssen wir lernen, das Bewusstsein selbst zu meistern.

Der Flow hilft uns, das Selbst zu integrieren, weil das Bewusstsein in diesem Stadium tiefer Konzentration erstaunlich geordnet ist. Gedanken, Absichten, Gefühle und alle Sinne konzentrieren sich auf ein Ziel. Unsere Erfahrung ist in Harmonie. Und wenn das Flow-Erlebnis vorüber ist, fühlen wir uns mehr »beisammen« als vorher, nicht nur innerlich, sondern auch in Bezug auf andere Menschen, ja die Welt im Allgemeinen.

KURZ GESAGT
Faulheit bringt uns nicht weiter. Wenn wir das tun, was wir lieben, wird unser Leben von mehr Sinn und Glück erfüllt.
Und unser Selbst wird facettenreicher.

ÄHNLICHE TITEL
Der Dalai Lama und Howard C. Cutler, *Die Regeln des Glücks*
Daniel Goleman, *EQ – Emotionale Intelligenz*
Richard Koch, *Das 80-20-Prinzip*

Mihaly Csikszentmihalyi

»Warum ist es so schwer, glücklich zu sein?« – »Was ist der Sinn des Lebens?« Ob wir nun aus Kummer fragen oder weil wir ein allgemeines Interesse an solchen Fragen haben: Jeder von uns ist mit den großen Themen des Lebens konfrontiert. Leider wagen es nur wenige, auf diese Fragen eine Antwort zu geben. Vielleicht ja zu Recht. Nicht jeder besitzt die dazu notwendigen Fähigkeiten. Mihalyi Csikszentmihalyi (gesprochen »Mihai Tschikssentmihaii«) hat sein Leben der Beantwortung der ersten Frage gewidmet, um bald festzustellen, dass sie mit der zweiten untrennbar verknüpft ist. Die Verbindung, die er zwischen beiden Fragen herstellt, ist die zentrale Theorie des »Flow«.

Allgemein betrachtet ist die Antwort des Autors auf die erste Frage verblüffend simpel: Es ist schwierig, glücklich zu sein, weil das Universum nicht auf unser Glück hin ausgerichtet ist. Während Religionen und Mythen diese Tatsache zu verschleiern suchen, zeigt unsere Erfahrung aus erster Hand, wie grausam wahr sie ist. Csikszentmihalyi sieht das Universum als Ort, in dem sich Ordnung und Chaos mischen (Entropie). Dass gesunde Menschen Ordnung als angenehm empfinden, kann als Schlüssel zum wahren Stellenwert der Ordnung und ihrer Rolle beim Streben nach Glück gelten.

Der Schlüssel zum Glück ist also, unser Bewusstsein zu ordnen oder – anders ausgedrückt – »den Geist zu kontrollieren«. Wie aber erlangen wir diese Kontrolle?

Glück und der Flow

Csikszentmihalyi begann seine Forschungsarbeit nicht, indem er nach dem Glück an sich fragte. Er suchte vielmehr nach einer Antwort auf die Frage: »Wann sind Menschen am glücklichsten?« Was geht in uns vor, wenn wir Freude und Erfüllung empfinden? Um dies herauszufinden, gab er seinen Versuchsteilnehmern einen Pager. Immer wenn Csikszentmihalyi ein Signal sandte, mussten sie aufschreiben, was sie taten und welche Gefühle dieses Tun in ihnen weckte. Dabei stellte er fest, dass die schönsten Momente keineswegs von äußeren Ereignissen abhingen, die nach dem Zufallsprinzip auftraten. Glück konnte vorhergesagt werden, da es sich immer dann einstellte, wenn das Individuum ganz bestimmte Dinge tat. Diese Dinge, welchen die Versuchsteilnehmer höchsten Wert beimaßen und die Sorgen und unangenehme Gedanken augenblicklich verscheuchten, nannte Csikszentmihalyi »optimale Erfahrungen« oder einfach »Flow«.

Menschen, die den Flow erleben, spüren, dass sie an der kreativen Entfaltung eines größeren Ganzen teilhaben. Mystiker nennen es Ekstase, Künstler Inspiration, Sportler sprechen von vollendeter Leistung. Gewöhnliche Menschen wie Sie und ich erkennen ein Flow-Erlebnis daran, dass wir das Gefühl haben, die Zeit stehe still. Die beste Definition aber kommt von dem taoistischen Gelehrten Zhuang Zi. In einer Fabel beschreibt Ting, der Hofschlachter des Fürsten Wen-hui, seine Art zu arbeiten: »Wahrnehmung und Denken hören auf, und der Geist verfährt nach seinem Belieben.« Sie hören auf zu denken und gehen ganz im Tun auf.

Eine weitere wichtige Unterscheidung trifft Csikszentmihalyi zwischen Spaß und Freude. Herausforderungen, die unsere volle Aufmerksamkeit verlangen, schenken uns Freude. Der Spaß hingegen setzt kein aktives Engagement voraus. Er ist durch und durch passiv. Fernsehen, Drogen und Schlaf können angenehm sein, doch das

Bewusstsein ist dabei nicht gefordert und kann daran auch nicht wachsen. Die »optimale Erfahrung« aber stellt sich nur ein, wenn wir etwas bewusst tun. Eine »optimale Erfahrung« wird von uns gesteuert, was uns ein Gefühl des Könnens vermittelt. Aus diesem Grund bereitet es uns Freude, Ziele zu verfolgen. Sie bringen Ordnung in unser Bewusstsein, ganz egal, welches Gefühl wir entwickeln, wenn das Ziel dann erreicht ist. Denn der geordnete Geist ist an sich bereits eine Quelle des Glücks.

Flow: Komplexität und Sinn

Um der Sinnlosigkeit zu entgehen, versuchen wir, unser Leben mit Spaß zu füllen. Dies aber endet gewöhnlich im Ruin. Geistige Unordnung breitet sich aus, wenn wir gleichsam auf Autopilot schalten und die Möglichkeiten des Lebens ungenutzt an uns vorbeiziehen lassen. Wir lassen unsere Werte von der Mode bestimmen. Was immer gerade zählt, schreiben auch wir uns auf die Fahnen. So werden wir zu mentalen Konsumenten, statt Herr über uns selbst zu bleiben.

Csikszentmihalyi greift hier auf die Ideen Freuds zurück. Freuds »Es« steht für die instinkthaften Triebe des Körpers, während das »Über-Ich« die Werte der äußeren Welt darstellt, nach denen wir unser Selbst formen. Freuds drittes Element in der Analyse des Bewusstseins ist das »Ich«, der Part unser selbst, der ein autonomes Selbstgefühl entwickelt hat – gegen die Triebe und die Einflüsse der Umwelt. An dieser Nahtstelle, wo das Animalische ebenso ausgeblendet wird wie das Roboterdasein des Pflichterfüllers, liegt die Quelle des Mensch-Seins. Ein Mensch, der aus diesem Bereich heraus lebt, tut dies aus freiem Willen. Doch da das Universum uns die Dinge ja nicht leichter macht, wird die Persönlichkeit immer komplexer (und zwar nicht auf chaotische Weise, sondern durchaus einer höheren Ordnung gehorchend).

Csikszentmihalyis Untersuchungen brachten etwas Faszinierendes zu Tage: Das Ich geht aus jedem Flow-Erlebnis gestärkt hervor. Jedes neu erworbene Wissen, jede neue Fähigkeit stärkt das Selbst und sorgt für mehr Ordnung, anders ausgedrückt: für eine »immer facettenreichere Persönlichkeit«.

Daher kann man auch nach Flow-Erlebnissen süchtig werden. Das Leben ohne sie wirkt langweilig, statisch und sinnlos. Umgekehrt lassen sich Glück und das Gefühl, ein erfülltes Leben zu haben, steigern, indem wir mehr von dem tun, was den Flow in uns auslöst. Die Frage nach dem Sinn des Lebens kann also vielleicht nicht allgemein beantwortet werden, doch auf einer subjektiven, persönlichen Ebene lässt sich durchaus eine Antwort finden. Der Sinn des Lebens steckt in allem, was für mich bedeutsam ist. Alle, die die Erfahrung des Flow kennen, brauchen dafür keine Erklärung. Sie wissen nur, dass sie ihnen zwei Dinge verschafft, die das Glück ganz wesentlich beeinflussen: Selbsterkenntnis und ein Gefühl für den persönlichen Lebenssinn.

Eine Kultur, die das Flow-Erlebnis einbezieht?

Der Flow stärkt in uns das Gefühl der Lebendigkeit, doch er hat noch einen anderen erstaunlichen Effekt: Die zunehmende Komplexität der Persönlichkeit führt zum einen zu einem besseren Verständnis der eigenen Einzigartigkeit, zum anderen begreifen wir besser, welche Rolle wir in der Welt und für andere Menschen spielen. Der Flow verbindet uns mit der Welt und betont gleichzeitig unsere Einzigartigkeit.

Dieser doppelte Effekt hat Konsequenzen im Hinblick auf das Gemeinschaftsleben. Csikszentmihalyi meint, dass die erfolgreichsten Staaten des 21. Jahrhunderts jene sein werden, die ihren Bürgern die meisten Gelegenheiten bieten, ein Flow-Erlebnis hervorzubringen. Er bezieht sich dabei ganz ausdrücklich auf die amerikanische

Unabhängigkeitserklärung, in der das Streben nach Glück als höchstes Staatsziel genannt wird, wenngleich dies heute bedauerlicherweise zu der Forderung geführt hat, der Staat selbst müsse für das Glück seiner Bürger sorgen.

Das Verfolgen von Zielen (das uns in der Zukunft leben lässt) ist ein wesentlicher Teil der westlichen Kultur. Eine flow-zentrierte Kultur jedoch würde das Leben in der Gegenwart in den Mittelpunkt stellen, das die Jäger- und Sammlergesellschaften der Urzeit prägte, und uns von der Tyrannei der Uhr befreien. Mit zunehmendem Wohlstand würde eine Gesellschaft, in der immer mehr Menschen tun, was ihnen am meisten Freude bereitet, ein anderes Verhältnis zur Zeit entwickeln. Die Zeit wäre nicht mehr vom Takt des Industriezeitalters geprägt, in dem Arbeit und Freizeit streng getrennt sind. Sie würde stattdessen von der individuellen Haltung des Subjekts zu seinem Tun geformt bzw. von der Tatsache, ob eine Handlung den Flow herbeiführt oder nicht.

Man sagt, die moderne westliche Gesellschaft sei jugendversessen. Die Kehrseite ist die schreckliche Furcht vor dem Altern. Wenn Sie jedoch wirklich leben und sich selbst im Augenblick genießen können, dann nimmt der Druck der vergehenden Zeit ab. Im Flow steht – wie gesagt – die Zeit still. Oder wie Nietzsche dies auszudrücken beliebte: Reife sei die Wiederentdeckung der Ernsthaftigkeit, mit der wir als Kinder – spielten.

Zu guter Letzt

Die Flow-Theorie übte einen vergleichsweise großen Einfluss auf das moderne Denken aus, seit sie in den dreißiger Jahren des letzten Jahrhunderts zum ersten Mal in wissenschaftlichen Zeitschriften diskutiert wurde. Dies liegt daran, dass es sich dabei um eine Meta-Theorie handelt, die man auf jede Art menschlichen Tuns anwenden kann. Csikszentmihalyi selbst zeigte, dass sie in allen möglichen Lebensbereichen funktioniert: Sex, Arbeit, Freundschaft, Einsamkeit und lebenslanges Lernen. Trotzdem lassen Flow-Erlebnisse sich nicht erzwingen. So werden immer die Menschen glücklicher sein, die es schaffen, ihr Leben mit ihren eigenen Flow-Erfahrungen zu füllen.

Nietzsche glaubte, die Wurzel menschlichen Handelns sei der »Wille zur Macht«. Die Flow-Theorie besagt vielmehr, dass menschliches Handeln auf den Willen zur Ordnung zurückgeht. Jedes Tun, das unser Selbstgefühl ordnet und stärkt, schenkt uns Glück und das Gefühl, ein sinnhaftes Leben zu führen. Da die Möglichkeiten, wie wir das Leben gestalten können, sich unendlich vermehrt haben, entstand ein völlig neues Bedürfnis: Wir brauchen einen Konzentrationspunkt, Ordnung und Disziplin in unserem Umgang mit dem Leben und mit diesen Handlungsalternativen. Das leuchtet vielleicht nicht so unmittelbar ein wie andere Dinge, doch wenn wir darüber nachdenken, wird klar, weshalb es so wichtig ist, sich dem Erlebnis des Flow zu widmen.

Über Mihalyi Csikszentmihalyi

Professor Csikszentmihalyi ist heute an der *Drucker School of Management* an der *Claremont Graduate University* in Kalifornien tätig. Früher war er lange Jahre Vorstand des Fachbereichs Psychologie an der Universität von Chicago. Er gehört der *American Academy of Arts and Sciences* an und veröffentlicht regelmäßig Beiträge in so renommierten Zeitschriften wie der *New York Times*, der *Washington Post, Wired,*

Newsweek und *Fast Company*. Er gehört zu den Lieblingsautoren von Bill Clinton.

Weitere Bücher sind: *Optimal Experience: Psychological Studies of Flow in Consciousness* (eine Sammlung wissenschaftlicher Aufsätze, die er zusammen mit seiner Frau Isabella herausgegeben hat), *Dem Sinn des Lebens eine Zukunft geben* (1993), *Lebe gut* (1997) und *Kreativität* (1996). Darüber hinaus hat er Bücher über das Erwachsenwerden geschrieben, über den Einfluss des Fernsehens auf die Lebensqualität und über die Philosophie der persönlichen Entwicklung bei Teilhard de Chardin.

Die Regeln des Glücks
1998

Der Dalai Lama:
Wir alle haben einen Körper, einen Geist und Gefühle. Wir alle sind gleich geboren, und wir alle sterben. Jeder von uns wünscht sich Glück und will Leid vermeiden.

Ich glaube, dass wir unsere Zeit am besten so verwenden: Wenn Sie können, helfen Sie anderen Menschen, anderen fühlenden Wesen. Wenn nicht, dann versuchen Sie zumindest, ihnen nicht zu schaden. Dies ist die Grundlage meiner Lebensphilosophie.

Howard Cutler:
Mit der Zeit verstärkte sich meine Überzeugung, dass der Dalai Lama gelernt hatte, wie er erfüllt und glücklich leben konnte. Zumindest zeigte er diese Eigenschaften in einem Ausmaß, wie ich sie bei anderen Menschen noch nie gesehen habe ... Obgleich er ein buddhistischer Mönch war, fragte ich mich, ob in seinem Leben nicht bestimmte Grundsätze oder Methoden auszumachen seien, die auch von Nicht-Buddhisten eingesetzt werden konnten – Methoden, die sich im Alltag anwenden lassen und die uns helfen, glücklicher, stärker und vielleicht weniger ängstlich zu werden.

KURZ GESAGT
Glück hat nichts mit äußeren Ereignissen zu tun. Wenn wir unseren Geist entsprechend trainieren, können wir lernen, dauerhaft glücklich zu sein.

ÄHNLICHE TITEL
Dhammapada – die Weisheitslehren des Buddha
Wayne Dyer, *Wirkliche Wunder*

Der Dalai Lama und Howard C. Cutler

Kennen Sie die Geschichte vom Psychologen, der einem buddhistischen Mönch begegnete? Normalerweise wäre dies der Auftakt zu einem Witz, in dem vielleicht eine Couch bzw. eine Almosenschale auftauchen würden. Hier wurde diese Konstellation zur Grundlage eines Buches.

Die Regeln des Glücks ist das Resultat einer fruchtbaren Zusammenarbeit von Howard Cutler, einem bekannten Psychologen, und Seiner Heiligkeit, dem Dalai Lama. Es handelt sich um eine Mischung der Ansichten des Dalai Lama zu den verschiedensten Themen und Howard Cutlers persönlichen oder wissenschaftlichen Reflexionen darüber.

Es gab zahlreiche Einwände dagegen, dass man den Dalai Lama bei diesem Buch als Co-Autor angibt, obwohl er nicht eine Zeile geschrieben hat, doch in Wirklichkeit ist diese Frage wenig bedeutsam. Dieses außerordentlich tiefgründige Handbuch zum Glücklichsein präsentiert viele Fragen, die wir dem Dalai Lama in einem Interview vielleicht selbst gerne stellen würden.

Die Natur des Glücks und seine Ursachen

Cutler begann die Arbeit an diesem Buch, indem er von seinen westlich und wissenschaftlich geprägten Vorstellungen über das Glück ausging, nämlich dass Glück ein Mysterium sei und wir daher allerhöchstens erhoffen können, Leid zu vermeiden. Im Laufe zahlreicher Gespräche überzeugte der Dalai Lama ihn jedoch, dass Glück keineswegs Luxus ist, sondern Ziel und Zweck unserer Existenz. Und dass es darüber hinaus einen Pfad gibt, der uns das Glück erschließt. Zunächst einmal müssen wir all jene Faktoren identifizieren, die zu unserem Unglück beitragen, und jene ausmachen, die zum Glück führen. Dann müssen wir alle Leid verursachenden Elemente allmählich verringern und die Glück schaffenden kultivieren.

Der erstaunlichste Punkt an dieser Auffassung ist, dass Glück etwas ist, dessen Entstehung »wissenschaftlich« erforscht werden kann, und dass Disziplin nötig ist, um es zu erreichen. Oder wie Cutler schreibt:

Ich bemerkte, dass unsere Gespräche von Beginn an etwas sehr Technisches hatten, so als würde ich ihn über die Anatomie des Körpers befragen, nur dass es hier eben um die Anatomie des menschlichen Geistes ging.

Im Folgenden möchte ich einige der wichtigsten Ergebnisse dieser Gespräche vorstellen:

Glück hat viele Ebenen. Der Buddhismus kennt vier Faktoren, welche die »Gesamtheit des individuellen Strebens nach Glück« bestimmen: Reichtum, weltliche Anerkennung, Spiritualität und Erleuchtung. Auch eine gute Gesundheit und ein tragfähiges Netz sozialer Beziehungen gehören dazu, doch der Schlüssel zu unserem Wohlbefinden liegt letztlich in unserem Geist. Denn er schafft nicht nur alle Erfahrungen in unserem Leben, sondern stellt auch jenen Filter dar, durch den wir sie wahrnehmen. Ohne einen disziplinierten Geist haben wir keine Kontrolle über unser Handeln. Das bedeutet, dass wir von den Ereignissen niemals so unabhängig sind, wie wir uns dies wünschen. Daher ist die wahre Quelle des Glücks die Kontrolle unseres Bewusstseins. Ruhe im Geist ist also gleichbedeutend mit Glück.

Ein ganz wesentlicher Weg zum Glück sind liebevolle Beziehungen zu anderen menschlichen Wesen. Diese kann uns niemand nehmen, auch wenn wir alles verlieren. Der Dalai Lama meint, dass er zwar sein Land verloren, jedoch die Welt gewonnen habe, weil er die Fähigkeit besitze, schnell Bindungen zu anderen Menschen aufzubauen. Das Geheimnis dabei ist, immer das Verbindende zwischen sich und anderen Menschen zu suchen, dann ist Einsamkeit ausgeschlossen.

Negative Emotionen und Geisteszustände haben keine echte Grundlage, wie machtvoll sie uns auch erscheinen mögen. Sie sind Fehlwahrnehmungen, die uns daran hindern, den wahren Kern der Dinge zu sehen. Um die Wahrheit dieser Aussage zu erkennen, müssen wir nur einmal bewusst die Scham erleben, die uns befällt, wenn wir die Beherrschung verloren haben. In einem positiven Zustand hingegen sind wir der Natur des Universums und unseres Selbst wesentlich näher. Außerdem wachsen alle Emotionen an, je mehr Raum wir ihnen lassen. Daher empfiehlt der Dalai Lama, dass wir uns in positiven Geisteszuständen üben sollten. Auch wenn wir klein beginnen, werden am Ende alle Lebewesen davon profitieren.

Ein positiver Geisteszustand ist nämlich nicht nur für uns selbst von Nutzen, sondern wirkt sich auf jedes Wesen aus, dem wir begegnen. So können wir die ganze Welt verändern. Ganz egal, wie schwierig Ihnen dies erscheinen mag, bemühen Sie sich darum, Ihre negativen Geisteszustände abzubauen und die positiven zu kultivieren.

»Heilsame« Handlungen den »unheilsamen« gegenüberzustellen, ist nicht nur eine Frage der Moral oder Religion. Im Buddhismus machen sie den praktischen Unterschied zwischen eigenem Glück und eigenem Unglück aus. Indem wir uns selbst trainieren, können wir ein gutes Herz entwickeln, das die Chance, wieder in unproduktives Handeln zu verfallen, erheblich reduziert.

Glück sollte nicht mit Vergnügen verwechselt werden. Vergnügen entsteht aus den Sinnen und mutet häufig wie Glück an, doch in Wirklichkeit fehlt ihm jede Bedeutung. Glück hingegen ist von Sinn getragen und stellt sich auch trotz äußerlich negativer Umstände ein. Es ist ein stabiles, dauerhaftes Gefühl. Vergnügen ist ein Zusatznutzen, auf den wir auch verzichten können. Glück jedoch ist unverzichtbar.

Glück entwickelt sich langsam. Entscheiden Sie sich hier und heute dafür, der Entwicklung Ihrer Fähigkeit zum Glück künftig genauso viel Zeit zu widmen wie Ihrem weltlichen Erfolg. Die systematische Suche nach seinen Ursachen und Einflussfaktoren ist vielleicht der wichtigste Schritt, den wir im Leben tun. Zumindest ist er ähnlich wichtig wie die Entscheidung für einen bestimmten Beruf oder eine Ehe – sagt Howard Cutler. Die Alternative ist, dass wir uns treiben lassen und dabei mehr oder weniger glücklich sind, weil wir den unerwarteten Attacken des Leids nichts entgegenzusetzen haben. Auch der Mensch, der sich in der Entwicklung seiner Glücksfähigkeit übt, wird Höhen und Tiefen erleben, doch er ist auf jeden Fall besser darauf vorbereitet, in den positiven Geisteszustand zurückzukehren.

Auf Dauer sollten wir unsere negativen Emotionen ausschalten, vor allem Hass und Zorn, um sie durch Toleranz und Geduld zu ersetzen. Die Vorstellungen des Dalai Lama, wie negative Gedanken durch positive ersetzt werden können, finden sich auch in der Kognitiven Therapie wieder (siehe *Fühl Dich gut*). Auch dort lernen die Menschen, negative Einstellungen (»Was bin ich nur für ein Pechvogel!«) durch positive (»Dieser Teil meines Lebens ist vielleicht nicht toll, aber andere sind dafür umso besser.«) zu ersetzen.

Mitgefühl und wechselseitige Verbundenheit

Der Dalai Lama ist der Ansicht, dass die grundlegende Natur des Menschen Güte ist. Wissenschaft und Philosophie stellen häufig die Selbstbezogenheit des Menschen in den Vordergrund, doch viele wissenschaftliche Untersuchungen zeigen, dass Menschen gerne mitfühlend handeln, wenn man ihnen dazu Gelegenheit bietet (zum Beispiel bei Naturkatastrophen). Ein Baby kann als vollkommenes Beispiel für die grundlegende Bezogenheit des Menschen auf die Erfüllung seiner körperlichen Bedürfnisse gelten. Andererseits ist es auch ein vollkommenes Beispiel für die Freude, die wir anderen Menschen zu schenken vermögen. Ob wir die Welt als feindselig betrachten oder als grundlegend auf Mitgefühl ausgerichtet, macht einen enormen Unterschied.

Mitgefühl ist nützlich. Damit ist kein sentimentaler Aufguss gemeint, sondern eine Haltung der offenen Kommunikation mit anderen Menschen. Erst wenn wir unsere Mitmenschen wirklich verstehen und ihren Standpunkt einnehmen können, entsteht eine echte Bindung zu ihnen. Ähnliche Gedanken gibt es auch bei Dale Carnegie. Mitgefühl heißt nicht, dass wir jemandem Mitleid entgegenbringen, sondern dass wir unsere Gleichartigkeit erkennen. Was unserem Gegenüber heute geschieht, könnte uns morgen passieren.

Der Dalai Lama meint, er sei »niemals einsam«. Das Gegenmittel gegen Einsamkeit ist, seine Aufmerksamkeit auf andere Menschen zu richten. Die meisten Menschen, die sich einsam fühlen, sind von Familienmitgliedern und Freunden umgeben, doch sie wollen eben jemand »ganz Bestimmten« finden. Öffnen Sie Ihre Augen für die Schätze, die Ihnen andere Menschen bieten können, und die Einsamkeit gehört ein für alle Mal der Vergangenheit an.

Wichtig ist, dass wir unterscheiden, ob unsere Liebe auf Anhaftung beruht oder auf mitfühlender Offenheit. Alle Menschen suchen Glück und wollen Leid vermeiden. Statt einen Menschen nur dann zu lieben, wenn er uns seinerseits Liebe schenkt, sollten wir sehen, dass alle Menschen in derselben Lage sind, und unser Möglichstes tun, um unserem Gegenüber Glück zu vermitteln.

Sind wir nicht in der Lage, Mitgefühl zu entwickeln oder das Leid anderer nachzuempfinden, verlieren wir unser Zugehörigkeitsgefühl zur menschlichen Rasse, welches eine Quelle der Wärme und Inspiration darstellt. Es mag sich nicht besonders spannend anhören, dass wir das Leid anderer mitfühlen sollen, doch in Wahrheit ist dies der Ausweg aus unserer Isolation. Ein harter Mensch kann sich nie richtig entspannen, ein mitfühlender Mensch hingegen empfindet geistige Freiheit und einen selten gewordenen inneren Frieden.

Zu guter Letzt

Nach der Lektüre von *Die Regeln des Glücks* fragt man sich unwillkürlich, wie wohl der Dalai Lama auf diese oder jene Situation reagieren würde, die wir aus unserem Leben kennen. Er schenkt uns ein Gefühl für die Leichtigkeit des Lebens, die auch unter negativen Umstände nicht verloren gehen muss. Dass dies von einem Menschen kommt, der sein Land verloren hat, ist mehr als bemerkenswert.

Erstaunlich ist, wie oft der Dalai Lama auf Cutlers Fragen antwortet: »Ich weiß nicht.« Dies kommt vor allem vor, wenn es um individuelle Einzelfälle geht. Der Mensch sei ein komplexes Wesen, sagt er, doch wir im Westen hätten eine Gewohnheit entwickelt, die uns immer nach den Ursachen der Dinge fragen lässt. Wenn wir diese nicht finden, wissen wir nicht mehr weiter. Doch zu verstehen, weshalb das Leben so und nicht anders mit uns umspringt, ist uns in diesem Leben vielleicht nicht gegeben.

Diese Sicht der Dinge resultiert natürlich aus seinem Glauben an Wiedergeburt, der Teil der buddhistischen Religion ist. Doch letztlich hat dieser Gedankengang auch außerhalb religiöser Vorstellungen Sinn: Eben weil wir unsere Existenz nicht völlig begreifen, ist es nötig, zu anderen Menschen gut zu sein und die Welt ein bisschen besser zu verlassen, als sie zu Beginn unseres Daseins war. Mit diesem einfachen Grundsatz liegen wir in jedem Fall richtig.

Dhammapada – Die Weisheitslehren des Buddha

Sandelholz duftet und auch das Rosenblatt, der blaue Lotus und der Jasmin – doch nichts ist edler als der Duft tugendhaften Handelns.

Komm und betrachte diese Welt. Sie ist wie eine königlich geschmückte Kutsche, in der die Narren im Meer versinken. Der Weise lässt sich nicht in diese Kutsche sperren.

Wer in jungen Jahren unklug handelte, doch später zur Weisheit findet, erhellt die Welt mit einem Licht, das strahlender ist als das des Mondes ohne Wolken.

Besser als hundert Jahre zu leben, ohne den Pfad erkannt zu haben, ist ein einziger Lebenstag, an dem der edle Pfad sich unserem Blick enthüllt.

KURZ GESAGT
Läutere deine Gedanken, dann hast du nichts zu fürchten in der Welt.

ÄHNLICHE TITEL
Der Dalai Lama und Howard C. Cutler, *Die Regeln des Glücks*
Lao Tse, *Tao Te King*

Haben Sie genug von all den modernen Selbsthilfebüchern? Das Dhammapada ist eine uralte Quelle der Weisheit, eines der großen Werke spiritueller Literatur. Außerdem stellt es eine wunderbare Einführung ins buddhistische Denken dar, da es alle wichtigen Themen des Theravada-Buddhismus in inspirierender Weise aufgreift.

Der Titel kommt vom Sanskritbegriff dharma (in Pali, der jüngeren altindischen Schriftsprache: dhamma). Dieser steht für die Seinsweise des Universums, das universelle Gesetz des Lebens. Pada hingegen bedeutet in beiden Sprachen »Schritt« oder »Vers«. Die heilige Schrift des Buddhismus will uns also den Pfad zur universellen Wahrheit eröffnen, welche uns zur persönlichen Befreiung im Nirvana führen kann. Im Dhammapada, den Worten des Buddha, drückt sich das Gesetz des Universums aus. Es zeigt uns, wie wir mit diesem Gesetz in Harmonie leben können.

Wer war Buddha?

Siddharta Gautama Buddha lebte etwa 500 Jahre vor Jesus Christus. Buddha ist nicht sein richtiger Name, sondern ein Ehrentitel mit der Bedeutung »der Erwachte«. Er war Sohn eines Königs, der über ein kleines Reich im heutigen Nepal herrschte. Wenn Sie den Film *Little Buddha* mit Keanu Reeves als Siddharta gesehen haben, haben Sie vielleicht eine ungefähre Vorstellung, in welch ungeheurem Luxus der indische Adel lebte.

Doch nachdem sich Prinz Siddharta im Alter von 29 Jahren zum ersten Mal allein außerhalb des Palastes umgesehen und erkannt hatte, dass die Menschen um ihn herum massiv leiden, beschloss er, künftig als Einsiedler zu leben. Unter dem berühmten Bodhibaum erlangte er sodann Erleuchtung. Anders als Jesus wurde Buddha sehr alt. 45 Jahre brachte er damit zu, durch Nordindien zu wandern und den Buddhismus zu lehren.

Worauf beruhte Buddhas Erfolg?

Der Buddhismus setzte sich unter zahlreichen verschiedenen Glaubensformen seiner Zeit durch. Warum? Für Buddha waren alle Menschen gleich. Er lehnte die Regeln des Kastensystems ebenso ab wie die abgehobene Sprache und die dem Volk unverständlichen Riten der Brahmanen. Er wusste, dass Macht korrumpiert. Die Religion, die aus seinen Worten entstand, war frei von Dogmen. Sie zielte darauf ab, die Barrieren zwischen den Menschen und der Erleuchtung abzubauen. Buddha war kein Gott, nicht einmal die Inkarnation eines Gottes, und auch kein Prophet. Er hatte allumfassende Bewusstheit erlangt, weil er sich mit unermüdlicher Hingabe der Übung des Geistes widmete, und gab so ein Beispiel für alle Menschen.

Außerdem legte Buddha einen klaren Methodenkanon fest, der alle Menschen zur dauerhaften Freiheit von Leid führen sollte. Dies war und ist eine revolutionäre Idee. Das Versprechen eines leidfreien Lebens hat bis heute nichts von seinem Reiz verloren. Der buddhistische Gelehrte Thomas Cleary meint, der Buddhismus habe deshalb einen so durchschlagenden Erfolg, weil es darin unabhängig von Zeit und Kultur um die wesensmäßige Natur des Menschen und seine Beziehung zur Umwelt geht.

Der Inhalt des Dhammapada

Im Dhammapada spiegelt sich die Zeitlosigkeit des Buddhismus, was dem Leser einen unkomplizierten Zugang erlaubt. Es ist zwar in Kapiteln angeordnet, folgt jedoch keiner inneren Struktur. Sie können es einfach auf irgendeiner Seite öffnen und finden dort einen inspirierenden Gedanken, den vermutlich Buddha selbst vor Jahrtausenden ausgesprochen hat. Das Neue Testament scheint durchweg von der Energie eines jungen Mannes getragen, der die Welt verändern möchte. Im Dhammapada hingegen finden wir die Weisheit, Gelassenheit und Geduld eines alten Weisen wieder.

Es geht darin um die großen Themen des Menschengeschlechts – Lust, Glück und negatives Handeln –, die in poetischen Versen abgehandelt werden. Anders als viele buddhistische Texte atmet es nicht die übliche Gelehrsamkeit, sondern bringt die Dinge auf den Punkt. Jede Kultur und jedes Zeitalter hat diese Verse neu interpretiert, weil das Buch vollkommen zeitlos ist. Im Folgenden einige Ratschläge zu bestimmten Themen, die darin zu finden sind.

Glück

Es ist unsere Pflicht, uns von Hass, Krankheit und Ruhelosigkeit zu befreien. Diese Befreiung kann jedoch nicht stattfinden, wenn wir uns von der Welt zurückziehen. Sie erfolgt nur, wenn wir Liebe, Gesundheit und innere Ruhe anstreben. Das Ideal ist, sich »von der Freude zu nähren«, einer Freude, die aus uns selbst entsteht und somit aus einer ewig verlässlichen Quelle fließt. Um glücklich zu sein, sind wir nicht von äußeren Ereignissen abhängig. Selbstgenügsam betrachten wir das Streben nach Besitz und Macht als Wege, die nicht zum Glück führen.

Nicht-Anhaftung

Angst und Sorge entstehen aus allem, woran wir hängen. Jemand, der sich vom Anhaften befreit, hat keine Sorgen und somit auch keine Furcht.
Doch wie schaffen wir es, unsere Zu- und Abneigungen zu überwinden? Das mag uns auf den ersten Blick unmöglich vorkommen, doch wir sollten uns auf jeden Fall klar machen, dass heftige Wünsche ihren Preis haben. Je mehr wir an etwas hängen, desto mehr Angst haben wir, es zu verlieren. Indem wir uns die vergängliche Natur der Welt bewusst machen und annehmen, was immer das Leben für uns bereithält, legen wir die Anhaftung ab und befreien uns folglich von Angst und Schmerz.

Selbstdisziplin

Disziplin ist ein wichtiger Punkt. Daher sprechen die folgenden Verse für sich selbst:

Durch Energie, Wachsamkeit und Selbstdisziplin wird der Weise sich selbst zur Insel, die nicht einmal eine Springflut hinwegreißen kann.
Wer allein sein und bleiben kann, ohne dabei des großen Werks überdrüssig zu werden, der wird in Freude leben. Als Meister seiner selbst verlässt er den Wald des Begehrens.

Erleuchtung

Die Vorstellung, das normale Leben hinter sich zu lassen und zum Einsiedler zu werden, hat mitunter etwas durchaus Verlockendes. Doch im Dhammapada heißt es, dass dies ein Zeichen für Egoismus oder

Furcht sei. Wir sollten uns den Herausforderungen des Arbeits- und Familienlebens ruhig stellen. Durch sie werden wir Erleuchtung finden. Cleary meint, die zentrale Aussage des Dhammapada sei »in der Welt, aber nicht von dieser Welt« zu sein.

Rache und ihre Vermeidung

Die folgenden Verse gehören vielleicht zu den tiefgründigsten, die wir in den Worten des Buddha finden. Sie betreffen jeden Aspekt des menschlichen Lebens:

Hass wird nicht durch Hass besiegt, Hass nimmt nur ab durch die Liebe. Dies ist ein ewiges Gesetz. Überwinde den Ärger durch Nicht-Ärger, das Böse durch das Gute. Überwinde die Armut durch Geben, den Lügner durch die Wahrheit.

Beachten Sie, dass in diesen Versen nirgendwo von aktivem Tun die Rede ist. Hier geht es einfach nur um die bewusste Entscheidung, wie man agiert, statt emotional zu reagieren.

Kritik ist Teil des Lebens

Getadelt wird der Schweigsame ebenso wie der Gesprächige, getadelt wird auch der, der seine Worte mit Bedacht wählt. Es gibt niemanden in der Welt, der noch nie dem Tadel ausgesetzt war.

Sie können nicht allen Menschen gefallen. Konzentrieren Sie sich auf Ihre Arbeit, Ihr Selbstgefühl. Machen Sie sich unabhängig von der Meinung anderer.

Der Pfad

Es heißt häufig, der Buddhismus habe eine pessimistische Lebensauffassung. Diese Auffassung beruht auf Aussagen, wie wir sie zum Beispiel im Kapitel 20 des Dhammapada finden, in dem es um den Pfad geht. Eine konventionelle Übersetzung würde wohl lauten: »Alles ist vergänglich, alles ist Leiden. Wer dies erkennt, hat das Leid überwunden. Dies ist der rechte Weg.« Die westliche Kultur hat den Vers so interpretiert, als sähe der Buddhismus Leben als Leiden.

In Wirklichkeit ist der Buddhismus sehr optimistisch, da er ja davon ausgeht, dass jedes Lebewesen, also letztlich die ganze Welt, sich über den Wahnsinn, die Angst und Aggression, die unseren Alltag prägen, erheben kann. »Wer einsichtig erkennt, dass alles, was bedingt entstanden ist, zum Leid neigt, der hat das Unglück wahrhaft hinter sich gelassen. Dies ist der Pfad zur Reinheit.«

So lautet die deutsche Übersetzung von Clearys Dhammapada-Übertragung ins Englische. Wenn wir im Geist Unabhängigkeit erreichen und nicht mehr wie die Roboter auf bestimmte Reize reagieren, wird unser Leben nicht Leiden sein. Nirvana meint ja nicht, dass die Sinnenwelt vollkommen erlischt, sondern dass wir in der Lage sind, in ihr zu leben, ohne uns von unseren Reflexen steuern zu lassen. In Pali bedeutet nibbana »Erlöschen«, das Erlöschen von Gier, Hass, Täuschung, Illusion, Zweifeln und vorgefassten Meinungen.

Ihren Niederschlag findet diese Auffassung in den Vier Edlen Wahrheiten des Buddhismus, die sozusagen das Rezept gegen die Beendigung des Leidens darstellen:

1. Leid ist ein bedingt entstandener Zustand.
2. Es hat eine Ursache.
3. Es kann beendet werden.
4. Der Weg zu seiner Beendigung ist die Übung im Achtfachen Pfad.

Der Achtfache Pfad beinhaltet:

1. Rechte Anschauung
2. Rechtes Denken
3. Rechtes Sprechen
4. Angemessenes Handeln
5. Angemessene Art, sich den Lebensunterhalt zu verdienen
6. Unermüdliche Anstrengung
7. Achtsamkeit
8. Meditation

Zu guter Letzt

Es ist schon erstaunlich, dass ein Buch, das etwa 2500 Jahre alt ist, uns so erfrischende Einsichten liefern kann. Die Lehren Buddhas sind heute noch wertvoll, und es ist nicht verwunderlich, dass sie so viel Aufmerksamkeit auf sich ziehen. Da Rituale im Buddhismus nur eine Nebenrolle spielen und dieser eine absolut undogmatische Haltung einnimmt, ist er die ideale Religion für unser modernes Leben. Unsere eigene Tradition ist uns fremd geworden. Trotzdem suchen wir spirituelle Führung und finden sie in einer der Weltreligionen, die mit so wenig dogmatischem Ballast daherkommt, dass sich religiöses Eifertum von selbst verbietet. Es gibt nun einmal keine buddhistischen Fundamentalisten.

Irgendwie erwartet man immer, dass spirituelle Einsichten kompliziert sein müssen und nur von Gelehrten verstanden werden können. Die Verse des Dhammapada zeigen uns, dass spirituelles Leben nichts mit Intellektualität zu tun hat. Statt lächerlicher Plattitüden bietet das Buch uns klare Einsichten für das bestmögliche Leben.

Wirkliche Wunder
1992

Wenn ich jetzt auf das Geflecht meines Lebens zurückblicke, sehe ich aus der heutigen Perspektive, dass jeder Aspekt meines Daseins einen Sinn hatte. Jeder Schritt führte mich zu einer höheren Stufe, auch wenn diese Schritte die Gestalt von Hindernissen oder schmerzhaften Erfahrungen annahmen.

Wenn jemals ein Mensch den Schritt von der Krankheit zur Gesundheit, vom Übergewicht zum Normalgewicht, von der Sucht zur freien Wahl, von der Armut zum Reichtum, von der Ungeschicklichkeit zur Wendigkeit, vom Unglück zum Glück, von der Unzufriedenheit zur Erfüllung gegangen ist, dann ist damit diese Fähigkeit zum Teil des menschlichen Erbes geworden … Und selbst wenn es etwas noch nie gegeben hat – zum Beispiel vor dem Jahr 1954 die Impfung gegen Kinderlähmung oder vor 1754 die Möglichkeit zu fliegen –, dann sorgt allein die Tatsache, dass ein Mensch dies in seinem Geist vorwegnehmen konnte, dafür, dass die Möglichkeit sich der gesamten Menschheit eröffnete.

KURZ GESAGT
Wenn Sie mit Ihrem höheren Selbst in Einklang stehen und Ihren Lebenssinn verwirklichen, geschehen wahre Wunder.

ÄHNLICHE TITEL
Die Bhagavadgita
Deepak Chopra, *Die sieben geistigen Gesetze des Erfolgs*
Louise Hay, *Gesundheit für Körper und Seele*
Pierre Teilhard de Chardin, *Der Mensch im Kosmos*

Wayne Dyer

Wayne Dyer ist ein ausgesprochen beliebter Bestsellerautor und ein einfallsreicher Vortragskünstler. Mit seinem Freund Deepak Chopra und anderen Ratgeberautoren wie Anthony Robbins, John Gray und James Redfield (Autor von *Die Prophezeiungen von Celestine*) hat Dyer die Veränderung des eigenen Lebens zu einem Massenphänomen gemacht. Der Erfolg seines Buches *Der wunde Punkt* brachte Dyer dazu, die trockenen akademischen Gefilde mit Talkshows und Signierstunden in Buchhandlungen zu vertauschen. Sein erstes Buch war zwar witzig zu lesen, doch sein umfassendstes und unbestreitbar bestes Buch ist *Wirkliche Wunder*. Voll tiefer Einsichten zeigt es uns, wie wir Selbstverwirklichung im realen Leben möglich machen können, und bedient sich dabei sowohl westlicher als auch östlicher Denkmuster.

Was sind wirkliche Wunder?

Den Ausdruck »wirkliche Wunder« entlehnte Dyer von Houdini, dem berühmten Entfesslungskünstler. Als er schon fast am Ende seiner Karriere stand, gab Houdini einmal zu, dass viele seiner Tricks auf Illusion beruhten. Andere jedoch, so meinte er, könne er sich nicht einmal selbst erklären. Diese nannte er »wirkliche Wunder«. Für Dyer wurde dieser Ausdruck zum Inbegriff der Tatsache, dass jeder von uns ein Magier ist, weil er seinen Alltag verzaubern kann. Das scheint etwas weit hergeholt, doch wie Dyer sagt, geht es dabei nur um eine Änderung unserer Denkgewohnheiten. Dabei zitiert er Teilhard de Chardin: »Wir sind nicht menschliche Wesen mit spiritueller Erfahrung, sondern spirituelle Wesen, die eine menschliche Erfahrung durchleben.«

Das Buch nimmt sich die »Unmöglichkeiten« Ihres Lebens vor. Doch statt Ihnen nur die Wunder der klaren Zielsetzung oder des starken

Glaubens zu predigen, zeigt es Ihnen, wie Sie machtvolles »Wissen« über Ihre Natur und Ihre Fähigkeiten entwickeln können. In diesem Stadium höheren Bewusstseins können Sie klar und deutlich Ihren Lebenszweck erkennen. Ihre Beziehungen werden spiritueller, auch in der Arbeit kommt plötzlich alles in Fluss (Flow), sodass Entscheidungen immer leichter fallen.

Laut Wayne Dyer gibt es keine Zufälle. Jede Erfahrung, die wir machen, wie schmerzhaft sie auch sein mag, führt uns letztlich auf eine höhere Stufe. Erst wenn wir zurückblicken, erkennen wir, dass alles seinen Sinn hatte, ja Teil eines sich allmählich entfaltenden Lebensplans war.

Erleuchtung durch den Lebenssinn

Wirkliche Wunder durchzieht ein roter Faden: die Notwendigkeit, sich seinen einzigartigen Lebenssinn bewusst zu machen. Menschen lernen sich und das Leben auf dreierlei Art kennen – man könnte auch sagen, dass sie diesbezüglich Erleuchtung erfahren:

1. **Erleuchtung durch Leiden.** Man könnte dies auch den Pfad des »Warum ich?« nennen. Geschehnisse ereignen sich. Es kommt zu leidhaften Erfahrungen, bei denen wir lernen. Doch wenn das Leid unser einziger Lehrer ist, haben wir dem Wunder die Tür gewiesen.
2. **Erleuchtung durch das Ergebnis.** Auf diesem Weg setzen wir uns Ziele. Wir verfolgen Absichten, die unserem Leben einen Sinn verleihen. Dies ist zwar ein Pfad, der mehr Bewusstsein erfordert als der erste, doch ist dieser Weg immer noch reaktiv. Er beruht auf Kampf und lässt dem höheren Bewusstsein, welches das Wunderbare schafft, keinen Raum.
3. **Erleuchtung durch den Lebenssinn.** Alles im Universum hat seinen Sinn. Wenn wir unser wahres Lebensziel finden und Schritt für

Schritt diesen Pfad verfolgen, schaffen wir auf magische Weise alles, was wir brauchen. Der Kampf ist vorüber.

Wenn Sie bei Ihrer Tätigkeit die Zeit vergessen, ist dies ein gutes Indiz dafür, dass Sie Ihren Lebenssinn verwirklichen. Wenn Sie diese auch dann noch ausüben würden, wenn Sie morgen zehn Millionen Dollar gewinnen würden, sind Sie auf dem richtigen Weg. Dyer erinnert an Michel de Montaigne, der einst sagte: »Das größte Meisterwerk des Menschen ist ein sinnerfülltes Leben.« Leben Sie noch? Oder schaffen Sie bereits Ihr Meisterwerk?

Der Geist der Wunder

Wir können unseren Geist für das Wunderbare öffnen, indem wir:

* vorurteilslos leben (»Sie definieren nicht andere Menschen mit Ihren Vorurteilen, sondern sich selbst«);
* unsere Intuition entwickeln;
* uns klar machen, dass unsere Absichten letztlich unsere Wirklichkeit schaffen;
* es dem Universum überlassen, für unsere Bedürfnisse zu sorgen.

Besonders wichtig ist es, unser Tun losgelöst von den Ergebnissen zu betrachten, die es bringt. Das ist besonders schwierig, weil wir ja in einer Kultur des Mangels leben. Doch Dyer konnte mehrfach beobachten, wie Ehrgeiz den Erfolg verhindert. Wir können Wunder nicht mit unserem Willen erzwingen. Wir müssen sie fließen lassen, während wir uns voll auf das konzentrieren, was wir tun, nicht auf das, was uns dieses Tun einbringen wird. Richten Sie Ihre Absichten bewusst auf die Zukunft, doch tun Sie dies in einer entspannten Weise, sodass sie nicht Ihre Gegenwart beeinträchtigen können.

Lebenssinn und Beziehungen

Auch mit unserem Liebesleben hat der Lebenssinn zu tun. Dyer sagt, dass unsere Beziehungen Teil der göttlichen Notwendigkeit sind. Anders gesagt: Sie waren so gedacht, machen Sie also das Beste daraus. Partner, die auch auf der spirituellen Ebene zueinander passen, gehen über ihre oberflächlichen Gemeinsamkeiten hinaus, weil sie wissen, dass sie eine gemeinsame Aufgabe in der seelischen Entwicklung zu vollbringen haben. Vor diesem Hintergrund sollten wir andere Menschen als Geschenk betrachten und nicht als unser Eigentum. Versuchen wir, nett zu sein, statt Recht zu behalten. Geben wir anderen Menschen Raum und Zeit, so viel sie brauchen. Dies bringt eine ganz neue Qualität in unsere Beziehungen.

Und da wir jetzt wissen, dass jeder andere Mensch ein Mysterium ist, sind wir der Notwendigkeit enthoben, ihn zu verstehen. Wir »akzeptieren das Unbegreifliche«.

Lebenssinn und Wohlstand

Wayne Dyers Buch ist vor allem dort wertvoll, wo es um Wohlstandsthemen geht. In den meisten Fällen sorgen wir uns doch darum, wie wir an genügend Geld kommen. Dyer meint, wir sollten vielmehr aufhören, etwas zu »bekommen«: »Es gibt keinen Weg zum Wohlstand, der Wohlstand ist der Weg.« Wohlstand ist in erster Linie ein Geisteszustand, ebenso wie Armut. Dabei geht es nicht ums Haben, sondern ums Sein. Das Wohlstandsbewusstsein entsteht dann, wenn wir uns bewusst machen, wie viel wir bereits besitzen. Denn wie steht schon in der Bibel: »Wer hat, dem wird gegeben.«

Das Armutsbewusstsein beruht auf dem grundlegenden Gefühl des Mangels, das sich in den äußeren Umständen niederschlägt. Hier folgt

Dyer James Allen, der meinte, die Umstände würden unsere Natur nicht bestimmen, sondern enthüllen. Dies ist ein heikles Thema. Falsch verstanden könnte es bedeuten, dass arme Menschen ihr Schicksal »verdient« haben. Doch Dyer macht hier ein paar wesentliche Unterschiede: Die meisten von uns kennen das Gefühl, einmal pleite zu sein. »Armut« jedoch ist ein Gefühl, das immer dann verstärkt wird, wenn wir die Umstände für unser Geschick verantwortlich machen. Wenn wir unseren Lebenssinn in die Wirklichkeit umsetzen, ist dies der sicherste Weg, in den Strom des Wohlstands einzutreten, weil wir dann ständig etwas Wertvolles geben. Eine andere Möglichkeit ist, automatisch zehn Prozent von unserem Einkommen zu spenden, selbst wenn das nicht besonders viel sein sollte.

Wer bin ich?

In *Wirkliche Wunder* geht es auch um unsere persönliche Identität, und zwar vor allem um die Erkenntnis, dass dies, was jetzt unsere Persönlichkeit ausmacht, keineswegs für die Ewigkeit sein muss. Wir können uns neu erfinden. Dies macht den Zauber des Lebens aus. Meist »wissen« unsere Ahnungen, unsere nagenden Zweifel an unserer Bestimmung besser, was wir zu sein im Stande sind, als wir uns eingestehen wollen. Lassen Sie sie wachsen und gedeihen. Konzentrieren Sie sich nicht auf das, was Sie angeblich alles nicht haben oder sind. Richten Sie Ihre Aufmerksamkeit auf das, was »bereits in Ihnen steckt«. Unsere Identität neu zu erfinden, heißt nur, dass wir mehr von unserem wahren Selbst ans Licht lassen.

Zu guter Letzt

In *Wirkliche Wunder* finden sich auch ausgezeichnete Kapitel zum Thema Gesundheit, Spiritualität und spirituelle Wandlung. Dyer besitzt die besondere Gabe, über die nicht-materielle Welt sprechen zu können, ohne dabei ins Mystische abzugleiten. Er beruft sich dabei auf seine psychotherapeutische Ausbildung, aber auch auf die großen Gestalten westlicher und östlicher Religionen bzw. Philosophien. Sogar die Quantenphysik zieht er heran, um seine Erkenntnisse zu untermauern. Dabei wirkt er nicht im Geringsten abgehoben.

Die sehr persönliche Art, in der Dyer sich an seine Leser wendet, hat ihm die Gunst von Millionen Menschen eingetragen. Für sie ist er vor allem jemand, der eine ausgeprägte Spiritualität mit den Geduldsproben des Familienlebens vereinbaren kann. Dies klingt auch in seinen Vorträgen immer wieder an. Eines Tages zum Beispiel erzählte er, wie seine Tochter von der Schule nach Hause kam, sich gegen die Tür flegelte und zu ihm sagte: »Jemand hat erzählt, du hättest ein Buch über Erziehung geschrieben. Sag, dass das nicht wahr ist!«

Dyers Geheimnis ist die Meditation. Er schätzt vor allem Blaise Pascal sehr, den er zitiert: »Das ganze Unglück des Menschen kommt daher, dass er nicht in der Lage ist, still für sich in einem Zimmer zu sitzen.« Wenn auch Ihnen diese Aufgabe zu schwierig ist, sollten Sie dieses Buch lesen.

Über Wayne Dyer
Wayne Dyer wurde 1940 in Detroit im amerikanischen Bundesstaat Michigan geboren. Er war der jüngste von drei Jungs und verbrachte den größten Teil seiner Kindheit bei Pflegeeltern. Nach der High School verpflichtete er sich für vier Jahre bei der US-Marine. Er war eine Zeitlang in Guam, wo er als Spezialist für Geheimcodes arbeitete. Danach besuchte er in Detroit die Universität, arbeitete nebenher als

Lehrer und erwarb seinen akademischen Grad als schulischer Berater. Da er die Professoren um ihre geringe Anzahl an Arbeitsstunden beneidete, schrieb er sich noch einmal ein – für einen Doktorandenstudiengang in Psychotherapie.

Er lehrte sechs Jahre an der Universität, unter anderem war er Junior-Professor an der St. John's Universität in New York. Während dieser Zeit schrieb er drei Vorlesungsskripten. *Der wunde Punkt* entstand, nachdem er das Grab seines Vaters in Biloxi, Mississippi, entdeckt hatte. (Er beschreibt diese Episode in *Die Kunst, Berge zu versetzen*.) Dyer verbrachte ein Jahr mit der Werbung für sein erstes Buch, bevor es zum Bestseller wurde.

Wayne Dyer soll über fünfzig Millionen Bücher verkauft haben. Zu seinen wichtigsten zählen zweifelsohne: *Führen Sie in Ihrem Leben selbst Regie, Das Glück der positiven Erziehung* und *Die Kunst, Berge zu versetzen*. Sein jüngstes Buch trägt den Titel *Spirituelle Antworten auf alle Probleme*.

Dyer hält viele Vorträge und ist ein eifriger Läufer. Er ist verheiratet, hat acht Kinder und lebt in Florida.

Selbstvertrauen
1841

Besteh auf dir selbst: ahme niemanden nach. Deine eigene Gabe kannst du jederzeit vorzeigen, verstärkt von lebenslanger Übung; eine geliehene jedoch besitzt du immer nur zur Hälfte. Was jeder von uns am besten kann, kann nur der Schöpfer uns sagen. ... Denn wer hätte dies Franklin oder Washington, Bacon oder Newton gelehrt? ... Tu, was dir aufgetragen ist, dann ist der Hoffnung und des Wagens nie genug.

Wir ruhen im Schoß einer ungeheuren Intelligenz, was uns zu Empfängern ihrer Wahrheit, zu Instrumenten ihres Tuns macht. Wann immer sich uns die Gerechtigkeit enthüllt oder die Wahrheit, dann geschieht dies nicht aus eigener Kraft.
Wir öffnen uns nur für ihre Strahlen.

Die Gesellschaft ist eine Aktiengesellschaft, in der die Anteilseigner übereingekommen sind, dass jeder Aktienbesitzer seine Freiheit und Kultur aufgibt, um sein Brot zu sichern. Sie verlangt von uns Anpassung. Selbstvertrauen ist das Gegenteil von Anpassung. Die Gesellschaft liebt keine Schöpfer und Individuen. Sie schätzt nur Namen und Gewohnheiten. Wer immer zum Menschen werden will, muss sich der Anpassung entziehen.

KURZ GESAGT
Wie der Druck auf Sie auch immer aussehen mag:
Verleugnen Sie sich nicht.

ÄHNLICHE TITEL
Die Bhagavadgita
Samuel Smiles, *Self-Help*
Henry David Thoreau, *Walden*

· 22 ·
Ralph Waldo Emerson

Mit nur dreißig Seiten ist Emersons Essay über das Selbstvertrauen der kürzeste der in diesem Buch behandelten Texte. Daher wirkt er auch so konzentriert. Wir finden darin die Essenz persönlicher Entwicklung. Entsprechend groß war auch sein Einfluss. Selbstvertrauen ist einer jener Texte, die grundlegend für den Individualismus der amerikanischen Kultur sind. Noch heute gehört der Essay zur Grundausstattung jedes Autors, der Hilfe zur Selbsthilfe geben will.

Emerson zählt zu den großen Philosophen des Westens und hat als solcher heute noch vieles zu bieten. Tatsächlich waren seine Worte noch nie wichtiger als heute. Die Sehnsucht, das eigene Potenzial in die Tat umzusetzen, wohnt seit jeher in der Seele des Menschen. Doch heute beginnen wir langsam zu erkennen, dass dies kein versponnener Traum, sondern jedes Menschen Geburtsrecht ist. Emerson selbst stufte sich als Idealisten ein, doch seine Ideen sind keineswegs romantisch, unrealistisch und unklar. Geldard schreibt in seinem Buch *The Vision of Emerson*: »In seinen Schriften steckt ein Kern aus Granit.«

Selbstvertrauen hieß für Emerson Selbstgenügsamkeit. Und dies war mehr als die kämpferische Haltung einer Pionierfamilie, die im Westen mühselig ihr Leben fristet. Er liebte die Natur und Tatkraft der Pioniere an den Grenzen des Landes, doch er sah die menschlichen Grenzen im Geist, dort, wo sie uns daran hindern, die Landschaft der Anpassung und Mittelmäßigkeit hinter uns zu lassen und wahre Freiheit zu erlangen.

Einzig und frei

Wie sein Freund und Schützling Henry David Thoreau hielt Emerson es für Zeitverschwendung, die Welt mit Reformen verbessern zu wollen, wenn man seinen Platz in dieser Welt noch nicht gefunden hat. Er schrieb: »Alle Menschen widmen sich der Verbesserung der Gesellschaft, und kein Mensch wird dadurch wirklich besser.«

Wenn wir nicht gründlich unsere Seele erforscht und unsere Bestimmung gefunden haben, sind wir der Welt von geringem Nutzen. Ein Mangel an Achtsamkeit führt dazu, dass uns die Gesellschaft, die sich wenig um die Schönheit und Freiheit des Einzelnen schert, nach ihrem Bilde formt.

Dies ist der Weg, den die meisten von uns beschreiten. Sie erfüllen das Programm der Gesellschaft und erhalten im Austausch dafür einen gewissen Status und einigermaßen erträgliche materielle Umstände. Obwohl sie so tun, als würden sie Grenzen überwinden, besteht ihre Realität doch nur aus Anpassung.

Aber warum sollen wir denn überhaupt ausbrechen? Warum die Unsicherheit auf uns nehmen? Wie eine Ameise nicht wissen kann, was einen Menschen von ihr unterscheidet, so wissen die meisten Menschen nicht, was ihnen fehlt, weil sie nie über ihre kleine Welt hinauskommen. Wir ziehen das Gefühl der Lebendigkeit aus äußeren Dingen wie Sex, Erfolg, Essen oder Einkaufen. Emerson aber ließ sich vom äußeren Anschein nicht täuschen. Er erkannte, dass wahre Reichtümer, Frieden und Stärke nur in der Innenwelt zu finden sind. Die einzige Möglichkeit, dem betäubenden Anpassungsdruck zu entgehen, ist, den Weg der persönlichen Einzigartigkeit zu finden und zu beschreiten. In *Selbstvertrauen* drückt er dies so aus: »Wir drücken unser Selbst nur zur Hälfte aus, ja wir schämen uns des Göttlichen, für das jeder von uns steht.«

Wenn wir die göttliche Idee des Selbst zum Vorschein kommen lassen, fallen die scheinbar zwingenden Bande, die uns an die Gesellschaft und unsere Mitmenschen fesseln, weg. Wir brauchen deren Anerkennung nicht mehr, um leben zu können. Wir befinden uns in derselben Lage wie Martin Luther, der einst sagte: »Hier stehe ich und kann nicht anders.« Das bin ich. So sieht es in mir aus.

Unsere wichtigste Verpflichtung bindet uns nicht an die Familie, an den Beruf oder an unser Land. Wir sind dem verpflichtet, was wir sein oder tun sollen. Nur zu häufig verdeckt das hehre Wort von der »Pflicht« unsere Verantwortungslosigkeit uns selbst gegenüber. Wir können unsere Berufung vielleicht für ein paar Jahre verdrängen, uns für Geld, Befriedigung unserer Bedürfnisse und Bequemlichkeit entscheiden. Doch am Ende wird das Leben uns dafür die Rechnung präsentieren.

Emerson sah Genie und Inspiration nicht nur bei den großen Künstlern und Wissenschaftlern. Alles, was wirklich aus uns selbst entsteht, ohne den Druck der Außenwelt, ist ein Splitter des Genies, das wir ans Tageslicht kommen lassen müssen, damit es unser ganzes Leben formen kann. Nur wenn wir diese Essenz in uns finden, leben wir unserer wahren Natur entsprechend, denn unsere Anpassung lässt davon nichts erkennen.

Klarheit und Wissen

Emerson war stark beeinflusst von den religiösen Texten Altindiens, den Upanishaden, den Veden und der Bhagavadgita. Diese gehen von der Einheit aller Dinge aus. Das Leben ist voller Illusionen und falscher Bindungen, die uns daran hindern, mit dem Ewigen und Unwandelbaren in Verbindung zu treten. Machen wir uns jedoch unsere eigenen gedanklichen Prozesse bewusst, können wir den Schleier der Selbsttäuschung durchtrennen. In unserer modernen Gesellschaft nennen wir diese Gedankenprozesse »Scripting«: Wir folgen den Drehbüchern und Skripten, welche die Gesellschaft uns vorgibt. Haben wir jedoch Selbstvertrauen, sind die Ansichten der anderen für uns nicht von Belang. Emerson stimmte mit Thoreau überein, dass in Harvard – einer Elite-Universität, die beide Philosophen besucht hatten – zwar jede Menge Wissen gelehrt wurde, doch der Ursprung des Wissens dabei trotzdem im Dunkeln blieb.

Emerson war sich nur zu bewusst, dass die konventionelle Erziehung uns nicht auf die Aufgabe vorbereitet, den Schleier der Erwartungen zu durchtrennen, weil sie sich viel zu sehr um die Vermittlung intellektuellen Wissens bemüht. Die Meditation hingegen führt zu wirklichem Gewahrsein. Das Wissen wird nicht in Schubladen gepfercht, sondern eröffnet sich uns in seiner ganzen unwandelbaren Klarheit. Dieses grundlegende Wissen nannte Emerson »Intuition«, alles was darauf folgt, ist nur trockene Gelehrsamkeit. Er stellte die Willenskraft als einzigen Antrieb in Frage. Meditatives Denken, so meinte er, öffne uns den Zugang zu universellen Gesetzmäßigkeiten und zeige uns so Wege des Seins und Handelns auf, die wirklich stimmig und »richtig« sind.

Der innere Schatz

Die Menschen seiner Zeit sahen Emerson als Weisen bzw. Propheten, der von den Fehlern der menschlichen Natur weniger befallen war als alle anderen. Doch Emerson durchlebte genauso Höhen und Tiefen, Hoffnung und Verzweiflung wie andere Menschen. Dies sind die letzten Sätze von *Selbstvertrauen*:

> *Ein politischer Sieg, der Anstieg der Zinsen, die Erholung von einer Krankheit, die Rückkehr eines abwesenden Freundes oder ein anderes freudiges Ereignis hebt Ihre Lebensgeister. Nun glauben Sie, dass gute Tage kommen werden. Lassen Sie sich nicht täuschen! Nichts kann Ihnen wirklich Frieden bringen außer Sie selbst. Nichts schenkt Ihnen Frieden außer dem Triumph der Prinzipien.*

Dies zielt auf den Kern des menschlichen Daseins und die Vorstellungen von Glück, die wir im Allgemeinen hegen. Emerson war davon überzeugt, dass Glück nur aus uns selbst entstehen kann. Die menschliche Natur ist nicht dazu gedacht, dauerhaft Sklave der Ereignisse zu sein – wir sind sehr wohl fähig zum Loslassen und zur Transzendenz.

Zu guter Letzt

Man findet wohl keinen besseren Schriftsteller als Emerson, wenn es um die Freiheit geht, die aus Selbstvertrauen entsteht. Daher ist *Selbstvertrauen* auch nicht nur ein historisch bedeutsamer Text. Dazu ist Emersons Vorstellung von Verantwortung und Selbstgewissheit viel zu verführerisch. In seiner Welt gibt es keine Entschuldigungen, nur Gelegenheiten.

Seine Botschaft lautet, dass unser Wunsch nach Erfolg sich nie gegen das Universum erfüllen wird. Stattdessen sollten wir uns mit den Mustern von Natur, Zeit und Raum beschäftigen. Wir sollten ins Herz des Universums vordringen, um zu begreifen, dass wir Teil einer höheren Macht sind. Die Prinzipien, von denen er in seinem Schlusssatz spricht, sind keineswegs restriktive Regeln. Sie stellen unsere bewusste, kreative Reaktion auf die Welt dar. Unser Leben sollte die Vollkommenheit des Universums widerspiegeln, statt sich von den Schubladen des gesellschaftlichen Denkens einfangen zu lassen. Ein selbstgewisser und autarker Mensch ist fähig, in der Welt zu leben und sie zu verbessern. Er ist kein passives Produkt dieses Universums.

Über Ralph Waldo Emerson

Emerson wurde 1803 in Boston geboren. Er war das zweitälteste von insgesamt acht Kindern. Mit vierzehn nahm er das Studium in Harvard auf und machte vier Jahre später seinen Abschluss. Nachdem er einige Jahre als Lehrer gearbeitet hatte, besuchte er das *Divinity College* in Harvard und wurde zum Pastor der Unitarier-Kirche. Er heiratete, doch seine Frau Ellen starb an Tuberkulose. Wegen Glaubensdifferenzen gab er seine Stellung auf und begann zu reisen. In Europa lernte er Carlyle, Coleridge und Wordsworth kennen.

Als er 1835 nach Amerika zurückkehrte, ließ er sich in Concord nieder und heiratete nochmals. Mit Lydia Jackson, seiner zweiten Frau, hatte er fünf Kinder. 1836 begann er, die Zeitschrift *Nature* herauszugeben, an der die wichtigsten Köpfe des amerikanischen Transzendentalismus mitarbeiteten: Thoreau, Margaret Fuller, Amos Bronson Alcott, Elizabeth Peabody und Jones Very. In den folgenden zwei Jahren begann er die Universität Harvard zu attackieren. In seinem ersten Vortrag vor Harvard-Studenten forderte er die intellektuelle Unabhängigkeit Amerikas von Europa. Mit dem zweiten Vortrag vor den Mitgliedern des

Divinity College zog er den Zorn des Klerus auf sich, weil er für die Unabhängigkeit des Glaubens von kirchlichen Institutionen eintrat.

1841 und 1844 gab er zwei Essay-Sammlungen heraus. In der Zeit von 1850 bis 1860 erschienen *Repräsentanten der Menschheit, Englische Charakterzüge* und *Die Führung des Lebens.* Zehn Jahre vor seinem Tod im Jahr 1882 stellte Emerson das Schreiben ein.

Die Wolfsfrau
1992

Die lebendige Wildnis und die Wilde Frau sind beide bedrohte Arten. Mit der Zeit wurde die Instinktnatur der Frau ausgeplündert, eingepfercht und übertüncht. Sie wurde lange Zeit falsch behandelt: wie die Wildnis selbst.

Eine gesunde Frau hat viel von einer Wölfin: eine robuste, überquellende, starke Lebenskraft; die Fähigkeit, Leben zu schenken; sie hat ein territoriales Bewusstsein, ist erfinderisch, loyal und liebt es, das Land zu durchstreifen. Die Trennung von ihrer ursprünglichen Natur macht eine Frau zur dürren, geisterhaften, kraftlosen Erscheinung.... Wenn das Leben der Frau stillsteht, von Langeweile erfüllt, ist es Zeit, die Wilde Frau wieder hervorzuholen. Es ist Zeit, die schöpferische Kraft der Psyche anzurufen, damit sie das ausgetrocknete Land wieder fruchtbar macht.

Die moderne Frau ist ein Bündel voller hektischer Aktivitäten. Sie steht unter dem Druck, alles für alle zu sein. Das alte Wissen ist ihr schon lange verloren gegangen.

Kurz gesagt
Kontakt mit der wilden Seite in uns aufzunehmen ist kein hanebüchener Unsinn, sondern eine wesentliche Voraussetzung für geistige und körperliche Gesundheit.

Ähnliche Titel
Martha Beck, *Das Polaris-Prinzip*
Robert Bly, *Eisenhans*
Joseph Campbell und Bill Moyers, *Die Kraft der Mythen*
James Hillman, *Charakter und Bestimmung*
Carol Pearson, *Der Held in uns*

Clarissa Pinkola Estés

Die moderne Psychologie lässt die tiefer gehenden Bedürfnisse der Frauen außer Acht. Sie bietet keine überzeugenden Erklärungen für ihre Sehnsüchte und ihre Geheimnisse. Vor allem aber lässt die moderne Welt der Frau keine Zeit. Estés hat ihr Leben damit zugebracht, alte Märchen für Frauen wieder fruchtbar zu machen, damit Frauen sich erneut mit ihrer Seele, ihrer ursprünglichen Natur verbinden können. Sie ist eine cantadora, eine Hüterin der alten Mythen.

Der Titel des Buches geht auf ihre Forschungsarbeiten über Wölfe zurück, die viel mit Frauen gemeinsam haben: ihre Lebendigkeit, ihre intuitive und instinktive Natur und ihr Drama. Wie Wölfe wurden Frauen auf Grund ihrer Wildheit dämonisiert. Ihr Lebensbereich wurde zubetoniert. Doch wie viele Wolfsfamilien trotzdem überlebten und sich heute wieder ausbreiten, so kann auch die Frau erneut Zugang zu ihren »wilden« Anteilen finden.

Die Wolfsfrau ist ein außergewöhnliches Buch, das viele Menschen tief beeindruckt hat. Wie *Eisenhans* in der Welt der Männer, so hat *Die Wolfsfrau* das Leben so mancher Frau revolutioniert. Estés hat eine unglaubliche Vielzahl von Mythen gesammelt, die sich auf jeden Aspekt des Lebens anwenden lassen. Zu sagen, es sei reich an Material, ist eine glatte Untertreibung, so eifrig führt Estés uns durch Zeiten und Kontinente. Um Ihnen davon einen Eindruck zu vermitteln, habe ich zwei der wichtigsten Geschichten zusammengefasst.

Die Robbenfrau

In einer sehr unwirtlichen Umgebung war ein Jäger mit seinem Kajak draußen auf See. Die Dunkelheit war bereits hereingebrochen, ohne dass er etwas gefangen hätte. Daher hielt er auf einen Felsen zu, bei dem sich im Dämmerlicht etwas bewegte. Als er näher kam, sah er eine Gruppe wunderschöner Frauen, die in ihm sofort Liebe und Sehnsucht hervorriefen, weil er sich schon so lange einsam fühlte. Da sah er die Haut eine Robbe auf einem Felsvorsprung liegen und nahm sie an sich. Die Frauen erschraken, zogen ihre Häute über und verschwanden im Meer – bis auf eine. Ihr hatte er die Haut gestohlen.

Der Mann rief sie an: »Sei mein Weib, ich bin so allein.« Doch sie antwortete: »Ich kann nicht. Ich bin vom Volk der Temeqvanek, ich lebe im Meer.« Da machte er ihr folgenden Vorschlag: »Werde meine Frau, dann gebe ich dir in sieben Sommern deine Haut zurück, sodass du tun kannst, was du willst.« Und die Robbenfrau stimmte widerwillig zu. Die beiden bekamen ein Kind, das sie sehr liebten: Ooruk. Die Frau lehrte ihn alle Geschichten über die Meeresgeschöpfe, die sie kannte. Doch nach einer gewissen Zeit trocknete ihr Fleisch aus. Sie wurde bleich und verlor allmählich das Augenlicht. So kam der Tag, an dem sie ihre Haut zurückforderte. Doch der Ehemann sagte Nein und fragte, ob sie denn wirklich Mann und Kind verlassen wolle.

In der folgenden Nacht hörte Ooruk eine Robbe laut rufen. Er folgte dem Ruf und kam ans Meer. Dort fand er auf dem Felsen eine Robbenhaut. Als er daran roch, merkte er, dass sie seiner Mutter gehörte. Er brachte sie ihr und sie zog sie glücklich über. Dann nahm sie ihren Sohn mit ins Meer, wo sie ihn der großen Robbe und ihren anderen Freunden vorstellte.

Sie erhielt ihre Farbe zurück und mit ihr die Gesundheit, weil sie endlich nach Hause zurückgekehrt war. Später wurde sie als die Robbe bekannt, die niemand töten konnte: Tanquigcaq, die Heilige. Natürlich musste sie ihren Sohn irgendwann zurückbringen, doch Ooruk wurde auch später noch häufig gesehen, wie er am Meeresufer mit einer Robbe sprach.

In Estés Augen ist die Robbe ein wunderschönes und altes Symbol für die Wildheit der Seele. Robben fühlen sich mit Menschen wohl, doch wie junge und unerfahrene Frauen erkennen sie meist die Gefahr nicht, weil sie anderen keine bösen Absichten unterstellen. In gewisser Weise erleben wir also alle den Verlust unserer »Robbenhaut«, wenn wir unsere Unschuld oder Identität verlieren. Anfangs leiden wir darunter, doch später stellt sich häufig heraus, dass dies das Beste war, was uns je geschehen konnte. Durch dieses Erlebnis haben wir erfahren, wer wir sind und was unsere Aufgabe im Leben ist. Durch diesen Verlust kommen wir in Kontakt mit den tieferen Schichten in uns.

In der Geschichte zeigt sich die Dualität der »oberen Welt« von Beruf und Familie und der »unteren Welt«, dem Ozean unserer Träume, Gedanken und Wünsche. Das Seelenheim kann nicht lange verlassen werden, sonst trocknen wir aus – wie die Robbenfrau. Es fehlt uns an Energie, wir sind blass und müde. Viele Frauen verlieren »ihre Haut«, weil sie zu viel geben, zu perfektionistisch sind oder sich ihre Unzufriedenheit nicht eingestehen wollen. Vielen fehlt es auch am Willen, sie wieder zu bekommen.

Jeder will etwas von der modernen Frau. Doch es gibt einen Punkt, an dem sie Nein sagen und ihre Haut zurückverlangen sollte. Maßnahmen, die sie in ihr Seelenheim zurückbringen, sind beispielsweise: ein Wochenende frei haben, eine Nacht mit Freunden ausgehen, eine Stunde pro Tag Auszeit nehmen.

Möglicherweise verstehen die anderen das nicht, doch auf lange Sicht werden Ihre Angehörigen davon genauso profitieren wie Sie selbst. Denn Sie tauchen aus dem Meer erfrischt und gekräftigt wieder auf.

Die Skelettfrau

Ein einsamer Fischer am Nordpol dachte eines Tages, er habe einen gewaltigen Fisch gefangen, der ihn tagelang der Jagd entheben würde. Aufgeregt zog er das Netz ein und entdeckte schockiert, was er gefangen hatte: das Skelett einer Frau.
Die Frau war von ihrem Vater über die Klippen geworfen worden, damit er sie nicht mehr ernähren müsse, und war auf den Grund des Meeres gesunken. Erschrocken versuchte der Fischer, seinen Fang wieder loszuwerden, doch da erwachte das Skelett zum Leben und verfolgte ihn bis vor seine Haustür.
Dort erfasste den Fischer Mitleid. Er säuberte die Skelettfrau und bat sie, sich auszuruhen. Dann fiel er selbst in tiefen Schlaf. In der Nacht sah die Skelettfrau eine Träne aus seinem Auge fallen, und sie trank diese Träne, so durstig war sie. Dann nahm sie sein Herz und verwandelte es, um selbst wieder zu Fleisch und Blut zu kommen. Als Frau kroch sie in seinen Bettsack. Dank der Meerestiere, welche die Frau kennen gelernt hatte, als sie auf dem Grund des Ozeans gelegen hatte, war das Paar fortan immer gut versorgt.

Nach Estés Meinung geht es bei dieser Geschichte um die grundsätzlichen Fragen einer Beziehung. Denn als Single sucht man jemanden, der liebevoll und reich genug ist, dass wir »tagelang der Jagd enthoben« sind. Wir suchen nach mehr Leben in unserem Leben, nach Freude und Spaß.

Haben wir jedoch einen Blick auf das geworfen, was wir gefangen haben (vielleicht nach der ersten Kribbelphase), dann versuchen wir wie der Fischer, unsere Beute wieder ins Meer zu werfen. Wir werden uns nämlich bewusst, dass wir mehr bekommen haben, als wir haben wollten. Die ganze Sache wird plötzlich ernst. Mit einem Mal stellt der andere Mensch nicht mehr ein Symbol für angenehme Zeiten und gute Tage dar, sondern wird zur Skelettfrau bzw. zum Skelettmann. Die Angst vor der festen Bindung, einem gemeinsamen Haushalt, vor Höhen und

Tiefen, dem Alter und der Sterblichkeit befällt uns. Wenn wir Glück haben, nimmt das »Skelett« unsere Ablehnung nicht hin, sondern verfolgt uns nach Hause (an den Ort unserer Unsicherheiten und Grenzen). Dann merken wir auf einmal, dass dieser Mensch eine Menge zu bieten hat. Wir fühlen uns trotz unserer Furcht angezogen. Und aus irgendeinem Grund wollen wir etwas für den anderen tun.

Im Gegenzug versorgt uns das Wesen überreichlich mit dem, was wir brauchen, und zwar aus Quellen, von denen wir bislang nicht einmal wussten, dass sie existieren.

In der Geschichte von der Skelettfrau geht es um das, was Estés den Zyklus von »Leben, Tod und wieder Leben« nennt. Unsere moderne Kultur fürchtet sich vor jeder Art von Tod. In den alten Kulturen war man sich bewusst, dass jeder Tod für neues Leben sorgte. Wenn wir vor einer ernsthaften Bindung zurückschrecken, dann ist es nicht der andere Mensch, dem wir uns nicht stellen wollen. Wir wehren uns dagegen, in diesen Zyklus eingesogen zu werden und unsere Sterblichkeit zu akzeptieren. Wir wachsen nicht in einer Beziehung, sondern suchen ständig neue Aufregung im Leben. Dies aber lässt unsere Seele schrumpfen. Jede Beziehung kennt Anfangs- und Endpunkte. Was uns als schreckliches Ende vorkommt, ist vielleicht nicht mehr als ein notwendiger Wandel, den die Beziehung braucht, um sich zu erneuern.

Frauen und Männer müssen den Zyklus von Leben und Tod akzeptieren, wenn sie den Draht zu ihrem wilden Selbst nicht verlieren wollen. Estés schreibt von der Skelettfrau:

Sie taucht auf, denn wir können, ob wir wollen oder nicht, ohne sie kein wirkliches Wissen vom Leben erlangen. Ohne dieses Wissen aber gibt es keine Treue, keine Liebe, keine Hingabe.

Zu guter Letzt

Die meisten Menschen lesen dieses Buch anders als gewohnt. Man nimmt ein Kapitel auf und denkt lange darüber nach, bevor man weiterliest. Genauso soll es sein. Anfangs schreckt der schiere Umfang ein wenig ab, doch wir sollten es als Chor von Stimmen nehmen, denen wir nach und nach Gehör schenken können. Nehmen Sie es langsam in sich auf, dann werden Sie begreifen, weshalb es so viele Menschen – und nicht nur Frauen – inspiriert hat.

Noch etwas: Die wilde Seite ans Licht zu lassen wird häufig gleichgesetzt mit: Familie, Heim und die ganze vertraute Welt hinter sich lassen. So ist das nicht gemeint. Estés sagt dazu: Auf diese Weise bringen wir mehr Integrität in unser Leben. Wir hören endlich auf, als Zombies herumzulaufen, und haben keine Angst mehr, Liebe und Schöpferkraft zu beweisen. Wir streben an, was richtig ist. Eine Frau, die sich ihrer Macht und ihrer Natur bewusst ist, vertraut ihrer Intuition. All diese Dinge sind unser Recht. Es gibt keinen Grund, sich davor zu fürchten.

Über Clarissa Pinkola Estés

Clarissa Pinkola Estés ist spanisch-mexikanischer Herkunft. Sie wuchs bei ihren ungarischen Pflegeeltern in der Gegend um die Großen Seen von Michigan auf. So entwickelte sie schon früh eine enge Verbindung zur Natur. Außerdem war sie eng vertraut mit den Geschichten der verschiedensten Kulturkreise.

Sie hat ihre Doktorarbeit in Ethno-Psychologie und vergleichender Mythologie geschrieben und ließ sich dann zur Jung'schen Analytikerin ausbilden. Auch als Dichterin ist sie bekannt und geschätzt.

1971 begann sie, an dem Buch *Die Wolfsfrau* zu arbeiten und die Mythen Nordamerikas zu sammeln. Andere Bücher von ihr sind: *Die Wolfsfrau erzählt* und *Und es war gut so.*

Trotzdem Ja zum Leben sagen
1959

Manchmal müssen Entscheidungen blitzartig getroffen werden, obwohl Leben oder Tod von ihnen abhängt. In diesen Momenten hätte wohl jeder Gefangene lieber das Schicksal entscheiden lassen. Dieser Wunsch, die Verantwortung abzugeben, wurde besonders stark, wenn es um die Entscheidung ging, ob man einen Ausbruchsversuch wagen sollte oder nicht. In diesen Minuten, in denen man sich entscheiden musste (und es war immer eine Frage von Minuten), erlebte man Höllenqualen.

Wir waren für die kleinsten Dinge dankbar. Zum Beispiel wenn vor dem Schlafengehen noch Zeit fürs Entlausen war, obwohl das eigentlich kein Vergnügen war. Wir standen dabei nackt in einer ungeheizten Hütte, wo Eiszapfen von der Decke hingen.

Wenn jemand auf der Fahrt von Auschwitz in das bayrische Lager unsere Gesichter gesehen hätte, als wir an den Bergen um Salzburg vorbeifuhren und unser Blick durch die winzigen vergitterten Fenster des Gefangenenwaggons auf die im Abendlicht schimmernden Gipfel fiel, hätte er sicher nicht geglaubt, dass dies die Gesichter von Menschen waren, die jede Hoffnung auf Leben und Freiheit aufgegeben hatten. Denn trotz dieser Tatsache – oder vielleicht sogar wegen ihr – berührte uns die Schönheit der Natur, die wir so lange entbehrt hatten, tief.

KURZ GESAGT
Der Sinn deines Lebens ist das, was du ihm an Bedeutung zu geben vermagst.

ÄHNLICHE TITEL
Boethius, *Trost der Philosophie*

· 24 ·
Viktor Frankl

Viktor Frankls Frau, sein Vater, seine Mutter und sein Bruder wurden in den Konzentrationslagern von Nazideutschland ermordet. Nur seine Schwester überlebte. Frankl selbst erduldete Hunger, Kälte und Brutalität, zuerst in Auschwitz, dann in Dachau, und war ständig in Gefahr, selbst ein Opfer der Verbrennungsöfen zu werden. Schon am ersten Tag im Lager verlor er alles, was er an materiellen Besitztümern bei sich trug. Man zwang ihn, ein wissenschaftliches Manuskript abzugeben, das er als sein Lebenswerk betrachtete.

Wenn es je eine Geschichte gab, die tiefe Verzweiflung gerechtfertigt hätte, angesichts derer Selbstmord als beste Lösung erschienen wäre, dann ist es die Viktor Frankls. Doch Frankl, der in die tiefsten Abgründe des Mensch-Seins gestoßen worden war, kehrte als Optimist aus den Lagern zurück. Ihn hielt der Gedanke aufrecht, dass niemand dem Menschen die Freiheit nehmen könne, seine Umstände so zu definieren, wie er es für richtig hielt, und ihnen dadurch Sinn zu verleihen. Gordon Allport erwähnt in seinem Vorwort zur dritten englischen Ausgabe, dass die alten Stoiker dies die »letzte Freiheit« nannten. Denn der eigentliche Schaden der Folter ist meist nicht die körperliche Qual, sondern der bewusste Versuch, diese Freiheit auszulöschen.

Menschliche Fähigkeiten neu definieren

Frankls Lieblingszitat stammt von Nietzsche, der sagte, dass ein Mensch, der ein Warum habe, nahezu jedes Wie ertragen könne. Frankls Erinnerung an die Dinge, die ihm den Willen zu leben gaben, gehört zweifellos zu den ergreifendsten Passagen des Buches. Er stellte sich seine Frau vor, die für ihn Licht in das Dunkel der Lager brachte. In einer wunderschönen Szene wird dieses geistige Bild so stark, dass er sie regelrecht vor sich sieht, als ein Vogel vor ihm auf einem Steinhaufen auftaucht. Und er stellte sich vor, wie er nach seiner Befreiung Vorlesungen halten und den Menschen von etwas berichten würde, das nie wieder geschehen dürfe. Diese Vorstellung wirkte wie eine Prophezeiung seiner späteren Tätigkeit. Und schließlich wollte er alles, was er erlebt hatte, unbedingt im Wort festhalten.

Die Männer, die sich aufgegeben hatten, konnte man leicht von den anderen unterscheiden. Sie rauchten ihre letzten Zigaretten, die sie sonst gegen ein wenig Nahrung hätten eintauschen können. Sie hatten entschieden, dass das Leben für sie nichts mehr bereithielt. Doch diese Art zu denken kam Frankl falsch vor. Wir sind nicht auf der Welt, um zu beurteilen, ob das Leben unsere Erwartungen erfüllt. Wir sollten uns vielmehr fragen, was das Leben von uns erwartet, Tag für Tag. Unsere Aufgabe ist nicht nur das Überleben. Wir müssen jene Wahrheit finden, die uns als Leitstern dienen kann, auch wenn diese manchmal nur im größten Leid enthüllt wird. Denn das Leid müsse, so Frankl, keineswegs Symptom einer Neurose sein. Es könne ebenso gut zum Ausdruck der Menschlichkeit werden.

Die Auswirkungen des Buches

Von *Trotzdem Ja zum Leben sagen* wurden über neun Millionen Stück verkauft, es wurde in 24 Sprachen übersetzt. Die amerikanische *Library of Congress*, eine der wichtigsten Bibliotheken der Welt, wählte es unter die zehn einflussreichsten Bücher Amerikas. Frankl jedoch, der ursprünglich auf dem Cover statt des Autorennamens nur seine Häftlingsnummer angeben wollte, betrachtet dies nicht als persönliche Leistung. Dass es so einen Erfolg hatte, ist nur »Ausdruck des Leidens unserer Zeit«, meinte er. Dies zeige nur, wie sehr wir nach einer sinnerfüllten Existenz hungerten.

Doch Frankls Ideen waren nicht nur bei Lesern erfolgreich. Sie übten auch auf fast alle Selbsthilfeautoren einen bedeutenden Einfluss aus. So ist Coveys Betonung der Eigenverantwortlichkeit, die wir in *Die sieben Wege zur Effektivität* finden, von Frankls Denken inspiriert. In vielen der hier vorgestellten Bücher finden sich Viktor Frankls Werke in den Quellenangaben.

Der Wille zum Sinn und die Logotherapie

Am erstaunlichsten an Frankls Erfahrungen ist zweifelsohne, dass sie ihm erlaubten, jene Thesen zu prüfen, die er als Arzt bereits vor dem Ausbruch des Zweiten Weltkriegs aufgestellt hatte. Er legte die Grundlage für das, was man die Dritte Wiener Richtung der Psychotherapie nennt, nämlich die Logotherapie (von griechisch logos, der »Sinn«). Sie folgte der Freud'schen Psychoanalyse und Adlers Individualpsychologie. Während die Psychoanalyse Introspektion erfordert, damit der Patient die Basis seiner Neurosen erkennen kann, versucht die Logotherapie, den Menschen aus seinen gewöhnlichen Zusammenhängen herauszulösen, damit er sein Leben unter dem Blickwinkel des größeren Ganzen betrachten kann. Die Psychoanalyse konzentriert sich auf das Streben nach Lustgewinn, die Individualpsychologie auf das Streben nach Macht. Die Logotherapie aber sieht die primär motivierende Kraft im Leben des Menschen als Streben nach Sinn.

Frankl erinnert sich beispielsweise an einen amerikanischen Diplomaten, der in Wien in seine Praxis kam. Er hatte fünf Jahre Psychoanalyse hinter sich. Der Mann war unzufrieden mit seiner Arbeit, weil er sich außer Stande sah, die amerikanische Außenpolitik zu vertreten. Sein Analytiker meinte, dies läge an seiner gestörten Vaterbeziehung. Die Regierung der Vereinigten Staaten stünde für das

Vaterbild und war das oberflächliche Angstobjekt, doch die eigentlichen Probleme lägen in der Beziehung zum leiblichen Vater. Frankl hingegen diagnostizierte einen erheblichen Mangel an Sinnhaftigkeit im Leben des Mannes und schlug ihm vor, seinen Beruf zu wechseln. Der Diplomat nahm diesen Rat an und hat dies auch später nicht bereut.

Diese Anekdote soll zeigen, dass existenzielle Probleme nicht Anzeichen einer Neurose sein müssen, sondern ein Hinweis darauf sein können, dass wir auf unserer Suche nach Sinn menschlicher werden sollten. Anders als Freud oder Adler entschied sich Frankl, das Leben nicht nur als Bedürfnisbefriedigungsanstalt für Triebe und Instinkte zu betrachten. Er strebte auch nicht danach, Menschen zu einer besseren Anpassung an die Gesellschaft zu veranlassen. Stattdessen sah er (und mit ihm die ganze humanistische Psychologie wie zum Beispiel Abraham Maslow und Carl Rogers) den freien Willen als wichtigstes Merkmal des Menschen.

Woher kommt der Sinn?

Die Logotherapie meint, geistige Gesundheit stelle sich dann ein, wenn wir lernten, die Lücke zwischen dem, was wir sind, und dem, was wir sein wollen, zu schließen. Was aber, wenn wir noch nicht wissen, was wir sein wollen? Frankl meint, der moderne Mensch verfüge in dieser Hinsicht beinahe über zu viel Freiheit. Wir sind nicht mehr vom Instinkt getrieben, lehnen aber auch die Tradition als Führungsinstanz ab. In diesem existenziellen Vakuum wird unsere ergebnislose Suche nach Sinn durch das Verlangen nach Geld, Sex, Unterhaltung, ja sogar Gewalt kompensiert. Wir sind nicht mehr offen für die wahren Quellen des Sinns. Diese sind für Frankl:

1. Ein Werk schaffen, eine Tat vollbringen
2. Etwas erleben bzw. jemanden kennen lernen (Liebe)
3. Der Umgang mit unvermeidlichem Leid

Das erste Ziel ist in der Ratgeberliteratur bekannt: Wir nennen es normalerweise »den Lebenszweck«. Unsere Kultur strebt offensiv nach Glück. In Frankls Sicht ist dies falsch. Für ihn ist Glück ein Nebeneffekt, der sich dann einstellt, wenn wir uns selbst vergessen, weil die Aufgabe, die vor uns liegt, all unser Talent und Vorstellungsvermögen fordert.

Der zweite Punkt ist deshalb so wichtig, weil er das Erleben (das innere und äußere) als legitime Alternative neben die Leistung stellt, obwohl unsere Gesellschaft doch so sehr auf Leistung ausgerichtet ist. Der dritte Punkt verleiht auch den leidhaften Erfahrungen ihren Stellenwert. Offen bleibt nur die Frage, welche Bedeutung sie haben. Laut Viktor Frankl erfahren wir dies vielleicht nie oder erst sehr spät im Leben. Denn die Tatsache, dass wir ihren Sinn nicht erfassen können, heißt noch nicht, dass es keinen gibt.

Jenen Menschen, die ihm entgegenhalten, das Leben sei sinnlos, weil vergänglich, gibt Frankl zur Antwort, dass nur das mangelnde Ausleben unseres Potenzials wirklich sinnlos sei, das Leben selbst sei es nie. Unsere Kultur verehrt die Jugend, doch eigentlich ist es das Alter, das unsere Ehrerbietung verdient, denn alte Menschen haben geliebt, gelitten und Erfüllung gefunden. Wenn wir unser Potenzial leben, wird es den Lauf der Welt beeinflussen, wie klein unser Beitrag auch immer sein mag. Verantwortung entsteht aus der Entscheidung, diesen Einfluss auszuüben. Freiheit ist nur ein Teil der Rechnung, der andere entsteht aus unserer Verantwortung, dieser Freiheit entsprechend zu handeln.

Viktor Frankl

Zu guter Letzt

Wenn es ein Thema gibt, das sich durch die Selbsthilfeliteratur zieht, dann ist dies der Glaube an die Wandelbarkeit des Individuums. Das Gegenteil davon wäre Determinismus. Dieser geht davon aus, dass wir unseren Genen und den Erfahrungen der Kindheit niemals entfliehen können. Freud nahm an, dass sich in einer Gruppe von Menschen, die ohne Nahrung bleiben, individuelle Unterschiede am Ende einebnen und dem Streben der Masse Platz machen. Frankl aber machte im Konzentrationslager ganz andere Erfahrungen. Während Hunger, Folter und Dreck die Gefangenen deutlich »entmenschlichten«, zeigten einige trotz alledem die Stärke, sich nicht wie Herdentiere zu verhalten. Wie der Einzelne unter solchen Umständen reagiert, lässt sich wohl kaum vorhersagen. Doch aus dieser Beobachtung lässt sich zumindest eine ungefähre Definition des Mensch-Seins ableiten:

Unsere Generation ist ziemlich realistisch. Wir haben den Menschen kennen gelernt, wie er wirklich ist. Schließlich war es der Mensch, der die Gaskammern von Auschwitz erfand. Doch es war auch der Mensch, der sie aufrecht betrat mit einem Gebet an Gott oder dem Sch'ma Israel auf den Lippen.

Was uns als Menschen auszeichnet, ist die Tatsache, dass wir unser Leben nach Werten und Idealen ausrichten können. Wie sonst wären wir in der Lage, die Gaskammern aufrecht zu betreten, wie Frankl dies ausdrückt? Da er wusste, dass die meisten von uns kaum je einem solch schrecklichen Schicksal ausgesetzt sein würden, benutzte er dieses Bild, um die persönliche Verantwortung zu umreißen, mit Hilfe derer wir unser tägliches Leben führen können. Dies ist die Botschaft seines Buches: Wie auch immer die Umstände sein mögen, wir sind letztlich vollkommen frei.

Über Viktor Frankl

Frankl kam 1905 in Wien zur Welt. Vor dem Zweiten Weltkrieg erwarb er an der Universität Wien die Doktorwürde in Medizin und Philosophie. Während des Krieges war er drei Jahre in Auschwitz, Dachau und anderen Konzentrationslagern gefangen. *Trotzdem Ja zum Leben sagen* entstand, als Frankl nach der Befreiung nach Wien zurückkehrte. Er diktierte den Text innerhalb von neun Tagen.

Die folgenden Jahre verbrachte er als Chef der Poliklinik in Wien, doch in den sechziger Jahren des vorigen Jahrhunderts zog es ihn in die Vereinigten Staaten. Er war als Gastprofessor in Harvard und an anderen amerikanischen Universitäten tätig und unternahm mehr als fünfzig Vortragsreisen. Während seines ganzen Lebens war er ein begeisterter Bergsteiger.

Frankl schrieb mehr als dreißig Bücher, darunter *Logotherapie und Existenzanalyse*, *Der unbewusste Gott* und *Der Mensch vor der Frage nach dem Sinn*, eine Zusammenfassung seiner wichtigsten Aufsätze. Als er starb, wurde seine Autobiografie veröffentlicht: *Was nicht in meinen Büchern steht*. Über Frankl und die Logotherapie wurden mehr als 145 Bücher und über 1.400 Zeitungsartikel geschrieben. Frankl selbst erhielt 28-mal die Ehrendoktorwürde.

Er starb 1997 – in derselben Woche wie Mutter Teresa und Prinzessin Diana.

Autobiografie
1790

Und ich ließ mich von der scheinbaren Größe des Unterfangens nicht schrecken, denn ich dachte immer, dass ein Mann von passablen Fähigkeiten große Dinge vollbringen und der Menschheit wahrhaft nutzen könne, wenn er sich zuerst einen guten Plan mache und dann unter Verzicht auf alle Ablenkungen und anderweitigen Beschäftigungen die Ausführung dieses Plans zum einzigen Ziel seines Strebens mache.

Wenn ein anderer etwas sagte, was ich für falsch hielt, versagte ich mir das Vergnügen, ihm harsch zu widersprechen und ihn sofort auf die Absurdität seines Vorschlages hinzuweisen. Vielmehr antwortete ich ihm, dass in bestimmten Fällen seine Ansicht ganz sicher richtig sei, doch im vorliegenden schienen mir die Dinge doch ein wenig anders zu liegen – mit Verlaub gesagt. Die Vorteile dieser Methode erntete ich unmittelbar, denn alle Gespräche, die ich fortan führte, verliefen sehr viel angenehmer.

KURZ GESAGT
Dauerhaftes Streben nach persönlicher Verbesserung und die Liebe zum Lernen sind es, die uns letztlich auf die Straße zum Erfolg führen.

ÄHNLICHE TITEL
Stephen Covey, *Die sieben Wege zur Effektivität*
Samuel Smiles, *Self-Help*

Benjamin Franklin

Benjamin Franklin ist als historische Figur bestens bekannt. Er spielte eine wichtige Rolle während des Kampfes um die amerikanische Unabhängigkeit und ist auch ob seiner zahlreichen naturwissenschaftlichen Experimente bekannt. Doch wie der Franklin-Spezialist Ormond Seavey in seiner Einführung zur amerikanischen Ausgabe von Franklins Lebenserinnerungen bemerkt, beruht Franklins Einfluss auf die westliche Kultur des 18. Jahrhunderts vor allem darauf, dass er ein ausgezeichneter Schriftsteller war. In den Geschichtsbüchern tritt er uns als Mitautor der amerikanischen Unabhängigkeitserklärung und als wichtiger Impulsgeber bei der Ausarbeitung der Verfassung des neuen Staates entgegen. Doch sein Biograf Richard Amacher nennt Franklins Autobiografie das erste große literarische Werk, das auf amerikanischem Boden entstanden ist. Sie trug zur Entstehung der modernen literarischen Ausdrucksform der Autobiografie bei und war zwei Jahrhunderte lang ein absoluter Bestseller, obwohl sie nie beendet oder von einem Herausgeber bearbeitet wurde. Franklins Haltung zur Literatur zeigt sich in einem seiner Aphorismen:

Wenn du möchtest, dass man sich deiner erinnert, obschon du längst den Würmern zum Fraß dienst, schreib Werke, deren Lektüre sich lohnt, oder tu etwas, was wert ist, Literatur zu werden.

Das Buch

Die Autobiografie wurde nicht geschrieben, um ihrem Verfasser noch mehr Lorbeeren einzubringen. Sie soll vielmehr zeigen, was ein Einzelner vollbringen kann, wenn er konstant an der Verbesserung seines Lebens und seines Charakters arbeitet. Franklin war

Wissenschaftler, und so treten uns seine Lebenserinnerungen entgegen wie ein leidenschaftsloser Bericht über die Erfolge und Fehlschläge, die er bei seinen Experimenten mit dem Leben hatte.

Trotzdem behauptete er nicht, besondere Fähigkeiten zur Meisterung des Lebens erlangt zu haben. Allerdings suchte er durchaus nach einer Formel, welche dem Einzelnen zu Erfolg verhalf. Eben deshalb ist die Autobiografie Benjamin Franklins eines der ursprünglichsten Selbsthilfebücher.

Franklin war kein bisschen hochmütig. Er sprach offen und direkt seine Leser an. Ein subtiler Humor, der den Eindruck vermittelt, man sitze beim Plausch am Kamin, durchzieht das ganze Buch. Der erste Teil berichtet über Erfahrungen mit Freunden und Kollegen, Familienmitgliedern und Vorgesetzten. Dazu berichtet er ausführlich über seine Reisen und seine Bemühungen, neue Geschäfte zu gründen – durchweg Themen, die auch dem modernen Leser vertraut sind.

Das bestmögliche Selbst schaffen

Franklin billigte der Tugend einen Wert an sich zu, ob sie nun der Ehre Gottes diente oder nicht. Er war als Puritaner erzogen worden, und deren akribische Gewohnheit der Selbsterforschung blieb ihm sein Leben lang erhalten. In seinem berühmten Buch *Die protestantische Ethik und der Geist des Kapitalismus* nennt Weber Benjamin Franklin als typischen Vertreter dieser Ethik. Franklin war Buchdrucker, und so glaubte er, der menschliche Charakter müsse geformt werden, indem man all die »Druckfehler« beseitigt, die uns daran hindern, Vollkommenheit zu erlangen.

Daher ist Franklin sozusagen einer der »Urheber« der Selbsthilfeliteratur. Jede religiöse Vorstellung, dass der Mensch an sich gut oder böse sei, interessierte ihn nicht. Er sah die Menschen als weiße Blätter, die dazu geschaffen scheinen, Erfolgsgeschichten aufzunehmen. Seavey schreibt: »Eine neue Identität auszuprobieren war für Franklin etwas ganz Natürliches, als probiere er einen neuen Mantel an.« In seiner Auffassung vom Individuum, das ihm nicht als fertig geschaffen galt, sondern seinen Schöpfungsprozess selbst in die Hand nahm, war Franklin durch und durch modern.

Franklins Gesetz von der konstanten Arbeit an sich selbst

Franklin schrieb seine Autobiografie als alter Mann. Zu diesem Zeitpunkt erfreute er sich schon eines unglaublichen Rufes. Er war von Boston nach Philadelphia gekommen und hatte nicht mehr als ein wenig Geld und drei Brote in der Tasche. Es ist für ihn charakteristisch, dass er zwei davon einer bedürftigen Frau gab. Instinktiv schien er zu wissen, dass das geschriebene Wort seine Fahrkarte zum Verlassen der Mittelmäßigkeit war. Er überredete einen Freund, der in einem Buchladen arbeitete, ihm über Nacht Bücher zu leihen, die er nach Feierabend verschlang, bevor er morgens wieder zur Arbeit ging.

Als junger Mann allerdings träumte Franklin nicht davon, ein Führer der amerikanischen Unabhängigkeitsbewegung oder Amerikas Botschafter in Frankreich zu werden. Was er später tatsächlich erreichte, ist gar nicht so wichtig. Viel interessanter sind die Maßnahmen zur Selbstverbesserung, die er anwandte. Franklins Botschaft ist zeitlos: Größe ist nicht nur einigen wenigen zugedacht. Sie ist unser aller Pflicht. Ich höre schon die Proteste: Aber es sind doch nicht alle gleich begabt. Nicht alle haben den gleichen Schwung, das gleiche Talent. Doch Franklin wusste besser als jeder andere, dass permanente Arbeit an sich selbst der Schlüssel ist, der uns das Tor zur Selbstverwirklichung öffnet.

Franklin und die Ethik der Selbsthilfe

Die Quintessenz seiner Bemühungen schlugen sich in seinen Ausführungen über *Die Kunst der Tugend* nieder. Darin führt er zwölf Eigenschaften auf, die er anstrebt.

Er schätzte sich mit Hilfe verschiedener grafischer Tabellen täglich selbst ein. Seiner Ansicht nach hatte er fast alle Tugenden verwirklicht, von der Ordnung (wir würden diese Tugend heute vielleicht »Selbstmanagement« nennen), mit der er gewisse Schwierigkeiten zu haben schien. Als er bemerkte, wie stolz ihn diese Feststellung machte, fügte er noch eine dreizehnte Tugend hinzu: die Demut.

1. **Mäßigkeit** Iss nicht bis zum Stumpfsinn. Trink nicht bis zur Berauschung.
2. **Schweigen** Rede nur, wenn deine Worte entweder dir selbst oder anderen nützen. Vermeide banale Gespräche.
3. **Ordnung** Sorge dafür, das all deine Dinge stets an ihrem Platz sind. Lass jeden Teil deines Geschäfts seine Zeit haben.
4. **Entschlossenheit** Nimm dir vor, durchzuführen, was du musst. Tue unfehlbar, was du dir vornimmst.
5. **Sparsamkeit** Gib kein Geld aus, wenn du damit nicht dir oder anderen Gutes tun kannst. Vergeude nichts.
6. **Arbeitseifer** Verliere keine Zeit. Beschäftige dich stets mit nützlichen Dingen. Lasse alle unnützen Handlungen sein.
7. **Aufrichtigkeit** Bediene dich keiner Täuschung zum Schaden anderer. Denke unschuldig und gerecht. Wenn du sprichst, sei ehrlich.
8. **Gerechtigkeit** Schade niemandem, indem du ihm Unrecht tust oder die Wohltaten unterlässt, die dir obliegen.
9. **Bescheidenheit** Vermeide Extreme. Hüte dich, Beleidigungen so aufzunehmen, wie sie es nach deiner Einschätzung verdienen.
10. **Reinlichkeit** Dulde keinerlei Unreinheit des Körpers, der Kleidung oder der Wohnung.

11. **Innere Ruhe** Lasse dich nicht von Kleinigkeiten beunruhigen. Lasse dich von Unvermeidbarem nicht aus der Ruhe bringen.
12. **Keuschheit** Genieße die Freuden der Liebe nur zur eigenen Gesundheit oder zur Zeugung von Nachwuchs. Lasse dich davon nicht zu Trägheit und Schwäche verführen. Tu nichts, was dem Frieden und dem Ansehen deiner selbst oder anderer Personen schadet.
13. **Bescheidenheit** Eifere Jesus und Sokrates nach.

Franklin meinte außerdem, wir sollten uns am Morgen fragen: »Was kann ich heute Gutes tun?« Und abends: »Was habe ich heute Gutes vollbracht?« Die Autobiografie übte auf die Autoren der Selbsthilfeliteratur einen enormen Einfluss aus. So empfiehlt Anthony Robbins in seinem Buch Das Robbins-Power-Prinzip eben diese Fragen als Teil eines täglichen Erfolgsrituals. Franklins zunächst seltsam anmutender Rat, man möge doch seinen eigenen Grabspruch bereits in jungen Jahren verfassen, um später kontrollieren zu können, ob man seinem Ziel näher gekommen sei, ist heute ein gängiger Tipp in der Hilfe zur Selbsthilfe. Stephen Covey (Die sieben Wege zur Effektivität) macht kein Geheimnis daraus, wie viel er selbst der Lektüre von Franklins Werken verdankt. Dessen Leben sei »die Geschichte einer heroischen Anstrengung, Prinzipien zur Grundlage des Daseins zu machen«. Diese Konzentration auf den Charakter statt auf Techniken zur Persönlichkeitsentwicklung zeichnet auch Coveys Herangehensweise aus.

Das Geheimnis des Einflusses

Und natürlich war Franklins Geschick im Umgang mit Menschen für Dale Carnegie interessant. Als jungem Mann wurde Franklin klar, dass er ausgesprochen geschickt argumentieren konnte. Er stellte jedoch bald fest, dass dies eher kontraproduktiv wirkte. Also gewöhnter er sich an, bescheiden aufzutreten. Begriffe wie »unzweifelhaft« oder »sicher« verbot er sich ganz. Außerdem hörte er auf, andere zu korrigieren. Stattdessen versuchte er es mit Formeln wie »Mir scheint ...« oder »Wenn ich das richtig sehe, ...« Damit erzielte er schnell Ergebnisse. Obwohl er kein guter Redner war, hörten die Menschen ihm gerne zu und schenkten ihm Vertrauen.

Zu guter Letzt

Franklins Autobiografie ist die Geschichte eines Menschen, der sich aus eigener Kraft emporarbeitete. In ihr zeigt sich die Freiheit, etwas zu schaffen und damit Wohlstand zu ernten, welche das Credo der amerikanischen Gesellschaft ausmacht. Doch wenn man den unglaublichen Sinn für Humor ihres Autors in Rechnung stellt, dazu seine chamäleonhafte Natur und sein Geschick bei der Selbstvermarktung, sollte man Franklins Ausführungen nicht allzu wörtlich nehmen. Die Rolle des Bronzestandbilds ist Benjamin Franklin nicht gerade auf den Leib geschrieben.

Tatsächlich wurden seine Vorschläge zur Selbstverbesserung auch heftig kritisiert. Thoreau glaubte zum Beispiel, dass solch eine Ethik nur den Kampf um Reichtum anheizen würde, über dem letztlich die Zeit zur Bewunderung der Natur endgültig verloren ginge. Der Franklin-Spezialist Russel B. Nye nannte ihn »den ersten Apostel der Sparsamkeit und den Heiligen der Bankkonten«. Diese Bemerkung trifft vielleicht eher auf Franklins Aphorismensammlung *The Way to Wealth (Der Weg zum Reichtum)* zu. Das Leben Franklins lässt sich nicht bruchlos mit dem eines puritanischen Pfennigfuchsers verrechnen. Dazu hatte er viel zu viel Elan. Franklin wusste sehr genau, dass Selbstverbesserung kein freudloses Streben ist, sondern dass es auf die aufregenden Perspektiven eines reicheren Lebenszusammenhangs abzielt.

Über Benjamin Franklin

Benjamin Franklin kam 1706 als Sohn eines Kerzenmachers zur Welt. Er war das zehnte von siebzehn Kindern. Zur Schule ging er bis er zehn Jahre alt war. Dann schickte man ihn zu seinem Bruder in die Lehre. Dieser gab eine der ersten Zeitungen Amerikas heraus, Benjamin wurde Buchdrucker. Als er nach Philadelphia zog, arbeitete er zunächst als Buchdrucker, dann eröffnete er einen eigenen Verlag. In den späten zwanziger Jahren des 18. Jahrhunderts gab er den ungeheuer erfolgreichen *Poor Richard's Almanach* heraus, eine Zeitschrift, die dem geneigten Leser eine Mischung aus praktischen Tipps und klugen Lebensweisheiten ans Herz legte. Mit 42 Jahren war Franklin reich genug, um sich vom Erwerbsleben zurückziehen zu können. Er setzte sich jedoch weiter für verschiedene Projekte wie Straßenbeleuchtung, Krankenhäuser und so weiter ein. Außerdem experimentierte er mit Elektrizität und erfand den Blitzableiter.

Franklin wurde Abgeordneter des Staates Pennsylvania, sodass er bald eine prominente Rolle bei den Unabhängigkeitsverhandlungen der amerikanischen Kolonien spielte. Man nahm ihn in das Komitee auf, welches die amerikanische Unabhängigkeitserklärung aufsetzte. Im Alter von 69 Jahren wurde er zum amerikanischen Botschafter in Frankreich ernannt. Auch einen Friedensvertrag mit Groß-britannien handelte er aus. 1787 berief man ihn als Delegierten in den Verfassungskonvent.

Als er 1790 starb, war er unbestreitbar der berühmteste Amerikaner der Welt. Zu diesem Zeitpunkt wurden seine Lebenserinnerungen veröffentlicht, auch wenn diese nur den Zeitraum bis 1758 abdecken. Er hatte sie sozusagen von 1771 bis 1790 geschrieben, wann immer ihm seine Verpflichtungen als Botschafter Zeit ließen.

Franklin gilt als Amerikas erster Unternehmer. Von seinen anderen Erfolgen einmal abgesehen, kartografierte er den Golfstrom, entwarf ein Haushaltsheizgerät, »erfand« die öffentliche Bibliothek, führte die Stadtfeuerwehren ein und arbeitete in Frankreich in einem wissenschaftlichen Komitee zur Erforschung der Hypnose mit.

Stell dir vor
1978

Kreatives Visualisieren ist Magie im höchsten und wahrsten Sinne des Wortes. Wir stellen uns dabei auf die Naturgesetze ein, die das gesamte Universum steuern, und lernen, sie auf bewusste und kreative Weise zu nutzen.

Wenn Sie noch nie eine bildschöne Blume oder einen atemberaubenden Sonnenuntergang gesehen haben und jemand beschreibt Ihnen ein solches Phänomen, dann würden Sie dies vielleicht für ein echtes Wunder halten (was ja auch der Fall ist). Doch sobald Sie selbst etwas Ähnliches wahrgenommen und begriffen haben, wie es zu Stande kommt, verliert das Ganze den Nimbus des Wunderbaren. Das Gleiche gilt für den Prozess des kreativen Visualisierens. Was anfangs erstaunlich, wenn nicht gar unmöglich scheint, weil unser Verstand einfach so geprägt wurde, wird vollkommen klar, sobald wir lernen, worum es dabei eigentlich geht.

Kurz gesagt
Das Leben folgt gewöhnlich der Vorgabe unserer Gedanken und inneren Bilder, ob diese nun gut oder schlecht sind. Warum also stellen wir uns nicht einfach eine Zukunft vor, wie wir sie haben wollen?

Ähnliche Titel
Steve Andreas und Charles Faulkner, *NLP*
Wayne Dyer, *Wirkliche Wunder*
Louise Hay, *Gesundheit für Körper und Seele*
Joseph Murphy, *Die Macht Ihres Unterbewusstseins*

· 26 ·
Shakti Gawain

An der Kunst des kreativen Visualisierens ist nichts Abgehobenes oder Esoterisches. Tatsächlich spielt ein großer Teil unseres Lebens sich in der Vorstellung ab. Wir schaffen uns Bilder, ja richtige Filme von dem, was wir wünschen oder befürchten. Wir visualisieren ununterbrochen, nur tun wir dies leider unbewusst. Das kreative Visualisieren macht aus dieser Tätigkeit eine Kunst. Wir entscheiden uns bewusst, was wir visualisieren, und übernehmen dafür die volle Verantwortung.

Wenn wir kreatives Visualisieren üben, bewegen wir uns an der Nahtstelle zwischen Fantasie und Wirklichkeit. Wir nutzen die unsichtbaren Gesetze, welche die Welt und ihre physische Realität beherrschen. Kann es denn sein, dass ein Mangel in unserem Leben nur deshalb entsteht, weil wir über die Art und Weise, wie die Welt funktioniert, nicht ausreichend Bescheid wissen? Dieses Buch wird Ihnen vor allem dann nützen, wenn Sie ohnehin schon dazu neigen, »mit dem Fluss zu gehen«, aber das Gefühl haben, Sie sollten Ihrer Zukunft doch ein wenig mehr bewusste Steuerung angedeihen lassen. Zumindest machte Shakti Gawain selbst diese paradoxe Erfahrung, während sie das Buch schrieb. Sie sind also nicht allein.

Die Technik

Denken Sie darüber nach, was Sie in Ihrem Leben wollen: einen anderen Arbeitsplatz, ein eigenes Geschäft eröffnen, eine tolle Beziehung, ein Gefühl von innerem Frieden und heiterer Gelassenheit, verbesserte geistige Fähigkeiten oder sportliche Leistungen.

Bei der kreativen Visualisierung geht es darum, den Geist ruhig werden zu lassen, damit sich Alpha-Gehirnwellen einstellen. Dieser Zustand gleicht dem kurz nach dem Erwachen oder abends vor dem Einschlafen.

Auch in der Meditation oder beim stillen Sitzen am Fluss bzw. unter einem Baum kann er sich einstellen. Ihr erster Impuls mag sein, sich »schöne« Dinge auszudenken, die Sie sich wünschen. Die Kunst jedoch besteht darin, die Schichten unseres Alltags-Ichs fallen zu lassen, damit jene Gedanken zum Vorschein kommen, die unser höheres Selbst repräsentieren. Denn nur so werden Sie das schaffen, was Sie wirklich glücklich macht.

Haben Sie beispielsweise Ärger mit einem Kollegen, stellen Sie sich vor, wie Sie – statt wie üblich bissig und ablehnend zu reagieren – auf diese Person ganz entspannt und offen zugehen. Lassen Sie los, was immer vorher zwischen Ihnen geschehen ist. Segnen Sie diesen Menschen im Geiste. Wenn Sie dann beim nächsten Mal auf diese Person treffen, ist das Trennende zwischen Ihnen vielleicht verschwunden. In jedem Fall wird sich Ihre Beziehung zu diesem Menschen schnell verbessern.

Gawain weist besonders darauf hin, dass wir nicht versuchen sollten, mit Hilfe der kreativen Visualisierung Kontrolle über andere Menschen auszuüben. Zu manipulativen Zwecken ist die Methode ungeeignet. Es geht vor allem darum, die eigenen inneren Barrieren aufzulösen und zu einer natürlichen Harmonie zu gelangen.

Die Wissenschaft der kreativen Visualisierung

Wieso funktioniert es?

Das materielle Universum ist Energie. Wenn man die Materie bis in ihre feinsten Verästelungen verfolgt, stellt man fest, dass es sich dabei um Energieteilchen handelt, die so zusammenwirken, dass sie die Illusion von Festigkeit vermitteln.

Verschiedene Typen von Materie verfügen über unterschiedliche energetische Schwingungen. Ein Fels, eine Blume oder ein Mensch haben ganz unterschiedliche Energien. Und Dinge mit ähnlichen Schwingungsmustern ziehen sich an. Jeder Gedanke ist eine Form von strahlender, beweglicher Energie, die nach materiellem Ausdruck strebt.

Wenn wir uns in kreativer Visualisierung üben oder positive Affirmationen schaffen, entsteht dabei gedankliche Energie, die ins Universum ausstrahlt. Dieses antwortet mit den entsprechenden Ereignissen. Daher ist kreatives Visualisieren am ehesten vergleichbar mit dem »Ausbringen der Saat«. Wir »säen« das Leben, das wir zu ernten wünschen.

Andere wichtige Punkte sind:

Affirmationen Sie müssen keine Bilder »sehen«, um mit der Kraft der kreativen Visualisierung arbeiten zu können. Einige Menschen sind darin nicht so gut. Ihnen fällt es leichter, an ihre Wünsche zu denken und sie zu positiven Affirmationen umzugestalten. Ein Beispiel wäre: »Ich verdiene das Beste. Das Beste wird mir nun widerfahren.« Affirmationen, so Gawain, verankern unsere geistigen »Bilder« im Alltag. Sie müssen in der Gegenwartsform gehalten sein und sollten Verben zum Zentrum haben. Wenn Sie dabei noch Gott, das Universum oder eine höhere Intelligenz anrufen, laden Sie Ihre Affirmation mit Kraft auf.

Sich selbst akzeptieren Möglicherweise sind Sie der Auffassung, dass Sie das, was Sie sich wünschen, nicht verdienen. Bevor Sie also zu visualisieren beginnen, sollten Sie sicherstellen, dass Sie bereit sind, die Gaben anzunehmen. Dies aber setzt Selbstliebe voraus.

Glaube Sie müssen nicht gläubig sein, damit die kreative Visualisierung wirken kann. Die Kraft zum erfolgreichen Visualisieren liegt in Ihnen selbst.

Gesundheit und Wohlstand Sie können sich selbst und anderen Heilung zuteil werden lassen, wenn Sie vollkommene Gesundheit visualisieren. Machen Sie sich bewusst, dass das Universum voller Fülle steckt, indem Sie Ihr Augenmerk darauf richten, was in jeder Sekunde darin erschaffen wird.

Zu guter Letzt

Stell dir vor ist ein eher schmales Bändchen. Vielleicht finden Sie es ja enttäuschend, wenn Sie es zum ersten Mal durchblättern. Doch die vielen Übungen sowie die klugen Prinzipien, die Shakti Gawain ausgearbeitet hat, haben das Leben vieler Menschen verändert. Das Buch wurde mehr als drei Millionen Mal verkauft und in 25 Sprachen übersetzt. Der Begriff »Visualisieren« ging sogar in den allgemeinen Sprachgebrauch ein und läutete eine neue Ära der Selbsthilfe ein.

Es mag Ihnen anfangs vielleicht ein wenig seltsam vorkommen, wenn Sie Dinge sagen wie: »Das göttliche Licht ist in mir und schafft in meinem Leben wahre Wunder.« Doch Sie werden bald feststellen, dass solche Affirmationen Ihnen inneren Frieden und Vertrauen schenken. Denn sobald eine solche Affirmation Teil Ihrer selbst wird, geschehen wirklich Wunder. Das Buch bietet sehr viele Affirmationen, die Ihnen Hilfe und Führung geben können. Allein aus diesem Grund ist es wert, gekauft zu werden.

Gawain meint, je mehr wir mit der Kunst des kreativen Visualisierens vertraut werden, desto mehr verliert sie den Status einer Methode und wird zum Bewusstseinszustand, in dem wir täglich mehr spüren, wie weit wir unsere Welt selbst erschaffen. In diesem Zustand hört der Drang zu planen, vorzubeugen, sich zu sorgen auf, denn wir erkennen, dass diese Art von Gedanken uns wenig bringt. Im Gegensatz zum entspannten Visualisieren, in dem sich die Ziele unseres wahren Selbst spiegeln.

Über Shakti Gawain

Gawain studierte Psychologie und Tanz am *Reed College* und an der *University of California*. Nach ihrem Abschluss reiste sie zwei Jahre durch Europa und Asien, um östliche Philosophie, Meditation und Yoga zu erlernen. Nachdem sie wieder in Amerika war, schloss sie sich dem *Human Potential Movement* an. Sie las intensiv und arbeitete mit verschiedenen Lehrern.

Als Autorin ist Shakti Gawain sehr produktiv: *Leben im Licht, Das Geheimnis wahren Reichtums, Entwickle deine Intuition, Die vier Stufen der Heilung* und *Durchs Feuer* sind einige ihrer bekanntesten Titel.

82 – Emotionale Intelligenz
1995

Auch das emotionale Leben ist ein Bereich, den man mit mehr oder weniger Geschick handhaben kann – wie Mathematik oder Sprachen. Wie diese erfordert es bestimmte Fähigkeiten. Wie gekonnt ein Mensch es lenkt, ist ausschlaggebend dafür, ob er es im Leben zu etwas bringt oder in einer Sackgasse landet, zumindest wenn man die gleiche Intelligenz voraussetzt. Emotionale Begabung ist eine Meta-Fähigkeit, die darüber bestimmt, wie gut wir unsere anderen Gaben einsetzen können. Das gilt auch für den Intellekt als solchen.

Ich musste bis jetzt warten, bis die wissenschaftliche Entwicklung so weit war, dass ich dieses Buch schreiben konnte. Mittlerweile kann die Wissenschaft zu den drängenden und komplexen Fragestellungen der Psyche, so irrational sie auch sein mögen, sinnvolle Aussagen zu machen. Sie kann das menschliche Herz mit einiger Sicherheit einschätzen.

KURZ GESAGT
Wirklich erfolgreiche Menschen sind auf emotionalem Gebiet die Meister ihrer selbst.

ÄHNLICHE TITEL
David Burns, *Fühl Dich gut*
Ellen J. Langer, *Aktives Denken*
Martin Seligman, *Pessimisten küßt man nicht*

Daniel Goleman

Das Buch ist über 400 Seiten dick – und diese sind auch noch eng bedruckt. Es steckt voller Fallstudien und Fußnoten. Und doch lässt es sich in drei wesentliche Punkte zusammenfassen:

- Wenn wir intelligent mit unseren Emotionen umgehen, können wir unser Leben unendlich verbessern.
- Emotionen sind Gewohnheiten. Wie alle Gewohnheiten können sie daher unsere besten Absichten zunichte machen.
- Indem wir uns bestimmte Emotionen abtrainieren und dafür andere entwickeln, erlangen wir Kontrolle über unser Leben.

Wenn das alles wäre, wäre das Buch vielleicht gar nicht so interessant. Doch *EQ – Emotionale Intelligenz* ist eines der erfolgreichsten Selbsthilfebücher der letzten zehn Jahre und hat weit mehr Menschen erreicht, als die »üblichen Verdächtigen«, die sich ansonsten mit diesem Thema beschäftigen. Dass Intelligenz mehr ist, als wir bislang glaubten, weiß die Wissenschaft schon seit langem. Doch erst Golemans Buch machte die Idee von der emotionalen Intelligenz (EQ) zum Gemeingut.

Sein Erfolg hat sicher auch damit zu tun, dass Menschen gewöhnlich IQ-Tests hassen. Ob diese nun tatsächlich etwas aussagen, sei dahingestellt. Tatsache ist, dass sie Millionen Menschen Möglichkeiten verbaut haben, indem sie deren Selbstwertgefühl dauerhaft beschädigt haben. Dass der IQ eines Menschen kein Garant für hohe Leistungen ist, dass er nur eine von vielen »Intelligenzen« misst und dass die emotionalen Fähigkeiten statistisch gesehen für den Erfolg im Leben sehr viel wichtiger sind – solche Botschaften machten aus Golemans Buch einen Bestseller.

In der Folge möchte ich Ihnen die wichtigsten Thesen kurz vorstellen.

Das Gehirn zivilisieren

Im ersten Teil zeigt Goleman auf, wie unser Gehirn funktioniert. Damit verlieren unsere Gefühle – vor allem solche zwanghafter Natur – ihr Geheimnis. Die physiologische Funktion des Gehirns ist ein Erbe aus der Urzeit, in der Überleben alles war. Es ist also strukturell darauf angelegt, zuerst zu handeln und dann zu denken. Diese Verhaltensweisen sind sehr nützlich, wenn es darum geht, einem heranschwirrenden Speer oder einem gigantischen Mammut auszuweichen. Heute, im 21. Jahrhundert, funktioniert unser Gehirn immer noch wie bei einem Höhlenbewohner. Goleman berichtet, dass wir emotional quasi »entführt« werden, wenn das Gehirn von der Energie intensiver, scheinbar unkontrollierbarer Emotionen überschwemmt wird. In solch einem Fall kann es sogar zum Totschlag des langjährigen Lebensgefährten kommen.

Wie man emotionale Intelligenz nutzt

In Teil zwei und drei werden die Elemente der emotionalen Intelligenz und ihre praktische Anwendung vorgestellt. Goleman macht uns darauf aufmerksam, dass das Problem nicht die Emotionen selbst sind, sondern die Tatsache, wie wir sie in bestimmten Situationen nutzen. Er zitiert Aristoteles (aus der Nikomachischen Ethik): »Ebenso kann ein jeder leicht in Zorn geraten ... Das Wem, Wieviel, Wann, Wozu und Wie zu bestimmen, ist aber nicht jedermanns Sache und ist nicht leicht.« Aristoteles »Entdeckung« erhält in unserer technologieorientierten Zivilisation eine ganz neue Bedeutung. Da »Kultur« nicht mehr auf die Beherrschung bestimmter Techniken zurückgeht, ist es nötig, sie auf die Natur des Menschen und sein Bemühen um Selbstbeherrschung zu gründen.

In Teil drei zeigt Goleman, wie emotionale Intelligenz konkret in der Beziehung, am Arbeitsplatz oder bei der Gesundheitspflege helfen kann. Das Kapitel über Beziehungen allein stellt so manches Buch über die Liebe in den Schatten. Es beschreibt in aller Ausführlichkeit, was die Neuropsychologie im Hinblick auf Mars und Venus bzw. die Welt der Geschlechter herausgefunden hat.

Emotion und Ethik

Goleman verknüpft Emotionen und Ethik, indem er belegt, dass ein Mensch, der seine Impulsivität nicht zu kontrollieren vermag, letztlich sein eigenes Selbst verletzt. Die Kontrolle unserer Impulse ist »die Grundlage von Willen und Charakter«, meint er. Mitgefühl entsteht seiner Ansicht nach, wenn wir in der Lage sind, uns gedanklich und emotional in die Lage eines anderen Menschen zu versetzen. Impulskontrolle und Einfühlungsvermögen sind die Fundamente der emotionalen Intelligenz. Als solche sind sie auch die wesentlichen Eigenschaften eines moralischen Menschen.

Emotionale Intelligenz zeichnet Erfolgsmenschen aus

Zur emotionalen Intelligenz gehört auch, dass man Ausdauer entwickelt und sich selbst motivieren kann. Dies sind zwar streng genommen keine Emotionen, doch zu ihrer Ausbildung sind Selbstkontrolle und die Fähigkeit nötig, negative Emotionen und Erfahrungen in einem größeren Rahmen zu sehen.

Goleman unterstreicht nochmals, dass die Macht des positiven Denkens ein wissenschaftlich belegter Weg zum Erfolg ist. Eine optimistische Zukunftsvision ist es, die erfolgreiche Menschen ausmacht. Hier greift er auf Forschungsarbeiten von Martin Seligman *(Pessimisten küßt man nicht)* zurück.

Die zwanghafte Fixierung auf den IQ eines Menschen war eine Zeiterscheinung des 20. Jahrhunderts, das von vergleichsweise mechanistischen Vorstellungen geprägt war. Der EQ, mit dem auch die empathischen Fähigkeiten des Menschen gemessen werden, liefert für die kreative, offenere Welt des 21. Jahrhunderts mit Sicherheit bessere Ergebnisse.

Die Arbeitswelt

Golemans Buch hatte vor allem auf die Arbeitswelt einen enormen Einfluss. Er widmet dem Management zwar nur ein Kapitel seines Buches, doch dass die Vorstellung von der emotionalen Intelligenz bei allen Arbeitnehmern auf fruchtbaren Boden fallen würde, die unter den geringen emotionalen Fähigkeiten ihrer Vorgesetzten zu leiden haben, war ziemlich klar. Den Chefs hingegen vermittelte er, was sie denn tatsächlich tun konnten, um ihre negativen Unternehmensergebnisse zu steigern. Wenn man plötzlich bemerkt, dass die Hälfte der Mitarbeiter in einem Unternehmen nur über einen geringen emotionalen Quotienten verfügt, und dann etwas dagegen unternimmt, ist eine Leistungssteigerung unvermeidlich.

Ein Kapitel ist dem IQ gewidmet. Goleman relativiert seine Bedeutung, indem er die vielen Formen der Intelligenz vorstellt, die mittlerweile von der Forschung identifiziert wurden. Wie wohl jeder Arbeitnehmer weiß, kann eine Firma das tollste Produkt aller Zeiten herstellen, wenn der Arbeitsplatz aber gleichzeitig zur Arena für das kämpfende Ego wird, macht die Arbeit nicht viel Spaß. Dabei ist geschäftlicher Erfolg immer das Ergebnis einer Leidenschaft – für eine Vision oder ein Produkt. Man hat sich daran gewöhnt, ein dickes Ego als Garanten für den Erfolg wahrzunehmen, doch tatsächlich zeichnen die erfolgreichsten Unternehmen sich dadurch aus, dass sie Harmonie und Spaß an der Arbeit schaffen. Sie konzentrieren sich auf das Produkt bzw. auf die Vision und nicht auf die Organisation als solche. Wie genau das funktioniert zeigt Goleman in seinem Buch *EQ 2 – der Erfolgsquotient.*

Emotionale Intelligenz lernen

Der EQ steht für eine Art »Emotionsfähigkeit«. Goleman plädiert dafür, diese Fähigkeiten bereits in der Schule zu lehren. Mit Fakten und Tabellen überzeugt er uns, dass es – in finanzieller und sozialer Hinsicht – sehr viel kostspieliger ist, Kindern nicht beizubringen, wie sie konstruktiv mit ihren Gefühlen umgehen und Konflikte lösen können.

Zu guter Letzt

Goleman meinte, er habe *EQ – Emotionale Intelligenz* auch deshalb geschrieben, weil er immer wieder bemerkte, dass Millionen Menschen sich auf Selbsthilfebücher ohne wissenschaftlichen Hintergrund verlassen. Und tatsächlich kann das Buch vor jedem akademisch kritischen Auge bestehen. Goleman scheint alle wichtigen Forscher auf diesem Sektor zu kennen: Howard Gardner, der an der Universität Harvard Intelligenz zu seinem Thema gemacht hat; Joseph LeDoux von der *New York University* und Peter Salovey von der Universität in Yale, der als Erster von emotionaler Intelligenz gesprochen hat.

Und trotzdem ist *EQ – Emotionale Intelligenz* ein klassisches Selbsthilfebuch. Goleman weist uns darauf hin, dass wir unser Gehirn trainieren können. Wir haben die Fähigkeit, unsere Emotionen zu steuern. Deshalb meint der Autor auch, dass Temperament nicht Schicksal sei. Wir sind an unsere geistigen und emotionalen Gewohnheiten nicht gefesselt, auch wenn es auf den ersten Blick so aussieht, als seien sie ein unveränderlicher Teil von uns.

Das Aufregendste an diesem Buch ist aber wohl die These, dass mehr Achtsamkeit und die Kontrolle unserer Emotionen zur Entwicklung der menschlichen Rasse als solcher beitragen können, wenn sie auf breiter Ebene erst einmal zur Gewohnheit geworden sind. Wir denken heute immer noch, dass Emotionen wie Hass, Wut oder Eifersucht nur »allzu menschlich« sind. Doch wenn wir die höchst entwickelten menschlichen Wesen des 20. Jahrhunderts betrachten – Gandhi, Martin Luther King, Mutter Teresa –, stellen wir fest, dass sie negativen Emotionen keinen Raum gelassen haben. Diese Menschen waren in der Lage, ihren Ärger so auszudrücken, wie schon Aristoteles dies riet: Sie setzten ihre Emotionen bewusst ein, ohne sich von ihnen leiten zu lassen. Gibt es eine bessere Definition für Menschlichkeit oder Zivilisiertheit?

Über Daniel Goleman

Goleman wuchs in Stockton in Kalifornien auf. Er machte an der Universität Harvard seinen Doktor in Psychologie. Sein Doktorvater war David McClelland, der eine bahnbrechende Arbeit darüber verfasst hatte, dass die traditionellen Einstellungs- oder Aufnahmetests (IQ-Tests und Noten) für Unternehmen und Universitäten recht wenig darüber aussagten, wie gut jemand dann tatsächlich seine Aufgaben erfüllte. Er schlug vor, dass man die Kandidaten auch auf emotionale und soziale Fähigkeiten testen sollte – das, was Goleman später emotionale Intelligenz nannte.

Goleman schrieb zwölf Jahre lang für die *New York Times* eine Kolumne über Verhaltenswissenschaft und Gehirnforschung. Außerdem ist er einer der Herausgeber von *Psychology Today*. Vor seinem Bestseller hatte er bereits verschiedene Bücher veröffentlicht:

Meditation, *Lebenslügen* und *Kreativität entdecken* (Co-Autor). Später gab er noch das Arbeitsbuch zur sozialen Intelligenz unter dem Titel *EQ 2 – der Erfolgsquotient* heraus. Seine Gespräche mit dem Dalai Lama wurden unter dem Titel *Die heilende Kraft der Gefühle* veröffentlicht. *EQ – Emotionale Intelligenz* wurde in 33 Sprachen übersetzt, das Arbeitsbuch dazu in 26.

Goleman ist heute Chef der Firma *Emotional Intelligence Service*, die Unternehmen berät. Unter anderem gibt es dort einen Fragebogen zur emotionalen Intelligenz.

Männer sind anders, Frauen auch
1992

Frauen reden, um sich besser zu fühlen, am liebsten über vergangene Probleme, künftige Probleme, mögliche Probleme, ja sogar über Probleme, für die es keine Lösung gibt. Je mehr geredet und erklärt wird, umso besser. So gehen Frauen vor. Etwas anderes von ihnen zu erwarten hieße, ihr Selbstgefühl in Frage zu stellen.

Ein Glas Wasser kann als halb voll oder halb leer betrachtet werden. Wenn eine Frau eine Hochphase hat, sieht sie die ganze Fülle ihres Lebens. Am Tiefpunkt hingegen fällt ihr vor allem seine Leere auf. Welche Leerstellen sie auch immer übersehen mag, wenn es aufwärts geht, diese rücken unweigerlich in den Vordergrund, wenn es auf der Schaukel des Lebens wieder nach unten geht.

Chuck glaubte, je mehr Geld er verdiene, umso weniger müsse er zu Hause tun, um seine Frau zufrieden zu stellen. Er ging davon aus, dass der dicke Scheck am Ende des Monats ihm auf ihrer Werteskala mindestens dreißig Punkte eintrug. Als er also seine eigene Klinik eröffnete und das Doppelte verdiente, meinte er, mindestens sechzig Punkte gut zu haben. Er konnte sich gar nicht vorstellen, dass der Scheck ihm bei Pam nur einen einzigen Punkt eintrug – ganz egal, wie hoch er ausfiel.

KURZ GESAGT
Bevor wir uns gegenseitig als Individuen schätzen können,
müssen wir erst lernen, auf unser geschlechtsspezifisch
unterschiedliches Verhalten einzugehen.

John Gray

Bevor er seinen großen Bestseller schrieb, veröffentlichte John Gray ein Buch mit dem Titel *Männer, Frauen und Beziehungen*. Dieses Buch beginnt mit einer Geschichte.

Sein Vater hatte eines Tages einen Tramper mitgenommen, der ihn nicht nur ausraubte, sondern ihn auch noch im Kofferraum seines eigenen Wagens einschloss. Die Polizei wurde zweimal wegen des verlassenen Wagens angerufen, doch weil die Ortsangaben der Anrufer so ungenau waren, konnten sie den Wagen nicht finden. Erst der dritte Anruf führte sie an Ort und Stelle. Da war es bereits zu spät: John Grays Vater war in seinem eigenen Wagen erstickt.

Als er vom Begräbnis nach Hause kam, bat John darum, selbst in den Wagen eingeschlossen zu werden, um nachfühlen zu können, was sein Vater erlebt hatte. In der Dunkelheit fuhren seine Finger über die Beulen, die das Hämmern seines Vaters im Blech zurückgelassen hatte. Er legte seine Hand in das Loch, wo es ihm gelungen war, das Rücklicht herauszutreten, um Luft hereinzulassen. Sein Bruder meinte, er solle den Arm doch noch ein wenig weiter ausstrecken, vielleicht könne er dann den Knopf für den Kofferraumdeckel erreichen. John streckte den Arm aus und drückte auf den Knopf – der Deckel sprang auf.

Gray schreibt, dass er dies als Omen für seine Arbeit nahm. Er wollte den Menschen Befreiung schenken, indem er ihnen zeigte, welche Knöpfe in ihrer Reichweite lagen.

Gray unter dem Mikroskop

Eine gute Geschichte, aber wirken Grays Bücher denn tatsächlich befreiend? Kritik kommt vor allem von feministischer Seite. Nach der

Veröffentlichung des Bestsellers hagelte es Kommentare, die dem Buch vorwarfen, sexistische Denkmuster zu verfestigen.

Die Theorie von der Geschlechterdifferenz, deren bekanntester Vertreter John Gray mittlerweile ist, besagt, dass Männer und Frauen von Natur aus verschieden seien und dass das Geschlecht eine wesentliche Rolle bei der Ausbildung der eigenen Identität spiele. Gray sei in dieser Hinsicht besonders heimtückisch, heißt es, weil er seine Beobachtungen nicht als persönliche Theorie, sondern als biologisches Faktum verkaufe. Die Millionen Leser, die ihm eine gewaltige Marketingkampagne eingetragen hat, kämen gar nicht auf die Idee, dass Geschlechterrollen von der Gesellschaft geschaffen und dem Einzelnen aufgezwungen werden. So ziele Gray vor allem darauf ab, Frauen ihren niederen Rang in der patriarchalen Hackordnung schmackhaft zu machen.

Die wichtigsten Thesen

Bevor wir in diesem Streit Partei ergreifen können, sollten wir zuerst wissen, was in dem Buch steht. Was sind für Gray die wichtigsten Punkte?

- Der Schlüssel zu besseren Beziehungen ist zunächst einmal das Eingeständnis der Verschiedenheit. Früher war allen klar, dass Männer und Frauen nicht gleich sind. Heute verfällt unsere Kultur ins andere Extrem und behauptet eine Gleichheit, die so nicht vorhanden ist.
- Frauen versuchen immer, einen Mann zu verbessern, ein Mann möchte jedoch in erster Linie akzeptiert werden. Der ungefragte Rat der Frau ist niemals willkommen, weil der Mann ihn als negative Kritik auslegt. Statt einen Mann auf seine Probleme aufmerksam zu machen (was dieser doch nur so auffasst, als sei er ein Problem), sollte man ihn als Verkörperung der Lösung ansprechen. Männer sind auf ihre Kompetenz

konzentriert. Wenn sie ein Problem nicht lösen können, haben sie das Gefühl, ihre Zeit zu vergeuden. Frauen hingegen lieben es, Probleme ausführlich zu diskutieren, auch wenn keine Lösung in Sicht ist. Dies gibt ihnen die für Frauen so wichtige Möglichkeit, lang und breit über ihre Gefühle zu reden.

- Frauen sind wie Wellen. Sie schwingen sich leicht zu den Höhen auf, fallen aber genauso tief ins dunkle Loch, nur um sich dann von neuem emporzuheben. Männer sollten wissen, dass Frauen sie brauchen, während sie im Loch festsitzen. Wenn er ihr dann die Hand hält und nicht versucht, sie sofort herauszuholen, fühlt sie sich richtig geschätzt. Ein Mann muss gebraucht werden, um sich wohl zu fühlen, eine Frau muss sich umsorgt fühlen.
- Männer pendeln zwischen dem Bedürfnis nach Nähe und Distanz hin und her. Wenn der Mann sich in seine Höhle zurückzieht, geschieht dies nicht bewusst, sondern eher aus einem Instinkt heraus. Frauen, die diesen Rückzug nicht akzeptieren können und permanent seine Nähe suchen, gefährden die Beziehung. Ein Mann sucht die Weite – wie ein Gummiband, das gedehnt wird, aber er schnellt danach gewöhnlich wieder in die Ausgangsstellung zurück, wenn man ihn in Ruhe lässt.
- Bei Streitigkeiten geht es sehr schnell darum, wie die Kritik vorgebracht wird, und nicht mehr um den Inhalt. Was zum Streit führt, ist die scheinbar lieblose Art, in der argumentiert wird. Männer sehen meist nicht, wie lieblos sie dabei vorgehen, weil es ihnen in erster Linie um die Argumente selbst geht. Die meisten Streitigkeiten entstehen, weil die Frau ihre Sorgen im Hinblick auf eine bestimmtes Thema äußert, worauf der Mann ihr sagt, dass sie sich darüber keine Sorgen zu machen brauche. Dadurch fühlt sie sich entwertet und wird wütend auf ihn. Er wiederum reagiert zornig, weil sie in seinen Augen grundlos wütend ist. Er wird sich nicht für etwas entschuldigen, was er aus seiner Sicht gar nicht getan hat. So entsteht aus dem ursprünglichen Gespräch ein tagelanger Kampf um die Macht.

- Männer streiten, weil sie glauben, die Frauen brächten ihnen kein Vertrauen, keine Bewunderung oder Ermutigung entgegen. Sie wollen akzeptiert werden und wissen, dass die Frau sich auf sie verlässt. Frauen streiten, weil sie glauben, dass er ihnen nicht zuhört und dass sie auf seiner Prioritätenliste nicht mehr ganz oben stehen.

Die allgemeine Botschaft

Gray meint, dass wir auch heute ein Anrecht darauf haben, dass unsere Liebesbeziehungen uns Erfüllung schenken. Schließlich haben unser Körper und unser Gehirn in einer Jahrtausende dauernden Evolution die Geschlechterdifferenz als Überlebensstrategie für die menschliche Rasse hervorgebracht. (Wie Daniel Goleman in *EQ – Emotionale Intelligenz* argumentiert, sind wir modernen Menschen immer noch mit demselben Überlebensprogramm ausgestattet wie unsere Vorväter.) Sich in hehrer Erwartung in den Kampf um eine vollkommene Beziehung zu stürzen, ohne wenigstens ansatzweise über die Verschiedenheiten in den Denkmustern von Männern und Frauen Bescheid zu wissen, ist naiv und letztlich kontraproduktiv. Gray geht dabei nicht auf die Frage ein, ob diese Differenz angeboren oder anerzogen ist. Er sagt nur, dass Männer und Frauen gewisse Handlungstendenzen zeigen. Wenn wir diese kennen, so meint er, hätten wir weniger Probleme in Beziehungen.

Zu Grays Verteidigung

Wie bereits gesagt, werfen Kritiker dem Buch vor, dass es die Unterschiede zwischen den Geschlechtern noch mehr verfestige. Schließlich sind wir Menschen des 21. Jahrhunderts. Müssen wir unser

Gegenüber denn immer noch nach dem Geschlechterstereotyp behandeln? Warum können wir den anderen nicht einfach als Menschen sehen, ohne auf Geschlecht, Hautfarbe, Nationalität oder Ähnliches zu achten? Und warum schreibt Gray nicht über homosexuelle Partnerschaften? Er gibt ja sogar zu, dass er verallgemeinert. Trotzdem schreibt er weiterhin so, als stelle er Fakten dar und nicht seine Einschätzung der Dinge.

Diese Kritikpunkte sind durchaus berechtigt, doch sie gehen an Grays Absicht vorbei. Er schreibt für ein Publikum, das keine wissenschaftlichen Aufsätze über Genetik oder Soziologie liest. Diese Menschen wollen einfach ihre Beziehung verbessern. *Männer sind anders, Frauen auch* will keine umwälzenden Theorien verbreiten. Andererseits behauptet es auch nicht, Männer bzw. Frauen seien für immer und ewig an ihre Rollen gebunden. Es besagt einfach nur, dass in unserem Verhalten gewisse Tendenzen vorherrschen, denen wir uns nicht mehr unterwerfen müssen, sobald wir sie erkannt haben. Gray geht auf die Verschiedenheit der Geschlechter ein und stärkt so vielleicht tatsächlich patriarchale Machtverhältnisse. Doch er geht nirgendwo so weit zu sagen, dass das Geschlecht den Menschen ein für alle Mal bestimme. Wenn dem so wäre, hätte dieses Buch wohl kein Publikum gefunden. Wenn die Beschäftigung mit Geschlechterdifferenz dazu führt, dass man sich von festgefahrenen Mustern befreit, kann Gray sogar als Befreier gelten.

Zu guter Letzt

Es gibt so viele Bücher über Beziehungen. Was macht Grays Buch so einzigartig?

Gray sagt, er habe *Männer sind anders, Frauen auch* absichtlich so geschrieben, dass der Leser nicht nachdenken müsse. Es scheint gerade richtig für die Vormittags-Talkshow und die meisten Menschen empfinden es wohl schlicht als »simpel«. Wer sich dem Thema von etwas gehobener Warte nähern möchte, liest vielleicht lieber die Bücher der Linguistin Debora Tannen *(Du kannst mich einfach nicht verstehen!)*. Eine Seite Tannen mag informativer sein als zehn Seiten Gray, doch Grays Erfolg beruht eben darauf, dass seine Schlussfolgerungen haften bleiben und trotzdem nicht billig wirken.

Grays Einfluss auf dem Gebiet der Beziehungstherapie ist sicher nicht so groß wie der von Dr. Spock auf die Kindererziehung. Doch die Bücher beider Autoren sind heute Standardwerke, die jeder am Thema Interessierte in seiner Bibliothek hat. Auch Spock wurde vorgeworfen, dass er mit seinen Thesen eine Generation rückgratloser Pazifisten geschaffen habe. Und doch schwören Millionen auf ihn. Welches Urteil wird wohl am Ende über John Gray gefällt werden? Wer weiß das schon. Für seine Zeit war es offensichtlich das richtige Buch. Vielleicht mussten wir uns der Unterschiede erinnern, um sie endgültig hinter uns lassen zu können. Wie Emerson schreibt, vereinen die am höchsten entwickelten Menschen ohnehin beide Geschlechter in einer Brust. Wir sollten bei den Unterschieden (seien sie nun geschlechtlicher oder anderer Natur) nicht stehen bleiben, sondern sie hinter uns lassen, damit wir den Menschen als solchen schätzen lernen.

Eine gesunde Einstellung zu Grays Buch wäre es, bestimmte Teile anzunehmen und andere außer Acht zu lassen. Denn diesem Buch wird weder kritiklose Akzeptanz noch glatte Ablehnung gerecht, der es an Offenheit mangelt. Es ist leicht, dieses Buch lächerlich zu machen, aber lesen Sie es doch einmal, wenn Sie gerade Streit mit Ihrem Partner hatten. Dann werden Sie schnell merken, was daran gut ist. Als simpler Führer durch die Höhen und Tiefen einer gegengeschlechtlichen Paarbeziehung ist es beinahe brillant.

Über John Gray

John Gray wurde 1951 in Houston im amerikanischen Bundesstaat Texas geboren. Nach der High School studierte Gray an der *St. Thomas University* und an der *University of Texas*. Neun Jahre lebte er als hinduistischer Mönch und arbeitete für die Schweizer Gesellschaft für Transzendentale Meditation (TM). Er war als persönlicher Assistent von Maharishi Mahesh Yogi tätig und schrieb eine wissenschaftliche Arbeit über östliche Philosophie, die ihm den Magistergrad eintrug. Zurück in den USA schrieb er sich als Doktorand an der Columbia Pacific University in San Rafael ein und erlangte die Doktorwürde mit einer Arbeit über die Psychologie der menschlichen Sexualität. Er ist ausgebildeter Familientherapeut.

Von *Männer sind anders, Frauen auch* wurden weltweit mehr als dreizehn Millionen Exemplare verkauft, neun Jahre nach seinem Erscheinen steht es noch immer auf so manchen Bestsellerlisten. In den neunziger Jahren des letzten Jahrhunderts war es das meistverkaufte Buch in den USA. Gray hat insgesamt mehr als vierzehn Millionen Bücher verkauft und dazu noch zahlreiche Videokassetten bzw. Tonbänder. Sogar ein Brettspiel zum Thema Beziehungen gibt es. Und er ist häufig zu Gast bei Oprah Winfrey, welche die berühmteste Talkshow Amerikas moderiert. Unter seinen zahlreichen anderen Büchern finden sich u.a.: *Mars und Venus in der Liebe, Mars, Venus und Eros* sowie *So bekommst du, was du willst, und willst, was du hast*.

Gray lebt mit seiner Frau Bonnie und seinen drei Töchtern in Nordkalifornien.

Gesundheit für Körper und Seele

1984

Wenn Sie Ihre Eltern besser verstehen wollen, fragen Sie sie über ihre Kindheit aus. Wenn Sie voller Mitgefühl zuhören, werden Sie bald begreifen, woher ihre Ängste und ihre Strenge rühren.

Sie sagen mir häufig, sie könnten sich nicht mögen, weil sie viel zu dick sind oder – wie ein Mädchen sagte – »zu rund an den Ecken«. Ich aber erkläre ihnen, dass sie nur deshalb dick seien, weil sie sich nicht lieben könnten. Wenn wir uns selbst lieben und schätzen lernen, schmelzen die Pfunde geradezu von selbst.

Seien Sie dankbar für das, was Sie haben, und Sie werden feststellen, dass es immer mehr wird. Ich genieße es, alles, was jetzt zu meinem Leben gehört, voller Liebe zu segnen: mein Heim, die Heizung, das Wasser, das Licht, das Telefon, die Möbel, die sanitären Einrichtungen, die Haushaltsgeräte, die Kleidung, das Auto, die Arbeit, das Geld, das ich besitze, meine Freunde sowie meine Fähigkeit zu sehen, fühlen, tasten, schmecken und zu gehen, weil ich damit diese wunderbare Welt genießen kann.

KURZ GESAGT
Sie können Ihr Leben erst verändern, wenn Sie lernen, sich selbst zu mögen.

ÄHNLICHE TITEL
James Allen, *Heile Deine Gedanken*
Martha Beck, *Das Polaris-Prinzip*
Florence Scovel Shinn, *Das Lebensspiel und seine mentalen Regeln*

Louise Hay

Die amerikanische Ausgabe dieses Buches trägt ein Herz in Regenbogenfarben auf dem Buchumschlag. Die beinahe kindliche Darstellung weist auf Louise Hays Botschaft von der vorurteilslosen, unbedingten Liebe hin, für die sie von den Menschen in aller Welt so sehr geschätzt wird. In zehn Jahren hat sie drei Millionen Bücher in dreißig Ländern verkauft. Heute gilt Louise Hay als Matriarchin der Selbsthilfe- und der New-Age-Bewegung. Sie ist Vorkämpferin eines ganzheitlichen Heilungsansatzes. Sie selbst schreibt ihren Erfolg ihrer Fähigkeit zu, »anderen Menschen zu helfen, ohne Schuldgefühle in ihnen zu wecken«. Das Buch strahlt die innere Ruhe eines Menschen aus, der die schlimmsten Dinge erlebt und überstanden hat. Das Versprechen, dass das Leben durch eigene Kraft geheilt werden kann, wird erst verständlich, wenn wir das letzte Kapitel lesen, in dem Hay ihre persönliche Geschichte erzählt.

Louise Hays Geschichte

Hays Mutter versuchte bald, sie an eine Pflegefamilie loszuwerden. Im Alter von fünf Jahren wurde sie von einem Nachbarn vergewaltigt und bis zum Alter von fünfzehn Jahren sexuell missbraucht. Damals verließ sie ihr Heim, ging von der Schule ab und arbeitete fortan als Kellnerin in einem Restaurant. Ein Jahr später brachte sie eine Tochter zur Welt, doch das Kind wurde zur Adoption freigegeben und Louise sah es nie wieder. Sie ging nach Chicago, wo sie als Dienstmädchen tätig war, bis sie nach New York kam. Dort fing sie an, als Model zu arbeiten. Schnell lernte sie einen »gebildeten englischen Herrn« kennen, den sie heiratete. Von nun an führte sie ein elegantes und vergleichsweise sicheres Leben, bis eben jener Herr sich vierzehn Jahre später von ihr scheiden ließ. Dass sie zu jener Zeit zufällig mit der *Church of Religious Science* in Kontakt kam, sollte ihr ganzes Leben verändern. Sie ließ sich dort zur Lebensberaterin ausbilden. Später machte sie eine Ausbildung in transzendentaler Meditation an der *Maharishi International University* in Iowa.

Nachdem sie zur Laiengeistlichen geworden war und ihre eigene Praxis als Lebensberaterin aufgebaut hatte, schrieb Hay ihr Buch *Heile Deinen Körper*. Darin führt sie minutiös die seelischen und mentalen Ursachen von Krankheiten auf. Damals erfuhr sie, dass sie Krebs hatte. Heilung fand sie durch eine radikale Ernährungsumstellung und verschiedene geistige Techniken. Nachdem sie den Großteil ihres Lebens an der amerikanischen Ostküste verbracht hatte, ging sie nach Los Angeles zurück und versöhnte sich dort mit ihrer Mutter, bevor diese starb. Heute ist Louise Hay über siebzig und gehört zu den beliebtesten Protagonisten der Selbsthilfeszene. Häufig tritt sie auf ihren Vortragsreisen zusammen mit Deepak Chopra, Wayne Dyer und James Redfield auf.

Das Buch

Gesundheit für Körper und Seele wurde von einem Menschen geschrieben, der die Opferrolle abschüttelte. Darin liegt wohl sein besonderer Reiz, vor allem für Frauen, die eine ähnliche Geschichte haben. Hay lehrt uns, uns selbst zu lieben und unsere Schuldgefühle loszulassen. Dieser Prozess sorgt für geistige Freiheit und körperliche Gesundheit, wie wissenschaftliche Untersuchungen auf dem Gebiet der Neuroimmunologie zeigen.

Alle grundlegenden Ideen der Selbsthilfeliteratur finden sich auch bei Louise Hay: die Loslösung von beschränkenden Denkmustern, das Ersetzen von Furcht durch Glaube, den Stellenwert der Vergebung und die Tatsache, dass Gedanken tatsächlich unsere Erfahrung schaffen. Im Folgenden einige wichtige Punkte aus Hays Buch:

- Krankheit kommt nach Louise Hay immer aus einem mangelnden Wohlgefühl (engl. disease). Sie wurzelt in unserem geistigen Zustand. Hay glaubt, dass alle Krankheiten letztlich auf unsere Unfähigkeit zu verzeihen zurückgehen.
- Wollen wir Heilung finden, müssen wir die Denkmuster loslassen, die zu unserem gegenwärtigen Zustand geführt haben. Das »Problem« ist selten das, worum es wirklich geht. Die oberflächlichen Dinge, die wir an uns nicht mögen, verstellen uns nur den Blick darauf, dass wir uns tief in unserem Inneren »nicht gut genug« fühlen. Sich selbst wirklich zu lieben (ohne in Narzissmus zu verfallen) ist die Grundlage für jede Form der Selbstheilung. In Kapitel 15 finden wir eine Liste aller Krankheiten und der möglichen geistigen »Blockaden«, die jeweils dahinter stehen. Wenn man nur ein bisschen offen für diese Art zu denken ist, findet auch ein Skeptiker darin erstaunliche Entsprechungen.
- Affirmationen helfen uns, Kontakt mit unserem wahren Selbst aufzunehmen und seine Macht zu nutzen. Vertrauen Sie also auf die Kraft der Affirmation, um das zu erhalten, was Sie sich wünschen. Affirmationen müssen immer positiv sein und in der Gegenwartsform ausgedrückt werden. Zum Beispiel: »Ich bin vollkommen gesund.« Oder: »Wunderbare berufliche Chancen warten auf mich.« Das Buch enthält viele Affirmationen, mit denen man arbeiten kann.
- »Worauf wir unsere Aufmerksamkeit richten, wird unweigerlich mehr. Konzentrieren Sie sich also nie auf Ihre Rechnungen.« So würden Sie nur mehr Rechnungen in Ihr Leben holen. Dankbarkeit für das, was wir bereits besitzen, sorgt dafür, dass es anwächst. Machen Sie sich klar, dass das Universum grenzenlose Fülle besitzt. Beobachten Sie den Reichtum der Natur. Ihr Einkommen ist nur der Kanal für diesen Reichtum, keineswegs die Wurzel.

- »Nicht Ihr Job, Ihr Bankkonto oder Ihre Investitionen geben Ihnen Sicherheit. Auch nicht Ihr Partner oder Ihre Eltern. Sicherheit rührt aus der Fähigkeit, Verbindung mit der kosmischen Kraft aufzunehmen, die alles erschafft.« Wenn Sie die Fähigkeit besitzen, Ihren Geist still werden zu lassen und Frieden zu empfinden, weil Sie wissen, dass Sie nicht allein sind, werden Sie sich nie mehr unsicher fühlen.
- Eines der ersten Dinge, die Hay zu jenen Menschen sagt, die sie aufsuchen, ist: »Hören Sie auf, sich zu kritisieren.« Vermutlich haben Sie sich Ihr Leben lang kritisiert. Doch wirkliche Selbstliebe beginnt in dem Moment, in dem Sie sich davon endlich eine Pause gönnen. Erst dann kann Ihr Leben wirklich vollkommen geheilt werden.

Zu guter Letzt

Gesundheit für Körper und Seele ist kein Buch für jedermann. Es gehört mit seinem Streben nach Ganzheitlichkeit eindeutig in den Kontext der New-Age-Bewegung. Dieser Begriff tritt uns heute in zahllosen Büchern entgegen, doch Louise Hay war eine der Ersten, welche die Vorstellung von einem neuen Zeitalter verbreitete. Für Menschen, die schon viele Selbsterfahrungsbücher gelesen haben, mag es ein wenig simpel scheinen. Ganz sicher ist es keine intellektuell aufregende Erfahrung, dieses Buch zu lesen. Andererseits strahlt das Buch eine Direktheit und einen Enthusiasmus aus, welche unsere Intuition ansprechen und letztlich dafür sorgen, dass wir es nicht so schnell vergessen.

Ganz im Geist der Selbsthilfebewegung ist dieses Buch nicht dazu gedacht, Probleme zu lösen. Es versucht vielmehr, uns klar zu machen, dass die Probleme nicht so schwer wiegend sind, wie wir dachten. Was auf den ersten Blick naiv wirkt, hat eine ganz philosophische Ausrichtung: Denk andauernd über deine Probleme nach, und sie werden unüberwindbar. Konzentriere dich auf deine Möglichkeiten, und du empfindest Kraft und Hoffnung. Millionen Menschen hatten und haben ein ähnlich schwieriges Leben wie Louise Hay, aber nicht jeder Mensch hat auch den Willen, seine Probleme abzuschütteln. Viele wissen nicht einmal, dass dies möglich ist. Hays Entschlossenheit, sich von negativen Umständen und von Rückschlägen nicht das Leben wegnehmen zu lassen, führte sie aus den zahllosen schwarzen Löchern ihrer Jugend. Daher besitzt ihr Buch die ungeheure Glaubwürdigkeit von jemandem, der diesen Weg längst gegangen ist.

Über Louise Hay
Hay hat viel Zeit mit Aidspatienten zugebracht, die von der *Hayride Support Group* unterstützt werden. 1988 schrieb sie *The AIDS Book*. Ihr erstes Buch war *Heile Deinen Körper*, später veröffentlichte sie *Gratitude: A Way of Life* und *Millennium 2000*. In beiden kommen Menschen zu Wort, denen ihre Bücher geholfen haben. Für Frauen verfasste sie *Die Kraft einer Frau*, dazu kommen viele Audio- und Videokassetten.

Heute lebt Hay auf einem kleinen Bauernhof, wo sie biologisches Gemüse anbaut. Hin und wieder geht sie auf Vortragsreise. Ihre Kolumne mit dem Titel *Dear Louise* erscheint in mehr als dreißig Zeitschriften in den USA und anderen Ländern.

Charakter und Bestimmung
1996

Zu Beginn sollten wir eine Sache klären: Die wichtigsten Ansätze, mit denen wir heute versuchen, das menschliche Leben zu erklären – das Zusammenspiel von Genen und Umwelt –, lassen eine wesentliche Ursache völlig außer Acht: das besondere Ich-Gefühl jedes Einzelnen. Wenn ich davon ausgehe, dass meine Persönlichkeit das Ergebnis von genetischen und gesellschaftsbedingten Kräften ist, reduziere ich mich selbst auf den Status eines Produkts.

Der demokratische Gedanke der Gleichheit kann sich nur auf die Einzigartigkeit des Individuums gründen, auf seine Bestimmung. Das Fundament der Freiheit ist also die unabhängige Bestimmung des Einzelnen. Als die amerikanische Unabhängigkeitserklärung niedergeschrieben wurde, in der es heißt, dass alle Menschen gleich geboren seien, war ihren Vätern klar, dass diese Aussage unweigerlich etwas anderes nach sich ziehen musste: Alle Menschen sind frei geboren. Unsere Bestimmung macht uns gleich, doch wenn wir sie erfüllen wollen, müssen wir frei sein.

KURZ GESAGT

Nicht nur Berühmtheiten und Nonnen haben eine »Berufung«. Jeder von uns trägt im Herzen das Bild jenes Menschen, der wir sein können, die Vorstellung des Lebens, das wir zu führen im Stande sind.

ÄHNLICHE TITEL

Martha Beck, *Das Polaris-Prinzip*
Joseph Campbell und Bill Moyers, *Die Kraft der Mythen*
Clarissa Pinkola Estés, *Die Wolfsfrau*
Thomas Moore, *Seel-Sorge*

James Hillman

Gibt es einen Code für die Seele, eine Art DNS des Schicksals? Diese Frage versuchte Hillman zu lösen, indem er sich auf das Leben der Schauspielerin Judy Garland, des Wissenschaftlers Charles Darwin, des Industriellen Henry Ford und der Musiker Kurt Cobain und Tina Turner sowie zahlreicher anderer konzentrierte. Er suchte nach dem bestimmten Etwas, das sie antrieb und sie ihr Leben so führen ließ, wie sie es taten. Dabei ging er von der Voraussetzung aus, dass jeder Mensch in sich ein Samenkorn der Wahrheit trägt, so wie die majestätische hundertjährige Eiche letztlich in der kleinen Eichel angelegt ist. Die Idee ist keineswegs neu: Die alten Griechen nannten die unsichtbare Kraft, die unser Leben lenkt, daimon, die Römer sprachen vom genius.

Wir Menschen sind eine Geschichte, kein Produkt

Die Vorstellung von einem »Seelenbild« ist in vielen Kulturen bekannt, die zeitgenössische Psychologie jedoch vernachlässigt sie vollkommen. Image, Charakter, Bestimmung, Genius, Berufung, daimon, Schicksal: Dies sind große Worte, wie Hillman zugibt, doch unsere Angst, sie zu benutzen, nimmt ihnen nichts von ihrer Kraft. Die Psychologie versteht das Puzzle der Individualität, der Typen und persönlichen Komplexe nur im Ansatz. Hillman zitiert zum Beweis einen Psychologen, der die geschwungenen Bögen in Jackson Pollocks Bildern darauf zurückführt, dass der Künstler in seiner Kindheit von den Weitpinkel-Wettbewerben seiner Brüder auf der heimischen Farm in Wyoming ausgeschlossen war.

Solche Deutungen berauben die Werke ihres inneren Geistes. Sie leugnen die Tatsache, dass Menschen von ihren Visionen angetrieben werden, nicht von den äußeren Umständen. Die Art und Weise, wie wir unser Leben sehen, reduziert es auf Schmalspurformat. Wir lieben Geschichten, doch wenn wir sie auf uns selbst anwenden sollen, lassen wir plötzlich alle Ideale fallen. Wir hören auf, unsere eigene Schöpfung zu sein, und machen uns zum Produkt von Genen und Umwelteinflüssen.

Auch unsere Sicht der Zeit bzw. des Gesetzes von Ursache und Wirkung schränkt uns ein: »Das ist geschehen, deshalb habe ich jenes getan.« Oder: »Ich bin so, weil ...« Wir sollten nach den zeitlosen Elementen unseres Selbst suchen, wie alt wir auch immer sein mögen.

Welche Rolle spielen unsere Eltern?

Brillant legt Hillman dar, wie unsinnig es ist, unseren Eltern die »Schuld« zu geben, weil wir sind, was wir sind. Die Kindheit, so meint er, können wir nur verstehen, wenn wir das innere Bild, mit dem wir geboren wurden, im Zusammenspiel mit unserer Umwelt sehen. Kindliche Wutanfälle und Obsessionen sollten vor diesem Hintergrund untersucht werden, statt die Kleinen in einer Therapie zu »korrigieren«.

Yehudi Menuhin erhielt zum vierten Geburtstag eine Spielzeuggeige, die er prompt kaputt machte. Sogar in diesem Alter war diese für den großen Geiger, der in ihm schlummerte, eine Beleidigung. Wir behandeln Kinder wie unbeschriebene Blätter. Wir achten nicht auf ihre Persönlichkeit. So verweigern wir dem Kind die Möglichkeit, seinen Lebensplan von seinem Genius bestimmen zu lassen.

Was unseren daimon angeht, so ist das Zusammentreffen unserer Eltern eine schicksalhafte Notwendigkeit. Er wählt das Ei, das Spermium und auch ihre Träger, unsere »Eltern«, aus. Dies ist eine ungewöhnliche Sicht der Dinge, doch Hillman meint, nur so ließen sich Blitzheiraten und ebensolche Schwangerschaften sowie das baldige Auseinandergehen, das so viele Ehen heute kennzeichnet, begreifen.

Er weist auch darauf hin, dass wir uns selbst beschränken, wenn wir die beiden Menschen, die uns gezeugt haben, wirklich für unsere Eltern halten, wo doch die Natur unsere Mutter, Bücher unser Vater sein könnten. Alles, was uns mit der Welt verbindet und uns lehrt, ist unser wahrer Ursprung. Der Autor zitiert den englischen Mathematiker und Philosophen Alfred North Whitehead, der einmal sagte, Religion sei Loyalität zur Welt. Daher sollten wir, meint Hillman, daran glauben, dass die Welt für uns sorgt und uns liebevoll ihre Geheimnisse verrät.

»Ich muss dich haben.«

In *Charakter und Bestimmung* geht es auch darum, wie der daimon sich in der Liebe ausdrückt. Dort sorgt er für obsessive Leidenschaften und Liebeswehen, die der Logik der Vererbung widersprechen. Eineiige Zwillinge, die bei der Geburt getrennt wurden, benutzen später häufig dasselbe Aftershave oder rauchen dieselbe Zigarettenmarke. Doch was die Partnerwahl angeht, unterscheiden sie sich erheblich voneinander.

Als Michelangelo Porträts von Göttern und Zeitgenossen schuf, versuchte er, das *immagine del cuor* abzubilden, das Herzensbild, das jeder in sich trägt. Er wollte die Seele seines Objekts erfassen. Hillman sagt, dass jeder Mensch so ein »Inbild« besitze. Daher fühlen wir uns so toll, wenn wir uns verlieben: Endlich können wir uns jemandem so zeigen, wie wir wirklich sind. Wir lassen den anderen einen Blick auf unseren Genius werfen. Wenn Liebende einander begegnen, dann treffen ihre Seelenbilder aufeinander. Visionen werden ausgetauscht. Sie verlieben sich, weil ihre Fantasie angeregt wird. Und im Reich der Fantasie sind nicht einmal mehr eineiige Zwillinge aneinander gebunden.

JAMES HILLMAN

Die »dämonische Saat«

Faszinierend wird das Buch, wo es sich dem Gegenteil der Liebe zuwendet, der »dämonischen Saat«. Hillman widmet den Großteil dieses Kapitels dem Phänomen Adolf Hitler. Hitlers Gewohnheiten, wie sie von verlässlichen Informanten beschrieben werden, lassen annehmen, dass er von einem bösen daimon besessen war. Der wichtigste Unterschied zu den anderen Fallbeispielen im Buch liegt im Zusammenwirken von Same und Persönlichkeit: Denn Hitler hatte nicht nur einen »schlechten Samen«, sein Charakter setzte diesem auch nicht den geringsten Widerstand entgegen. Und dieser eine Same entwickelte eine unheimliche Macht, die Millionen in eine kollektive Besessenheit taumeln ließ. Das Gleiche gilt für Psychopathen unserer Zeit wie den Serienmörder Jeffrey Dahmer. Hillmans Modell erklärt, wie sie ihre Opfer verzaubern konnten.

Dies soll nicht heißen, dass die schrecklichen Taten, die aus solch einem schlechten Samen entstehen, in irgendeiner Weise gerechtfertigt sind. Wenn wir jedoch den Geist eines Kriminellen mit Hilfe der Vorstellung vom daimon zu begreifen suchen, erhalten wir dadurch vielleicht ein besseres Bild als mit der konventionellen Erklärung vom »Bösen« (das ausgerottet oder »durch Liebe besiegt« werden soll). Was diese Samen zu dämonischer Saat macht, ist ihre eindimensionale Besessenheit. Ihr Ziel ist Macht und Ruhm. Unsere Gesellschaft sollte dieser Tatsache ins Auge sehen und Möglichkeiten finden, diesen dunklen Trieb in weniger destruktive Kanäle umzulenken.

Wir leben in einer Kultur der Unschuld, die die Augen vor der Dunkelheit verschließt. Gerade die amerikanische Volkskultur mit ihrem Hang zu Disneyland und Sesamstraße kann Samen, die nicht mit

Zuckerguss überzogen sind, nicht tolerieren. Doch gerade die Unschuld sei es, so Hillman, die das Böse anzieht. Natural Born Killers sind ihm zufolge die heimlichen Gefährten von Forrest Gump und Konsorten.

Das Geheimnis der Seele

Da er seine Thesen am Leben von außergewöhnlichen Menschen erarbeitete, musste Hillman sich der Frage nach der Mittelmäßigkeit stellen. Gibt es einen mittelmäßigen daimon? Er meint, es gäbe keine mittelmäßigen Seelen, was sich auch in den geflügelten Worten der Volksweisheit ausdrückt. Wir sprechen von der »wunden Seele«, der »guten Seele« bzw. der »armen Seele«. So etwas wie eine »Durchschnittsseele«, »Mittelklasse-Seele« oder »Normseele« gibt es nicht.

Seelen kommen aus den nicht-materiellen Bereichen, aber sie brauchen die Erfahrung der materiellen Welt. Hillman ruft uns den Wim-Wenders-Film *Der Himmel über Berlin* ins Gedächtnis, in dem ein Engel sich in den Alltag verliebt, das ganz gewöhnliche, stupide Leben ganz normaler Menschen mit seinen alltäglichen Anforderungen. Für Engel und Götter ist nichts an unserem Leben »gewöhnlich«.

Zu guter Letzt

Picasso sagte einst: »Ich schaffe nicht, ich bin.« In unserem Leben geht es nicht darum, etwas zu werden. Wir sollten das umsetzen, was wir bereits sind. Wir streben ständig nach persönlichem Wachstum und suchen nach imaginären Himmeln. Doch statt über die menschliche Existenz hinauswachsen zu wollen, sollten wir in die Welt »hineinwachsen« und unseren Platz darin finden. Für Hillman ist es nicht weiter erstaunlich, dass die Menschen, die wir als »Stars« bezeichnen, das Leben oft so schwierig und schmerzhaft finden. Das Selbstbild, welches ihr Publikum ihnen liefert, ist eine Illusion. Dies führt jedoch automatisch zum tragischen Absturz auf die Erde.

Die Irrungen und Wirrungen Ihres Lebens mögen vielleicht nicht so aufregend sein wie die der Berühmtheiten, die Hillman vorstellt, doch möglicherweise hatten sie ja eine stärkere positive Wirkung. Denn wenn es heute um Charakter und Bestimmung geht, so Hillman, seien für uns die Briefe, die ein Soldat am Vorabend der Schlacht nach Hause schreibe, genauso interessant wie die Pläne des Generals in seinem Zelt. So ruft unser Schicksal uns zur Aufrichtigkeit statt zum Erfolg, zur Liebe statt zur Leistung. So betrachtet ist das Leben selbst das Kunstwerk.

Über James Hillman

Hillman wurde 1926 in einem Hotelzimmer in Atlantic City im amerikanischen Bundesstaat New Jersey geboren. Von 1944 bis 1946 diente er im Sanitätskorps der US-Marine, später als Journalist beim *US Forces Network* in Deutschland. Nach dem Krieg studierte er an der Sorbonne in Paris und am *Trinity College* in Dublin. Danach eröffnete er eine Praxis als Analytiker. 1959 promovierte er an der Universität Zürich. In den folgenden zehn Jahren arbeitete er am Jung-Institut in Zürich, wo er half, die »Ökologie der Psyche« (später: Psychologie der Archetypen) zu entwickeln. Diese stellt die Entwicklung des Individuums in den größeren Kontext der Mythen, der Kunst und der Philosophie.

Hillman hielt Vorlesungen an den Universitäten von Yale, Harvard, Syracuse, Chicago, Princeton und Dallas. Er hat mehrere Bücher geschrieben, darunter: *Selbstmord und seelische Wandlung, Revisioning Psychology, Am Anfang war das Bild, Healing Fiction, We've Had a Hundred Years of Psychotherapy and the World's Getting Worse* (mit M. Ventura) sowie *Vom Sinn des langen Lebens*. Später begründete er das *Dallas Institute of Humanities and Culture*. Heute lehrt er noch an der *Pacifice Graduate University* in Kalifornien. Er lebt in Connecticut.

Selbstvertrauen gewinnen – Die Angst vor der Angst verlieren

1987

Ich erinnere mich an eine Zeit in meinem Leben, in der mir einfach alles Angst machte. Ich fürchtete, dass all meine Versuche, meine Träume zu verwirklichen, scheitern würden. Also blieb ich zu Hause, Opfer meiner Unsicherheit. Ich würde jetzt gern schreiben, dass ein alter Zen-Meister mich ins Leben zurückholte, doch dem war nicht so. Es war vielmehr eine Werbung für die Eastern Airlines mit dem Slogan: »Lassen Sie sich auf die Welt ein!« Als ich diese Werbung sah, wurde mir klar, dass ich auf die Welt verzichtet hatte.

Sind Sie ein Opfer, oder übernehmen Sie die Verantwortung für Ihr Leben? Viele Menschen glauben, sie würden Verantwortung übernehmen, doch in Wirklichkeit ist das keineswegs so. Die Opfermentalität ist sehr subtil, sie kennt zahllose Formen.

KURZ GESAGT
Angst ist ein Anzeichen dafür, dass Sie wachsen und die Herausforderungen des Lebens annehmen.

ÄHNLICHE TITEL
Norman Vincent Peale, *Die Kraft des positiven Denkens*
Anthony Robbins, *Das Robbins-Power-Prinzip*
Martin Seligman, *Pessimisten küßt man nicht*

Susan Jeffers

Die Ideen der Selbsthilfebewegung zielen vor allem darauf ab, unsere Vorstellung von unseren Möglichkeiten zu erweitern. Sie überzeugen uns, an unsere Träume zu glauben und uns nicht von vornherein einzuschränken. »Ich packe es an!«, sagen wir uns dann. Und: »Genauso will ich sein!« Endlich hören wir auf, uns unter Wert zu verkaufen. Doch wenn wir am nächsten Tag erwachen und die Wirklichkeit mit ihrem ganzen Gewicht auf uns lastet, wirken unsere Träume plötzlich noch unrealistischer als vorher. Zwei Minuten genügen uns und wir finden das Leben, das wir momentan führen, plötzlich ganz super. Die Angst, die gerade Urlaub von ihrem Fulltimejob in unserer Seele genommen hatte, ist wieder da!

Wie schaffen wir es, die Erfüllung unserer Träume zum täglich Brot zu machen? Zwischen unserem Alltag und unserer Vision liegt mindestens der Grand Canyon – angefüllt mit Zweifeln und Ängsten, die uns festnageln. Es scheint immer so viel einfacher, zu Sicherheit und Routine zurückzukehren. Susan Jeffers meint, dass wir Angst einfach falsch wahrnehmen. Statt sie als Hinweisschild auf unsere Grenzen zu nehmen und innezuhalten, sollten wir sie als grünes Licht sehen. Wenn Sie keine Angst haben, ist Ihr Wachstumsprozess zum Erliegen gekommen. Leugnen Sie Ihre Furcht nicht, aber tun Sie den anstehenden Schritt trotzdem. Schließlich werden Schiffe auch nicht für ein gemütliches Leben im Hafen gebaut!

Hier sind die wichtigsten Punkte in Jeffers Theorie der Furchtlosigkeit.

Wie man mit Angst umgeht

Es gibt verschiedene Arten der Angst, doch nur eine davon ist wirklich tödlich: die schlichte, aber allmächtige Furcht, dass wir nicht in der Lage sein werden, mit einer bestimmten Sache fertig zu werden. Wir werden es nie schaffen, wenn unser Partner uns verlässt. Unterhalb einer bestimmten Einkommensgrenze sind wir gar nicht lebensfähig. Und so weiter und so fort. Es geht also darum, die innere Überzeugung zu entwickeln, dass wir mit allem fertig werden, was auch immer kommen mag. Das hört sich platt an, doch Jeffers meint, dass Angst nun einmal kein psychisches Problem sei. Sie entstehe einzig aus unserer Erziehung. Daher müssen wir umdenken! Wir müssen die Angst als notwendigen Teil des Wachstums akzeptieren lernen und dann weitergehen.

Sagen Sie Ja zu Ihrer Welt

Angenehmerweise versucht Jeffers nicht, uns einzureden, wir könnten unsere Welt vollkommen kontrollieren. Alles, was geschieht, hat seine eigene Ursache. Mit der Angst umzugehen lernen wir nur, wenn wir annehmen, was ist. Und damit sind keineswegs nur so kleine Missgeschicke wie der Verlust einer Brieftasche gemeint, sondern durchaus die wirklich gravierenden Ereignisse im Leben eines Menschen, zum Beispiel der Schmerz. Schmerzen verschwinden nicht, wenn Sie sie positiv sehen, doch wenn Sie sie als Teil Ihrer Welt begrüßen, dann verlieren sie ihren Stachel. Jeffers bezieht sich hier auf Viktor Frankls Erfahrung im Konzentrationslager (die er in *Trotzdem Ja zum Leben sagen* beschreibt). Die äußeren Umstände, unter denen Viktor Frankl damals sein Leben fristete, gehören zweifellos mit zum Schlimmsten, was einem als Mensch geschehen kann, und doch gab es auch hinter dem Stacheldraht Menschen, die ihre Erfahrung bejahten und Verantwortung übernahmen, statt sich selbst aufzugeben.

Unser ganzes Leben lang hören wir immer wieder, dass wir Verantwortung übernehmen sollen. Damit ist gemeint, wir sollen eine ordentliche Berufsausbildung machen, eine Stelle finden, eine schöne Wohnung haben und heiraten. Jeffers hingegen meint damit etwas, was mehr Emersons Ideal der Selbstverwirklichung entspricht. Wir sind verantwortlich dafür, wie wir unser Leben interpretieren. Sie hassen Ihren Beruf? Dann entscheiden Sie sich entweder bewusst dafür, zu bleiben und etwas daraus zu machen (ein klares Ja also) oder Sie gehen.

Weshalb positives Denken funktioniert

Positives Denken an sich ist ja ganz nett, aber es spiegelt nun einmal nicht die Realität wider. Es ist »Wunschdenken«. Zumindest meinen das die Gegner. Doch Jeffers fragt: Da (wie wissenschaftliche Untersuchungen beweisen) neunzig Prozent dessen, worüber wir uns Sorgen machen, nie eintrifft, weshalb gilt die Konzentration aufs Negative immer noch als »realitätsnäher« als positives Denken? Was realistisch ist, liegt immer noch an uns. Denn wie wir unsere Gedanken formen, so wird am Ende die Wirklichkeit.

Eine optimistische Lebenseinstellung bewahrt Sie nicht vor negativen Erfahrungen, doch vermutlich werden Sie auf diese anders reagieren als ein »Schwarzseher«. Ersetzen Sie das »Oh, wie schrecklich!« doch einfach durch »Was kann ich aus dieser Erfahrung lernen?« Nun ja, das mag ja noch angehen, wird der Kritiker einwenden, aber was ist mit den wirklich schlimmen Erfahrungen wie zum Beispiel Krebs? Jeffers sagt, ihre grundsätzlich positive Haltung habe ihr sehr geholfen, ihre Krebskrankheit zu überwinden. Und wenn diese Regel in solchen

Extremsituationen ihre Gültigkeit beweist, dann fehlt uns im Alltag jegliche Entschuldigung, wenn wir sie nicht anwenden. Wir lieben das große Theater, spielen mit Leidenschaft die großen Tragödien, doch Jeffers meint, wir sollten uns durchaus einmal Gedanken machen, wie sehr uns dies in Wirklichkeit schwächt.

Der wichtigste Punkt am positiven Denken, den die meisten Menschen nach wie vor übersehen, ist, dass es ständig praktiziert werden muss. Sogar Susan Jeffers, die mittlerweile eine der ganz Großen der Selbsthilfebewegung ist, kann es sich nicht leisten, auch nur einen Tag ihre Tanks nicht aufzufüllen. Wir würden niemals auf unser Frühstück verzichten, auf das morgendliche Jogging oder die Umarmung unseres Kindes, wenn wir das Haus verlassen, warum also, so Jeffers, glauben wir, wir können auf die tägliche positive Energiedusche verzichten? Bauen Sie sich eine Sammlung inspirierender Bücher und Kassetten bzw. CDs auf und vertiefen Sie sich täglich – wenigstens ein paar Minuten lang – darin. Die Wirkung auf Sie und Ihre Umwelt wird weit stärker sein, als Sie jetzt glauben. Schreiben Sie sich Ihre schönsten Zitate auf und pinnen Sie sie in der Nähe des Computers an die Wand. Hängen Sie sie übers Bett oder an den Rückspiegel. Bald wird die positive Ausstrahlung dieser Zitate Ihnen wirklichkeitsnäher erscheinen als Ihre jetzige Art der Lebensführung. Vermutlich kommt Ihr »altes Leben« Ihnen bald wie eine düstere Existenz im Land der Nebel vor.

Programmieren Sie Ihr Unbewusstes

Alles, was sich in Ihrem persönlichen Unbewussten findet, wird früher oder später den Weg in Ihr reales Leben finden. Achten Sie also darauf, was Sie ihm »zu fressen geben«. Eine Möglichkeit, Veränderungen herbeizuführen und Ihre Ängste zu besiegen, ist die Arbeit mit

Affirmationen. Dazu brauchen Sie weder viel Mut noch kostet es Sie unendliche Mühe. Für Jeffers sind Affirmationen Botschaften, die dem Unbewussten signalisieren, dass bereits etwas geschieht. Daher funktionieren Aussagen wie »Ich werde mich nicht mehr unterkriegen lassen!« nicht. Zum einen muss die Affirmation in der Gegenwartsform ausgedrückt werden, zum anderen darf sie keine Verneinungen enthalten. Hier wäre zum Beispiel folgender Satz besser: »Ich bin in jeder möglichen Lage sicher und gelassen.« Wenn Sie solche Affirmationen zu Ihrem Mantra machen, müssen Sie nicht einmal daran glauben. Der Geist reagiert auf das, womit er »gefüttert« wird, ob dies nun stimmt oder nicht. Wir können also weiter unserem inneren Getratsche lauschen oder auf unser höheres Selbst hören.

Weitere wichtige Punkte

Das Buch hält noch andere bedeutsame Botschaften bereit.

Es ist immer Zeit genug. »Die größte Falle, in die Sie tappen können, ist die Ungeduld.« Ungeduld ist eine Art Selbstbestrafungsaktion. Sie schafft Stress und Angst. Außerdem lässt sie uns unbefriedigt. Wir sollten darauf vertrauen, dass – was wir auch tun – alles sich auf vollkommene Weise und zur richtigen Zeit einstellt.
Wie man Entscheidungen trifft, die man niemals bedauern wird. Es gibt nie nur einen »richtigen« bzw. »falschen« Weg. Wir müssen uns darum bemühen, mit mehreren Resultaten leben zu können. Die Welt hält zahllose Möglichkeiten zur Erfüllung unserer Wünsche bereit.
Keine Angst vor Fehlern. Denken Sie daran, dass sogar die besten Baseballspieler beim Training von zehn Bällen nur sechs treffen! Lassen Sie locker. Freuen Sie sich über die Erfahrung, auch wenn Sie dieses Mal

keinen Erfolg hatten. Schon der Versuch macht Sie zu einem Gewinner.
Über die Furcht vor festen Bindungen. Wir sollten uns klar machen, dass wir diese Bindung mit einem Menschen eingehen, der nach Wachstum und Wohlbefinden strebt. Das bedeutet nicht, dass die Bindung auf immer so bleiben muss, wie sie jetzt ist.

Zu guter Letzt

Am Anfang des Buches führt Jeffers einige »Wahrheiten über die Angst« auf. Die interessanteste ist meiner Ansicht nach die: »Sich durch die Angst durchzubeißen ist weniger schlimm, als jahrelang mit der unterschwelligen Furcht zu leben, welche das Gefühl der Hilflosigkeit verursacht.«

Ironischerweise leben Menschen, die nie ein Risiko eingehen, ständig mit der Angst, dass etwas schief gehen könnte. Sicherheit geht für sie über alles. Stattdessen ernten sie chronische Unsicherheit. Etwas Neues zu versuchen ist sehr viel einfacher – und unendlich viel erfüllender. Der Entschluss, mehr Herausforderungen in Ihrem Leben zuzulassen, bringt Sicherheit mit sich, weil Sie sich zutrauen, mit den Problemen fertig zu werden.

Diese klare Einsicht ist typisch für dieses Buch. Susan Jeffers einfühlsame Art macht dem Leser deutlich, dass er nicht allein ist. Denn Angst entsteht häufig aus dem Gefühl der Isolierung. Und die Leichtigkeit, mit der sie das Problem an der Wurzel packt, gibt zusätzlich Kraft.

Sie genieren sich, wenn Sie mit einem Selbsthilfebuch an der Kasse stehen? Nun, dann spüren Sie die Angst ... und zücken Sie den Geldbeutel.

Über Susan Jeffers

Susan Jeffers hatte zwei kleine Kinder, als sie sich entschied zu studieren. Am Ende machte sie an der *Columbia University* ihren Doktor. Nach ihrer Prüfung wurde sie Chefin des *Floating Hospital* (einer Klinik auf einem Boot) in New York, wo sie fast ein Jahrzehnt blieb.

Selbstvertrauen gewinnen entstand aus einem Kurs, den sie an der *New School for Social Research* in New York gab. Das Manuskript wurde so oft abgelehnt, dass Jeffers mit den Briefen die Wände ihres Büros tapezieren konnte (wie auf ihrer Website steht). Im schlimmsten Brief stand: »Lady Di könnte nackt durch die Straße radeln und dieses Buch lesen, trotzdem würde kein Mensch es beachten.«

Dabei hat Susan Jeffers noch viel mehr geschrieben: *Feel the Fear ... and Beyond, End the Struggle and Dance with Life, Dare to Connect, Opening Our Hearts to Men* und *The Journey from Lost to Found*. Ihr letztes Buch heißt *... aber lieb sind sie doch*. Es geht dabei um Kindererziehung.

Susan Jeffers ist für ihre inspirierenden Seminare zum Thema Angst bekannt. Sie war bereits mehrfach Gast in Oprahs Winfreys Talkshow und lebt in Los Angeles.

Das 80-20-Prinzip
1998

Das 80-20-Prinzip hat die moderne Welt mit erschaffen. Und trotzdem ist es eines der größten Geheimnisse unserer Zeit. Denn sogar die wenigen Glücklichen, die es anwenden, nutzen nur einen geringen Teil seiner Kraft.

Es heißt ja immer, man solle nicht all seine Eier in einen Korb legen. Das 80-20-Prinzip besagt, dass wir sorgfältig einen Korb auswählen, alle Eier hineinlegen und ihn dann wie ein Luchs bewachen sollen.

Das 80-20-Prinzip ist wie die Wahrheit: Es kann Sie frei machen. Sie können weniger arbeiten, mehr verdienen und mehr Spaß haben.

Kurz gesagt
Finden Sie heraus, was Sie wirklich gut können. Tun Sie davon mehr, dann werden Sie mit Sicherheit Erfolg haben.

Ähnliche Titel
Martha Beck, *Das Polaris-Prinzip*
Mihaly Csikszentmihaly, *Flow*

· 32 ·
Richard Koch

Dieses faszinierende Buch stellt Ihr Leben auf den Kopf. Koch schreibt über das in der Wissenschaft bekannte Phänomen, dass 80 Prozent aller Wirkungen und Resultate von nur 20 Prozent der eingesetzten Kraft geschaffen werden. Bei den meisten Produktlinien schaffen 20 Prozent 80 Prozent des Umsatzes. 20 Prozent eines Teppichs bekommen 80 Prozent des Verschleißes ab. Und auf das persönliche Leben angewandt lässt sich sagen, dass 80 Prozent unserer glücklichen Momente aus nur 20 Prozent unseres gesamten Zeitaufwands resultieren.

Natürlich variiert das Verhältnis immer ein wenig, doch im Großen und Ganzen macht uns das 80-20-Prinzip deutlich, wie unausgewogen die Welt doch ist. Kochs Buch ist das erste, das sich ausschließlich um das 80-20-Prinzip dreht und in dem dieses Prinzip auf die Persönlichkeitsentwicklung angewandt wird. Entdeckt hat es der italienische Wirtschaftswissenschaftler Pareto (weshalb man auch vom Pareto-Gesetz spricht). Seitdem stützen sich Unternehmensberater und erfolgreiche Firmen darauf. Für Menschen, die dieses Gesetz nicht kennen, scheint sein Wirken wie ein Wunder, da es das herkömmliche ökonomische Denken in Frage stellt. Daher nennt man es auch »das Gesetz des geringsten Aufwands«.

Es handelt sich dabei nicht um Theorie, sondern um ein Gesetz, das auf Beobachtung fußt. Anders als viele der spirituellen oder geistigen Gesetze der Selbsthilfeliteratur, meint Koch, wirkt dieses Gesetz auch, wenn Sie nicht daran glauben.

Der Glaube an das 50-50-Prinzip

Vom Verstand her betrachtet, scheint das Verhältnis von Aufwand zu Ergebnis in etwa gleich verteilt: 50 zu 50. Strengen Sie sich an, so heißt es im Allgemeinen, dann werden Sie auch ein gutes Ergebnis erzielen. Wenn Sie hart arbeiten, dürfen Sie auch eine Belohnung erwarten. Diese Einstellung hat unsere Gesellschaft jahrzehntelang geprägt und natürlich hat sie dabei für einen gewissen sozialen Zusammenhalt gesorgt. Ein eindeutiger Zusammenhang zwischen Leistung und Belohnung wirkt sich stabilisierend auf die Gesellschaft aus. Mittelmäßigkeit wird belohnt, Anpassung gefördert. Unglücklicherweise funktioniert unsere Welt nicht mehr so, meint Koch.

In der neuen Welt ist es nicht mehr genug, »mithalten« zu können. Kompetenz garantiert den Erfolg nicht mehr. Aus diesem Grund müssen Sie etwas tun, was Ihnen liegt. Nur dann haben Sie anderen gegenüber einen Wettbewerbsvorteil und können zur Spitzenklasse aufsteigen.

Nur diese Form der Anstrengung, die gar nicht so sehr nach »Arbeit« aussieht, wenn man sie mit den Bemühungen der anderen vergleicht, trägt Ihnen wirklich große Erfolge ein. In der Welt des 80-20-Prinzips dürfen jene, die es anzuwenden verstehen, bezogen auf den Input ein viel besseres Ergebnis erwarten. Dies trifft aber nur zu, wenn der Input hohen Standards entspricht und die Einzigartigkeit seines Schöpfers widerspiegelt.

Hat man das 80-20-Prinzip begriffen, dann ist es verständlich, dass Michael Jordan mehr verdiente als ein halbes Dutzend Basketballteams zusammen, denn er hatte außergewöhnliche Fähigkeiten und sorgte für das Vergnügen der Zuschauer. Heute verdienen Stars sehr viel mehr als früher, doch dies ist nicht der entscheidende Punkt. Koch sagt, dass dieses Prinzip auf uns alle anwendbar ist: »Nur indem wir nach Selbstverwirklichung streben, schaffen wir wirklich außergewöhnliche Werte.«

Werden Sie zum Zeit-Revolutionär

Die Dinge, die uns am wertvollsten sind, nehmen gewöhnlich nur einen Bruchteil unserer Zeit in Anspruch. Wollen wir also effizienter sein, glücklicher oder reicher, müssen wir diesen Dingen einfach nur mehr Zeit widmen. Koch meint, dass unsere Gesellschaft Zeit nicht zu schätzen wisse. Daher bräuchten wir auch kein Zeitmanagement, sondern eine echte Revolution.

Im Zeitmanagement geht es darum, unsere Aufgaben effizienter zu erledigen und klare Prioritäten zu setzen. Nach Meinung des Autors liegt der erste Fehler in der Annahme, dass wir wissen, was ein sinnvoller »Zeitvertreib« ist und was nicht. Das zweite Problem liegt in unserer Überzeugung, dass immer zu wenig Zeit da ist. Wir glauben, eine Unmenge »wichtiger« Dinge zu tun zu haben, und fühlen uns ständig unter Druck.

Um das 80-20-Prinzip erfolgreich anzuwenden, sollten wir also zuerst unsere Prioritäten überprüfen. Ist es wirklich das, was wir wollen? Ist es das, womit wir unser Leben verbringen möchten? Koch ist hier rigoros: »Die meisten Menschen strengen sich für das Falsche an.« Da das 80-20-Prinzip nur widerspiegelt, wie »unökonomisch« die Natur ist, gibt es letztlich gar keine Möglichkeit, Zeit »vernünftig« zu nutzen. Wenn wir versuchen 15 bis 25 Prozent mehr Zeit zu gewinnen (wie die Zeitmanager dies versprechen), so ist das pure Kosmetik. Die unerwartete und verstandesmäßig nicht zu fassende Realität ist: Wir haben genug Zeit, wenn wir sie für die 20 Prozent unseres Lebens verwenden, die wirklich wichtig sind. Wir hätten nämlich gar nicht zu wenig Zeit, schreibt Koch. Tatsächlich haben wir massenhaft Zeit, aber wir missbrauchen sie einfach schamlos.

RICHARD KOCH

Faulheit ist in Ordnung, wenn sie intelligent gehandhabt wird

Ackern Sie auch ständig, ohne irgendetwas zu schaffen? Koch stellt uns in seinem Buch das Von-Manstein-Prinzip vor. Von Manstein war ein deutscher General. Er stellte fest, dass die besten Offiziere, jene die am wenigsten Fehler machten und ungewöhnliche Weitsicht bewiesen, zwei Eigenschaften besaßen: Sie waren intelligent und neigten zur Faulheit. Koch wendet dieses Prinzip nun auf das moderne Wirtschaftsleben an. Wenn Sie wirklich ein Star werden wollen, dann sollten Sie »die Intelligenz der Faulheit ausstrahlen, nutzen oder vorgeben«. Suchen Sie sich keine schwierigen Herausforderungen aus, an denen Sie glauben, sich beweisen zu können. Konzentrieren Sie sich auf das, was Ihnen zufliegt.

Erstaunlicherweise erlaubt der Kapitalismus uns, Erfolg und Reichtum zu erweben, indem wir sind, wie wir sind. Wir erfüllen unsere höchsten Ziele und schaffen uns dadurch eine kleine, aber werthaltige Nische. Dieses Verhalten passt zur Informationsgesellschaft des 21. Jahrhunderts, die von uns eine immer stärkere Spezialisierung fordert. Denn niemand kann das, was wir tun, auf dieselbe Weise tun wie wir. Das gilt sogar für Märkte mit einem grenzenlosen Angebot, aber nur geringer Nachfrage wie in der Welt des Sports oder der Kunst. Es gibt Hunderte professioneller Tennisspieler, aber nur einen Andre Agassi. Seine einzigartige Haltung und Erscheinung tragen ihm immer wieder die Unterstützung seiner gleichrangigen Kollegen ein. Wo auch immer Sie tätig sind: Führungsstärke entsteht durch Begeisterung, Neugierde und ständiges Lernen. Und all diese Dinge kann man ja wohl kaum als Arbeit bezeichnen, oder?

In der Anwendung des 80-20-Prinzips mischt sich Ehrgeiz mit einer gelassenen und vertrauensvollen Haltung. Es fordert Reflexionsvermögen (das Einsichten sucht, bevor es aktiv wird), unkonventionelle

Zeiteinteilung und eine Philosophie des Genusses. Koch glaubt nämlich, dass in unserer Gesellschaft, die Anstrengung mit Erfolg gleichsetzt, der Genuss zu kurz kommt. Eine lustvolle Lebensauffassung hat nichts mit Selbstsucht zu tun. Doch je lieber wir etwas tun, desto besser werden wir es auch machen. Und dadurch steigt letztlich die Wahrscheinlichkeit, dass wir anderen Menschen damit etwas Gutes tun können.

Zu guter Letzt

Das 80-20-Prinzip zeigt uns, wie wir uns aus dem täglichen Gestrampel im Hamsterrad lösen und unser Potenzial entfalten können. Es beschreibt, wie wir durch Mittelmäßigkeit unser Leben behindern und Geschäftigkeit vortäuschen, um den Mangel an Sinn in unserem Dasein zu kaschieren. Dies hört sich nach einem der üblichen Selbsthilfebücher an, doch Koch begründet diese Tatsachen überzeugend, indem er eines der unwiderlegbaren Power-Gesetze der Welt auf das individuelle Leben anwendet. Denn wer könnte sich der logischen Schlussfolgerung widersetzen, dass es besser ist, im Einklang mit dem Universum zu arbeiten als dagegen?

Das 80-20-Prinzip macht deutlich, wie sich die Alchimie des Erfolgs in unserer modernen Gesellschaft verändert hat. Daher ist es zum einen ein gelungenes Managementbuch, zum anderen ein gutes Buch über Persönlichkeitsentwicklung. Koch zitiert den Physiker Joseph Ford, der meinte, Gott würfele nicht nur, sondern verwende auch noch gezinkte Würfel. Auch Koch meint, dass das Universum »vorhersagbar unausgewogen« sei. Gleichzeitig zeigt er, wie wir diese Erkenntnis einsetzen können, um unsere Chancen beim Würfelspiel zu vergrößern. Versuchen Sie nicht, Vollkommenheit in etwas zu erreichen, das Ihnen nicht liegt. Kümmern Sie sich vielmehr um Ihre höchstpersönlichen

Talente. Wirklich großen Erfolg haben nämlich nicht die vollkommenen, sondern die einzigartigen Menschen.

Über Richard Koch
Koch ist ein erfolgreicher Unternehmer und Beststellerautor. Er war Unternehmensberater bei einigen sehr bekannten Firmen *(Bain & Co., Boston Consulting Group)*, bevor er sich mit der LEK Partnership-Unternehmensberatung selbstständig machte. Er hat vielen Firmen in den USA und in Europa zu mehr Erfolg verholfen. Er kümmerte sich dabei um die Förderung so unterschiedlicher Bereiche wie Hotels, Gin, Restaurants und Sportwetten. Er berät heute noch *Venture Capital Groups* in Großbritannien und Südafrika.

Zu seinen bekannteren Titeln zählen: *Managing Without Management, Smart Things to Know About Strategy* und *The Third Revolution*, in dem es um den Zusammenhang zwischen Kapitalismus und Demokratie geht. Das 80-20-Prinzip entwickelte sich in den USA, in Europa und Asien zum Bestseller. Es wurde in achtzehn Sprachen übersetzt. In *Die Powergesetze des Erfolgs* versucht Koch, wirtschaftlichen Erfolg mit Hilfe der Naturgesetze zu erklären. In *The 80/20 Revolution* führt er vor, wie man das 80-20-Prinzip erfolgreich einsetzen kann.
Richard Koch lebt in London, Marbella und Kapstadt.

Aktives Denken
1989

Anders als die viel zitierten »veränderten Bewusstseinszustände« sind aktives Denken bzw. Unachtsamkeit ein so gewöhnliches Phänomen, dass kein Mensch je auf die Idee kommen würde, sie zu nutzen, um sein Leben zu verändern. In diesem Buch geht es um den Preis, den wir für Gedankenlosigkeit bezahlen: auf seelischer und körperlicher Ebene. Und es geht um die Vorteile des aktiven Denkens. Es schenkt uns Kontrolle über unser Leben, erweitert unsere Wahlmöglichkeiten und macht das Unmögliche möglich.

»Gedankenlos« heißt, dass wir uns auf die Denkmuster der Vergangenheit verlassen, die unserer persönlichen Entwicklung Schranken auferlegen. Dann sind wir wie eine Kugel, die ihren vorbestimmten Lauf nimmt. Achten wir jedoch auf unsere Gedanken, dann sehen wir die Möglichkeiten, die uns offen stehen, und können frei unsere Wahl treffen.

KURZ GESAGT
Denkgewohnheiten machen unser Leben schal und flach. Gewinnen Sie die Kontrolle über Ihr Denken zurück, dann wird Ihr Leben vollkommen neu.

ÄHNLICHE TITEL
Der Dalai Lama und Howard Cutler, *Die Regeln des Glücks*
Dhammapada – Die Weisheitslehren des Buddha
Daniel Goleman, *EQ – Emotionale Intelligenz*
Martin Seligmann, *Pessimisten küßt man nicht*

· 33 ·
Ellen J. Langer

Haben Sie sich je bei einer Schaufensterpuppe entschuldigt oder im Januar einen Scheck mit der falschen Jahresangabe ausgestellt? Vermutlich werden die meisten Menschen eine dieser beiden Fragen bejahen. Doch diese Kleinigkeiten sind nach Ellen Langer nur die Spitze des Eisbergs. Langer ist in Harvard Professorin für Psychologie. Ihre Untersuchungen über starres Denken führten schließlich dazu, dass sie auch hinsichtlich des Gegenteils der geistigen Flexibilität, die im aktiven Denken steckt, einige wichtige Entdeckungen machte.

Eines der großen Themen der Selbsthilfeliteratur ist die Befreiung von unbewussten Denkmustern und Normen. Langer zeigt, wie wir dies tatsächlich erreichen können. *Aktives Denken* ist ein wissenschaftliches Buch, Langer stellt uns darin faszinierende Experimente vor. Wenn Ihnen Bücher wie *EQ – Emotionale Intelligenz* oder *Pessimisten küßt man nicht* gefallen, dann liegen Sie bei Ellen Langer richtig.

Wer ist ein achtsamer Mensch? Was macht ihn aus? Langer schreibt ihm folgende Eigenschaften zu:

* Die Fähigkeit, neue Denkkategorien zu schaffen
* Offenheit für neue Informationen
* Einbeziehung mehrerer Standpunkte
* Konzentration auf den Prozess (das Tun) und nicht auf das Ergebnis
* Vertrauen in die eigene Intuition

Neue Kategorien

Langer meint, dass wir die Realität mit Hilfe von Begriffen wahrnehmen und erfahren. Wir sehen die Dinge nicht, wie sie sind, wenn wir sie betrachten. Stattdessen schaffen wir begriffliche Kategorien und fangen an, unsere Erfahrungen dort einzusortieren. So fällt es uns leichter, mit der Welt umzugehen. Wir sehen eine Vase als japanische Vase, eine Blume als Orchidee, einen Menschen als Chef. Doch das ist noch nicht alles. Es gibt Kategorien, die unser ganzes Leben bestimmen: Religionen, Philosophien, Regierungssysteme. Auf psychologischer Ebene geben uns diese Kategorien Sicherheit und sorgen dafür, dass wir nicht ständig unsere Vorstellungen überprüfen müssen. So teilen wir beispielsweise Tiere in Haus- und Nutztiere ein. Die einen lieben, die anderen verspeisen wir.

Gedankenlosigkeit entsteht immer dann, wenn uns nicht klar ist, dass wir bestimmte Kategorien für selbstverständlich erachten, ohne lange darüber nachzudenken. Neue Kategorien zu schaffen und alte zu überprüfen ist aktives Denken. Oder wie William James einmal sagte: »Genie ist kaum mehr als die Fähigkeit, Dinge auf ungewohnte Weise wahrzunehmen.«

Neue Informationen

Langer spricht von »vorbewussten kognitiven Übereinkünften«. Dabei handelt es sich um bedeutsame Augenblicke, die quasi eingefroren wurden. Solche »Standbilder« sind gefährlich. Ein schönes Beispiel dafür ist die Figur der Miss Havisham in Dickens' Roman *Große Erwartungen*. Sie trägt immer noch das Hochzeitskleid, das sie anhatte, als sie vor dem Altar verlassen wurde, ohne sich bewusst zu werden, dass der einstmals schöne Stoff nun wie ein schäbiger Vorhang an ihrem gealterten Körper herabhängt.

Sehen wir uns noch ein Beispiel aus der täglichen Erfahrungswelt an: Ein Kind begegnet einem unleidlichen alten Menschen und glaubt von nun an, dass alte Menschen einfach muffig seien. Wenn das Bild im weiteren Verlauf des Lebens nicht hinterfragt wird, bleibt es bis ins hohe

Erwachsenenalter hinein gültig. Der Erwachsene ist in seiner Wahrnehmung gefangen, die später seine eigene Erfahrung prägt. Er wird selbst zum unleidlichen Alten.

Dies gilt natürlich auch für andere Aspekte des Lebens. Wenn wir jedoch achtsam leben, werden wir immer weniger Lust verspüren, unser Verhalten oder einen gewissen Mangel an Tatkraft auf unsere »Erbanlagen« zurückzuführen. Nur weil unser Vater nie über das mittlere Management hinauskamen, heißt das noch lange nicht, dass wir nicht Präsident des Unternehmens werden können.

Perspektive und Kontext

Zu gedankenlosem Verhalten kommt es immer dann, wenn Menschen Informationen ohne Kontext speichern. Die Fähigkeit, den Kontext zu berücksichtigen, sei ein Kennzeichen von Kreativität und aktivem Denken, so Langer.

Schmerz zum Beispiel ist eine durch und durch kontextabhängige Erfahrung. So werden wir eine Abschürfung, die wir auf dem Fußballfeld davontragen, weit weniger tragisch nehmen als eine, die wir uns zu Hause zuziehen. Was wir wahrnehmen, hängt also von unserer Perspektive ab. Der Vogelmensch von Alcatraz saß vierzig Jahre lang in einer Zelle. Und doch war sein Leben reich, weil er es der Versorgung verletzter Vögel widmete, die sich in seine Zelle verirrten.

Was dies für unsere persönliche Entwicklung bedeutet, ist klar: Wir können mit jedem Problem fertig werden, wenn es in einem positiven Kontext auftaucht. Ohne eine klare persönliche Vision ist das Leben vielleicht nur eine Aneinanderreihung von Sorgen und schlechten Erfahrungen. Die Vision aber sorgt für die richtige Perspektive. Oder wie Nietzsche meinte: Wer immer ein Warum des Lebens hat, braucht sich um das Wie nicht zu sorgen.

Prozessorientiertes Verhalten

Eine weiteres Merkmal aktiven Denkens ist es, wenn wir uns weniger auf das Ergebnis konzentrieren, sondern mehr auf den Weg, der uns dorthin führt. Das Tun, nicht die Leistung steht im Vordergrund. So betrachten wir den wissenschaftlichen Durchbruch eines Forschers und schreiben ihn seinem Genie zu, als habe er ihn quasi über Nacht erzielt. Wenn wir Einsteins große Entdeckung einmal ausnehmen, entsteht gerade in der Wissenschaft der Erfolg meist durch jahrelange harte Arbeit, in denen man sich dem Endergebnis Schritt um Schritt nähert. So liest der Student im ersten Semester die Aufsätze und Bücher seiner Professoren voller Ehrfurcht in dem Gefühl, selbst nie etwas so Brillantes zu Papier bringen zu können. Er glaubt, diese Unmengen von Papier gingen auf das Wirken eines höheren Geistes zurück, dabei steckt in Wirklichkeit nur stetiges Bemühen dahinter. Diese Art von Vergleich bringt uns gar nichts.

Konzentrieren wir uns jedoch auf den Prozess, dann fragen wir uns nicht, ob wir etwas können, sondern wie wir es anstellen werden. Auf diese Weise wird nicht nur unser Urteilsvermögen geschärft, schreibt Langer. Diese Art zu denken stärkt auch noch unser Selbstvertrauen.

Intuition

Intuition ist ein wichtiger Punkt auf dem Weg zu einem achtsamen Leben. Denn wenn wir sie zur Wirkung kommen lassen wollen, müssen wir uns von alten Mustern verabschieden und uns auf etwas einlassen, was scheinbar gegen die Vernunft ist. Die besten Wissenschaftler sind intuitiv, auch wenn sie hinterher manchmal Jahre damit zubringen, die Erkenntnis, die ihnen intuitiv zuteil wurde, auf wissenschaftlichem Wege nachvollziehbar zu machen.

Beides – aktives Denken und Intuition – vollzieht sich ohne die geringste Anstrengung. Wir erreichen beides nur, wenn wir die Schweiß treibende Konzentration auf ein bestimmtes Ziel, die unser Alltagsleben bestimmt, hinter uns lassen. Die Intuition gibt uns wertvolle Informationen darüber, wie wir das Leben unseren Wünschen entsprechend einrichten und Erfolg haben können. Wir können zwar nicht erklären, woher dieses Wissen stammt, doch wenn wir es ignorieren, geschieht dies zu unserem höchstpersönlichen Schaden. Ein achtsamer Mensch arbeitet mit allem, was funktioniert, auch wenn es auf den ersten Blick sinnlos wirkt.

Zu guter Letzt

Im Wesentlichen geht es beim aktiven Denken darum, die Individualität zu bewahren. Entscheiden wir uns für die Begrenzung unserer Ressourcen, indem wir nur zielorientiert arbeiten, statt den gesamten Prozess zu berücksichtigen, und uns dauernd mit anderen vergleichen, dann werden wir zu Robotern. Ein wirklich individueller Mensch ist offen für das Neue. Er schätzt die Bedeutung seines Wissens ständig neu ein und stellt sein tägliches Tun in einen größeren, bewusst gewählten Kontext.

Langer sieht selbst, dass sich in ihrer Forschungsarbeit starke Parallelen mit östlichen Religionen ergeben. So geht der Buddhismus beispielsweise davon aus, dass die Meditation einen achtsamen Geisteszustand herbeiführt, in dem es uns leicht fällt, »recht zu handeln«. Langer hofft, dass das, was sie »aktives Denken« nennt, dieselbe Wirkung hat. Dann würde diese neue Art zu denken nicht nur das Individuum positiv beeinflussen, sondern auch die Gesellschaft als Ganzes. Das Schöne am aktiven Denken ist, dass es keinerlei Mühe macht und nicht mit Arbeit verbunden ist. Da es uns die Kontrolle über unseren Geist zurückgibt, ist es – wie Langer schreibt – »berauschend«: Es ruft eine Art stiller Freude über unsere Möglichkeiten hervor.

Auch wenn die von Langer vorgestellten Ideen schwierig klingen, so wurde *Aktives Denken* doch für ein großes Publikum geschrieben. Als Selbsthilfebuch wird es wohl ein wenig unterschätzt, doch die glasklaren Erkenntnisse, die Langer uns hier präsentiert, bleiben lange im Gedächtnis haften.

Über Ellen Langer

Ellen Langer legte ihre Bachelor-Prüfung in Psychologie 1970 an der *New York University* ab und erlangte 1974 in Yale die Doktorwürde. Als Professorin für Psychologie an der Universität Harvard veröffentlichte sie mehrere wissenschaftliche Werke, zahlreiche Artikel und einzelne Kapitel in Sammelbänden.

Aktives Denken beruht auf mehr als fünfzig Experimenten, die meist mit älteren Menschen gemacht wurden. Ihre Forschungsarbeit brachte Langer zu der Annahme, dass der behütete Aufenthalt in einem Altersheim den Altersprozess beschleunigt, weil er die alten Leute ihrer Verantwortung und Autonomie beraubt. Das Buch wurde in dreizehn Sprachen übersetzt und zehnmal neu aufgelegt.

Langer hat noch mehrere populäre Bücher verfasst: *Personal Politics* (mit Carol Dweck, 1973), *The Psychology of Control* (1983) und *Kluges Lernen* (1997). Ihr Artikel über »Mindfulness – Mindlessness« erschien in der *Encyclopedia of Psychology* (hrsg. von R. Cosini, 1994). Sie lebt in Massachusetts.

Tao Te King
5. bis 3. Jahrhundert v. Chr.

Umgehe alle Hindernisse. Stell dich ihnen nicht entgegen. Kämpfe nicht um den Erfolg. Warte auf den richtigen Augenblick.

Aktiv sich um Verständnis zu bemühen ist wie das Bestreben, durch schlammiges Wasser auf den Grund zu sehen. Sei still und warte, bis der Schlamm sich setzt. Bleibe still, bis es Zeit ist zu handeln.

Hör auf, an deiner Person zu hängen und alles persönlich zu sehen. Wer immer dies vollbracht hat, dem kann man bedenkenlos die Welt anvertrauen.

Der Weise bewahrt Gleichmut,
ob ihn nun Freund oder Feind,
Gewinn oder Verlust,
Ruhm oder Schande
erwarten.
Dies ist es, was ihn auszeichnet.

KURZ GESAGT
Gestalten Sie Ihr Leben einfacher und effektiver, indem Sie sich auf den natürlichen Fluss der Dinge einstellen.

ÄHNLICHE TITEL
Deepak Chopra, *Die sieben geistigen Gesetze des Erfolgs*

· 34 ·
Lao Tse

Das *Tao Te King* ist einer der großen geistigen Schätze der Welt, dessen gedankliche Tiefe von Millionen geschätzt wird. Es stellt die älteste Schrift des Taoismus dar und ist gleichzeitig Meditationstext. Seine zeitlose Philosophie betrachtet Kraft als etwas, das nur aus der Harmonie mit der Natur entstehen kann. Daher liefert das Tao Te King auch sinnvolle Tipps für das Management und lässt sich hervorragend auf unser heutiges Leben anwenden.

Sein Titel bedeutet »Weg der Kraft« oder »Der Klassiker (King) von Weg (Tao) und Tugend (Te)«. Dabei bestimmt das Tao das Te bzw. die Art, wie ein Mensch handelt, der im Einklang mit dem Tao lebt. Was immer begrifflich bestimmt werden kann, ist nicht Tao. Tao ist der zeitlose Geist, der alles Leben vereint und die natürliche Einheit des Universums schafft. Tao ist auch nicht Gott, denn Gott ist etwas, das aus dem Tao entsteht.

Das Tao Te King zeichnet uns das Bild eines Menschen, der voll im Einklang mit dem Tao und folglich mit dem Universum lebt. Martin Palmer, der das Vorwort zu Timothy Frekes ausgezeichneter englischer Übersetzung geschrieben hat, meint, es zeige »eine Welt der Ordnung, mit der wir arbeiten müssen, keine Welt, in der jeder auf sich selbst gestellt ist«. In dieser Welt hören wir auf zu kämpfen, weil wir erkennen, dass uns nur die Harmonie bringt, was wir brauchen, nicht der tägliche Kampf.

Sobald wir im Einklang mit dem Tao leben, hören wir auf, aktiv etwas zu tun. Csikszentmihaly nennt diesen Zustand »Flow«. Der Physiker David Bohm spricht vom »Sich-Entfalten«. Gewöhnliches Handeln erfordert einen Willensakt. Wir manipulieren die Umwelt oder andere lebende Wesen, mitunter beuten wir sie sogar aus. Tao vereint, gewöhnliches Handeln trennt.

Lao Tse

Führungskraft im Zeichen des Tao

Für Lao Tse gab es zwei Arten von Führungspersönlichkeiten: Der konventionelle Führer oder Krieger, der mit Gewalt seine Ziele erreicht, symbolisiert das Yang oder den maskulinen Aspekt. Der Heiler, der für den weiblichen Aspekt des Yin steht, verwirklicht die Idee von der »Herrschaft durch Dienen«, in dem der Führer selbst in den Hintergrund tritt, um dem Volk die Rolle des Stars zu überlassen.

Häufig heißt es, ein Chef solle umso weniger Macht einsetzen, je mehr er besitze. Diese Vorstellung entstand in der neuen Arbeitswelt des Teamwork, der flachen Hierarchien, der Synergien der am besten geführten Unternehmen. Dort steigert man die Effektivität durch Weitergabe der Macht an die Mitarbeiter. Wie Untersuchungen zeigen, haben solche Unternehmen mehr Chancen, Ideen oder Produkte zu schaffen, die das Leben wirklich verbessern.

So kann es sein, dass im Jahr 2020 wirklich gute Führungskräfte schwer zu finden sein werden, denn gesellschaftliche Stellung oder Vermögen werden nicht mehr ohne weiteres zu Einfluss führen. Lao Tse meint dazu:

> *Der Weise zeichnet sich aus,*
> *weil er sich als Teil des Ganzen betrachtet.*
> *Er sticht hervor,*
> *weil er nicht beeindrucken will.*
> *Er erreicht Großes,*
> *weil er nicht nach Anerkennung strebt.*
> *Seine Weisheit zeigt sich in seinem Wesen,*
> *nicht in seiner Meinung.*
> *Er streitet mit niemandem,*
> *und daher streitet niemand mit ihm.*

Zuhören, Belohnen, Zusammenarbeiten, Offenheit und die Suche nach der bestmöglichen Lösung – diese Yin-Eigenschaften müssen die vorwärts strebende Yang-Kraft ausbalancieren, die zu der Kultur beigetragen hat, in der wir heute leben. Dass sie diese beiden Aspekte zusammenführen kann, wird ein entscheidendes Merkmal der neuen Führungspersönlichkeit sein. Denn ihre Glaubwürdigkeit beruht weder auf dem, was sie sagt, noch auf dem, was sie bisher geleistet hat: »Seine Weisheit zeigt sich in seinem Wesen.«

Erfolg im Zeichen des Tao

Für ein Buch, dessen einziges Thema ein erfolgreiches Leben ist, erteilt das Tao Te King seltsame Ratschläge: »Gib auf und du wirst Erfolg haben.«

Wie passt dies zu dem aktiven Verfolgen unserer Ziele, das uns so viele andere Selbsthilfebücher ans Herz legen? Nehmen wir zum Beispiel Anthony Robbins' *Das Robbins-Power-Prinzip*, der Archetyp des modernen Buches zur Persönlichkeitsentwicklung. Sein Untertitel lautet: »Wie Sie Ihre wahren inneren Kräfte sofort einsetzen«. Darin liegt die ganze Ethik des Selbstschöpfungsprozesses verborgen. Wir wissen, was wir wollen, was uns glücklich macht. Wir kennen unser grenzenloses Potenzial.

Das Tao Te King hingegen lehrt uns, wie wir ein einfaches Leben führen können, in dem es nicht um Ruhm, Reichtum oder Macht geht. Dieses Buch strahlt eine stille Freude am Leben im Augenblick aus, ein Leben, das nicht versucht, etwas Bestimmtes herbeizuführen oder gar andere dazu zu bringen, unseren Willen zu erfüllen. Es ist auch ein Buch über die Bedeutung des Wartens: »Sei still und warte, bis der Schlamm sich setzt. Bleibe still, bis es Zeit ist zu handeln.«

Welcher Weg ist nun der bessere? Konzentration und unermüdliches Streben, um eine gewaltige Leistung aus eigener Kraft zu vollbringen? Oder das sanfte Mitschwingen mit dem Fluss des Lebens, in dem wir das, was geschieht, einfach zulassen? Das kommt ganz darauf an, was tief in unserem Herzen verborgen liegt. Entweder wir glauben an uns selbst (eine gute Sache) oder an die Intelligenz, die das Universum steuert (Tao). In Lao Tses Vorstellung hat das Tao alles geschaffen. Daher ist auch nur das Tao in der Lage, uns Frieden, Freude und Energie zu schenken. Das zwanghafte Streben resultiert aus der Vorstellung, dass wir uns die Welt oder zumindest einen kleinen Teil von ihr unterwerfen müssen, um das zu bekommen, was uns fehlt. Daher ist der ehrgeizige Versuch, etwas zu schaffen, zwar ein natürlicher Ausdruck unserer Identität, doch vielleicht ist dies nicht der beste Weg zum Erfolg. Stattdessen sollten wir unser Ziel als Symbol der größeren Einheit betrachten, die das Tao Te King uns zeigt. Diese Einheit nennt Lao Tse den »Weg des Himmels«.

Zu guter Letzt

Auf den ersten Blick wirkt das Tao Te King ein wenig seltsam. Dabei besitzt es die Kraft, unsere Vorstellung von Erfolg und Leben tief greifend zu verändern. Vielleicht sollten Sie versuchen, Ihre Weltanschauung innerhalb derer des Tao anzusiedeln, statt das Tao Te King Ihren Vorstellungen anpassen zu wollen.

Lesen Sie es nicht von Anfang bis Ende durch. Es handelt sich ja nicht um eine Geschichte mit einer durchgehenden Handlung. Sie finden darin vielmehr meditative Verse, die scheinbar gar nichts miteinander zu tun haben. Die hypnotische Kraft dieses Textes entsteht aus Strophen wie diesen:

*Der Reisende hält inne, weil man ihm leckere Speisen
zu wohlklingender Musik anbietet.
Die Beschreibung des Tao jedoch erscheint fade und ausdruckslos.
Es sieht so unscheinbar aus.
Es hört sich so belanglos an.
Doch richte dein Leben danach aus, und du wirst seiner niemals müde werden.*

Erfolg kommt nicht von ungefähr – Durch Psychokybernetik positiv denken und handeln

1960

Der Mensch ist seiner Natur nach ein Wesen, das sich Ziele setzt. Und da der Mensch nun einmal so ist, ist er nicht glücklich, wenn er nicht auf diese Weise »funktionieren« kann: auf ein Ziel hinarbeiten. Aus diesem Grund ergänzen sich wahrer Erfolg und wahres Glück nicht bloß. Sie steigern sich wechselseitig.

Gehirn und Nervensystem arbeiten so zusammen, dass sich daraus ein komplexer und wunderbar funktionierender Mechanismus für Erfolg versprechendes Handeln ergibt, eine Art eingebautes Leitsystem, das Sie entweder zum Erfolg oder zum Scheitern führt, je nachdem, wie »Sie«, der Programmierer, mit diesem System arbeiten und welche Ziele Sie eingeben.

KURZ GESAGT

Unser Körper bzw. unser Gehirn ist ein brillantes, selbstständig arbeitendes System zur Verwirklichung unserer Ziele. Nutzen Sie es.

ÄHNLICHE TITEL

Steve Andreas, Charles Faulkner, *Praxiskurs NLP*
Anthony Robbins, *Das Robbins-Power-Prinzip*

· 35 ·
Maxwell Maltz

Den Informationen der gemeinnützigen *Psycho-Cybernetics Foundation* zufolge wurde dieses Buch – die verschiedenen US-Ausgaben und die Übersetzungen in die wichtigsten Sprachen eingeschlossen – weltweit mehr als 25 Millionen Mal verkauft.

Diese enorme Menge an Lesern hebt das Buch an und für sich bereits von anderen Titeln ab. Vollkommen rätselhaft wird das Phänomen Maxwell Maltz aber, wenn man sich vor Augen hält, dass der Autor trotzdem nicht annähernd die Bekanntheit eines Dale Carnegie oder eines Norman Vincent Peale erlangt hat. Was also finden die Leser an diesem unspektakulären Taschenbuch so aufregend?

Was ist Kybernetik?

Das Wort »Kybernetik« stammt vom griechischen kybernetes ab, was wörtlich »Steuermann« bedeutet. Im gewöhnlichen Sprachgebrauch werden damit Kontroll- und Steuersysteme in Maschinen, aber auch bei Tieren bezeichnet. Es geht letztlich darum, wie ein Programm bzw. eine Maus es anstellt, eine bestimmte Aufgabe zu erledigen. Doch Maxwell Maltz ließ sich zwar von dieser Idee inspirieren, gleichzeitig aber zeigt sein Buch deutlich, dass der Mensch nicht auf den Status einer Maschine reduziert werden kann. Die Psychokybernetik füllt die Lücke zwischen den mechanistischen Modellen vom Gehirn (die dieses nur als »Rechenmaschine« betrachten) und unserem intuitiven Wissen, dass wir weit mehr sind als nur Maschinen.

Maltz meint, dem Menschen sei eine bestimmte »Essenz« oder Lebenskraft eigen, die nicht nur aus dem Zusammenspiel zwischen Körper und Gehirn hervorgeht. Jung nannte diese Kraft »Libido«,

Bergson »élan vital«. Der Mensch besteht nicht bloß aus Gehirn und Körper. Elektrizität lässt sich ja auch nicht auf den Draht reduzieren, durch den der Strom fließt. Wir sind vielmehr selbst Systeme, die in steter Veränderung begriffen sind.

Diese Unterscheidung zwischen Gehirn und Geist ist für manche Leser vielleicht nicht akzeptabel, doch zieht man Maltz' Kernaussage in Betracht, ist sie durchaus begründet: »Der Mensch ist keine Maschine, aber er besitzt und benutzt eine.« Wollen wir die grundlegende Ausrichtung seines Buches – das Erreichen gesetzter Ziele – begreifen, ist diese Unterscheidung sogar von enormer Bedeutung.

Raketentechnologie auf den Menschen angewandt

Der Begründer der Kybernetik ist der amerikanische Mathematiker Norbert Wiener, der im Zweiten Weltkrieg an der Steuerung automatischer Raketen arbeitete. Wiener untersuchte die grundlegenden Ähnlichkeiten im Verhalten von Maschinen, Tieren, Gesellschaften und Menschen und war daher seiner Zeit um Längen voraus, als er vorhersagte, dass Maschinen einmal wie Menschen »denken« würden. Er sah, dass sowohl Computer als auch das menschliche Gehirn Daten aufnahmen und neue »Denkwege« schufen, die benutzt wurden, um mit der Umwelt zu kommunizieren. Das Feedback aus der Umgebung diente dann dazu, den Prozess zu verfeinern und die Kommunikation weiter zu verbessern.

Diese Rückkopplungsschleife von Kontrolle, Kommunikation und Feedback ist der grundlegende Mechanismus zur Umsetzung von Zielen. Sobald dieser Mechanismus bei der Rakete einrastet, erreicht sie unweigerlich ihr Ziel. Die dazu erforderlichen Abstimmungsprozesse erfolgen durch Feedback und Kommunikation mit sich selbst.

Das inspirierte Maltz zu der Frage, weshalb diese Technologie nicht auch auf Menschen angewandt wurde. Er erkannte schnell, dass diese

Rückkoppelungsschleife sich automatisch einschaltet, wenn das Ziel klar bestimmt ist. Wenn Sie Auto fahren lernen, dann müssen Sie anfangs auch auf jedes Auto, jedes Verkehrszeichen achten. Sie fahren langsam und vermutlich verfahren Sie sich relativ häufig. Mit der Zeit allerdings wird Ihnen das Fahren zur Selbstverständlichkeit. Sie wissen, wohin Sie wollen, und Körper und Geist tun automatisch das Notwendige, um Sie dorthin zu bringen.

Die Kybernetik schien Maltz deshalb so wichtig, weil sie implizierte, dass es an uns liegt, ob wir unser Ziel erreichen oder nicht. Für den Prozess war das »Was« offenkundig wesentlich entscheidender als das »Wie«. Die Frontallappen des Gehirns, also der Teil, in dem das bewusste Denken abläuft, setzt das Ziel, zum Beispiel ein Bild, das uns so zeigt, wie wir gerne wären. Dann kommt das Unbewusste zum Zug, das dafür sorgt, dass dieses Ziel erreicht wird. Dieser so genannte »Set and Forget«-Mechanismus lässt sich nicht nur für Raketen einsetzen, sondern auch zur Erfüllung unserer innersten Wünsche.

Die Bedeutung des Selbstbildes

Maltz war plastischer Chirurg und hatte als solcher einen ausgezeichneten Ruf. Trotzdem fragte er sich, weshalb so viele Patienten nach einer solchen Operation nicht glücklicher waren als vorher, auch wenn entstellende Narben oder andere Missbildungen beseitigt waren. Er begann die neuen psychologischen Erkenntnisse vom Selbstbild zu studieren. Diese besagten, dass unser Denken und Handeln von einem tief in uns verankerten Selbstbild gesteuert werden. Wenn die Patienten also nicht lernten, ihre inneren Bilder zu korrigieren, würden sie sich weiterhin hässlich fühlen, auch wenn er als plastischer Chirurg ganze Arbeit geleistet hatte.

Er erkannte, dass das Selbstbild der Schlüssel zu einem besseren Leben ist. Wenn wir unser Selbstbild nicht begreifen, dann werden wir nie zum Kern unserer Persönlichkeit vordringen, sondern immer mehr oder weniger erfolgreich an den »Rändern« herumbasteln. So nützt uns die Technik des positiven Denkens gar nichts, wenn wir sie nur auf die äußeren Umstände beziehen. Sich ständig zu sagen »Ich werde diesen Job bekommen!« hilft uns kein bisschen, wenn wir uns nicht auch vorstellen können, dass wir ihn tatsächlich ausüben. Und dies können wir nur, wenn er zu unserem Selbstbild passt.

Wie funktioniert Psychokybernetik?

Unser Selbstbild beruht auf dem, was wir selbst über uns glauben. Dies wiederum ist das Ergebnis vergangener Erfolge und Misserfolge bzw. der Tatsache, wie andere Menschen uns sehen. Beides sollte, so Maltz, unsere gegenwärtigen seelischen Reaktionsmuster nicht beeinflussen können. Denn das Selbstbild ist zunächst einmal wertneutral. Für seine Entstehung ist es nicht von Bedeutung, ob es positiv oder negativ auf uns wirkt. Es bildet sich einfach aus dem Input, den wir auf psychischer Ebene erhalten. Wir können also ein Selbstbild schaffen, in dem Raum für Wohlstand, inneren Frieden und Größe ist. Oder wir können uns weiter mit einem Selbstbild plagen, das uns morgens kaum aus dem Bett kommen lässt. Nur fällt uns ein positives Selbstbild nicht einfach so in den Schoß. Wir müssen darüber nachdenken und uns dann darum bemühen.

Wie aber lässt sich ein bereits vorhandenes Selbstbild ändern? Was tut ein Mensch, der bislang hauptsächlich Misserfolge hatte? Diese Frage war für Maltz von enormer Bedeutung, denn scheinbar ließ sich das Selbstbild nur durch Erfahrung und nicht auf intellektuellem Weg verändern. Bald allerdings stellte sich heraus, dass dies nicht stimmt. Dies ist eines der faszinierendsten Kapitel im ganzen Buch. Die Klinische und die Experimentalpsychologie hatten zweifelsfrei festgestellt, dass das Hirn nicht zwischen einer realen und einer imaginierten Erfahrung unterscheiden kann, wenn letztere nur lebhaft genug ist. (Schon Jahre zuvor hatte William James, der Vater der amerikanischen Psychologie, auf die grundsätzlich bewusstseinszentrierte Qualität der menschlichen Erfahrung hingewiesen.) Dies aber bedeutet, dass negative Bilder durch positive ersetzt werden können, sodass man vergangenen Ereignissen ihre Macht über die Gegenwart nehmen kann. Das Schöne am Selbstbild ist, dass es zwar ausschlaggebend für Erfolg oder Misserfolg ist, sich jedoch gleichzeitig als extrem beeinflussbar erweist.

Das Bild leben

Unser Gehirn denkt »in Bildern«. Wenn Sie also bewusst das gewünschte Bild von sich schaffen können, dann werden Gehirn und Nervensystem versuchen, das vorgegebene Bild umzusetzen. In einem bekannten klinischen Experiment trainierten Basketballspieler, mehr Körbe zu werfen. Die eine Gruppe trainierte »richtig« auf dem Spielfeld, die andere visualisierte das Gewünschte nur. Am Ende übertraf die zweite Gruppe die erste bei weitem, obwohl sie gar nicht wirklich trainiert hatte.

Gehirn, Nervensystem und Muskeln sind die gehorsamen Diener der Bilder in unserem Kopf. Doch wie stark unser Körper und unser Gehirn auf dieses Bild reagieren, hängt ganz davon ab, wie tief es eingebrannt ist. Es muss quasi eins mit unseren physischen Denkstrukturen geworden sein. Mit solch einem starken Selbstbild ist es nicht mehr schwierig, die einzelnen Züge dieses Selbst in die Tat umzusetzen. Dann »haben« wir keine Ziele mehr, sondern werden zu solchen.

Zu guter Letzt

In der Selbsthilfeliteratur geht es immer wieder um Ziele und wie man sie erreicht. Doch wie funktioniert dieser Prozess im Allgemeinen? Und warum? Maltz war der Erste, der den Mechanismus als solchen untersuchte, und übte folglich auf Generationen von Autoren, die sich mit dem Thema »Erfolg« auseinander setzten, einen enormen Einfluss aus. Seine Konzentration auf das Selbstbild des Menschen ebnete den Weg für andere Bücher über die Macht der Affirmationen und der Visualisierung. *Erfolg kommt nicht von ungefähr* wurde unter anderem deshalb so häufig gelesen, weil das Buch eine wissenschaftliche Grundlage für die Erfüllung der eigenen Träume lieferte.

Obwohl die Informationen sehr populär aufbereitet sind, ist Maltz' Buch ein klassisches Lehrbuch. Die Kapitel über Informatik und Computerwissen sind heute natürlich veraltet, doch die Prinzipien der Kybernetik haben seither an Einfluss gewonnen. Die Chaostheorie, die Kognitionswissenschaft und die Forschung über Künstliche Intelligenz verdanken sich alle der kybernetischen Entdeckung, dass das Nicht-Materielle letztlich die Materie steuert – das berühmte »Phantom in der Maschine«, von dem bereits Descartes spricht. Daher ist *Erfolg kommt nicht von ungefähr* das ideale Selbsthilfebuch für eine technologiehungrige Kultur.

Bewundernswert ist es vor allem deshalb, weil es zu einer Zeit geschrieben wurde, als der Behaviorismus, der die Menschen auf schlichte Reiz-Reaktions-Muster reduzierte, auf seinem Höhepunkt war. Maltz erkannte, dass wir den »Maschinen« zwar ähneln, weil die Dynamik unserer Zielsetzung genauso funktioniert, doch die Vielfalt unserer Träume und Ziele macht schließlich unsere Fähigkeit aus, neue Welten zu schaffen. Dies ist eine einzigartige Gabe des Menschen. Denn der Funke der Fantasie, des Willens und des Strebens lässt sich nicht auf mechanische Prozesse reduzieren.

Über Maxwell Maltz

Maltz wurde in Europa geboren und erzogen, verbrachte jedoch den größten Teil seines Lebens als Erwachsener in New York, wo er eine renommierte Praxis für plastische Chirurgie unterhielt. Sein Buch *New Faces, New Futures* berichtet von einzelnen Patienten, deren Leben durch die kosmetische Chirurgie verändert wurde. Durch seine Forschungsarbeit zu den wenigen Patienten, deren Leben sich trotz erfolgreicher Operation nicht änderte, stieß Maltz auf die Arbeiten des Psychologen Prescott Lecky. Dieser prägte den Begriff der »self-consistency«: Das Handeln eines Patienten müsse sich mit seinem Selbstbild decken. Als Maltz *Erfolg kommt nicht von ungefähr* veröffentlichte, war er schon über sechzig Jahre alt.

Da er damit einen so überwältigenden Erfolg hatte, hielt er in den sechziger und siebziger Jahren des 20. Jahrhunderts immer wieder Vorträge, in denen er seine Ideen vorstellte. Auch Salvador Dalí schätzte den Autor, dem er ein »psychokybernetisches« Werk schenkte. Maltz starb 1971 mit 76 Jahren.

Auch wenn *Erfolg kommt nicht von ungefähr* alle anderen Titel überschattete, so hat Maltz doch noch mehr Bücher geschrieben: *So können Sie werden, wie Sie sein möchten* und *Sie und Ihr Ich*. Seine Autobiografie, *Dr. Pygmalion*, liegt nur in englischer Sprache vor. Maltz' Arbeit wird nun von der *Psycho-Cybernetics Foundation* (www.psychocybernetics.com) weitergeführt.

Motivation und Persönlichkeit

1954

Ein Mensch zu sein – in dem Sinne, dass man in die menschliche Rasse hineingeboren wird – heißt auch, ein Mensch zu werden. Vor diesem Hintergrund ist ein Baby zunächst einmal nur ein potenzieller Mensch. Es muss in sein Mensch-Sein erst hineinwachsen.

Ich nahm die Daten der experimentellen Psychologie ebenso auf wie die der Psychoanalyse und gründete darauf meine Arbeit. Ich akzeptierte, dass Erstere empirisch vorging und dass Letztere die Tiefen der Psyche zu demaskieren versuchte. Was ich nicht akzeptierte, war das Menschenbild, das beide zeichneten. Dieses Buch präsentiert also eine andere Auffassung von der menschlichen Natur, ein neues Menschenbild.

KURZ GESAGT
Volle geistige Gesundheit besteht nicht nur in der Abwesenheit von Neurosen, sondern ebenso in der Erfüllung des menschlichen Potenzials.

ÄHNLICHE TITEL
Pierre Teilhard der Chardin, *Der Mensch im Kosmos*

Abraham Maslow

Im Sommer 1962 war Abraham Maslow im dichten Nebel auf der Küstenstraße des Big Sur in Kalifornien unterwegs. Als er ein höchst interessantes Schild bemerkte, bog er ab. Am Ende der Straße entdeckte er das weltweit erste Zentrum zur Persönlichkeitsentwicklung, das berühmte Esalen Institut im Big Sur. Und als er ausstieg, um sich das Ganze näher anzusehen, stellte er fest, dass die lächelnden Mitglieder des Teams gerade sein Buch *Psychologie des Seins* auspackten.

Vielleicht war es unvermeidlich, dass Maslow zum Protagonisten des *Human Potential Movements** wurde, das in den sechziger Jahren des 20. Jahrhunderts die Psychologie revolutionierte. In Motivation und Persönlichkeit stellte er schließlich das Bild des sich selbst verwirklichenden Menschen vor, das eine ganze Generation prägte. Zusammen mit Carl Rogers und Rollo May begründete Maslow die »dritte Kraft«, den humanistischen Zweig der Psychologie mit ihrem bekannten Ableger, der Transpersonalen Psychologie. Beide zielen darauf ab, den Menschen nicht nur nach seinen unmittelbaren Bedürfnissen zu beurteilen, sondern auch die spirituelle und kosmologische Dimension mit einzubeziehen.

Dabei war Maslow alles andere als ein Revoluzzer. Er wehrte sich als Psychologe nur gegen die beiden damals vorherrschenden Richtungen in der Psychologie: den Behaviorismus, der den Menschen auf seine Reiz-Reaktions-Muster reduzierte, und die Psychoanalyse Freud'scher Prägung, die die wahren Antriebskräfte des Menschen im Unbewussten lokalisierte. Motivation und Persönlichkeit versuchte dagegen, innerhalb der Grenzen wissenschaftlicher Methoden eine ganzheitliche Sicht des Menschen zu gewinnen, wie Künstler und Dichter sie immer schon besaßen. Statt den Menschen nur als Summe seiner Bedürfnisse und

---

* „Bewegung für das menschliche Potenzial", aus der sich neue therapeutische Techniken wie Gestalttherapie, Bioenergetik und humanistische Psychologie entwickelten

Triebe zu betrachten, sah Maslow uns als Wesen mit unendlichen Entwicklungsmöglichkeiten. Sein Glaube an die Möglichkeiten des Menschen sowie der von ihm geschaffenen Institutionen und Kulturen machte seine Arbeit so ungeheuer einflussreich.

Selbstverwirklichung und die Bedürfnispyramide

Maslows Bedürfnispyramide ist in der Psychologie mittlerweile wohl bekannt. Er teilte die menschlichen Bedürfnisse in drei Gruppen ein: Die physiologischen Bedürfnisse Luft, Nahrung und Wasser; die psychologischen Bedürfnisse Sicherheit, Liebe und Selbstachtung; und schließlich das höchste Bedürfnis, die Selbstverwirklichung. Maslow erkannte, dass die »höheren« Bedürfnisse genauso Teil unserer Natur sind wie die »niederen«, dass sie genauso instinktiv und biologisch motiviert sind. In vielen Kulturen werden die niederen und höheren Bedürfnisse als voneinander getrennt betrachtet. Man nimmt teilweise sogar an, dass die animalischen Triebe an der Basis der Pyramide dem höheren Streben nach Wahrheit, Liebe und Schönheit entgegenstehen. Maslow jedoch stellt die verschiedenen Bedürfnisse als Kontinuum dar, in dem die Grundbedürfnisse befriedigt werden, bevor sich der Mensch seiner moralischen und geistigen Entwicklung widmen kann. Wenn wir unsere körperlichen Bedürfnisse gestillt und einen Zustand erlangt haben, in dem wir uns geliebt, geachtet und als Teil einer Gemeinschaft fühlen, wenn wir unserer religiösen Identität und unserer Weltanschauung Ausdruck verleihen können, dann beginnen wir, nach Selbstverwirklichung zu streben.

Menschen, die sich selbst verwirklichen können, nutzen ihre Talente, Fähigkeiten und Potenziale voll aus. Solche Menschen haben nicht nur äußerlich Erfolg, sondern strahlen diesen auch als Persönlichkeit aus. Sie sind zwar nicht vollkommen, scheinen aber keine gröberen Fehler zu haben. Seit Daniel Goleman seinen Bestseller über emotionale Intelligenz geschrieben hat, weiß jeder, dass diese ein wichtiger Erfolgsfaktor ist. Doch ein selbstverwirklichter Mensch verfügt über diese Art der Intelligenz mehr oder weniger von selbst.

Maslows Forschungsarbeit basiert auf der Auseinandersetzung mit sieben seiner Zeitgenossen und neun historischen Figuren: den amerikanischen Präsidenten Abraham Lincoln und Thomas Jefferson, dem Wissenschaftler Albert Einstein, der Präsidentengattin Eleanor Roosevelt, die sich durch ihren Einsatz für humanitäre Zwecke hervortat, der Sozialreformerin und Frauenrechtlerin Jane Addams, dem Psychologen William James, dem Arzt und Humanisten Albert Schweitzer, dem Schriftsteller Aldous Huxley sowie dem Philosophen Baruch Spinoza. Auf dieser Grundlage erarbeitete Maslow eine Liste mit neunzehn Eigenschaften, die einen selbstverwirklichten Menschen auszeichnen:

- **Eine klare Sicht der Wirklichkeit** (wozu auch die überdurchschnittlich ausgeprägte Gabe gehört, Falschheit zu erkennen und Charaktere richtig einzuschätzen)
- **Akzeptanz** (der eigenen Person, der anderen Menschen und der Ereignisse im Allgemeinen)
- **Spontaneität** (ein reiches, unkonventionelles Innenleben mit einer beinahe kindlichen Fähigkeit, die Welt ständig mit neuen Augen zu sehen und Schönheit auch im Alltäglichen zu erblicken)
- **Problemzentriertheit** (Konzentration auf Fragen und Herausforderungen, die nichts mit der eigenen Person zu tun haben; das Gefühl, eine Mission zu haben; daraus ergibt sich dann das Fehlen von Kleinlichkeit, exzessiver Innenschau sowie den zugehörigen Egospielchen)
- **Bedürfnis nach Alleinsein** (das um seiner selbst willen geschätzt wird; Alleinsein bringt Gelassenheit und die Fähigkeit, sich innerlich

von Krisen zu lösen; es schenkt Unabhängigkeit im Denken und in den Entscheidungen)
- **Autonomie** (Unabhängigkeit von der Meinung anderer Menschen; innere Befriedigung ist wichtiger als Status oder Geld)
- **Grenzerfahrungen oder mystische Erlebnisse** (bei denen die Zeit stillzustehen scheint)
- **Gemeinschaftsgefühl** (der tief empfundene Wunsch, anderen zu helfen)
- **Demut und Respekt** (der Glaube, von anderen lernen zu können; die Einsicht, dass sogar der schlechteste Mensch noch nette Züge haben kann)
- **Ethik** (klare, manchmal sogar recht konventionelle Vorstellungen von Richtig und Falsch)
- **Philosophischer Sinn für Humor** (amüsiert sich nicht, wenn Scherze auf Kosten anderer gehen, kann aber über die menschlichen Eitelkeiten lachen)
- **Kreativität** (nicht das angeborene Genie eines Wunderkindes, sondern die Gabe, in allem, was getan oder gesagt werden muss, eigene Wege zu finden)
- **Widerstand** gegen gesellschaftliche Anpassung (ist in der Lage, über kulturelle und historische Stereotypen hinauszublicken)
- **Kleine Unvollkommenheiten** (Schuld, Angst, Eifersucht, Selbstkritik etc., all das, worunter auch normale Menschen leiden, solange kein neurotisches Verhalten vorliegt)
- **Werte** (die auf einer positiven Weltsicht beruhen; das Universum wird nicht als Kampfstätte betrachtet, sondern als Ort der Fülle, der uns alles zur Verfügung stellt, was wir brauchen, um unseren höchstpersönlichen Beitrag zu leisten)

Und es gibt noch einen weiteren feinen Unterschied zum »Normalbürger«. Die meisten Menschen sehen das Leben als Wettlauf um all die

Elemente, die man glaubt, erreichen zu müssen: materiellen Wohlstand, Familie oder Karriere. Psychologen nennen dies »Motivation aus dem Mangel«. Ein Mensch, der sich selbst verwirklicht, konzentriert sich nicht auf das, was ihm fehlt, sondern entwickelt etwas Neues. Ehrgeiz kennt er nur, sofern er seine Möglichkeiten betrifft, sich selbst vollkommen auszudrücken und das eigene Tun zu genießen.

Außerdem verfügt der selbstverwirklichte Mensch über eine tief greifende geistige Freiheit. Er hat erkannt, dass es zwischen Reiz und Reaktion eine Lücke gibt (wie Stephen Covey dies so schön darlegt) und dass somit keine Reaktion automatisch zu erfolgen braucht. Der in der klassischen Psychotherapie angestrebte »gut angepasste« Mensch hingegen (der von Neurosen frei ist) weiß vielleicht nie, wer er wirklich ist und worin Sinn und Zweck seines Lebens bestehen. Theodore Roszak drückt dies in *Person/Planet* so aus:

> *Maslow stellte den Psychologen die Gretchenfrage, als er die Selbstverwirklichung als eigentliches Ziel jeder Therapie bezeichnete: Warum setzen wir unsere Vorstellung von Gesundheit so niedrig an? Können wir uns kein besseres Menschenbild denken als den eifrigen Konsumenten, den gut angepassten Versorger der Familie? Warum ist nicht der Heilige, der Weise, der Künstler unser Ziel? Warum sollten wir uns nicht auf das Höchste und Beste konzentrieren, das unsere Art hervorgebracht hat?*

Maslow machte die interessante Feststellung, dass die von ihm untersuchten Modelle für den selbstverwirklichten Menschen zwar die oben angegebenen Charakterzüge teilten, dass sie jedoch gleichzeitig individualistischer waren als jede bislang beschriebene Kontrollgruppe in der psychologischen Forschung. Dies ist das eigentliche Paradox am selbstverwirklichten Menschen: Je mehr der oben beschriebenen Züge auf ihn zutreffen, desto einzigartiger ist er.

Zu guter Letzt

Maslows Verdienst liegt vor allem darin, dass er das, was der Mensch sein und werden kann, wieder ins Blickfeld der Psychologie gerückt hat. Geistige Gesundheit sollte nicht nur »Freiheit von Neurosen« sein. Eine gesunde Psyche zeigt auch das Streben nach Selbstverwirklichung. Diese grundlegende Veränderung im psychologischen Menschenbild zeigte in allen Bereichen des menschlichen Daseins ihre Auswirkung.

Als er *Motivation und Persönlichkeit* schrieb, war Maslow davon überzeugt, dass es nur sehr wenige selbstverwirklichte Menschen gab, dass diese wenigen jedoch die ganze Welt verändern konnten. Wenn man bedenkt, welch ungeheuren Einfluss die Kulturkritik der Achtundsechziger ausübte, ist man heute versucht, Maslow Recht zu geben.

Seine Bedürfnispyramide wurde grundlegend für das Verständnis von Motivation am Arbeitsplatz. Man versuchte in den Unternehmen immer mehr, den Wunsch nach Selbstverwirklichung der Arbeitnehmer zu berücksichtigen. Maslow sah den Trend zur Persönlichkeitsentwicklung voraus. Er erkannte, dass bald nicht mehr Geld, sondern Befriedigung die höchste motivierende Kraft im Leben des Arbeitnehmers sein würde.

Seine Forderungen gehen von hohen Standards für das menschliche Leben aus. Daher wirft man ihm meist auch vor, zu utopisch gedacht und ein Idealbild entworfen zu haben, das nicht existiert. Er starb, bevor er sich dem Problem zuwenden konnte, das er nach Ansicht vieler Fachleute ignoriert hatte: dem Bösen. Der Wunsch nach Selbstverwirklichung mag entscheidend für die Ausbreitung der Demokratie bzw. im Kampf für die Menschenrechte sein, doch was hat Selbstverwirklichung mit den Gräueltaten in Ruanda oder im Kosovo zu tun?

Wenn das Streben nach Selbstverwirklichung Teil der menschlichen Natur ist, dann kommt es, wenn es nicht erfüllt werden kann, zum Vakuum, das mit Repression, Armut und Nationalismus gefüllt wird. Das Vakuum schafft die Bereitschaft zum Bösen. Wenn man das

Problem von dieser Warte aus betrachtet, verliert die Selbstverwirklichung ihren luxuriösen Beigeschmack und wird zur Grundlage für die Entwicklung der menschlichen Art.

Über Abraham Maslow
Maslow kam 1908 als Kind russisch-jüdischer Emigranten im New Yorker Stadtteil Brooklyn zur Welt. Er war das älteste von sieben Kindern. Es hieß von ihm, er sei scheu, neurotisch und depressiv, besitze jedoch eine angeborene Neugierde und einen absolut überdurchschnittlichen Intelligenzquotienten (195). Dies verhalf ihm zu frühem schulischem Erfolg.

Im College wurde Maslow am stärksten von Harry Harlow, dem bekannten Primatenforscher, und dem Behavioristen Edward Thorndike beeinflusst. Die Forschungen, die er an der Columbia-Universität über das Sexualleben von Frauen am College anstellte, waren nicht unumstritten. Während seiner vierzehnjährigen Tätigkeit als Professor am *Brooklyn College* gehörten Alfred Adler, Karen Horney, Erich Fromm und Margaret Mead zu seinen Fürsprechern. Die Anthropologin Ruth Benedict sowie der Begründer der Gestalttherapie Max Wertheimer wurden zu seinen Freunden und zu den ersten Rollenmodellen für den selbstverwirklichten Menschen. 1951 ging Maslow an die Brandeis-Universität, wo er blieb, bis er ein Jahr vor seinem Tod ausschied. Während dieser Zeit entstand *Motivation und Persönlichkeit*.

1962 hielt Maslow eine Vortragsreihe in einem kalifornischen Hightech-Unternehmen. Dies führte dazu, dass er seine Vorstellung von der Selbstverwirklichung dem Geschäftsleben anpasste. Er schrieb darüber ein Buch mit dem Titel *Eupsychian Management: A Journal*, das 1965 erschien. 1962 kam *Die Psychologie des Seins* heraus, ein Jahr nach seinem Tod 1969 erschien *The Farther Reaches of Human Nature*.

Lebensstrategien
1999

Die Gewinner im Leben kennen die Spielregeln, und sie haben einen Plan. Daher sind sie weit effizienter als jene Menschen, die beides nicht haben. Das ist kein Geheimnis, sondern eine schlichte Tatsache.

Werden Sie zu einem jener Menschen, die »es« verstanden haben. Knacken Sie die Formel des Mensch-Seins. Finden Sie heraus, was anderen hilft. Erkennen Sie, warum Sie (und andere Menschen) tun, was Sie tun, und lassen, was Sie lassen.

Fakt ist: Das Leben ist ein Wettlauf. Jemand zeichnet den Punktestand auf und nimmt Ihre Zeit.

KURZ GESAGT
Verschaffen Sie sich ein realistisches Bild von sich selbst und ein kluges von der Welt. Diese Arbeit kann Ihnen niemand abnehmen.

ÄHNLICHE TITEL
Steve Andreas und Charles Faulkner, *Praxiskurs NLP*
Martha Beck, *Das Polaris-Prinzip*
Anthony Robbins, *Das Robbins-Power-Prinzip*
Florence Scovel Shinn, *Das Lebensspiel und seine mentalen Regeln*

· 37 ·
Philip McGraw

Ein chinesisches Sprichwort besagt, Weisheit beginne damit, die Dinge beim Namen zu nennen. So wurde Phil McGraw dafür bekannt, dass er die Dinge »sagt, wie sie sind«. Seine offene Einschätzung der Situation lässt Menschen manchmal in Tränen ausbrechen, doch das nimmt ihm keiner übel.

Im Chor der ernsten, mitfühlenden Stimmen der Selbsthilfe-Autoren wirkt McGraw wie eine frische, wenn auch etwas steife Brise. Er selbst stellt sich in dem Buch so vor: »Jeder hat seine Aufgabe im Leben. Manche Menschen bauen Häuser; ich lebe vom Bauen von Strategien.«

Dr. Phil und Oprah Winfrey

1999 musste Oprah Winfrey, Amerikas wohl berühmteste Talkmasterin vor Gericht. Die Fleischindustrie warf ihr Verleumdung und Rufschädigung vor, weil sie auf die Gefahren von BSE hinwies und sich weigerte, weiter Hamburger zu essen. Sie war gezwungen, in der »Hauptstadt des Rindfleischs«, (Amarillo/Texas), vor einer weißen, männlichen Jury anzutreten und ließ McGraw ihre Verteidigung ausarbeiten.

Oprah hielt den Prozess für völlig hirnverbrannt. Trotzdem lief sie Gefahr, hundert Millionen Dollar Schadensersatz zahlen zu müssen. Außerdem wäre ihr guter Ruf endgültig ruiniert, wenn sie diesen Prozess nicht für sich würde entscheiden können. McGraw hatte den Eindruck, dass sie trotzdem das Ganze nicht wirklich ernst nahm. Und so berichtet er in *Lebensstrategien*, er habe ihr eines Abends »in die Augen gesehen« und sie beschworen, endlich mitzuspielen, denn »sonst werden diese Jungs dir deinen Hintern auf einem goldenen Tablett servieren«.

McGraw war sich durchaus darüber im Klaren, dass mit der vielleicht mächtigsten Frau Amerikas selten jemand so gesprochen hatte, doch er erreichte sein Ziel. Von diesem Moment an war Oprah entschlossen, ihren Prozess zu gewinnen. Und McGraw meint, dieser Augenblick sei für den Ausgang der Verhandlung entscheidend gewesen.

Worum es geht

Oprah betrachtete McGraw tatsächlich als Urheber ihres Sieges und überließ ihm dafür eine Menge Raum in ihrer Show, was seine Bekanntheit entschieden steigerte. Doch er erzählt die Geschichte eigentlich nur, um zu zeigen, dass der Gerichtssaal ein Mikrokosmos ist, in dem sich das Leben als Ganzes spiegelt: Wenn Sie nicht für Ihre Rechte einstehen, wird man Ihnen nehmen, was Sie haben. Doch weil das Leben gewöhnlich einen größeren Zeitrahmen beansprucht, merken wir nicht, dass wir verlieren, wenn wir keine klare Strategie besitzen.

Lebensstrategien verfolgt im Wesentlichen und sehr effektiv ein Ziel: Dem Leser zu verdeutlichen, dass die »Verhandlung« ständig läuft und es keine Berufung gibt. Müsste man dieses Buch in einem prägnanten Satz zusammenfassen, wäre das vermutlich der folgende: Das Leben ist eine ernste Sache. Und man wird Sie an Ihren Resultaten messen.

Lebensregeln

Bevor McGraw zum Prozessstrategen und Schriftsteller wurde, studierte er das, was er »Lebensregeln« nennt: »Niemand wird Sie fragen, ob Sie diese Regeln für gerecht halten oder ob Sie meinen, sie sollten existieren. Es gibt sie einfach, genau wie das Gesetz der Schwerkraft.«

Es fehlt hier leider der Platz, um alle Lebensregeln, die McGraw vorstellt, auszuführen. Daher sollen Sie hier nur einen kleinen Vorgeschmack erhalten.

Entweder Sie haben es verstanden – oder nicht

Wenn Sie nicht verstehen, welches Verhalten welche Resultate bringt, wenn Sie keinen Plan für Ihr Leben aufstellen (also sich nicht nur auf Wünsche und Hoffnungen verlassen), dann sind Sie gar nicht im Rennen. Andere, welche über diese Fähigkeiten verfügen, werden das Rennen machen. Ein Teil dieses Plans ist es, ein Mensch zu werden, der »das System begriffen hat«. Erforschen Sie die menschliche Natur. Finden Sie heraus, wie die Dinge laufen. Dann bekommen Sie, was Sie wollen.

McGraw führt zehn Punkte auf, die Ihnen zeigen sollen, wie Menschen denken und handeln. Diese Punkte müssen Sie kennen, wenn Sie Erfolg haben wollen. Die ersten beiden sind: »Die größte Angst aller Menschen ist die Angst vor Ablehnung.« und »Das größte Bedürfnis aller Menschen ist das Bedürfnis nach Anerkennung.«

Jeder schafft sich seine eigenen Erfahrungen

Sie sind für Ihr Leben ganz alleine verantwortlich. Wenn Sie einen Job haben, den Sie nicht mögen, ist das allein Ihre Schuld. Läuft Ihre Beziehung nicht gut, sind Sie es, der damit weitermacht. Wenn Sie Angehörigen des anderen Geschlechts nicht trauen, dann sind Sie dafür verantwortlich – selbst wenn Sie als Kind missbraucht worden sind. Hören Sie auf, die Opferrolle zu spielen. Übernehmen Sie die Verantwortung für Ihr gesamtes Leben. McGraw schreibt: »Sie müssen zum kaltschnäuzigen Realisten werden, der die Welt sieht, wie sie ist, nicht wie er sie gerne hätte.« Schaffen Sie das nicht, dann hindern Sie sich nur daran, Ihre Situation richtig einzuschätzen und die richtigen Schritte zu unternehmen.

Menschen tun das, was funktioniert

Warum tun wir genau die Dinge, die wir eigentlich nicht tun wollen? Nun, auch wenn ein bestimmtes Verhalten völlig unsinnig erscheint, so gibt es doch immer einen »geheimen Nutzen«, den es uns bringt. Erst wenn Sie entdeckt haben, was Sie von Ihrem Verhalten haben, werden Sie es abstellen können. Denn dass es funktioniert, heißt noch lange nicht, dass es auch gut für Sie ist. Es funktioniert nämlich nur insoweit, als Sie mit Hilfe dieser Strategie Zurückweisung oder andere vermeintliche Gefahren vermeiden können.

Eine junge Frau kam zu McGraw, weil sie ein massives Gewichtsproblem hatte. Es stellte sich heraus, dass sie als Kind sexuell missbraucht worden war, und die männliche Aufmerksamkeit, die ihr jedes Kilo weniger eintrug, erinnerte sie unweigerlich an ihre schreckliche Vergangenheit. Also fing sie immer wieder an, unmäßig zu essen. Allein den geheimen Nutzen erkannt zu haben half ihr schon, diese Strategie, mit der sie sich selbst sabotierte, abzulegen. Finden Sie heraus, welchen Nutzen Ihnen Ihre Strategien bringen, dann erlangen Sie die volle Kontrolle über Ihr Verhalten und Ihr Leben.

Was Sie nicht zugeben, können Sie auch nicht verändern

Psychologen sprechen hier von einer »Wahrnehmungsblockade«, in solchen Fällen wird unser Geist mit der Realität nicht fertig. Solch eine Verdrängung schadet unserem Leben in jeder Hinsicht. Weshalb? Wenn Sie das Problem nicht sehen und nicht benennen können, können Sie es auch nicht beseitigen. Und mit der Zeit frisst es Sie dann auf.

Daher sollten wir es halten wie die Mitglieder der Anonymen Alkoholiker. Es geht uns nur dann besser, wenn wir uns eingestehen, dass wir ein Problem haben. »Die meisten Menschen wollen keine Wahrheit, sie wollen Bestätigung.« Wir möchten gerne Recht haben, auch wenn unsere Lebensstrategien nicht funktionieren. Streben wir aber nach Veränderung, dann müssen wir mit solchen Problemen anders umgehen.

Das Leben belohnt den, der handelt

Wir sollten uns klar machen, meint McGraw, dass Ideen, auf die keine Taten folgen, das Leben nicht im Geringsten beeinflussen. Das eigene Leben nach seinen Resultaten zu beurteilen mag hart sein, doch in Wirklichkeit ist es nicht von Bedeutung, ob wir nach unseren eigenen Regeln leben: Die Welt hat längst entschieden, wie sie zu uns steht. Wenn wir unser Leben nach den Ergebnissen ausrichten, erfordert dies ständigen Wandel. Doch gleichzeitig erfahren wir das befriedigende Gefühl, alles im Griff zu haben.

Der Unterschied zwischen Siegern und Verlierern sei der, dass Sieger Dinge tun, welche die Verlierer nicht tun wollen, meint McGraw. Das mag ein Klischee sein, doch wenn Sie erreichen wollen, was Sie sich wünschen, müssen Sie auch alles dafür Nötige tun, sonst werden Sie immer ein »blinder Passagier« bleiben. Dies gilt für das Familienleben genauso wie für das berufliche Fortkommen. Entwickeln Sie sich zu einem Menschen, der den ihm Nahestehenden sagt, was sie ihm bedeuten, statt anzunehmen, sie wüssten es ohnehin. Zeigen Sie die Liebe, die Sie empfinden, auch sichtbar nach außen, weil Sie dies andernfalls bedauern werden.

Die Wirklichkeit existiert nur in unserer Vorstellung

Machen Sie sich klar, dass die Welt nicht unbedingt so ist, wie Sie sie sehen. Jeder hat seine »Filter«. Erst wenn wir diese genau kennen, können wir uns ein klares Bild verschaffen. Sogar in einer engen Beziehung kann ein und dasselbe Verhalten einmal von dem, dann vor jenem Hintergrund betrachtet werden. So ist für den Mann das Hinaustragen des Abfalls vielleicht nur eine lästige Pflicht, die Frau aber, die dies schrecklich findet, erblickt darin einen kleinen Akt der Liebe. Versuchen Sie, ein wenig mehr Achtsamkeit zu entwickeln. Überprüfen Sie Ihre Ansichten und Meinungen. Machen Sie sich bewusst, dass diese vielleicht nur Vorurteile sind. Und was am allerwichtigsten ist: Überprüfen Sie die Wahrnehmungen, die Sie für »wirklichkeitsgerecht« halten. Sonst steht alles, was Sie auf Grund dieser Ansichten unternehmen, auf tönernen Füßen.
Die letzten vier Lebensgesetze sind:

* Das Leben wird gemanagt, nicht repariert
* Wir bestimmen, wie andere Menschen uns behandeln
* Vergeben ist Macht
* Wer etwas haben will, muss es auch beschreiben können

Zu guter Letzt

Was Lebensstrategien aus der Masse der zeitgenössischen Selbsthilfebücher heraushebt, ist nicht nur, dass McGraw schlankweg die Wahrheit sagt. Er ist dabei auch noch unglaublich witzig.
   Zum Beispiel der »Alltagstrott-Test«:

Frage 9: Gehen Sie nur dort essen, wo das Menü auf Plastiktafeln an den Wänden steht, statt dort, wo Sie eine Speisekarte bekommen?
Frage 20: Müsste sich jemand vor Ihr Auto werfen oder vor Ihren Fernseher setzen, damit er eine Chance hätte, Sie kennen zu lernen?

McGraw weigert sich, den Leser in der Verweigerungshaltung zu belassen, welche das Leben im 21. Jahrhundert weithin prägt. Viele Menschen drücken sich einfach vor Entscheidungen. McGraw zitiert hier Mark Twain: »Wenn wir über uns selbst nachdenken, dann handeln wir selten mit Tatsachen.« Doch das Leben ist nun einmal von Fakten geprägt: mit wem Sie zusammen sind, was Sie tun, Ihre Lebensbedingungen. Auch wenn es heute immer wieder heißt, »Dabeisein ist alles«, so nimmt das Leben letztlich doch nur vom Erfolg Notiz.

Über Phil McGraw

McGraw wuchs in Texas auf. Seine Eltern waren zwar arm, doch mit Hilfe der Vergünstigungen für GIs kam sein Vater nachträglich zu einem College-Abschluss und erwarb später die Doktorwürde in Psychologie. Er war 25 Jahre lang als Psychologe tätig. McGraw selbst erhielt ein Football-Stipendium und schrieb sich an der Universität ebenfalls für Psychologie ein. In seiner Freizeit suchte er nach Gesprächskreisen, in denen er über die »Lebensregeln« sprechen konnte.

McGraw spezialisierte sich auf psychologische Strategien in Gerichtsprozessen. Mit der fünfzehnjährigen Berufserfahrung, die er zum Teil als Chef einer eigenen Firma sammeln konnte, wurde er zu einem der wichtigsten Mitglieder in Oprah Winfreys Show »Change Your Life«. *Lebensstrategien* ist heute noch ein Bestseller und wird weltweit gelesen. Später veröffentlichte McGraw noch *Self Matters* und *SOS in der Liebe*. Phil McGraw ist verheiratet und hat zwei Söhne.

Seel-Sorge
1992

Seel-Sorge wirft einen grundlegend anderen Blick auf den Alltag und unsere Suche nach Glück ... Seel-Sorge ist ein kontinuierlicher Prozess, bei dem es weniger um die »Beseitigung« eines zentralen Fehlers geht, als um die Achtsamkeit, die man den kleinen Dingen des Lebens entgegenbringen und mit der man sich auch großen Entscheidungen bzw. Veränderungen stellen sollte.

*Die Seele kann in der Hektik des Lebens nicht gedeihen.
Es braucht Zeit, sich berühren zu lassen, Dinge in sich aufzunehmen und sie immer und immer wieder zu betrachten.*

KURZ GESAGT
Füllen Sie die Leere in sich, indem Sie für Ihre Seele leben.
Lassen Sie Ihrer Individualität Raum, indem Sie Widersprüche und dunkle Seiten einfach annehmen.

ÄHNLICHE TITEL
Robert Bly, *Eisenhans*
Joseph Campbell und Bill Moyers, *Die Kraft der Mythen*
Clarissa Pinkola Estés, *Die Wolfsfrau*
James Hillman, *Charakter und Bestimmung*
Henry David Thoreau, *Walden*

Thomas Moore

Seel-Sorge war fast ein Jahr lang die Nummer eins auf der Bestsellerliste der New York Times. Gewöhnlich wird Büchern aus dem Selbsthilfebereich ja nicht die Ehre zuteil, dass Kritiker sie beachten. Wahrscheinlich entspricht dieser Titel auch nicht Ihren Erwartungen, die Sie an Selbsthilfebücher haben. Moore meint, dass es dem modernen Leben an Geheimnis fehle. Daher zielt sein Buch auf die geheiligten, die tieferen Dimensionen der Seele ab. Der Erfolg dieses Buches zeigt, dass Moore mit seiner Meinung wohl nicht allein steht.

Seel-Sorge zu lesen ist fast, als erreichte uns endlich der lang ersehnte Brief eines liebevollen Freundes, der alles über uns weiß und trotzdem auf unsere Ähnlichkeit mit dem Bild Gottes baut. Dieser außergewöhnliche Effekt lässt sich vielleicht mit der Lebenserfahrung des Autors erklären: Moore verbrachte lange Jahre als Mönch im Kloster, bevor er sich als Psychotherapeut niederließ. Dazu kommt noch seine unglaubliche Belesenheit. Mythos, Geschichte, Kunst – das Buch lebt vom gesammelten Reichtum der menschlichen Erfahrung. Moores wesentliche Impulsgeber waren: Freud (was sich im gelegentlichen Abtauchen in die Tiefen der Psyche äußert), Jung (der Glaube, dass Psychologie und Religion letztlich untrennbar sind), James Hillman (siehe *Charakter und Bestimmung*) und die Renaissancegelehrten Ficino und Paracelsus.

Was ist »Seel-Sorge«?

»Seel-Sorge« ist die Anwendung der Poesie auf das tägliche Leben. Es geht dabei darum, dass wir die Fantasie in jene Bereiche zurückholen, in denen sie fehlt. Wir lernen die Dinge, die wir genau zu kennen glauben, mit neuen Augen sehen. Befriedigende Beziehungen, erfüllende Arbeit, persönliche Macht und innerer Friede sind Gaben der Seele, die deshalb so schwierig zu erlangen sind, weil der Begriff »Seele« den meisten von uns nichts mehr sagt. Stattdessen macht sie sich in körperlichen Symptomen, Angst, Leeregefühlen oder allgemeinem Unwohlsein Luft.

Dabei ist Seelen-Arbeit manchmal geradezu enttäuschend einfach. Mitunter fühlt man sich schon besser, wenn man einfach nur akzeptiert, was man scheinbar hasst: die Partnerschaft, den Job, einen bestimmten Ort. Das Buch zitiert hier den Dichter Wallace Stevens: »Manchmal hängt die Wahrheit nur von einem Spaziergang um den See ab.« Statt negative Gefühle oder Erfahrungen aus unserem Geist zu entfernen, sollten wir uns vielleicht die Mühe machen, das »Unangenehme« näher zu betrachten, um herauszufinden, was es uns zu sagen hat. Wenn wir diese Elemente aus dem Blickfeld verdrängen, werden wir nie herausfinden, was unsere Seele uns damit sagen will. Die Vorstellung, etwas »Krankhaftes« müsse beseitigt werden, kann die Einsicht in das wirkliche Geschehen zunichte machen, ob diese Vorstellung nun beim Leidenden oder beim Behandelnden auftaucht.

Konventionelle Selbsthilfe- und Psychologiebücher streben die Lösung von Problemen an. Seelen-Arbeit aber, so Moore, nimmt vom Problem Notiz und hakt nach. Die Seele muss es mit Schicksalsschlägen aufnehmen, die in der Regel unseren Erwartungen nicht entsprechen und den Wünschen unseres Egos bzw. unseres Willens zuwiderlaufen. Diese Vorstellung ist erschreckend, doch der einzige Weg, mit dem Schrecken fertig zu werden, ist es, dem Schicksal Raum zu lassen und uns seiner Macht zu beugen. So schreibt Victor Hugo in *Die Elenden*: »Es gibt ein Schauspiel, das größer ist als der Ozean: der Himmel. Noch größer als der Himmel aber ist die Tiefe der menschlichen Seele.«

Tiefe und Vielschichtigkeit genießen

Moore empfiehlt uns, uns mit dem Mythos von Narziss auseinander zu setzen, dem wunderschönen, jungen Mann, der selbstverliebt sein Bild im Wasser eines Teichs betrachtet. Seine seelenlose und lieblose Selbstbezogenheit führt letztlich zur Tragödie, die ihn wiederum zu einem neuen Leben der Reflexion und Liebe zu seinem höheren Selbst und der Natur führt. Der narzisstische Mensch, so Moore, wisse nur nicht, wie tief und interessant seine eigene Seele sei. Narziss ist wie Elfenbein: schön, doch kalt und hart. Dabei könnte er eine Blume werden, die fest in der Erde verwurzelt ist und zu einer Welt der Schönheit gehört. Daher sollten wir den Narziss in uns nicht abtöten. Statt uns dem anderen Extrem, der falschen Bescheidenheit, zuzuwenden, sollten wir unsere hohen Ideale bewahren und eine effizientere Möglichkeit suchen, sie auszudrücken.

Durch seine tiefgründige Analyse solcher Mythen will Moore uns vor allem eines nahe legen: Die simple Eindimensionalität so mancher Selbsthilfebücher ist keine Lösung. Das Selbst hat viele Facetten, und nur wenn wir uns um die Gesamtheit seiner mitunter widersprüchlichen Anforderungen kümmern (zum Beispiel Ruhe versus soziale Bedürfnisse), können wir unserem Leben Größe verleihen. Dann können wir von Zeit zu Zeit unser Ego pflegen, um danach wieder den weltabgewandten Weisen zu geben. Beides ist schließlich wertvoll. Auf diese Weise müssen wir uns nicht ständig versichern, dass unser Leben auch sinnerfüllt ist.

Unsere Seele ist einzigartig

»Die einzigartige Persönlichkeit eines Menschen entsteht aus dem Verdrehten und Merkwürdigen genauso wie aus dem Rationalen und

Normalen.« Dies beweisen wohl sämtliche Biografien, die wir je gelesen haben. Sogar Abraham Lincoln war nicht ständig der strahlende Held. Warum sollte dies bei uns anders sein? *Seel-Sorge* macht uns darauf aufmerksam, dass unser Bestreben, die Falten aus dem Lebenslauf zu bügeln, nur ein Versuch der Anpassung sein kann, bei dem wir uns selbst verloren gehen.

Die meisten Therapeuten konzentrieren sich heute auf bestimmte Probleme, die in einer kurzen Zeitspanne behandelt und gelöst werden können, sodass der Patient wieder »normal« leben kann. Medikamentöse Behandlung, Kognitive Therapie oder Ansätze wie die Neurolinguistische Programmierung machen eine Innenschau völlig überflüssig. Die Seel-Sorge aber kennt kein Ende, denn die Seele steht außerhalb der Zeit. Moore zufolge können nur gleichfalls zeitlose Dinge wie Mythen, Träume, Kunst und Natur wirklich Aufschluss über unser Geheimnis geben.

Das Buch besteht aus vier Abschnitten und dreizehn Kapiteln, welche die gesamte Bandbreite menschlichen Lebens abdecken. Die folgenden Themen entstammen allesamt der ersten Hälfte des Buches.

Liebe

Versuchen Sie nicht, Ihre »Beziehung zum Laufen« zu bringen. Liebe ist ein Seelen-Ereignis, das unter Umständen gar nichts mit der Persönlichkeit des Menschen zu tun hat, mit dem Sie zusammen sind. Liebe enthebt uns der prosaischen, klinisch reinen Natur des modernen Lebens. Sie öffnet die Tür zum Mysterium. Daher versuchen wir mit aller Kraft, ihrer habhaft zu werden.

Eifersucht

Moore hatte einen jungen Klienten, der sich ständig mit Vorstellungen über die vermeintlichen Affären seiner Freundin plagte. Doch der junge Mann glaubte auch, dass romantische Bindungen einfach nicht ins moderne Leben passten. Dieses Ideal verschloss ihm die Möglichkeit, sich tatsächlich an seine Freundin zu binden, was sich wiederum in einer extremen Eifersucht niederschlug.

Eifersucht ist also nicht immer schlecht. Sie dient der Seele, indem sie Grenzen schafft und uns verankert. Anders als die modernen Theorien von der »seelischen Co-Abhängigkeit« suggerieren, meint Moore, dass es durchaus in Ordnung sei, wenn man seine Identität mit Hilfe eines anderen Menschen finde.

Kraft

Die Kraft der Seele ist anders als die des Egos. Mit dem Ego planen wir. Wir lenken unsere Geschicke und steuern auf ein bestimmtes Ziel hin. Die Seele hingegen ist wie ein Fluss: Möglicherweise lernen wir seine Quelle nie kennen, doch wir können mit ihm arbeiten und ihn sogar zur Grundlage unserer Existenz machen. Wenn es um die Seele geht, müssen wir die Konsumentenvorstellung von »Ursache und Wirkung« fallen lassen, um einen wirklich effektiven Umgang mit der Zeit zu erlernen.

Gewalt

Die Seele liebt Stärke. Zum Ausbruch von Gewalt kommt es immer dann, wenn unsere dunklen Fantasien unterdrückt werden. Hat eine Gemeinschaft oder eine Kultur keine Möglichkeit, seelenvoll zu leben, wird die Seele in Objekte hineinprojiziert wie zum Beispiel in Waffen. Wie Oscar Wilde so meint auch Thomas Moore, dass es keine wahre Tugend geben könne ohne das Böse.

Depressionen

Moore zufolge schafft sich jede Kultur, die versucht, sich vor den tragischen Seiten des Lebens zu verstecken, einen Feind: die Depression. Eine Gesellschaft, die ganz »dem Licht« geweiht wäre, würde wohl ziemlich starke Depressionen hervorrufen, um diese Orientierung zu kompensieren. Moore meint, wir sollten Depression als Geschenk betrachten: Sie enthüllt unsere Ziele und Wünsche und gibt uns so die Chance, die Seele besser kennen zu lernen.

Zu guter Letzt

Gegen Ende des Buches erzählt Moore von einem Sommer, den er als Laborassistent verbrachte. Nach über zwölf Jahren im Kloster hatte er eine neue Freiheit gefunden, die er genießen wollte. Daher war er schockiert, als ein Kollege ihm voller Überzeugung sagte: »Sie werden immer Seelsorger bleiben.« Der Erfolg von *Seel-Sorge* zeigt, wie sehr die Selbsthilfeliteratur heute die Aufgabe der Seelsorge übernimmt, deren Ritualen und religiösen Instruktionen wir uns früher zuwandten, wenn wir eine schwierige Situation zu meistern hatten.

Statt uns mit »Erlösungsfantasien« zu beliefern, die so viele Titel der Selbsthilfeliteratur liefern, führt Moore uns auf einen Weg der Selbsterkenntnis, der auch die Schatten und Widersprüche der Persönlichkeit nicht ausklammert. Sein Buch orientiert sich an den Selbsthilfebüchern des Mittelalters und der Renaissance, die philosophischen Trost für die Unbilden des Lebens bieten. *Seel-Sorge* unterscheidet sich möglicherweise von zeitgenössischen Titeln, doch gerade darin führt es eine alte und ehrwürdige Tradition fort.

Die Denker der Renaissance glaubten, dass jede Seele zunächst als Stern am Nachthimmel entstehe. In der Moderne sind wir eher davon überzeugt, dass »jeder das ist, was er aus sich macht«. Natürlich sollten wir die moderne Freiheit der Selbstschöpfung genießen, doch Moore meint, dass da noch mehr auf uns warte: die Suche nach dem Ewigen in uns.

Über Thomas Moore

Während der zwölf Jahre, die Thomas Moore als Mönch in einem katholischen Kloster verbrachte, erwarb er vier akademische Grade: die Doktorwürde in Religionswissenschaft an der Universität von Syracuse, den Magister in Theologie an der Universität von Windsor, den Magister in Musikwissenschaft an der Universität von Michigan und einen Bachelor in Musik und Philosophie an der *DePaul University*.

Als Autor und Psychotherapeut folgt er dem archetypischen Weg in der Psychologie, der versucht, dieser wissenschaftlichen Disziplin eine mythische Dimension zu geben. Zu seinen anderen Büchern zählen: *The Planets Within, Rituals of the Imagination, Dark Eros, Die Seele lieben, Der Seele Flügel geben* und The *Re-Enchantment of Everyday Life*. Außerdem hat er eine Anthologie der Schriften von James Hillman mit dem *Titel A Blue Fire* veröffentlicht. Weitere Bücher sind *The Book of Job* (1998), *Fenster zur Seele* (in dem er Meditationen für die Seele sammelt) und *The Soul's Religion* (2002).

Moore lebt mit seiner Frau und seinen beiden Kindern in New Hampshire.

Die Macht Ihres Unterbewusstseins

1963

Das Ergebnis des affirmativen Prozesses im Gebet hängt davon ab, ob Sie mit den Prinzipien des Lebens in Einklang stehen, wie die äußeren Umstände auch immer aussehen mögen. Stellen Sie sich einen Moment lang vor, dass das Prinzip der Ordnung gilt, nicht jenes des Chaos, das Prinzip der Wahrheit statt des Prinzips der Unehrlichkeit. Der Intelligenz statt der Unwissenheit, der Harmonie statt der Disharmonie. Dass das Prinzip der Fülle gilt und nicht das der Armut.

Was immer sich in Ihr Unterbewusstsein einprägt, erscheint später auf dem Bildschirm von Raum und Zeit. Auch Moses, Jesaia, Jesus, Buddha, Zarathustra, Lao Tse und alle anderen erleuchteten Propheten aller Zeiten verkündeten die gleiche Wahrheit. Was immer Sie unterbewusst als wahr empfinden, nimmt feste Gestalt an und tritt Ihnen später als Umweltbedingung, Zustand oder Ereignis entgegen. Wie im Himmel (in Ihrem eigenen Geist), so auf Erden (also in Ihrem Körper und Ihrer Umwelt). Dies ist das große Gesetz des Lebens.

Das Gesetz Ihres Geistes ist das Gesetz des Glaubens. Wenn Sie an die Funktionsweise Ihres Geistes glauben, glauben Sie an den Glauben selbst.

KURZ GESAGT
Wenn Sie verstehen, wie das Unterbewusste wirkt, wissen Sie, wie Träume Wirklichkeit werden.

ÄHNLICHE TITEL
Shakti Gawain, *Stell dir vor*
Florence Scovel Shinn, *Das Lebensspiel und seine mentalen Regeln*

Joseph Murphy

Dr. Joseph Murphy verwendete einen bedeutsamen Teil seines Lebens auf das Studium östlicher Religionen. Besonders das I Ging, das chinesische Buch der Wandlungen, dessen Ursprung nicht mehr genau feststellbar ist, hatte es ihm angetan. Außerdem war er in Los Angeles 28 Jahre lang Geistlicher der *Church of Divine Science*. Diese neu gegründete Kirche hat sich dem Gedanken einer praktischen Spiritualität verschrieben, frei von den üblichen religiösen Glaubenssätzen und Dogmen.

Vom fernen Osten bis ins Los Angeles des 20. Jahrhunderts ist ein weiter Weg, doch Murphy glaubte nun einmal, die Gesetze des Unterbewusstseins entdeckt zu haben. Diese waren seiner Ansicht nach über Zeit und Kultur erhaben und konnten daher vielen Menschen nützen.

Wie das Unterbewusstsein arbeitet und was es bewirken kann

Für Murphy war das Unterbewusstsein eine Art Dunkelkammer, in der sich die Bilder entwickeln, welche dann unser Leben prägen. Während der bewusste Verstand sich ein Bild von einem ablaufenden Ereignis macht, das er dann abspeichert, arbeitet das Unterbewusstsein anders. Es »sieht« Dinge, noch bevor sie geschehen.

Das Unterbewusstsein ist für unsere gewohnheitsmäßigen Denkstrukturen verantwortlich. Da es moralisch neutral ist, nimmt es alles auf, was wir ihm einprägen, sei es nun gut oder böse. Wir senden in jeder Minute unseres Lebens negative Botschaften ans Unterbewusstsein und sind dann überrascht, wenn diese sich in unseren täglichen Erfahrungen und Beziehungen niederschlagen. Es gibt zwar durchaus Dinge, die uns geschehen, obwohl sie nicht von uns geschaffen wurden, doch dies geschieht vergleichsweise selten. Tatsächlich sind unsere negativen Erfahrungen in uns bereits angelegt. Sie warteten im Unterbewusstsein, bis sie endlich ans Tageslicht gelangen.

Dies ist die harte Realität, von der wir uns aber lösen können, wenn wir lernen, wie das Unterbewusstsein funktioniert. Denn wir können uns selbst neu erschaffen, wenn wir die Gedanken und Bilder kontrollieren, mit denen wir unser Unterbewusstsein füttern. Daher ist Murphys Buch mit seinen zahllosen Übungen und Affirmationen ein wahres Werkzeug zur Befreiung. Wenn wir begreifen, dass das Unterbewusstsein fotografische Funktion besitzt, dann wird es leicht, das eigene Leben zu ändern. Denn wenn es einfach nur darum geht, die abgespeicherten Bilder durch neue zu ersetzen, liegt es an uns, wie wir vorgehen.

Entspannter Glaube = Ergebnisse

Das Unterbewusstsein arbeitet völlig anders als der bewusste Verstand. Es lässt sich nicht zwingen. Am besten reagiert es auf das entspannte Vertrauen in die Tatsache, dass es die nötige Arbeit mit Leichtigkeit tun wird. Wenn wir uns anstrengen, können wir vielleicht die Ziele des Verstandes erreichen, das Unterbewusste aber braucht eine entspannte Herangehensweise. Anstrengung signalisiert dem Unterbewusstsein nur, dass seine Ziele auf Widerstand stoßen.

Außer dieser Haltung des entspannten Glaubens sind Emotionen ein wichtiger Faktor beim Erreichen der Ziele. Ideen oder Gedanken beeindrucken vielleicht den rationalen Teil des Geistes, das Unterbewusstsein hat lieber mit emotional »aufgeladenen« Bildern zu tun. Wenn aus einem Gedanken ein Gefühl wird, wenn die Vorstellung sich zum Wunsch entwickelt, wird dieser Wunsch sich schnell und im Überfluss erfüllen.

Doch Murphy weist auch darauf hin, dass es weniger wichtig ist herauszufinden, wie das Unterbewusstsein wirkt, als ihm diese Macht einfach zuzutrauen. William James, der Vater der amerikanischen Psychologie, meinte einmal, die größte Entdeckung des 19. Jahrhunderts sei es, dass Unterbewusstsein und Glaube zusammen die Welt bewegen könnten. Die Idee, das eigene Leben verändern zu können, indem man seinen Geist trainiert, steht in unserem Bewusstsein vielleicht nicht neben den großen Entdeckungen der Menschheitsgeschichte, neben neuen Kontinenten, der Dampfmaschine oder dem Strom. Trotzdem waren alle großen Geister sich dieser Tatsache bewusst.

Die Macht des Glaubens

»Das Gesetz des Geistes ist das Gesetz des Glaubens«, schreibt Murphy. Was wir glauben macht uns zu dem, was wir sind. William James war es, der feststellte, dass die Menschen immer erfahren, was sie für wahr halten, ganz egal, ob es objektiv stimmt oder nicht. Wir im Westen haben die »Wahrheit« zu einem unserer höchsten Werte gemacht. Doch dies ist wenig im Vergleich zu der festen Überzeugung, dass wir mit unserem Glauben das Leben formen können. Was immer Sie Ihrem Unterbewusstsein eingeben – sei es nun wahr oder falsch, gut oder böse – wird dort als Tatsache registriert. Machen Sie also keine Witze über Pech oder Unglück, denn das Unterbewusstsein hat keinen Humor.

Ein geistig verwirrter und ein gesunder Mensch verfügen über dieselbe Macht des Glaubens. Nur dass der gesunde Mensch versucht, an objektive Dinge zu glauben. Wenn ein Mann in der Nervenklinik sich für Elvis Presley hält, dann tut er nicht, als ob er Elvis wäre. Er weiß, dass er der »King« ist. Eben diese Kraft müssen wir für konstruktive Zwecke einsetzen. Wir sollten uns nicht wünschen, ein guter Ehemann oder eine geniale Karrierefrau zu sein. Wir sollten wissen, dass wir dies längst sind. Der Trick dabei ist, dass wir uns etwas aussuchen müssen, was beinahe verrückt ist – aber eben nur beinahe; irgendetwas, was vor einem Jahr noch vollkommen unmöglich erschienen wäre, auch wenn wir es von Herzen gerne gehabt hätten.

Gesundheit und Wohlstand

Die Rituale der Urzeit mit ihren verrückten Zaubertränken und Beschwörungsformeln wirkten deshalb, weil der geäußerte Wunsch sich mit der Macht der Suggestion ins Unterbewusstsein einprägte und den Erfüllungsmechanismus auslöste. Sogar Ärzte wissen, dass Placebos wirken, wenn man den Patienten nur genügend Vertrauen in das Medikament einflößt. Spontanheilungen, so Murphy, ergeben sich immer dann, wenn dem Unterbewusstsein das Bild vollkommener Gesundheit präsentiert wird und die Zweifel des Verstandes zum Stillstand kommen.

Der andere Aspekt des geistigen Heilens ist die Annahme, dass unser individueller Geist Teil des großen Geistes der Menschheit ist (wie auch Emerson glaubte). Dieser wiederum ist mit der grenzenlosen Intelligenz verbunden. Daher ist es auch keine Spinnerei zu glauben, man könne Menschen heilen, die weit entfernt von uns sind. Zu diesem Zweck stellen wir uns vor, dass alle Gesundheit, Energie und Liebe im Universum sich in diese Person ergießt, dass die Lebenskraft durch jede Zelle ihres Körpers pulsiert, sie reinigt und stärkt.

So wie es im Universum ein Prinzip der Gesundheit und Harmonie gibt, so gibt es auch ein Prinzip der Fülle. Die meisten Menschen, so Murphy, hätten nur das Problem, dass sie keinerlei unsichtbare Kraftquellen besäßen. Wer das Gesetz der Fülle kennt, erleidet auch dann keinen Nervenzusammenbruch, wenn sein Konto einmal rote Zahlen aufweist oder sein Geschäft Bankrott macht. Solche Menschen begreifen, dass sie sich neu auf das von Fülle überfließende Universum ausrichten müssen, um seine Gaben wieder empfangen zu können.

Reichtum entsteht laut Murphy durch ein »Gefühl des Reichtums«. Das Unterbewusstsein versteht diese Sprache und folgt dem Gesetz vom Zinseszins. Kleine geistige Depots, die mit der Zeit geschaffen werden, schaffen am Ende eine innere Einstellung der Fülle. Murphy zeigt dem Leser, welche Signale er seinem Unterbewusstsein einimpfen muss, damit der Traum vom Überfluss Wirklichkeit wird.

Weshalb Gebete häufig nicht wirken

In unserem Universum herrschen Recht und Ordnung. Es hat daher nichts mit »Mystik« zu tun, wenn unsere Gebete erhört werden. Der Prozess ist nicht geheimnisvoller als der Bau eines Hauses. Wer weiß, wie das Unterbewusstsein funktioniert, kann das »wissenschaftliche Beten« erlernen.

Was bedeutet »wissenschaftliches Beten«? Gebete folgen traditionellerweise einem bestimmten Schema: Wir beten mit ernster Stimme zu Gott und »hoffen dann das Beste«. Diese Gebete haben kein großes Gewicht, weil sie letztlich aus dem Zweifel entstehen. Ironischerweise beruht gerade das traditionelle Gebet (Bitten, Wünschen und Hoffen) nicht auf dem Glauben. Was ist Glaube in diesem Zusammenhang? Das Wissen, dass etwas geschehen wird, dass wir bekommen, was wir brauchen. Jetzt. Wenn wir Gebete als Gelegenheit nutzen, für das zu danken, was wir bereits erhalten haben (auch wenn dies erst noch materielle Gestalt annehmen muss), dann sind sie kein mystisches Ritual mehr, von dem wir hoffen, dass Gott es schon irgendwie zur Kenntnis nehmen wird. Sie werden vielmehr zum mit-schöpferischen Prozess mit einem ganz bestimmten Ende.

Zu guter Letzt

Die Macht Ihres Unterbewusstseins ist einfach geschrieben. Das Buch lässt religiöse oder kulturelle Vorstellungen bewusst außen vor. Es wiederholt sich häufig, doch dient dies in erster Linie dazu, die Programmierung des Unterbewusstseins mit seinen Ideen zu unterstützen. Die erste Hälfte ist meiner Ansicht nach der beste Teil, weil dort erklärt wird, wie das Unterbewusstsein funktioniert. In der zweiten Hälfte geht es darum, wie sich dieses Prinzip auf so unterschiedliche Bereiche wie Beziehungen, Ehen, wissenschaftliche Entdeckungen, Schlaf, Angst, Vergebung und »ewige Jugend« anwenden lässt. Den Rat des Autors, man solle es am besten zweimal lesen, kann man nur unterstreichen.

Einigen Menschen wird das Buch sicher ein wenig komisch erscheinen, andere sind der festen Meinung, dass es ihr ganzes Leben verändert hat. Das menschliche Unbewusste ist ein machtvolles Instrument. Murphy zeigt uns, dass unsere Pläne und Wünsche für immer Träume bleiben, wenn wir nicht lernen, wie wir die Kraft des Unbewussten zu unserem Nutzen einsetzen können.

Über Joseph Murphy

Murphy hat sich Fragen nach seiner Biografie und seinem Hintergrund immer verweigert. Er meinte, sein Leben sei in seinen Büchern zu finden. Er schrieb über dreißig, darunter: *Die Kraft schöpferischen Denkens, Das I-Ging-Orakel Ihres Unterbewusstseins, Positiv leben ohne Stress* und *Werde reich und glücklich*. Von *Die Macht Ihres Unterbewusstseins* gibt es mittlerweile eine überarbeitete Neuausgabe.

Murphy war stark von Ernest Holmes und Emmet Fox beeinflusst, zwei bekannten Autoren der »Schule des neuen Denkens«. An der Universität allerdings beschäftigte er sich hauptsächlich mit östlicher Weisheit. Er lebte mehrere Jahre in Indien und lehrte als Dozent an der *University of India*.

Die Kraft des positiven Denkens

1952

Glaube ist die eine Macht, der die Angst nicht standhalten kann. Wenn Sie Tag für Tag Ihren Geist mit Glauben füllen, wird am Ende für die Furcht kein Platz mehr sein. Dies ist eine unumstößliche Tatsache, die wir nicht vergessen sollten. Meistern Sie die Aufgabe des Glaubens, und Sie werden automatisch Ihre Furcht besiegen.

Es gab eine Zeit, in der ich der unsinnigen Vorstellung aufsaß, es gebe keine Verbindung zwischen Glauben und Wohlstand. Dass jemand, der über Glauben sprach, nicht auch über Ziele sprechen durfte. Dass Glaube nur mit Ethik, Moral und sozialen Werten zu tun habe. Heute ist mir klar, dass diese Auffassung nur die Macht Gottes und die Entwicklung des Individuums begrenzt. Die Religion lehrt uns, dass das Universum von einer grenzenlosen Macht durchzogen ist und dass diese Macht Eingang in die Persönlichkeit finden kann. Sie kann all unsere Widerstände überwinden und jeden Menschen in schwierigen Situationen über sich hinauswachsen lassen.

KURZ GESAGT
Sie können alles erreichen, wenn Sie nur daran glauben.

ÄHNLICHE TITEL
Florence Scovel Shinn, *Das Lebensspiel und seine mentalen Regeln*

· 40 ·
Norman Vincent Peale

Wäre Peales Frau nicht so hartnäckig gewesen, wäre dieses Buch, einer der absoluten Weltbestseller auf dem Gebiet der Selbsthilfe, vielleicht nie erschienen. So aber machte es Norman Vincent Peale zu einem der Gründerväter des *Human Potential Movements*. Er war bereits über fünfzig, als er es schrieb, und erhielt von den Verlagen eine Absage nach der anderen. Enttäuscht warf er das Manuskript in den Papierkorb und erlaubte seiner Frau nicht, es wieder herauszuholen. Sie nahm ihn beim Wort und präsentierte es am nächsten Tag dem Verleger, der es zum Erfolg führen sollte – im Papierkorb.

Das Buch wurde in 42 Sprachen übersetzt und mehr als zwanzig Millionen Mal verkauft. Zusammen mit Dale Carnegies *Wie man Freunde gewinnt* ist es damit das einflussreichste Selbsthilfebuch des 20. Jahrhunderts.

Die Kritik

Wenn man das Buch mit einer Fernsehfigur vergleichen müsste, wäre dies wohl Ned Flanders aus *Die Simpsons* – der nette und streng gläubige Papa, der immer ein nettes Wort für seinen Nachbarn Homer Simpson findet. Mit Homers Augen sehen wir die Welt, wie sie »wirklich« ist, Ned Flanders hingegen nimmt die Perspektive dessen ein, der Gutes tut. Man warf dem Buch eine gewisse »Blauäugigkeit« vor. Es blende das Böse in der Welt quasi aus und propagiere ein freundliches Lächeln als Lösung aller Probleme. »Es geht mir jeden Tag in jeder Hinsicht immer besser und besser«, lautet das klassische Selbsthilfemantra, das in den Ohren vieler Menschen banal und oberflächlich klingt.

Stephen Covey zum Beispiel kritisiert in *Die sieben Wege zur Effektivität* das positive Denken. Er meint, bevor wir darangehen können, einen positiven Geisteszustand zu entwickeln, müssten wir uns erst einmal klar machen, dass es in der Welt nun einmal nicht zum Besten steht, und dafür die Verantwortung übernehmen. Tun wir das nicht, laufen wir Gefahr, uns die Welt schönzureden.

Die Wirklichkeit

Doch wenn wir Peales Buch öffnen, lesen wir:

Allzu viele sind deprimiert oder niedergeschlagen, weil sie mit ihren Alltagsproblemen nicht fertig werden ... Viele sind beladen mit Ressentiments gegen das »Pech«, welches ihnen das »Schicksal« immer und immer wieder beschert.
Und weiter: *Diese Seiten wurden geschrieben, um Gedanken und Beispiele festzuhalten, die deutlich dartun, ... dass es möglich ist, einen nie versiegenden Strom von Zuversicht, Vertrauen und Energie zu gewinnen.*

Das hört sich doch nicht nach den Ideen eines weltfremden Idealisten an. Peale, der Geistlicher in New York war, hatte viel menschliches Leid gesehen, aber er beschränkte sich eben nicht auf seine wöchentliche Predigt. Er wollte den Menschen, die er kannte, helfen, ihr Leben zu verändern. Daher schuf er über die Jahre ein »einfaches, aber wissenschaftlich gesichertes System praktischer und funktionierender Techniken für ein erfolgreiches Leben«. Die Menschen seiner Gemeinde prüften sie. Und wie Carnegie testete auch Peale seine Vorstellungen zuerst in Kursen für Erwachsene, bevor er ein Buch daraus machte.

Die Quelle positiven Denkens

Für Peale existierte keine tiefgründigere Quelle der Kraft und der Führung als die Bibel. So stößt man denn im ganzen Buch auch immer wieder auf biblische Zitate (neben solchen von Emerson, William James und Marc Aurel). Vielleicht verdankt das Buch seine unglaubliche Ausstrahlung der Tatsache, dass es auf uralter Weisheit beruht. Wenn man Verse wie die folgenden hört, ist es schwierig, sich Peales Argumentation zu entziehen:

Ist Gott für uns, wer mag wider uns sein? (Römer 8, 31)
Alles ist möglich dem, der glaubt. (Markus 9, 23)
Euch geschehe nach eurem Glauben. (Matthäus 9, 29)

Peale war der Auffassung, dass der Mensch nicht alleine ist. Es stehen ihm vielmehr Quellen grenzenloser Kraft zur Verfügung, an deren Existenz er nur glauben muss. Wir machen uns das Leben schwer, dabei müssten wir doch nur die Fähigkeit des Universums anerkennen, uns mit allem Nötigen zu versehen. Dann könnten wir das Leben als schöpferischen Fluss betrachten. Das Leben erscheint schwierig, wenn wir nur auf uns selbst vertrauen. Doch die geheime Weisheit der Selbsthilfe besagt, dass wir, um persönlichen Reichtum zu erlangen, uns nicht auf unsere persönlichen Kräfte allein verlassen dürfen, sondern Kontakt zu dem herstellen müssen, das größer ist als wir.

Das Buch präsentiert Fallstudien und Geschichten, die den Leser tief berühren. Es gewährt uns tiefe Einblicke in die Kämpfe der Menschen, um uns zu zeigen, dass keine Niederlage definitiv ist. Einige der Kapitel möchte ich für Sie kurz zusammenfassen.

Ein Quell nie versiegender Lebenskraft

Peale enthüllt die geheime Energiequelle »großer« Menschen aus seinem Umfeld: die Verbindung zum Unendlichen. Das Wissen, dass das, was man tut, auch von außen Unterstützung findet, weil es einem göttlichen Ziel dient, stellt eine Quelle nie versiegender Energie dar. Wenn wir nur für uns selbst arbeiten, riskieren wir den Zusammenbruch.

Die Macht des Gebets

Das, was Sie dafür halten, ist vermutlich gar kein Gebet. Im Gebet können wir alles sagen, was uns auf dem Herzen liegt – in jeder möglichen Sprache. Bitten Sie nicht einfach nur um etwas, sondern danken Sie für das, was Sie bereits haben. Dann überlassen Sie Gott die Arbeit und stellen sich bildlich das positive Ergebnis vor. Peales Formel lautet: »Bitten, erschauen, verwirklichen.« Ihre Effektivität überrascht nahezu jeden Menschen.

Erwarte das Beste – und erreiche es!

Da wir ängstliche Menschen sind, erwarten wir immer das Schlechteste. Richten wir unsere Erwartungen hingegen auf das Beste, das wir erfahren können, dann richten wir die wirkenden Kräfte schon auf ein positives Ergebnis hin aus. Dann halten wir mit unserer Energie nicht zurück. Das Unbewusste, das viele unserer Handlungen steuert, spiegelt nur unsere Grundsätze wider. Verändern Sie Ihre Erwartungen an das Resultat, und Ihre Handlungen ordnen sich automatisch so, dass das Beste auch eintrifft. Peale zufolge zerstört der Zweifel den Energiefluss, während der Glaube ihn öffnet.

Neue Gedanken erneuern dein Leben

Versuchen Sie es: Denken Sie in den nächsten 24 Stunden nur positive Gedanken, verwenden Sie eine Sprache der Hoffnung. Danach kehren Sie für einen Tag zu Ihrer »realistischen« Weltsicht zurück. Machen Sie das im Wechsel eine ganze Woche lang. Bald werden Sie feststellen, dass alles, was Sie vor einer Woche noch für »realistisch« hielten, Ihnen nun pessimistisch erscheint. In der Golfersprache würde man sagen: »Das Handicap ist nur im Kopf.« Ihr neues Verständnis dessen, was »realistisch« ist, verhilft Ihnen schnell zu einem besseren Leben.

Zu guter Letzt

Um *Die Kraft des positiven Denkens* richtig einschätzen zu können, muss man den Hintergrund des Autors betrachten. Peale kam aus dem Mittelwesten der USA. Und eben für diese Leute wollte er ein Buch schreiben: für die einfachen Menschen dieser Welt. Manche Leser finden dies amüsant, weil seine Sprache so sehr auf den Landmenschen der fünfziger Jahre des 20. Jahrhunderts abzielt, der am Sonntag eifrig zur Kirche ging. Und tatsächlich mögen seine Sätze altmodisch klingen. Doch nur ein Zyniker kann glauben, Peale wiederhole sich zu oft, denn die Prinzipien, die er darlegt, lassen sich ganz leicht aus dem Kontext ihrer Entstehungszeit lösen und auf das eigene Leben übertragen – wie es sich für einen guten Klassiker gehört. Und dass es keinerlei Tricks dabei gibt, ist ja gerade das Erfrischende. Peale reicht uns ein Set von Werkzeugen, mit denen wir gegen Zynismus und Hoffnungslosigkeit angehen können.

Obwohl das Buch tatsächlich ein Gebet für Vertreter enthält, ist es weit mehr als ein undefinierbarer Mischmasch von christlichem und kapitalistischem Gedankengut. Denn wie so viele andere Klassiker vertritt es vor allem einen Anspruch: Das höchste Gesetz, dem wir folgen müssen, ist die Erfüllung unseres ureigensten Potenzials. Geben wir dies auf, so verzichten wir damit auf alle materiellen und spirituellen Gaben, die uns rechtmäßig zustehen.

Wenn Sie niedergeschlagen und erschöpft sind, wird die unerschütterliche Logik in Peales Buch Ihnen neue Kraft schenken, indem sie sämtliche Zweifel ein für alle Mal ausräumt.

Über Norman Vincent Peale

Peale wurde 1898 in Bowersville im amerikanischen Bundesstaat Ohio geboren. Nach dem College *(Ohio Wesleyan University)* und der Arbeit für das *Detroit Journal* studierte er Theologie an der Universität von Boston. Nach seiner Ordination zeigte sich bald, dass er als Prediger ein enormes Talent besaß: Wenn er predigte, kamen zehnmal mehr Menschen als sonst zur Messe. Während er an der *University Methodist Church* in Syracuse im Bundesstaat New York tätig war, lernte er Ruth Stafford kennen, seine lebenslange Partnerin und Mitarbeitern.

Mit 34 ging Peale an die *Marble Collegiate Church* in New York City, wo er während der Wirtschaftskrise und des Zweiten Weltkriegs blieb. Er war dort bis in die frühen achtziger Jahre des 20. Jahrhunderts tätig. Seine Predigten wurden so bekannt, dass sie sogar Touristen anzogen. Während der dreißiger Jahren begann er mit einer Radiosendung über *Die Kunst des Lebens*, die über 54 Jahre lang ausgestrahlt wurde. Mit dem Psychiater Smiley Blanton eröffnete er eine Klinik für christliche Psychotherapie. 1945 nahm er die Herausgabe einer inspirierenden Zeitschrift mit dem Titel *Guideposts* (Wegweiser) auf, die noch heute populär ist. Politisch gesehen war er eher konservativ: Auf Präsident Nixons Bitte hin bereiste er Vietnam und erhielt von Ronald Reagan die *Presidential Medal of Freedom*, dem deutschen Bundesverdienstkreuz vergleichbar.

Peale war ein unermüdlicher Vortragsreisender. Auch als er schon über neunzig war, hielt er pro Jahr etwa hundert Vorträge. Er starb am Heiligen Abend 1993 im Alter von 95 Jahren, doch das *Peale Center* in New York führt seine Arbeit fort. Peales Leben wurde von Carol George aufgezeichnet: *God's Salesman: Norman Vincent Peale and the Power of Positive Thinking.*

Der Held in uns
1986

Jeder Archetyp umfasst eine bestimmte Weltanschauung, bestimmte Lebensziele und Vorstellungen vom Sinn des Lebens. Der Verwaiste sucht Sicherheit und hat Angst, ausgenützt oder verlassen zu werden. Der Märtyrer möchte gut sein. Er sieht die Welt als Kampf zwischen Gut (Fürsorge und Verantwortlichkeit) und Böse (Selbstsucht und Ausbeutung). Der Wanderer strebt nach Unabhängigkeit. Ihn schreckt nur die Anpassung. Der Krieger möchte stark sein und Einfluss auf die Welt ausüben. Ineffektivität und Passivität sind ihm ein Gräuel. Der Magier hingegen versucht, seiner inneren Weisheit treu zu bleiben. Er möchte in Harmonie mit den Energien des Universums leben, daher vermeidet er alles, was oberflächlich und nicht authentisch ist.

Wenn ein Mensch vom Archetyp des Kriegers zu dem des Magiers übergeht, gibt es einen Paradigmenwechsel: Seine Sicht der Wirklichkeit verändert sich. Er spürt, dass die Welt nicht so ist, wie er sie bislang gesehen hat: voller Gefahr, Schmerz und Einsamkeit. Er erkennt, dass dies nur eine Wahrnehmung ist, die er während der entscheidenden Phase seiner Reise ausgebildet hat.

KURZ GESAGT

Jeder von uns denkt und handelt nach bestimmten »archetypischen« Mustern. Machen Sie sich diese Muster bewusst und nützen Sie sie zu Ihrem Vorteil.

ÄHNLICHE TITEL

Martha Beck, *Das Polaris-Prinzip*
Robert Bly, *Eisenhans*
Joseph Campbell und Bill Moyers, *Die Kraft der Mythen*
Clarissa Pinkola Estés, *Die Wolfsfrau*
James Hillman, *Charakter und Bestimmung*

Carol S. Pearson

Die meisten Selbsthilfebücher, so schreibt Pearson in ihrer Einleitung, sagen uns, was mit uns nicht stimmt und was wir dagegen tun können. *Der Held in uns* hingegen will uns zeigen, wie wir das, was wir schon sind, voll umsetzen können, indem wir unser Leben als mythische Reise betrachten.

Pearson nennt ihren Bestseller eine »Bedienungsanleitung für die Psyche«. Er entstand aus dem Glauben, dass sich individuelle und gesellschaftliche Probleme nicht lösen lassen, wenn wir nicht lernen, dass wir Helden sind. Die Autorin meint, sie habe ihr Buch für gewöhnliche Menschen geschrieben, die aus ihrem Leben etwas Außergewöhnliches machen wollen. Überzeugend erläutert sie, wie die Kraft mythischer Archetypen (wie dem des Kriegers bzw. des Altruisten) helfen kann, unser Leben zu verändern.

Der Held in uns ist keine gelehrte Abhandlung. Dass das Buch so verständlich geschrieben ist, hat vermutlich eine Menge dazu beigetragen, die Ideen von C. G. Jung einem breiteren Publikum näher zu bringen. Neben Jung habe auch Joseph Campbell einen großen Einfluss auf sie ausgeübt, meint Pearson. Er war es, der die Vorstellung vom menschlichen Leben als »Heldenfahrt« bekannt machte (siehe *Die Kraft der Mythen*). Darüber hinaus verdanke sie auch James Hillman (siehe *Charakter und Bestimmung*) viel.

Was ist ein Archetyp?

Carl Gustav Jung beschrieb Archetypen als Muster der menschlichen Psyche, die sich über die Jahrtausende hinweg in mehreren Kulturen zeigen. Es handelt sich dabei um Potenziale der Seele, zu denen wir keinen Zugang finden, wenn wir uns des Archetypen nicht bewusst sind. Erkennen wir beispielsweise, dass wir unser Leben als Altruist verbracht haben, ist es uns vielleicht möglich, in Denken und Verhalten ein wenig mehr von der Figur des Wanderers einfließen zu lassen. Sehen wir den Verwaisten oder die Unschuld in uns, dann entsteht vielleicht der Wunsch, den Krieger zu wecken.

Dabei sind die Archetypen keineswegs hierarchisch geordnet. Es gibt keinen Aufstieg von den »minderen« zu den »besseren« Typen. Jeder Archetyp stellt einen Aspekt unseres Selbst dar, der je nach Situation oder Lebensphase in den Vordergrund tritt.

Die Archetypen in Kürze

Archetyp	*Aufgabe*	*Motto*
Verwaiste	Problematische Situationen überstehen	Leben ist Leiden
Wanderer	Sich selbst finden	Leben ist Abenteuer
Krieger	Sich beweisen	Leben ist Kampf
Altruist	Großzügig sein	Verpflichtung zum Wohle aller
Unschuld	Glück erlangen	Leben ist Freude
Magier	Das Leben verändern	Ich schaffe mir meine Welt

Der Verwaiste

Haben Sie sich je betrogen oder verlassen gefühlt oder gedacht, Sie seien das Opfer übler Machenschaften geworden? Auch wenn dies der Fall war, gibt es trotzdem keinen Grund zur Verzweiflung, so Pearson. Solche Erfahrungen rufen uns zur »Quest« auf, der mythischen Suche nach uns selbst. In vielen Legenden und Erzählungen geht es darum, dass der Held sein altes Leben hinter sich lässt und sich ein neues, reicheres schafft. Aschenputtel zum Beispiel hat eine böse Stiefmutter und wird wie eine Dienstbotin behandelt. Ödipus wurde als Neugeborener an einem Bergabhang ausgesetzt, wo er sterben sollte. Und Dickens' Oliver Twist musste aus dem schrecklichen Waisenhaus fliehen.

Wir alle sind unschuldig geboren. Die Aufgabe des Verwaisten ist es, sich dem Leben zu stellen, statt in einer Opferhaltung und Abhängigkeit zu verharren. Sie haben den Verwaisten in Ihr Leben integriert, wenn Sie aufhören, um Schutz und Sicherheit zu bitten, und damit auch Ihrer Umgebung mehr Freiheit lassen. Wenn Sie dem Misstrauen die Hoffnung gegenüberstellen und das Leben nicht länger als leidvolle Erfahrung betrachten. Dann wissen Sie um die schmerzhafte Seite des Daseins, ohne zu glauben, dass das alles sei.

Der Wanderer

Der Wanderer tritt hervor, wenn wir uns missverstanden und entfremdet fühlen oder einer Situation gegenüberstehen, die wir nicht einschätzen können. Dann erreicht uns der Ruf, ein anderes Leben zu beginnen, das uns weniger einschränkt und in dem wir uns stärker verwirklichen können. Der Wanderer betrachtet das Leben als Abenteuer. Symbolische Ausprägungen des Wanderers sind: der Ritter, der Entdecker, der Cowboy oder der Hippie, der durch die Welt trampt. Doch natürlich ist das Bedürfnis nach neuen Welten nicht nur auf die materielle Welt beschränkt, sondern bezieht sich auch auf emotionale und geistige Bereiche.

Dieser Archetyp macht sich meist in der Jugend bemerkbar, wenn wir unsere Familie und unsere Rolle in der Gemeinschaft zum ersten Mal objektiv sehen. Oder in den mittleren Jahren, in denen viele Erwachsene sich weigern, weiterhin als »verantwortliche Leistungsträger« zu funktionieren wie eine Maschine. Wenn ein Mensch merkt, dass aus seinem Heiligtum ein Käfig geworden ist, und er sich folglich zur Wanderung entschließt, kann das heftige Schuldgefühle nach sich ziehen. Wenn Sie nicht mehr länger den Beschützer spielen, wer wird es dann tun?

Die entscheidende Frage für den Wanderer ist, ob er einfach nur dem ganzen Ärger entfliehen möchte oder tatsächlich nach einem neuen Selbst sucht. Der Ruf, endlich auf große Fahrt zu gehen, setzt mitunter schmerzhafte Trennungen voraus. Er ist wie ein Sprung ins Unbekannte, doch ohne diesen Sprung können wir nicht wachsen.

Der Krieger

Pearson zeigt uns, dass es durchaus möglich ist, die »intensive Lebendigkeit« und Kraft dieses Archetyps zu erfahren, ohne zum gedankenlosen Aggressor zu werden. Da der Krieger ein schlechtes Image hat, zögern manche Menschen vielleicht, diesen Aspekt in sich zu erwecken. Doch ohne ihn sind wir schwach. Der Verwaiste und die Unschuld mögen den Krieger-Archetyp fürchten, doch manchmal müssen wir einfach unseren Standpunkt verteidigen und dies lässt sich nur mit Hilfe des Kriegers bewerkstelligen. Das bedeutet ja nicht, dass wir uns zum Ungeheuer entwickeln müssen. Wie Pearson meint, sollten wir uns nur dem »Tanz des Lebens öffnen«.

Der Lyriker Robert Bly (siehe *Eisenhans*) fasst den Wert dieses Archetyps so zusammen: »Immer wenn wir den Krieger in uns richtig einsetzen, schlagen wir keine Schlachten, sondern lassen den König hervortreten.«

Die modernen Krieger liegen meist weniger im Kampf mit äußeren als mit inneren Feinden. Sie streben nach Überwindung persönlicher Begrenzungen und nach vollkommener Erfüllung. Der neue Krieger strebt keineswegs nach Macht über andere Menschen, er sucht einfach nur nach neuen und kreativen Lösungen.

Der Altruist

In einer Kriegerkultur ist Leistung alles. Doch wir wollen auch als Menschen geschätzt werden, unabhängig von unseren Taten. Wenn wir aus unserer Gesellschaft all jene Menschen herausnähmen, die für Gottes Lohn arbeiten, die Liebe und Fürsorge geben, ohne etwas dafür zu erwarten, bliebe von der Gesellschaft nicht mehr viel übrig. Wir brauchen alle ein größeres Ganzes, um unserem Leben Sinn zu verleihen. Geld oder Macht darf nicht zur Leitschnur unseres Handelns werden – dies ist die Botschaft des Altruisten.

Die dunkle Seite dieses Archetyps ist das unnötige Opfer. Viele Menschen gehen durchs Leben und haben ihre eigenen Wünsche für die der anderen aufgegeben. Meist bleibt dieses Opfer ohne Belohnung, ja es wird sogar als selbstverständlich angesehen. Der Altruist steht für die Seite an uns, die geben möchte. Doch nur Geben, das wirklich von Herzen kommt und nicht nur erfolgt, weil die Gesellschaft es erwartet, ist eines wahren Altruisten würdig.

Die Unschuld

Obwohl wir »unschuldig« geboren werden, sucht ein Teil von uns immer nach Utopia, dem Land der unbegrenzten Möglichkeiten, das aller Wirklichkeit, die wir je kennen gelernt haben, widerspricht. An diesen Ort, meint Pearson, können wir zurückkehren, doch erst wenn wir unsere Heldenfahrt hinter uns haben. In Paulo Coelhos Fabel *Der Alchimist* beginnt der Held Santiago erst nach einer Reihe von spannenden Abenteuern wirklich nach seinem Schatz zu suchen. Das Vertrauen ins Leben, das wir als Kinder hatten, können wir auch als Erwachsene wieder erleben – wenn wir den Archetyp der Unschuld integrieren.

Ist der Krieger davon überzeugt, dass »alles seine Sache ist«, lebt die

Unschuld auf einem bequemen Kissen von Glauben an die natürliche Fülle des Universums. Der Krieger glaubt, das Leben sei ein Wettlauf gegen die Zeit und gegen die anderen Menschen, ein Wettlauf um begrenzte Ressourcen. Die Unschuld hingegen weiß, dass alles, was sie braucht, auf sie wartet.

Der Magier

Der Magier sieht das Leben ähnlich wie die Unschuld, doch er beansprucht mehr Macht für sich. Vertraut die Unschuld auf das Universum, wenn es gilt, etwas geschehen zu lassen, wird der Magier aktiv. Der Magier tritt für seine Welt ein, auch wenn dies gefährlich oder revolutionär sein sollte. Anders als der Krieger glaubt er jedoch nicht an die Illusion von der totalen Kontrolle über sein Leben. Er kann sich besser auf den Fluss der Ereignisse einstellen. Aus diesem Grund erscheint das, was er tut, so häufig als »magisch«. Der Magier lässt sich auf seiner Heldenfahrt vollkommen verwandeln, dafür erhält er als Geschenk die Macht. Zu den berühmtesten »Magiern« der Weltgeschichte gehören Gandhi und Martin Luther King.

Zu guter Letzt

Pearson berichtet von einer interessanten Beobachtung. Ihrer Ansicht nach befinden wir uns am Übergang vom Zeitalter des Kriegers zu dem des Magiers. Ersteres ist gekennzeichnet durch eine Ethik des »Vorwärtskommens«, auch wenn der Ort, an dem wir ankommen sollen, uns längst nichts mehr bedeutet. Die Kultur des Magiers ist stärker von Wechsel und Wandel geprägt, weniger festgelegt. Der Magier versucht eine neue Welt zu schaffen, statt in der alten noch zu den Gewinnern zu gehören.

Der Krieger plant Strategien, er setzt seinen Willen und sein Durchhaltevermögen ein, um Veränderungen herbeizuführen. Der Magier nutzt die Kraft der Vision, weil er weiß, dass sie ihren eigenen Schwung entwickelt. Welcher Weg ist der bessere? Da der Magier auch Kräfte außerhalb der eigenen Person zu Hilfe rufen kann, möchte man annehmen, dass die magische Welt machtvoller ist. Viele Menschen arbeiten lieber mit magischen Mitteln, statt Kriege auszufechten.

Der Held in uns wurde 1986 zum ersten Mal veröffentlicht. Spätere Ausgaben zeigen, wie der Leser die Archetypen in seinen Alltag einbauen kann. Außerdem hat Carol Pearson die Quellenangaben immer wieder neu überarbeitet. Machen Sie sich aber keine Sorgen, wenn Sie nur die ursprüngliche Version bekommen können. Die Essenz des Buches sind die Archetypen, deren Beschreibung nicht überarbeitet wurde.

Über Carol Pearson

Pearson wuchs in einer Familie von christlichen Fundamentalisten im amerikanischen Süden auf. Dass sie im College Campbells Buch *Der Heros in tausend Gestalten* las, veränderte ihr Leben. Sie nahm den Rat ernst, ihrem Glücksstern zu folgen, und vertiefte sich in Bücher über Mythologie und Jung'sche Psychologie. Schließlich machte sie aus ihrem Wissen einen Beruf. Pearson schrieb *Der Held in uns* während eines Freisemesters, das sie als Hochschullehrerin an der Universität von Maryland bekam. Dort ist sie im Rahmen der Frauenforschung tätig.

Pearson arbeitete als Unternehmensberaterin und veröffentlichte weitere Bücher wie zum Beispiel *Magic at Wort, Camelot, Creative Leadership and Everyday Miracles* (mit Sharon Seivert). Sie gründete das *Center for Archetypal Studies* und *Applications* in Washington. Ihre jüngsten Bücher sind: *The Hero and the Outlaw* (2001), die erste Studie darüber, wie sich archetypische Bilder zur unternehmerischen Marken- und Imagebildung verwenden lassen, sowie *Mapping the Organizational Psyche* (2002).

Der wunderbare Weg
1978

Die meisten Menschen sehen nicht wirklich ein, dass das Leben schwierig ist. Sie klagen mehr oder weniger unausgesetzt, laut oder leise, über die Fülle ihrer Probleme, Lasten und Schwierigkeiten, als sei das Leben im Allgemeinen einfach oder sollte es zumindest sein.

Wie Benjamin Franklin sagte: »Ereignisse, die wehtun, sind lehrreich.« Aus diesem Grund fürchten kluge Menschen Probleme nicht, sondern heißen sie willkommen – und den damit verbundenen Schmerz.

Wie sehen diese Instrumente, diese Techniken und Mittel, mit deren Hilfe wir die schmerzhafte Seite der Probleme konstruktiv bewältigen können, nun aus? Was ist es, was ich Disziplin nenne? Disziplin umfasst vier Methoden: Aufschieben der Belohnung, Annehmen der eigenen Verantwortung, Hingabe an die Wahrheit und innerer Ausgleich. Dies sind relativ einfache Methoden, die beinahe jedes Kind im Alter von zehn Jahren schon gelernt hat. Und doch vergessen Präsidenten und Könige sie immer wieder, was ihnen zum Nachteil gereicht.

Kurz gesagt

Sobald Sie sich klar machen, dass das »Leben schwierig ist«, ist die Tatsache als solche nicht mehr länger von Bedeutung. Sobald Sie diese Verantwortung akzeptieren, werden Sie klügere Entscheidungen treffen.

Ähnliche Titel

Alain de Botton, *Wie Proust Ihr Leben verändern kann*
Thomas Moore, *Seel-Sorge*
Marianne Williamson, *Rückkehr zur Liebe*

· 42 ·
M. Scott Peck

Dies ist das Selbsthilfebuch für Menschen, die Selbsthilfebücher ablehnen. Sie finden darin keine berauschenden Versprechungen grenzenlosen Glücks und übermäßiger Freude, die in der Literatur über Persönlichkeitsentwicklung unvermeidlich scheinen. Trotzdem ist es ein Bestseller geworden. Es beginnt mit den mittlerweile berühmt gewordenen Worten »Das Leben ist schwierig« und behandelt solche auf den ersten Blick unattraktiven Themen wie den Mythos der Liebe, das Böse, Geisteskrankheiten und die psychischen und spirituellen Krisen des Autors.

Vielleicht schenken wir dem Buch deshalb so schnell unser Vertrauen: weil es nicht alles durch die rosarote Brille betrachtet. Es baut vielmehr auf die Hypothese auf, dass wir, sobald wir einmal das Schlimmste erfahren haben, auch frei sind, darüber hinaus zu blicken. *Der wunderbare Weg* ist auf altmodische Weise inspirierend. Denn das viel beschriebene gute Leben lässt sich laut Peck nur erreichen, wenn wir die Selbstdisziplin an die Spitze unserer Werteskala stellen. Wenn Sie glauben, dass es keinen schnellen Weg zur Erleuchtung gibt und dass nur Verantwortungsbewusstsein und innere Verpflichtung die Saat der Erfüllung aufgehen lassen, sollten Sie Dr. Pecks Buch lesen.

Peck ist ein traditioneller Psychotherapeut, der sich dafür einsetzt, dass die Psychologie die Stadien spiritueller Entwicklung akzeptiert. Seiner Ansicht nach ist es die Aufgabe unserer Zeit, wissenschaftliche und spirituelle Weltsicht zu vereinen. *Der wunderbare Weg* ist sein persönlicher Versuch, die Lücke zwischen diesen beiden zu schließen. Dieser war ganz sicher erfolgreich. Jeder, der sich zwischen psychologischen und spirituellen Positionen hin- und hergerissen fühlte, wird ihm dankbar sein.

Disziplin

Selbstkontrolle ist der wesentliche Punkt in Pecks Form der Selbsthilfeliteratur. Er schreibt: »Ohne Disziplin erreichen wir gar nichts. Mit ein wenig Disziplin lösen wir wenige Probleme. Mit vollkommener Disziplin lösen wir alle Probleme.«

Ein Mensch, der die Fähigkeit besitzt, die erwartete Belohnung nicht sofort einfordern zu müssen, verfügt über seelische Reife. Impulsivität ist eine Gewohnheit, die zu Neurosen führt, weil sie im Normalfall der schmerzlichen Erfahrung ausweicht. Unsere großen Probleme ergeben sich fast immer aus der Tatsache, dass wir früher den kleineren aus dem Weg gegangen sind. Wir hatten nicht den Mut, »uns der Wahrheit zu stellen«. Die meisten Menschen machen den Fehler zu glauben, dass Probleme sich schon irgendwie von selbst lösen werden.

Doch dieser Mangel an Verantwortungsgefühl schadet nur. Unsere Kultur hat die Freiheit aufs Piedestal gestellt, obwohl die Menschen – wie Erich Fromm bereits in *Die Furcht vor der Freiheit* nachwies – eine natürliche Neigung zeigen, sich führen zu lassen. Sie ordnen sich mit Vorliebe politischen Autoritäten unter und geben ihre persönliche Macht auf. Wenn sich uns die Möglichkeit echter Freiheit eröffnet, scheuen wir häufig davor zurück. Wahlmöglichkeiten scheinen uns genauso wenig geheuer zu sein wie negative Erlebnisse. Daher hat Disziplin, wie Peck sie versteht, auch nichts mit »Erwachsenwerden« und »die Realität akzeptieren« zu tun. Es geht dabei vielmehr darum, die Chancen zu erkennen, die sich uns bieten.

Was der wunderbare Weg uns bringt

Peck macht deutlich, wie wenig Menschen sich letztlich wirklich für einen spirituellen Weg entscheiden. Es gibt viele qualifizierte Unteroffiziere, die sich weigern, die Offizierslaufbahn einzuschlagen. Genauso ist es mit Menschen, die eine Psychotherapie machen: Nur wenige interessieren sich wirklich für die Kraft, die aus wahrer geistiger Gesundheit erwächst. Das Leben mit Automatikschaltung ist nun einmal leichter als die ständige Auseinandersetzung mit Herausforderun-gen.

Der wunderbare Weg ist voller Lebensgeschichten von ganz normalen Menschen. Einige zeigen, wie wirklicher Wandel vor sich gehen kann, in anderen Fällen aber weigern die Menschen sich einfach, Veränderungen hinzunehmen, und wollen nur ihre Ruhe. Kommt Ihnen das irgendwie bekannt vor? Dies ist der Normalfall, in dem wir uns wiedererkennen, im stillen Abwenden von einem reicheren, mutigeren Leben. So haben wir mehr mit verpassten Gelegenheiten zu kämpfen, meint Peck, als mit echten mentalen Krankheiten.

Aber warum ist das so, wo die Belohnung, die uns winkt, doch so unendlich schön scheint? Spiritualität mag ja ein wunderbarer Weg sein, doch er ist gleichzeitig viel unebener und schlechter beleuchtet als die Autobahn des normalen Lebens, auf der die anderen dahinbrausen, die aus der Ferne immer so glücklich wirken. Und doch wissen wir nichts über Glück und Freude, wenn wir uns überhaupt fragen, wozu wir das alles auf uns nehmen sollen. Denn die Vorteile des spirituellen Lebens sind enorm: innerer Friede, Freiheit von echten Sorgen. All das ist tatsächlich möglich, obwohl die meisten Menschen nicht daran glauben. Wir können unsere Last immer abwerfen. Schließlich sind wir ja nicht die Einzigen, die ihr Bündel zu tragen haben.

Eine tief greifende spirituelle Auffassung aber bringt auch mehr Verantwortung mit sich. Dies ist unvermeidlich, wenn wir von spirituellen Kindern zu Erwachsenen reifen wollen. Peck erinnert uns an den heiligen Augustinus, der meinte, wir könnten tun, was wir wollten, solange wir nur liebevoll und eifrig wären. Da unsere spirituelle Faulheit, ja Schüchternheit, aus einer begrenzten Existenz resultierte (was wir nun deutlich erkennen), stößt die Selbstdisziplin alle Tore in unserem Leben auf und lässt die grenzenlose Weite herein. Der Erleuchtete findet die allgemein verbreitete Vorstellung, das Leben müsse langweilig und begrenzt sein, nur amüsant. Denn die Wände, die wir um unser Dasein ziehen und die von außen so unverrückbar aussehen, verbergen nur das innere Leuchten vor uns selbst.

Liebe ist eine Frage der Entscheidung

Und welche Art von Treibstoff gibt uns auf dem wunderbaren Weg nun Energie? Liebe, natürlich. Peck läuft zur Höchstform auf, wenn er über dieses Gefühl schreibt, das sich so schwer definieren lässt. Wir glauben, Liebe bedürfe keiner Anstrengung, schließlich »verfallen« wir ihr ja, und der freie Fall ist ja wohl kaum mühselig, oder? Peck hingegen meint, die Liebe verlange durchaus Mühe. Daher sei sie untrennbar mit einer Entscheidung verknüpft: »Der Wunsch zu lieben ist noch keine Liebe. Liebe ist, was Liebe tut.«

Der ekstatische Zustand des Verliebtseins ist ein Rückfall in die Erlebnismuster der Kindheit, wo wir mit unserer Mutter eins waren. Nun sind wir wieder so weit: Wir verschmelzen mit der Welt, und alles scheint möglich. Doch wie das Baby irgendwann einmal merkt, dass es ein Individuum ist, so stellt dies auch der Liebende früher oder später fest. An diesem Punkt, so Peck, beginnt die »Arbeit der Liebe«. Jedermann kann sich verlieben, aber nicht jeder kann sich für die Liebe entscheiden. Ob wir uns verlieben, liegt vielleicht tatsächlich nicht in unserer Macht, doch wie es weitergeht, ist allein unsere Sache. Wir müssen mit Selbstdisziplin die »Muskeln« trainieren, welche die Liebe ermöglichen. Haben wir dies getan, so können wir die Kraft unserer Liebe so lenken, wie es für uns und andere am besten ist.

Zu guter Letzt

Der aufmerksame Leser wird den Unterschied zwischen den Thesen Pecks, der seelische Veränderung für einen langsamen Prozess hielt, und denen der Kognitiven Therapie erkennen, die davon ausgeht, dass man Begrenzungen schnell beseitigen kann, wenn man nur die richtige Methode kennt (siehe Martin Seligman, David Burns, Anthony Robbins). Dies ist eine Kluft, die sich durch die gesamte Selbsthilfeliteratur zieht. Da ist auf der einen Seite die Ethik der harten Arbeit, deren Vertreter Charakterbildung und Seelenerforschung betreiben. Auf der anderen Seite steht der Glaube an geistige Techniken, dessen Anhänger davon ausgehen, dass Probleme nicht so tief verankert sind und daher mit bestimmten Methoden beseitigt werden können. Ist der erste Weg durch Selbstdisziplin und -erkenntnis charakterisiert, so geht der zweite davon aus, dass wir alles schaffen können, was wir wollen, wenn wir nur die richtigen Instrumente einsetzen.

Leser, die zur zweiten Variante neigen, sollten einen Ausgleich schaffen, indem sie sich mit M. Scott Peck auseinander setzen. Denn er geht auch auf Phänomene ein, die in der modernen Psychologie vollkommen ausgespart werden, wie zum Beispiel die »Gnade«. Sie ist für Peck der Gipfel der menschlichen Erfahrung, ein Zustand, in dem Frieden, Dankbarkeit und Freiheit zugleich erfahren werden. Sie ist Frucht einer strikten Selbstdisziplin und der Arbeit für einen ganz bestimmten Lebenszweck.

Peck beharrt auf Begriffen wie Moral, Disziplin und Langmut. Daher wirkt er leicht ein wenig altmodisch. Und doch scheut er keine Auseinandersetzung. Er kritisiert die Psychotherapie hart, weil sie nicht in der Lage sei, sich der spirituellen Dimension des Menschen zu öffnen. Viele Menschen überraschte er vor allem dadurch, dass er die Vorstellungen C. G. Jungs vom Kollektiven Unbewussten und dem Prinzip der Synchronizität, die sehr nach New Age klingen, in seine Arbeit aufnahm. Irgendwie scheint seine Mischung aus Christentum, New Age und klassischer Psychologie aber seine Leser zu finden.

Pecks Buch mag manchen Menschen etwas zu ernst sein. Für andere ist es sicher Quell tiefer Einsichten. Er gehört zu den ganz Großen im Kanon der Selbsthilfeliteratur. Sein Buch hat sich mehr als sieben Millionen Mal verkauft. Denn was immer Peck auch über die mangelnde Neigung zu Spiritualität sagt, auf dem wunderbaren Weg herrscht langsam, aber sicher immer mehr Gedränge.

Über M. Scott Peck
Scott Peck wurde 1936 geboren. Als Sohn einer relativ wohlhabenden Familie ging er auf exklusive Privatschulen und studierte später in Harvard. Den Doktor der Medizin machte er 1963 an der *Western Reserve University*, um dann neun Jahre im Sanitätskorps der US-Armee Dienst zu tun. Danach brauchte er zehn Jahre, um sich eine eigene Praxis für Psychotherapie aufzubauen.

Obwohl *Der wunderbare Weg* schon in den siebziger Jahren geschrieben wurde, als Peck 39 Jahre alt war, fand das Buch erst 1983 seinen Weg in die Bestsellerliste der New York Times. Dort blieb es dann so lange, dass es ins Guinness-Buch der Rekorde aufgenommen wurde. Der Nachfolgeband trägt den Titel *Weiter auf dem wunderbaren Weg* und erschien 1993.

Andere Bücher von Peck sind: *Die Lügner* (1983) über das Böse in der Welt; *The Different Drum* (1987) über das Leben in Gemeinschaft; *Eine neue Ethik für die Welt* (1993) setzt sich mit der Funktion der

Höflichkeit auf individueller und gesellschaftlicher Ebene auseinander, während *Denial of the Soul* (1998) sich um das Thema Sterbehilfe und lebensbedrohliche Krankheiten dreht.

Als kettenrauchender Martinitrinker passt der Autor nicht so recht zur Riege der Selbsthilfeautoren. Er hat auch über seine zweite Leidenschaft geschrieben, das Golfen: *Golf and the Spirit.* Mit seiner Frau Lily lebt Peck in Connecticut und in Bodega Bay in Kalifornien.

Atlas wirft die Welt ab
1957

Sie blickte starr in den Dunst, in dem Schienen und Horizont ineinander übergingen, einen Dunst, der jederzeit aufreißen und eine Katastrophe enthüllen konnte. Sie wunderte sich, warum sie sich sicherer fühlte, als sie sich je in einem Wagen hinter der Lokomotive gefühlt hatte. Hier, wo sie und die Windschutzscheibe als Erste zerschmettert würden, sollte plötzlich ein Hindernis aufsteigen. Sie lächelte, als ihr plötzlich klar wurde, warum: Es war die Sicherheit, ganz vorn zu sein, wo man alles überblicken und die Fahrt verfolgen konnte, nicht das blinde Gefühl, von einer unbekannten Macht an der Spitze ins Unbekannte gezogen zu werden. Es war das höchste Lebensgefühl: nicht zu glauben, sondern zu wissen!

Warum hatte sie beim Anblick von Maschinen immer diese freudige Zuversicht gespürt?, fragte sie sich. ... Die Motoren waren ein in Stahl gegossenes Moralgesetz.

Weine nicht, wenn dir klar wird, dass das Leben frustrierend ist und Glück für den Menschen unerreichbar. Überprüfe lieber deinen Tank. Sein Inhalt war es, der dich dorthin gebracht hat, wohin du wolltest.

KURZ GESAGT
Seien Sie Ihres Glückes Schmied. Schaffen Sie etwas von Wert. Bereiten Sie den Weg für eine neue Menschheit, indem Sie zu denken wagen.

ÄHNLICHE TITEL
Ralph Waldo Emerson, *Selbstvertrauen*
Samuel Smiles, *Self-Help*

Ayn Rand

Atlas wirft die Welt ab ist ein Buch, das unter Lesern und Kritikern heftige Debatten auslöste. Dabei scheint es nur leidenschaftliche Befürworter oder engagierte Gegner zu haben. Wenn es eine Liste der zehn faszinierendsten Bücher des 20. Jahrhunderts gäbe, müsste Rands Klassiker unweigerlich genannt werden.

Rand war Philosophin und nutzte die Romanform, um ihre Ideen einem breiteren Publikum vorzustellen. Da sie als russische Emigrantin aus eigener Anschauung erfahren hatte, wie die russische Revolution die Freiheit des Individuums beschränkte, wurde dies zu ihrem großen Thema. Ihr magnum opus von mehr als tausend Seiten regt uns zum Nachdenken an, was Kapitalismus und Freiheit wirklich bedeuten. Das Buch greift eines der wichtigsten Themen des menschlichen Seins auf: die Frage nach dem richtigen Maß an Selbstbezogenheit. Auf einer anderen Ebene geht es Rand um die Entwicklungsmöglichkeiten, die der Mensch anstreben kann und sollte.

Was ist »Atlas wirft die Welt ab«?

Eine mysteriöse, aber auch gewöhnliche Liebesgeschichte und ein hoch philosophischer Roman – alles in einem. Die Heldin, Dagny Taggart, ist die junge Chefin eines Eisenbahnunternehmens, die versucht *Taggart Transcontinental* zu leiten, während sie gleichzeitig die nationale Korruption bekämpft. Weitere Charaktere sind der erbarmungslose Industriekapitän Hank Rearden und der extravagante adlige Minenbesitzer Francisco D'Anconia.

Doch die wichtigste Figur taucht erst spät im Buch auf und sofort stellen sich uns die folgenden entscheidenden Fragen: Weshalb arbeitet der größte lebende Philosoph als Koch in einem Selbstbedienungsrestaurant in den Rocky Mountains? Wie kommt es, dass der beste Erfinder des Jahrhunderts Vorarbeiter bei der Bahn wird? Was passiert, wenn die Menschen, welche die Welt retten könnten, sich entschließen, genau das nicht zu tun? Und wer ist John Galt?

Vernunft (oder die Verantwortung, seinem Lebensziel zu gehorchen)

Atlas wirft die Welt ab ist inspiriert vom Zorn seiner Autorin über die Tatsache, wie viele Menschen das Einzige, was sie tatsächlich vom Tierreich unterscheidet, einfach vergeuden: die Vernunft. Jene Menschen, die sich nicht mehr fragen, was ihr Leben für einen Sinn hat und was sie tun können, um ihrem Dasein ein Ziel zu geben, sind in Rands Augen so gut wie tot. »Die Gesellschaft« ist längst zu einer Schutzgemeinschaft für alle Arten der Mittelmäßigkeit verkommen, in der die Menschen den Mangel an Einsatz der anderen nicht mehr beklagen, damit ihr eigener mangelnder Wille nicht zu Tage tritt. Diese Bereitschaft, weniger zu akzeptieren, um der »menschlichen Natur« gerecht zu werden, ist in Rands Augen zutiefst inhuman. Und so lässt sie eine ihrer Figuren sagen, die meisten Menschen wollten gar nicht wirklich leben, sie strebten nur danach, »mit dem Leben davonzukommen«. Und als Dagny Taggart Francisco D'Anconia fragt, was seiner Ansicht nach wohl der schlimmste Menschentyp sei, antwortet er scharf: »Ein Mensch, der kein Lebensziel hat.«

So sieht Dagny ihre Rolle als Chefin bei *Taggart Transcontinental* auch als Lebensaufgabe an. Sie fühlt sich nur wirklich lebendig, wenn sie auf den Schienen ist oder sich über irgendwelche Zahlenkolonnen beugt. Die Züge werden zur Metapher für ihr ganzes Leben: Sie steuern mit Höchstgeschwindigkeit geradewegs auf ihr vorbestimmtes Ziel zu. Und so erlebt Dagny eine Erleuchtung, als sie auf der neu eröffneten

John-Galt-Strecke eine Lokomotive auf über hundert Stundenkilometer hochjagt und dem Röhren der Maschinen lauscht: »War es nicht zutiefst schlecht, etwas zu wünschen, ohne sich dafür einzusetzen? Oder sich einzusetzen, ohne ein Ziel zu haben?«

Das edle Schicksal des Geldverdienens

Für Rand war Reichtum ein Zeichen dafür, dass ein Individuum sein Denken verwirklicht hatte. Etwas zu schaffen und damit Geld zu verdienen war in ihren Augen der Gipfel menschlicher Ethik. Napoleon Hill sagte dies offener: »Denke und werde reich!« Geld, das man durch andere Mittel (Erbe, Betrug oder staatliche Unterstützung) erreicht, ist letztlich »Diebesgut«. Trotzdem werden im Buch jene Menschen, welche die Zivilisation voranbringen und die Welt am Laufen halten, als »vulgäre Materialisten« und »Diebe des Volkes« bezeichnet.

Die große Frage, der Dagny sich stellen muss, lautet: Warum sollte sie versuchen, ihre Eisenbahnlinie zu retten, während die Diebe im Namen des Gemeinwohls sie zu vernichten suchten? »Wer immer Reichtum schafft, sollte stolz sein!« Dies ist wohl die hervorstechendste Botschaft dieses Romans. Kämpft für eure Freiheit der Innovation und Produktion. Nehmt die Schuldzuweisungen der Nicht-Produktiven nicht an!

Die beste Gesellschaft ist die, in welcher die Menschen das Beste, was sie geschaffen haben, für das Beste eintauschen, das andere produziert haben. Alan Greenspan, Chef der US-Notenbank, ist vielleicht Rands prominentester Schüler. Er gehörte in den fünfziger Jahren in New York zum Kreis ihrer Bewunderer. Die Autoren David Sicilia und Jeffrey Cruickshank berichten in ihrem Buch *Alan Greenspan – die Macht der Worte* eine Anekdote, die der Architekt des längsten Wirtschaftsaufschwungs in der Geschichte der USA selbst erzählt hat. Bevor er Ayn Rand kennen gelernt habe, so Greenspan, sei er ein Anhänger von Adam

Smith gewesen, der bestenfalls die technische Seite des Kapitalismus begriffen habe. Nach der Begegnung mit Rand habe er jedoch auch dessen tiefe moralische Kraft erkannt.

Rands Roman und das Individuum

Lange Zeit galten Rands Thesen als lächerlich. Mittlerweile sind sie allgemein akzeptiert. Heute zollen wir dem Unternehmergeist denselben Respekt wie sie. Auch dass der Kapitalismus am besten dazu geeignet ist, die Talente einer Person zum Vorschein zu bringen bzw. für eine Vielfalt spannender Produkte und Dienstleistungen zu sorgen, ist unumstritten. Die Wirtschaft im 21. Jahrhundert wird nicht nur vom Triumph der Technik gespeist, sondern vom Einfallsreichtum der individuellen Vorstellungskraft.

Der rote Faden in diesem Roman ist quasi das Dollarzeichen. Für Rand, die in die Vereinigten Staaten emigriert war und deren Ideale über alles liebte, war der Dollar das Zeichen des Sieges über Staat, Religion und Tradition. Für sie verhieß es Freiheit von der Mittelmäßigkeit und deren Fesseln. Diese Verehrung für Geld und Eigeninteresse wirkt auf den ersten Blick unangemessen, wenn nicht gar unziemlich. Doch *Atlas wirft die Welt ab* zeigt recht deutlich, wohin es führt, wenn das Gemeinwohl zum alles beherrschenden Prinzip wird. Es saugt jeder Nation den Unternehmungsgeist aus. Wie Adam Smith schon bemerkte, steht die Verfolgung des eigenen Wohls im Einklang mit den Prinzipien der Natur und ist daher letztlich auch als moralisch zu bewerten.

Rand ist die »Schutzheilige« der Unternehmer des 21. Jahrhunderts, weil sie deren schöpferisches Tun moralisch legitimiert. Ein Mensch, der sich Rands Prinzipien zu Eigen macht, ist mit Fug und Recht gegen den Gleichheitsgrundsatz, zumindest insofern dieser ihn um anderer

Menschen willen daran hindert, seine Träume zu verwirklichen. Gleiches Recht für alle ist ein edler Grundsatz, doch letztlich erstickt er den Pioniergeist, der den menschlichen Fortschritt befeuert.

In *Atlas wirft die Welt ab* ist es die höchste Pflicht eines Menschen, Lebensfreude zu genießen. Dagny Taggarts Leben scheint eine einzige Katastrophe zu sein, und doch weigert sie sich, sich geschlagen zu geben. Sie redet sich nicht darauf hinaus, dass das Leben nun mal so sei, wie die meisten anderen Menschen es tun.

Zu guter Letzt

Atlas wirft die Welt ab wurde heftig verurteilt. Man wirft dem Roman entweder Extremismus vor oder Naivität. In Wirklichkeit aber ist er einfach kompromisslos. Rand war eine Radikale, die ein Menschheitsideal schuf, mit dem viele nichts anfangen können. Ihre Ideen sind ihrer Zeit so weit voraus, dass wir noch heute daran knabbern.

Atlas wirft die Welt ab umfasst 1325 Seiten. Wie alle großen Romane stellt er eine ganz eigene Welt dar, in die wir eintreten, wenn wir die erste Seite umblättern. Sicher wäre daraus eine große Oper geworden. Es erstaunt keineswegs, dass Rands Lieblingsautor der epische Victor Hugo war. Rand mag eine fluchende, kettenrauchende, homophobe Kommunistenhasserin gewesen sein, doch ihr Stern ist ihm Steigen begriffen. Ihre Philosophie vom maximalen Selbstausdruck und ihre leidenschaftliche Bewunderung für Technik passen ganz sicher in unsere Zeit.

Das Buch wird seine klugen Kritiker wohl überleben und weiterhin Menschen inspirieren, während andere Titel, die literarisch hoch gelobt werden, weiterhin nur das akademische Publikum interessieren. Rand zählt vielleicht nicht zu den ganz großen Schriftstellern: Es gibt nicht wenige Zeilen in ihrem Roman, die den Leser zum Kichern oder

Kopfschütteln veranlassen. Und es ist auch richtig, dass sie sich häufig wiederholt. Wie viele Bücher dieses Umfangs hätte der Roman gekürzt werden können. Doch der Geist, den ihre Worte vermitteln, macht die wahre Bedeutung dieses Werkes aus.

Über Ayn Rand

Ayn Rand heißt mit bürgerlichem Namen Alissa Rosenbaum. Sie kam 1905 in Petersburg zur Welt, beim Ausbruch der Russischen Revolution nahm ihr Vater sie mit auf die Halbinsel Krim. Als sie nach Petersburg zurückkehrten, war ihr heimisches Geschäft vom Staat übernommen worden. Alissa machte ihren akademischen Abschluss 1924 an der Universität von Petrograd (Leningrad), bevor sie einen Kurs über das Schreiben von Drehbüchern belegte. Im Jahr darauf besuchte sie Verwandte in Chicago und kehrte nie mehr in die Sowjetunion zurück. Nach sechs Monaten zog sie nach Hollywood, wo sie ihren Namen in Ayn Rand änderte und begann, Drehbücher zu verfassen. Ayn war der Vorname eines von ihr verehrten finnischen Schriftstellers, Rand das Modell ihrer Remington-Schreibmaschine. An ihrem zweiten Tag in Los Angeles lernte sie den großen Produzenten Cecile B. de Mille kennen, der ihr Arbeit bei einem seiner Filmprojekte gab. Dort lernte sie ihren späteren Ehemann Frank O'Connor kennen.

Als Drehbuchschreiberin hatte Rand nie großen Erfolg. Als Schriftstellerin hingegen durchaus. 1935 wurde ihr Stück *Woman on Trial* am Broadway unter dem Titel *Night of January 16th* uraufgeführt. Ihre ersten Romane *Vom Leben unbesiegt* (1936) und *Anthem* (1938) wurden von der Kritik wohlwollend aufgenommen, verkauften sich aber nicht besonders gut. Rands Glück änderte sich, als 1943 *Der ewige Quell* veröffentlicht wurde, ein 700 Seiten dicker Roman über einen modernen Architekten, der für seine Visionen kämpft. *Atlas wirft die Welt ab* wurde sofort zum Bestseller.

Rand verfasste nicht nur fiktionale Geschichten. 1958 eröffnete sie zusammen mit Nathaniel Branden in New York ein Institut für objektivistische Philosophie. Im selben Jahr verfasste sie verschiedene Rundschreiben, gab die philosophische Zeitschrift *For the New Intellectual* (1961) heraus und veröffentlichte *Kapitalismus: Das unbekannte Ideal* (1966).

Jahrelang hatte sie sich gegen die Anti-Raucher-Kampagnen der Regierung eingesetzt, bis sie 1982 an Lungenkrebs starb. Auf ihrem Sarg prangte ein Dollarzeichen.

Das Robbins-Power-Prinzip
1991

Wenn Sie wirklich Veränderungen erzielen wollen, müssen Sie als ersten Schritt Ihre Erwartungen erhöhen. Fragt mich heute jemand, was vor acht Jahren mein Schicksal wirklich veränderte, dann antworte ich meist, dass ich einfach mehr von mir verlangte. Ich schrieb alles nieder, was ich in meinem Leben nicht mehr akzeptieren würde, alles, was ich absetzen würde, und alles, was ich zu werden wünschte.

Wir dürfen nicht zulassen, dass die Programmierung der Vergangenheit unsere Gegenwart und Zukunft beeinflusst. Mit Hilfe dieses Buches können Sie sich selbst neu erfinden, indem Sie Ihre Glaubenssätze und Werte systematisch so organisieren, dass diese Sie automatisch in die Richtung führen, die Sie für Ihr Leben anstreben.

Obwohl wir dies nicht gerne eingestehen, wird unser Verhalten von unseren instinktiven Reaktionen im Hinblick auf Schmerz oder Freude bestimmt, keineswegs von verstandesmäßiger Kalkulation. Der Verstand glaubt vielleicht, dass Schokolade schädlich ist, doch trotzdem haben wir Appetit darauf. Warum ist das so? Weil wir weniger von dem gelenkt werden, was wir wissen, sondern von den Dingen, mit denen wir instinktiv Schmerz oder Vergnügen verbinden.

Kurz gesagt
Es ist Zeit, endlich den »Tag zu nutzen« und das Leben zu leben, das wir uns wünschen. Dieses Buch zeigt Ihnen, wie.

Ähnliche Titel
Steve Andreas und Charles Faulkner, *Praxiskurs NLP*
Susan Jeffers, *Selbstvertrauen gewinnen*

Anthony Robbins

Antony Robbins ist die leibhaftige Verkörperung des Idealbilds vom Selbsthilfeguru. In den Vereinigten Staaten zumindest ist sein Name den meisten Menschen ein Begriff. Vermutlich hat jeder schon einmal eine seiner Infosendungen im Werbefernsehen gesehen. Er war persönlicher Berater für Präsidenten, Mitglieder von Königshäusern, Sportgrößen und Unternehmer. Sein überragender Erfolg geht zurück auf seine enorme persönliche Energie und seine geradezu legendären Fähigkeiten in puncto Marketing. Andere Selbsthilfegrößen wie Wayne Dyer oder Deepak Chopra verschwinden beinahe neben ihm. Unzählige Menschen zahlen gerne mehr als tausend Dollar für ein Wochenendseminar bei Robbins. Dabei läuft man dann beispielsweise über heiße Kohlen. Er löst bei seinen Zuhörern eine ähnliche Hysterie aus, wie sie bei Popkonzerten oder Erweckungsveranstaltungen üblich ist.

Dementsprechend beschreibt der Autor am Anfang seines Buches eine Szene, bei der er in einem Jet-Hubschrauber zu einem ausverkauften Seminar fliegt. Plötzlich sieht er unter sich ein Gebäude, wo er vor zwölf Jahren als Pförtner gearbeitet hat. Und er stellt sich den Robbins von damals vor: übergewichtig, pleite und einsam. Nun aber ist er schlank, glücklich verheiratet und Millionär mit einer schönen Villa am Meer. In diesem Moment wird Robbins klar, dass er seinen Traum lebt.

Solche Kleinigkeiten machen den Charme dieses Buches aus. Robbins weiß, dass er die beste Werbung für seine Thesen ist. Doch lassen Sie uns ganz vorne beginnen …

Robbins und NLP

Robbins' erstes Buch, das er schrieb, als er noch keine dreißig war, hieß *Grenzenlose Energie*. Es war ein Bestseller und legte gleichzeitig die Grundlagen für den Erfolg seines Nachfolgewerkes. Es erläuterte die Quelle des Robbins-Power-Prinzips: die neurolinguistische Programmierung.

Wie bereits ausgeführt wurde (siehe *Praxiskurs NLP*), wurde NLP von John Grinder und Richard Bandler »erfunden«. Es ging aus Studien über den Einfluss verbaler bzw. nonverbaler Äußerungen auf das Nervensystem hervor. Die Neurolinguistische Programmierung geht davon aus, dass wir unser Nervensystem kontrollieren können. All unsere Reaktionen und Handlungen, die scheinbar so »natürlich« sind, gehen in Wirklichkeit auf Programmierungen zurück. Wenn wir also die Verhaltensweisen erfolgreicher Menschen »nachahmen«, können wir dieselben Erfolge erzielen wie diese.

Robbins Verdienst war es, dass er NLP einem größeren Publikum nahe brachte. Sein Leitspruch »Veränderungen geschehen von einer Minute auf die andere« stammt direkt aus dem Thesenkatalog der Neurolinguistischen Programmierung. Dasselbe gilt für seine Idee, man müsse die eigene Motivation mit Freude bzw. Schmerz verbinden.

Das Robbins-Power-Prinzip

Das Buch regt die Vorstellungskraft des Lesers an und schafft so neue Möglichkeiten in seinem Geist. Robbins ist der Meister der Grenzenlosigkeit und zeigt darüber hinaus, wie sich Wünsche in konkrete Schritte zur Zielerreichung umwandeln lassen. Sein Buch umfasst über 500 Seiten. Im Folgenden möchte ich Ihnen ein paar Kernpunkte daraus vorstellen:

Schmerz und Freude

Dies sind die Schlüsselkräfte in unserem Leben. Wir können zulassen, dass sie uns kontrollieren, oder selbst die Kontrolle übernehmen. Achten Sie besonders darauf, womit Sie Vergnügen verbinden: Einige Menschen verbinden Befriedigung mit Heroin, andere mit einer altruistischen Einstellung. Wären Sie gerne wie Jimi Hendrix – nur ohne dasselbe Talent? Oder lieber wie Mutter Teresa? Wenn wir starken Schmerz bzw. starke Freude mit einer Tätigkeit oder einem Gedanken verbinden, verändern wir unser Leben.

Die Macht des Glaubens

Zwei Männer sind an eine Gefängnismauer gekettet. Der eine begeht Selbstmord, der andere erzählt den Menschen von der Kraft des menschlichen Geistes. Nicht die Ereignisse unseres Lebens prägen uns, sondern die Art, wie wir sie verarbeiten, also die Bedeutung, die wir ihnen zuschreiben. Verändern sich tief verwurzelte Glaubenssätze (also unsere Weltanschauung im Allgemeinen), können wir nahezu alles in unserem Leben verändern. Alle großen Führungsgestalten der Menschheit verbreiteten diese innere Sicherheit. Sie wussten, dass ihre Probleme nur kurzfristiger Natur waren. Die CIA hat Methoden entwickelt, wie man die Grundsätze eines Menschen in kürzester Zeit verändern kann. Eben diese Techniken können auch Sie auf Ihr Leben anwenden.

Die Macht der Fragen

Jeder menschliche Fortschritt entsteht, weil bisherige Grenzen in Frage gestellt wurden. Wir brauchen keine Antwort parat zu haben. Wichtig ist, dass Sie die richtigen Fragen stellen. Dann werden Sie automatisch die richtige Antwort bekommen.

Die Macht des Wortes

Nutzen Sie die Macht des Wortes und erweitern Sie Ihren Wortschatz. So können Sie Ihr Denken und Handeln umwandeln. Führungsgestalten sind Leser! Durch Lesen erleben wir wichtige Entscheidungssituationen mit, ohne sie selbst durchleben zu müssen.

Die Kraft der Klarheit

Beschließen Sie ganz genau, was Sie wollen, und halten Sie es schriftlich fest. Schaffen Sie sich eine so anziehende Zukunft, dass Sie diese geradezu realisieren müssen. Konzentrieren Sie sich auf das, was Sie sich wünschen, nicht auf das, was Sie fürchten. Erstellen Sie einen Zehn-Jahres-Plan und fangen Sie dann beim ersten Jahr an. Die meisten Menschen überschätzen, was sie innerhalb eines Jahres schaffen können, und unterschätzen, was sie in zehn Jahren zu bewirken vermögen.

Erhöhen Sie Ihre Erwartungen, verändern Sie die Spielregeln

Treffen Sie Entscheidungen, statt sich immer nur in Wünschen zu verzehren. Und werden Sie aktiv! Stellen Sie fest, nach welchen Regeln Sie im Augenblick leben, und erschaffen Sie neue, die Ihnen helfen, Ihre Bestimmung zu leben.

Aus der Nähe betrachtet

Das Robbins-Power-Prinzip ist die moderne Bibel der Psycho-Technologie. Robbins' Anhänger glauben vermutlich, dass die Welt sehr viel schöner, Glück bringender und energiegeladener wäre, wenn alle seine Prinzipien anwenden würden.

Andere wiederum finden Robbins' Welt einfach zu simpel in Schwarz und Weiß gezeichnet. Robbins zeigt, wie man negative Geisteszustände beseitigt und schlechte Stimmungen, Depressionen und Ähnliches hygienisch entsorgt. Andere Autoren wie Robert Bly oder Thomas Moore sehen in solchen Gefühlen einen Wert an sich. Sie sagen etwas über uns selbst aus und machen eine seelisch erfüllte Existenz überhaupt erst möglich.

Das Buch trägt im Original den Untertitel: »Wie Sie sofortige Kontrolle über Ihr geistiges, emotionales, körperliches und finanzielles Schicksal erlangen«. Aber können wir unser Schicksal denn wirklich kontrollieren? Sind die Ziele, die Robbins entdecken hilft, wirklich das, was seine Klienten »im Innersten« wollen? Sein Leben mag ja tatsächlich einem Roman gleichen, aber bedeutet das wirklich, dass wir all unsere Wünsche ausleben müssen? Die Instrumente, die er uns vorlegt, sind äußerst beeindruckend, gleichzeitig aber versäumt er es, seine Leser zu anderen Fragen anzuregen: Warum wir zum Beispiel etwas unbedingt haben wollen.

Auch die Superman-Aura, die dieses Buch verbreitet, schreckt so manchen Leser ab. Die Vorstellung, dass unsere Fantasien durchweg realisiert werden können, ist nicht immer einladend. Kritisch betrachtet geht es immer nur darum, »Ziele zu erreichen«. Erich Fromm spricht hier vom »vermarkteten Individuum«: Der Mensch wird zum Reflex der kapitalistisch strukturierten Wirtschaft. Eine höhere persönliche Entwicklung strebt er nur an, wenn ihm dies mehr Status einbringt.

Zu Robbins' Verteidigung

Es ist richtig, dass manche Menschen sich des Power-Prinzips bedienen, um materielle Ziele zu erreichen. Robbins selbst jedoch stellt sich strikt gegen eine rein materialistische Lebensauffassung. Seine Philosophie zielt darauf ab, dass der Mensch sich dem Anpassungsdruck seiner Kultur entziehen sollte. Seiner Ansicht nach sollten wir uns weigern, eine der seelenlosen Hüllen zu spielen, die sich im Beruf beerdigen lassen. In Robbins' Welt ist jeder Mensch einzigartig. Und das Buch hinterfragt unsere Erfolgsbilder tatsächlich. Geht das, was wir uns unter »Erfolg« vorstellen, tatsächlich aus einer kreativen, inspirierten Vision von uns selbst hervor? Er meint, dass wir nur dann richtig lebendig seien, wenn wir unseren Traum lebten. Geld ist dabei nur ein sekundäres Ziel.

Robbins ermuntert seine Klienten, den Schritt über den Rubikon zu wagen, ihr Selbstbild zu ändern, ihre Werte zu erkunden und jene beruflichen bzw. privaten Beziehungen hinter sich zu lassen, die nichts zu ihrer Erlangung beitragen. Denn Grenzen sind – in den meisten Fällen – pure Illusion.

Zu guter Letzt

Robbins' Philosophie zieht so viele Menschen an, weil wir letztlich alle glauben, dass wir zu mehr fähig sind, als man auf den ersten Blick erkennen kann. Die Welt versieht unsere Ideen nur allzu gerne mit dem Etikett »unvernünftig« bzw. »unrealistisch«. Man sagt uns, dass wir unserem Herzen nicht folgen können, und nach einer Weile glauben wir das auch. Doch Robbins' »Erfolgsmensch« weigert sich schlicht, vernünftig zu sein.

Das Robbins-Power-Prinzip wird häufig mit »plastischer Chirurgie für den Geist« verglichen. In anderen Worten: Wenn Sie mit Ihrer Identität nicht glücklich sind, ändern Sie sie doch einfach. So mancher mag diese Idee unangenehm finden, doch für viele Menschen ist sie zur Leitlinie ihres Lebens geworden. Denn sich neu zu erfinden ist die Grundlage der amerikanischen Kultur. Das Robbins-Power-Prinzip hätte wohl in keinem anderen Land so großen Erfolg haben können. Es ist wie eine Freiheitsstatue in Worten.

Über Anthony Robbins
Robbins wurde 1960 geboren. Er wuchs in einem der ärmeren Viertel von Los Angeles auf und wurde mit siebzehn von seiner Mutter auf die Straße gesetzt – mit der Begründung, er sei einfach zu »lebhaft«. Er schuf sich bald einen Ruf als Super-Verkäufer und brachte Tickets für Motivationsveranstaltungen berühmter Redner an den Mann. Er behauptet, über 700 Selbsthilfebücher gelesen zu haben. Auf die Neurolinguistische Programmierung stieß er 1983. Bald darauf ging er selbst mit seiner eigenen Version von NLP auf Vortragsreise, wobei er den Menschen versprach, er könne Phobien in fünfzehn Minuten heilen. Mit 24 Jahren war er Millionär, danach verlor er all sein Geld, um es am Ende wieder zu gewinnen. Diese und andere Geschichten erzählt sein früherer Mitarbeiter Michael Bolduc in der Biografie *The Life Story of Anthony Robbins*.

Robbins ist mittlerweile Amerikas bekanntester Erfolgscoach. Er hat für so renommierte Unternehmen wie IBM, AT&T, *American Express* und die US-Armee gearbeitet. Auch professionelle Sportteams und Olympiasportler gehörten zu seiner Klientel. Er diente Bill Clinton (vor allem während der Lewinsky-Affäre) als privater Coach, beriet aber auch Andre Agassi, Mikhail Gorbatschow und sogar Prinzessin Diana.

Seine Firma (www.dreamlife.com) organisiert Seminare und Vorträge auf der ganzen Welt. Auch die *»Mastery University«* gehört dazu. Seine Stiftung hält Seminare über das Robbins-Power-Prinzip vor mittellosen Jugendlichen, alten Menschen, Obdachlosen und Strafgefangenen. Robbins lebt mit seiner Frau und seinen Kindern in Kalifornien.

Das Lebensspiel und seine mentalen Regeln

1925

Die meisten Menschen glauben, das Leben sei ein Kampf. Das stimmt nicht. Es ist ein Spiel.

Das Überbewusstsein ist der Geist Gottes in jedem von uns, das Reich der vollkommenen Ideen. In ihm steckt die »vollkommene Idee«, von der Plato sprach, das Göttliche Vorbild für jeden.

Ein Mensch, der die Macht des Wortes kennt, wird sehr vorsichtig in dem, was er sagt. Er muss nur die Reaktion auf seine Worte beobachten, um festzustellen, dass sie nicht »ins Leere gehen«. Mit Hilfe des gesprochenen Wortes schafft der Mensch sich selbst Gesetze.

Gottes Plan für jeden Menschen übersteigt unser begrenztes geistiges Fassungsvermögen. Der vollkommene Plan ist das Herzstück unseres Lebens, er umfasst Gesundheit, Reichtum, Liebe und vollkommenen Selbstausdruck. Viele Menschen bauen sich geistig ein Einfamilienhaus, wo sie doch in einem Palast wohnen sollten.

Kurz gesagt
Wenn wir das Leben als Spiel betrachten, sind wir zum Lernen motiviert und versuchen, die Regeln des Glücks auch anzuwenden.

Ähnliche Titel
Deepak Chopra, *Die sieben geistigen Gesetze des Erfolges*
Shakti Gawain, *Stell dir vor*
Joseph Murphy, *Die Macht Ihres Unterbewusstseins*

Florence Scovel Shinn

Vermutlich haben auch Sie das Leben bislang als Kampf betrachtet – Ihre Kraft und Ihr Wille gegen den Rest der Welt, mit einem Wort: andauernder Krieg mit all seinen Nachteilen.

Würden Sie das Leben jedoch als Spiel betrachten, dann würden Sie sich weniger um das Ende sorgen, sondern könnten sich mit den Regeln und Gesetzen beschäftigen, die Sie zum Erfolg führen. Dies ist der Weg des geringsten Widerstandes, in dem Zeit bleibt für die Wunder der Welt. Wenn Sie diesen Weg einschlagen, sind Sie ein Mensch des Glaubens und kein Mensch der Furcht.

Florence Scovel Shinn fand die Regeln für dieses Spiel im Alten und Neuen Testament. Die meisten der Ideen, die sie in ihrem Büchlein vorstellt, finden sich aber auch in den östlichen Weisheitslehren, so zum Beispiel das Gesetz des geringsten Widerstandes, die Vorstellungen von Karma und Vergebung. Und tatsächlich ist Scovel Shinns Ziel das universale Wohlbefinden. Das Haus des Lebens mit seinen vier Wänden – Gesundheit, Reichtum, Liebe und Selbstausdruck – kann von jedem Menschen errichtet werden, wenn er sich auf die unsterblichen Prinzipien einstellt, die das Leben beherrschen. Dieses vollkommene Wohlsein war in ihren Augen das »göttliche Recht« jedes Menschen.

Im Folgenden möchte ich Ihnen einige von Florence Scovel Shinns Prinzipien vorstellen.

Das Göttliche Vorbild

Haben Sie schon einmal Inspiration erfahren: ein Bild von dem, was Sie sein oder erreichen könnten, das plötzlich Ihren Geist durchzuckte? Dies war ein Schnappschuss des »Göttlichen Vorbildes«, welches das Universum für Sie vorgesehen hat. Dieses Bild ist in Ihnen bereits angelegt. Plato nannte es »Idee« – nur Sie können diese Idee ausfüllen.

Seien Sie nicht wie alle anderen Menschen. Laufen Sie nicht Zielen nach, die mit Ihnen nichts zu tun haben und Sie daher unbefriedigt lassen, wenn Sie sie erreicht haben. Bitten Sie um eine Botschaft oder ein Zeichen, das Ihnen Ihr Göttliches Vorbild geben soll. Sie werden ein solches Zeichen erhalten. Fürchten Sie nichts, wenn es nicht das ist, was Sie erwartet haben. Vermutlich wird es Ihr tiefstes Sehnen befriedigen.

Göttliches Recht und kluge Wahl

Wir sollten nur um etwas bitten, wenn es unser göttliches Recht ist. Eine Frau, von der Scovel Shinn berichtet, hatte sich leidenschaftlich in einen Mann verliebt, der sie jedoch nicht sehr gut behandelte. Scovel Shinn ließ sie folgende Affirmation wiederholen: »Wenn dieser Mann mir durch Gottes Willen bestimmt ist, wird er mein werden. Wenn nicht, will ich ihn nicht mehr.« Bald darauf lernte die Frau einen anderen Mann kennen, der all ihre Träume erfüllte, und schon hatte sie ihre erste Liebe vergessen.

Eine andere Frau hegte den innigen Wunsch, in dem Haus eines Bekannten zu wohnen. Sobald der Mann gestorben war, zog sie ein. Doch das Haus brachte ihr kein Glück: Ihr Mann starb bald nach dem Umzug. Dies war der karmische Effekt eines Wunsches, der nicht von Gott oder der universalen Intelligenz gesegnet worden war. Wir Menschen sollen Wünsche haben, doch am besten ist es, wenn wir uns etwas wünschen, was unser göttliches Recht ist. Wenn wir es dann bekommen, wissen wir, dass es uns gehört.

Der Weg des geringsten Widerstandes

Wenn wir im Lebensspiel erfolgreich sein wollen, müssen wir das nehmen, was funktioniert, statt gegen die Tatsachen anzukämpfen, die uns nicht behagen. Diese Einsicht, die wir alle intuitiv bestätigen können, formuliert Scovel Shinn so: »So lange der Mensch einer Situation Widerstand entgegenbringt, wird er sie nicht los. Und wenn er vor ihr wegläuft, verfolgt sie ihn.«

Der einfache Schritt weg von einem kampfbetonten Leben, in dem Sie um Siege fechten, hin zu festem Vertrauen in einen guten Ausgang, wird Ihr Leben von Grund auf verändern.

Sie werden alles erhalten, was Sie sich wünschen, und dies vielleicht sehr schnell, wenn Sie aufhören zu zweifeln und Ihr Wunsch nicht aus der Sorge geboren ist, Sie also glauben, dass er sich unweigerlich erfüllen wird. Furcht ist »Sünde«. Sie richtet sich gegen die menschliche Natur. Glaube hingegen ist real und solide. Er ist das, was die grenzenlose Intelligenz oder Gott von uns erwartet, wenn er unsere Wünsche erfüllt. Der Glaube verbindet uns mit dem Universum. Er vergrößert die Spuren, die wir im Universum hinterlassen, Furcht jedoch verkleinert sie.

Senden Sie den Menschen, die Ihnen nahe stehen, positive Gedanken und Segenswünsche – auch Ihren Arbeitskollegen und Ihrem Land. Dadurch erlangen Sie nicht nur selbst inneren Frieden, sondern werden Ihrerseits vor Schaden und Zorn behütet.

Glaube ist stärker als Furcht

»Wirf deine Bürde auf den Herrn.« Oft weist uns die Bibel darauf hin, dass der Kampf nicht von uns auszufechten ist, sondern von Gott. Wir müssen nur lernen, »still zu sein«, und Gott – oder das Überbewusstsein – seine Arbeit tun lassen. Dies erinnert stark an die Aussagen des Tao Te King. Auch dort heißt es, wenn wir im Einklang mit dem Tao (oder Gott bzw. der universalen Intelligenz) seien, müssten wir uns weder sorgen noch fürchten. In der Stille wird erkennbar, was getan werden muss, wenn überhaupt.

Scovel Shinn meint, der Mensch verletze ein Gesetz, wenn er versuche, seine Bürde alleine zu schultern. Es ist falsch, sich von Sorgen niederdrücken zu lassen, weil es bedeutet, dass wir von einem falschen Weltbild ausgehen, das nur Krankheit und Unglück zur Folge haben kann. Sobald wir die Bürde abgelegt haben, sehen wir wieder klar. Wir fühlen uns daran erinnert, dass wir aus dem Glauben heraus leben sollen, nicht aus der Angst.

Wahre Liebe

Einmal kam eine Frau zu Scovel Shinn, die verzweifelt war, weil der Mann, den sie liebte, sie wegen anderer Frauen verlassen hatte. Sie meinte, er würde sie nie heiraten. Als Scovel Shinn zu ihr sagte, sie liebe diesen Mann gar nicht wirklich, reagierte die Frau zunächst einmal abwehrend. Doch Scovel Shinn gebot ihr, ihm selbstlose Liebe entgegenzubringen und ihn auf all seinen Wegen zu segnen. Der Frau schien das zu viel verlangt, und so ging sie ihrer Wege, ohne dass sich etwas geändert hätte. Bis sie eines Tages doch mit mehr Liebe an ihn dachte. Er war Captain in der Armee und sie nannte ihn immer »Cap«. Also entwickelte sie einen Segensspruch: »Gott segne den Cap, wo immer er auch sei.«

Einige Zeit später erhielt Scovel Shinn einen Brief. In dem Moment, in dem die Frau ihr Leid aufgegeben hatte, kam der Mann zu ihr zurück. Bald darauf waren sie glücklich verheiratet.

Die Frau hatte gelernt, selbstlos zu lieben, etwas, was wir alle lernen müssen, wenn wir das Lebensspiel erfolgreich spielen wollen.

Die Macht der Worte

Wer die Macht des Wortes nicht kennt, so meint die Autorin, sei nicht auf der Höhe der Zeit. Wir sprechen ständig mit uns selbst, doch wir merken nur selten, welchen Einfluss dies auf uns und unser Leben hat. Was immer wir zu uns sagen, fällt auf die blanke Schiefertafel unseres Unterbewusstseins, das es fortan als »Tatsache« betrachtet. Daher müssen wir sowohl auf der inneren wie auch auf der äußeren Ebene besonders achtsam mit unseren Worten umgehen.

Die Menschen, die Scovel Shinn aufsuchten, baten sie um das »eine Wort«, das zu sprechen genügt, um die Seele gesund zu machen. Sie gab jedem eine Affirmation für seine ganz persönliche Situation. Diese mussten sie wiederholen, bis sich das erwünschte »Gute« in ihrem Leben manifestiert hatte. Scovel Shinn zitiert hier die Bibel: »Tod und Leben steht in der Zunge Gewalt.« (Sprüche Salomon 18, 21)

Gott ist meine Quelle

Viele von Scovel Shinns Kunden kamen voller Verzweiflung zu ihr. Eine Frau brauchte dringend bis zum nächsten Monatsersten dreitausend Dollar, um ihre Schulden zu bezahlen. Ein Mann musste schleunigst eine Wohnung finden, weil er sonst auf der Straße sitzen würde. Scovel Shinn erinnerte all ihre Klienten daran, dass »Gott die Quelle ist«. Sie sollten aufhören, sich Sorgen zu machen, und fest an die Erfüllung ihrer Bedürfnisse glauben.

Außerdem schuf sie noch eine weitere Affirmation: »Der Geist kommt niemals zu spät. Ich danke dafür, dass ich das Geld nach dem unsichtbaren Plan bereits erhalten habe und dass es rechtzeitig eintrifft.« Eine Frau hatte nur noch einen Tag, bis ihre Schulden fällig wurden. Da kam ihr Vetter vorbei und fragte sie im Gehen, ob sie etwas brauche. Am nächsten Tag war das Geld auf ihrem Konto.

Nichtsdestotrotz genügt es nicht, die richtigen Worte zu sprechen und Vertrauen zu haben. Wir müssen unserem Unterbewusstsein auch beweisen, dass wir an die Erfüllung des Wunsches glauben. »Wir müssen uns auf das vorbereiten, worum wir gebetet haben, auch wenn noch nicht das leiseste Anzeichen in Sicht ist.« Eröffnen Sie ein Bankkonto, kaufen Sie Möbel für Ihre Wohnung, erwarten Sie Regen, wenn noch keine Wolke am Himmel zu sehen ist. »So tun als ob« öffnet die Pforte für den Augenblick, in dem das Gewünschte unser ist. Das Wissen, dass »das Gefühl der Fülle seiner Manifestation vorausgehen muss«, wird Sie im Glauben bestärken, dass Gott die Quelle von allem ist.

Zu guter Letzt

Obwohl dieses Büchlein um 1920 in New York entstanden und voller religiöser Anspielungen ist, hat es heute Kultstatus. Die Geschichten darin berichten von Menschen, die schon lange tot sind, doch die Weisheit, die sie vermitteln, ist zeitlos. So wirkt das Buch tröstlich und führt uns zurück zum richtigen Prinzip. Um mit der Autorin zu sprechen: Dieses Buch »grüßt die Gottheit« in uns. Es schenkt uns einen Sinn für die richtige Richtung und eine gute Portion Vertrauen. Wenn Sie es offenen Geistes lesen, wird es auch auf Sie unweigerlich eine tiefe Wirkung ausüben.

Über Florence Scovel Shinn

Florence Scovel Shinn war Malerin und Buchillustratorin. Außerdem gab sie in New York jahrelang Kurse in Metaphysik.

Ihr bodenständiger Stil und ihr Humor werden von Menschen geschätzt, die sonst spirituellen Ratschlägen nicht unbedingt zugänglich sind. Sie schrieb viele Bücher, doch *Das Lebensspiel* ist zweifellos das wichtigste.

Pessimisten küßt man nicht
1991

Die traditionelle Vorstellung von Leistung muss ebenso überholt werden wie die von Depression. Unsere Arbeitsplätze und Schulen gehen immer noch davon aus, dass Erfolg aus einer Kombination von Talent und Leidenschaft erwächst. Wenn es zu Fehlschlägen kommt, dann fehlt entweder das Talent oder die Leidenschaft. Doch Fehlleistungen entstehen auch dann, wenn beides vorhanden ist, aber ein entscheidendes Ingrediens fehlt: Optimismus.

Dass Schwierigkeiten uns so leicht umwerfen heißt nicht, dass dies normal ist oder gar zwangsläufig so sein muss. Wenn Sie ein anderes Erklärungsmuster einsetzen, sind Sie auf schwierige Zeiten viel besser vorbereitet, sodass Sie nicht so schnell in Depression verfallen.

Wir brauchen keinen blinden, sondern einen flexiblen Optimismus. Ein Optimismus, der die Augen offen hält. Wir müssen den scharfen Realitätssinn, den der Pessimist mitbringt, nutzen lernen, ohne dabei in seinem Schatten zu verharren.

KURZ GESAGT
Wenn wir eine optimistische Lebenseinstellung entwickeln, wachsen unsere Chancen auf Gesundheit, Reichtum und Glück.

ÄHNLICHE TITEL
David Burns, *Fühl Dich gut*
Mihaly Csikszentmihalyi, *Flow*
Daniel Goleman, *EQ – Emotionale Intelligenz*

Martin Seligman

Martin Seligman ist kognitiver Psychologe und befasste sich in seiner Laufbahn jahrelang mit dem Phänomen der »erlernten Hilflosigkeit«. Seine Experimente mit Hunden, denen er leichte elektrische Schläge versetzte, zeigen, dass Hunde, die glauben, sie seien nicht in der Lage, den Stromschlägen in irgendeiner Form zu entkommen, dies erst gar nicht versuchen. Ein anderer Wissenschaftler stellte denselben Vorgang bei Menschen fest, die mit Lärm traktiert wurden. Auch hier ließ sich nachweisen, dass Hilflosigkeit sich tief ins menschliche Gehirn eingraben kann. Eine Auffälligkeit allerdings gab es: Wie bei den Hundeversuchen gab auch bei den Menschen etwa jeder Dritte nicht auf. Diese Individuen versuchten weiterhin, die richtigen Knöpfe zu finden, um die Belästigung abzustellen. Was unterschied sie von den anderen?

Seligman dehnte diese Fragestellung auf das Leben im Allgemeinen aus: Was ist es, was einen Menschen wieder aufrichtet, wenn er von seinem Partner verlassen wurde? Was lässt uns weitermachen, auch wenn wir feststellen müssen, dass unser Lebenswerk zunichte gemacht wurde? Seligman fand heraus, dass es keineswegs »der Triumph des Willens« war, der diese Menschen aufrecht hielt, wie wir sentimentalerweise gerne glauben. Solche Menschen sind keineswegs mit einem Gen für innere Größe geboren. Sie haben lediglich Strategien entwickelt, die ihnen erlauben, ihre Niederlage nicht als endgültig anzusehen, dadurch berührt sie nicht ihre grundlegenden Wertvorstellungen. Und dieser Zug ist nicht angeboren. Optimismus ist eine Fähigkeit, die man erlernen kann.

Positive Interpretation

Pessimistische Menschen glauben, dass es ihre Schuld ist, wenn sie Pech haben. Sie glauben, der Grund für ihre negativen Erlebnisse sei beständig und in ihnen verankert: Dummheit, mangelndes Talent, Hässlichkeit etc. Daher machen sie sich erst gar nicht die Mühe, etwas zu ändern. Nur wenige Menschen sind wirklich durch und durch pessimistisch, die meisten haben auf Grund bestimmter Erlebnisse in der Vergangenheit pessimistische Züge entwickelt. In Psychologiebüchern wird solch ein Verhalten als »normal« beschrieben. Seligman aber meint, dies müsse nicht so sein. Wenn wir lernen, unsere Erklärungs- und Interpretationsmuster zu verändern, wird die nächste Krise uns nicht mehr in Depression verfallen lassen. Denn auch wenn Sie nur einige pessimistische Züge haben, werden dadurch alle Lebensbereiche beeinträchtigt: Arbeit, Beziehungen und Gesundheit.

Der Autor stellte für die Lebensversicherung MetLife einige bahnbrechende Untersuchungen an. Das Verkaufen von Lebensversicherungen gehört zu den schwierigsten Verkäuferjobs überhaupt. Es ist ausgesprochen frustrierend. Das Unternehmen gab jedes Jahr einige Millionen Dollar für die Ausbildung von Versicherungsagenten aus, nur um sie am Ende wieder ziehen lassen zu müssen. Seligman schlug der Firma nun einen anderen Auswahlmodus für ihre Vertreter vor. Die Bewerber wurden darauf getestet, ob sie in der Lage seien, positive Erklärungsmuster für Rückschläge zu entwickeln, und einen soliden Optimismus aufweisen konnten. Das Ergebnis: Vertreter, die auf Grund dieses Tests ausgewählt worden waren, hatten bereits im ersten Jahr 20 Prozent mehr Abschlüsse als ihre regulär ausgewählten Vorgänger. Im zweiten Jahr stieg diese Zahl auf 57 Prozent. Sie hatten einfach Möglichkeiten gefunden, die 90 Prozent Ablehnungen zu verkraften, die andere zum Aufgeben bewegten.

Optimismus und Erfolg

Traditionell glaubt man, dass Optimismus durch Erfolg hervorgerufen wird. Seligman konnte nachweisen, dass genau das Gegenteil der Fall ist. Langfristig gesehen ist es die optimistische Einstellung, die den Erfolg sicherstellt, wie die Erfahrung mit den Versicherungsagenten zeigt. Am selben Punkt, an dem ein Pessimist aufgibt, macht der Optimist weiter und durchbricht die unsichtbare Mauer.

Diese Mauer nicht zu durchbrechen wird häufig als Faulheit oder mangelndes Talent missverstanden. Seligman fand heraus, dass Menschen, die leicht aufgeben, die Interpretation ihres Verhaltens als Versagen nicht in Frage stellen. Menschen aber, die »die Schallmauer durchbrechen«, hören ihrem inneren Dialog zu und wenden sich aktiv gegen ihre eigenen begrenzenden Gedanken. So finden sie eine positive Interpretation für Ablehnung.

Der Wert des Pessimismus

Doch *Pessimisten küßt man nicht* zeigt auch deutlich die Stärke der Pessimisten auf: Sie beobachten eine Situation sehr viel genauer. In einigen Berufsfeldern ist ein gesunder Pessimismus von unschätzbarem Wert: bei der Wirtschaftsprüfung, der Buchhaltung oder der Sicherheitsüberwachung. Firmen auf diesen Sektoren können bodenständige Pessimisten gut gebrauchen. In seiner Autobiografie *Digitales Business* beschreibt Bill Gates eben diesen Charakterzug: Er lobt die Microsoft-Mitarbeiter, die ihm jederzeit sagen können, was falsch läuft, und das auch noch schnell.

Doch wir sollten nicht vergessen, dass gerade Bill Gates auch ein Träumer ist. Er stellte sich schon als junger Mann eine Welt vor, in der jeder Haushalt und jedes Büro seine Windows-Software nutzen würde.

Seligman lässt daran keinen Zweifel: Erfolg im Leben stellt sich nur dann ein, wenn wir die Realität exakt wahrnehmen und uns gleichzeitig eine schöne Zukunft vorstellen können. Viele Menschen können entweder das eine oder das andere. Wer Optimismus lernen will, muss seinen Pessimismus behalten und trotzdem lernen, ein besserer Träumer zu werden. Diese Kombination ist einfach unschlagbar.

Depressionen entstehen aus negativem Denken

Ironischerweise bezieht *Pessimisten küßt man nicht* den Großteil seiner klinischen Daten aus Untersuchungen über Depressionen. Vor der kognitiven Therapie hielt man Depressionen für »gegen sich selbst gewandte Wut« (Freud) oder für eine chemische Fehlfunktion im Gehirn. Die Pioniere der kognitiven Therapie Albert Ellis und Aaron T. Beck (siehe *Fühl Dich gut*) jedoch entdeckten, dass negative Gedanken kein Symptom, sondern die Ursache der Depression sind. Die meisten von uns wissen das instinktiv, doch die Psychotherapie ging bis zu diesem Zeitpunkt davon aus, dass wir über diese Dinge keine Kontrolle besitzen.

Seligman ist eine der führenden Kapazitäten, was Geschlechterunterschiede im Krankheitsbild der Depression betrifft. Er stellte fest, dass Frauen zweimal so häufig unter Depressionen leiden wie Männer. Männer und Frauen haben zwar gleich oft leichte depressive Verstimmungen, doch Frauen neigen dazu, diese weiter zu verstärken. Immer wieder auf einem Problem herumzureiten und es darüber hinaus auf einen »unveränderlichen« Aspekt der eigenen Persönlichkeit zurückzuführen ist ein unfehlbares Rezept für den Blues. Mittlerweile hat die amerikanische Gesundheitsbehörde Millionen Dollar für Studien ausgegeben, die prüfen sollten, ob Depressionen (die Standardform, nicht die bipolare oder manische Form) tatsächlich auf negative Denkmuster zurückgehen. Seligman bestätigt uns dies in wenigen

Worten: »Das ist einfach so.« Daher verringern wir automatisch die Wahrscheinlichkeit, an Depressionen zu erkranken, wenn wir die mentalen Muskeln des Optimismus trainieren.

Gewohnheitsmäßiger Optimismus

Dies aber wirft eine andere Frage auf: Weshalb sind Depressionen so häufig? Seligman meint, dass unser Individualismus seine ganz eigenen Fehlfunktionen mit sich bringt. Wenn wir an unsere grenzenlosen Möglichkeiten glauben sollen, wird jeder Rückschlag zur vernichtenden Erfahrung. Dazu kommt noch das langsame Abbröckeln der Institutionen, die früher unterstützend wirkten, wie Nation, Gott oder Großfamilie. Und schon breitet die Depression sich als neue Volkskrankheit aus.

Bekannte Antidepressiva können diese Krankheit tatsächlich sehr effektiv eindämmen, doch zwischen einer behandelten Depression und gewohnheitsmäßigem Optimismus besteht ein großer Unterschied. Die positiven Interpretationsstrategien, die Seligman uns ans Herz legt, lassen Probleme als temporär, spezifisch und von außen kommend erscheinen, statt sie als Versagen unseres Charakters darzustellen. Die kognitive Therapie ändert die Art, wie ein Mensch die Welt wahrnimmt. Und diese veränderte Perspektive ist dauerhaft.

Zu guter Letzt

Pessimisten küßt man nicht ist ein Produkt des Perspektivenwechsels, der Mitte der sechziger Jahre des letzten Jahrhunderts in der Psychologie stattfand. Bis zu diesem Zeitpunkt betrachtete man das menschliche Verhalten entweder als von inneren Trieben gesteuert

(Freud) oder von Mechanismen wie Belohnung und Strafe von außen verursacht (Behaviorismus).

Die kognitive Psychologie zeigte, dass Menschen ihre Art zu denken verändern können – trotz unbewusster Antriebe und sozialer Konditionierung. Seligman schreibt am Ende des Buches, dass die Veränderungen des neuen Zeitalters wie zum Beispiel die Massenemigration schnelle persönliche Veränderungen erforderten. Diese galten plötzlich als wünschenswert. Wir sind zu einer Gesellschaft von Persönlichkeitsentwicklern geworden, weil wir wissen, dass individuelles Wachstum möglich ist. Dies zeigt nun nicht nur unsere Erfahrung, sondern auch die wissenschaftliche Forschung.

Pessimisten küßt man nicht ist ein wichtiges Buch, weil es zeigt, dass viele Grundannahmen der Selbsthilfeliteratur tatsächlich wissenschaftlich begründet sind. Es wurde zum Bestseller, weil es viele Leser fand, welche die Idee der Persönlichkeitsentwicklung bis dato als »metaphysischen Modetrend« betrachtet hatten. Daher geht es nicht nur um Optimismus (obwohl man damit sehr gut lernen kann, Optimist zu werden), sondern um den Sinn individueller Veränderung und die dynamische Natur des Menschen. Seligmans letztes Werk *Der Glücksfaktor* präsentiert erneut viele Resultate und Thesen aus *Pessimisten küßt man nicht*, führt jedoch die Idee einer »positiven Psychologie« noch weiter. Auch dies ist ein sehr empfehlenswertes Buch.

Über Martin Seligman

Seligman wuchs in Albany im Bundesstaat New York auf. In Princeton studierte er zuerst moderne Philosophie und wandte sich dann der Psychologie zu. 1973 machte er sein Diplom und leitete vierzehn Jahre lang ein klinisches Trainingsprogramm für den Fachbereich Psychologie der Universität von Pennsylvania.

Seligmans Bibliografie umfasst vierzehn Bücher und 140 Artikel. Neben *Pessimisten küßt man nicht* findet man Titel wie *What You Can Change ... and What You Can't* (1994) und *Kinder brauchen Optimismus* (mit Reivich, Jaycox und Gilham, 1995). Bekannte akademische Veröffentlichungen sind *Erlernte Hilflosigkeit* (1975) und *Abnormal Psychology* (1982).

Er war Präsident der *American Psychological Association*, die ihm zwei Preise für seine wissenschaftliche Arbeit verliehen hat. Im Moment hat er den Kogod-Lehrstuhl für Psychologie an der Universität von Pennsylvania inne und kämpft immer noch an vorderster Front für die Bewegung der »positiven Psychologie«.

Self-Help
1859

Das mutige und inspirierende Leben eines Mannes entzündet ein Licht in seinen Brüdern im Geiste; wenn diese sich mit demselben Eifer ihrer Sache widmen, werden sie den gleichen Erfolg erfahren. So gelangt durch die Kette der Beispiele der gleiche Geist durch die Jahrhunderte in einer endlosen Abfolge von Verknüpfungen – Bewunderung führt zu Nachahmung und setzt so den wahren Geistesadel fort.

Häufig wird Charakter nur vorgetäuscht, doch das Original ist schwerlich nachzuahmen. Es gibt sogar Menschen, die versuchen, sich einen ehrbaren Anschein zu geben, weil sie wissen, dass dieser bei unvorsichtigen Menschen nicht mit Gold aufzuwiegen ist. So sagte der berüchtigte Betrüger Colonel Charteris einmal zu einem äußerst ehrbaren Mann: »Ich würde tausend Pfund für Ihren guten Namen geben.« »Warum?« fragte dieser. »Nun, ich könnte damit zehntausend Pfund und noch mehr verdienen«, antwortete der Gauner.

Kein Gesetz, und sei es noch so streng, macht den Faulen fleißig, den Verschwender sparsam oder den Trinker nüchtern. Dies kann nur der Einzelne selbst bewirken, durch sein Tun und seine Selbstdisziplin. Nur bessere Gewohnheiten, nicht mehr Rechte verändern den Menschen wirklich.

KURZ GESAGT
Die Geschichte liefert uns zahlreiche Beispiele für Menschen, die nur durch Willen und Ausdauer erstaunliche Dinge vollbrachten.

ÄHNLICHE TITEL
Stephen Covey, *Die sieben Wege zur Effektivität*
Benjamin Franklin, *Autobiografie*

Samuel Smiles

Self-Help* wurde im selben Jahr veröffentlicht wie Darwins *Die Entstehung der Arten* und John Stuart Mills *Über die Freiheit*. Darwin zeigte, wie eine immer feinere Anpassung an die Umwelt die Evolution bestimmt. Mill hingegen legte dar, wie eine Gesellschaft, die auf der Freiheit beruht, aussehen könnte. Smiles nun wies auf die ungeheure Kraft des Individuums hin, indem er Beispiele von Menschen sammelte, die ihr Leben mit Hilfe ihres Willens gemeistert hatten. *Self-Help* besitzt vielleicht weder die philosophische Tiefe noch die wissenschaftliche Größe der anderen beiden Werke, doch für das Genre der Selbsthilfeliteratur wurde dieses Buch mit seinem Ethos der persönlichen Verantwortung zum Grundstein.

In vielen viktorianischen Haushalten kam *Self-Help* gleich nach der Bibel. Noch heute gilt es als Standardwerk für jeden, der sich mit dem viktorianischen Tugendkanon (Fleiß, Sparsamkeit, Fortschritt und so weiter) beschäftigt. Doch die altmodischen Wendungen und die unzweifelhaft vorhandene Moral stellen nur das äußere Gewand dar, nach dem wir dieses Buch nicht beurteilen sollten. Es gehört in dieselbe literarische Tradition wie die Romane von Horatio Alger oder die Lebenserinnerungen von Benjamin Franklin. In all diesen Texten geht es letztlich darum, wie der Mensch sich gegen das Schicksal durchsetzt. Die Ethik der Selbsthilfe wird erst in den Lebensgeschichten einzelner Menschen lebendig. Smiles wusste das und ließ viele davon in seinem Buch zu Wort kommen. So stellt er zum Beispiel vor:

---

*Self-Help, auf Deutsch: Selbsthilfe. Es gibt keine deutsche Übersetzung des Buches.

* **Sir William Herschel** (1738–1822), der in einem Orchester die Oboe spielte und plötzlich anfing, sich für Astronomie zu interessieren. Er baute sein eigenes Teleskop, entdeckte den Uranus und andere Himmelskörper und wurde schließlich zum königlichen Astronomen am englischen Hof.
* **Bernard Palissy** (ca. 1510–1589), ein armer Töpfer, der seine eigenen Möbel und Zaunpfähle verheizte, weil er eine bestimmte Glasur schaffen wollte, die später weltberühmt wurde. Seine Hartnäckigkeit wurde belohnt, indem der französische König ihn zum Hoflieferanten ernannte.
* **Granville Sharp** (1735–1813), ein Pfarrer, der in seiner Freizeit begann, sich in England gegen die Sklaverei einzusetzen. Schließlich erreichte er, dass per Gesetz jeder Sklave, der englisches Territorium betrat, frei wurde.

Doch Smile erzählt uns diese Geschichten nicht nur, um unsere Bewunderung zu erregen. Er versucht, eine Vielzahl von Rollenmodellen zu präsentieren, nach denen wir unser eigenes Leben formen können. Smiles hatte diese Lebensgeschichten ausgewählt, weil sie in besonderem Maß Eigenschaften wie Durchhaltevermögen, Fleiß und Ausdauer illustrierten. Nach diesen Eigenschaften ist das Buch geordnet.

Harte Arbeit und Genie

Smiles glaubte, sein Buch würde die Zeiten überdauern, weil es sich mit der menschlichen Natur beschäftigte. Wenn wir diese Meinung teilen, hieße das, dass auch heute noch Ausdauer und unermüdliche Arbeit zu den wesentlichen Elementen des Erfolgs gehören. Tun sie das wirklich?

Unsere modernen Mythen sehen beispielsweise den Künstler als Genius, der in »kreativen Schüben« unsterbliche Meisterwerke hervorbringt. Smiles' Kapitel über Künstler hingegen zeigt diese als emsige Arbeitsbienen, deren Hingabe an die Sache niemals aufhört, weil sie ebenso stark ist wie ihr künstlerisches Talent. Tatsächlich ist Talent gar nicht so selten. Was jedoch weit weniger oft vorkommt, ist die Bereitschaft zu unermüdlicher Arbeit, welche die Voraussetzung dafür ist, die künstlerische Vision zu verwirklichen. Michelangelo hätte die Sixtinische Kapelle niemals ausmalen können, wäre er nicht willens gewesen, monatelang auf dem Rücken zu liegen.

Smiles hält das Motto zweier Künstlerpersönlichkeiten fest. Beide, der Maler Sir Joshua Reynolds und der Bildhauer David Wilkie, hatten sich zum Wahlspruch gemacht: »Arbeit! Arbeit! Arbeit!« Und Johann Sebastian Bach schrieb: »Ich war fleißig. Wer immer ebenso eifrig arbeitet, wird ebenso erfolgreich sein.« Die Geschichtsschreibung neigt dazu, ungebrochene Hingabe und harte Arbeit in großen Worten wie Genie auszudrücken. Die Betroffenen jedoch wissen es besser. Smiles schreibt:

Nicht außergewöhnliches Talent verhilft uns zu Erfolg auf allen Gebieten. Vielmehr ist es unsere unbeugsame Absicht. Nicht eine ungewöhnliche Begabung, sondern der Wille, ausdauernd und kraftvoll an ihrer Erfüllung zu arbeiten. Daher kann man die Willensenergie mit Fug und Recht als zentrale Kraft im Charakter des Menschen bezeichnen, ja sogar als das Herz des Menschen selbst.

Smiles erzählt von George-Louis Buffon (1707–1788), dem Autor der berühmten Naturgeschichte, der darin alles zusammentrug, was zu seiner Zeit über die Naturgeschichte bekannt war, und so der Evolutionstheorie den Weg bereitete. Die strenge Selbstdisziplin, die zu einem Projekt nötig ist, führte Buffon zu dem Schluss, dass »Genie Geduld ist«. Im Folgenden zitiert Smiles auch noch den Philosophen de Maistre: »Warten können ist das eigentliche Geheimnis des Erfolgs.« Für

Isaac Newton bestand Genie »im konstanten Nachdenken über die Lösung eines Problems«.

Geduld, ein disziplinierter Geist und Hingabe an die Sache sind die Schlüsselelemente, die Smiles in allen menschlichen Großtaten entdeckt. Und diese Gaben entstehen weder durch Staatsmittel noch durch Erziehung, sondern stellen selbst geschaffene Talente dar.

Charakter

»Charakterbildung« ist ein Wort, das wir nur noch aus Witzen über Überlebenstraining am Himalaya oder eiserne Kaltduscher kennen. Smiles warnte schon im 19. Jahrhundert, dass Charakter weder durch Bildung noch durch Reichtum oder Herkunft ersetzt werden könne. Heute leben wir in der so genannten Informationsgesellschaft, deren höchster Wert in geschickter Nutzung von Wissen und Daten besteht. Doch Smiles zufolge ist »Charakter mehr Macht als Wissen«.

Self-Help mag ein Buch für schlichte Menschen in einem simpleren Zeitalter sein, doch es führt den Beweis, dass Persönlichkeitsentwicklung zu größerer geistiger Freiheit führt, und eben dies macht das Buch zeitlos. Charakter ist etwas, das sich in der Auseinandersetzung mit den Triebkräften und der gesellschaftlichen Konditionierung herausbildet. Smiles zitiert hier den Chemiker Sir Humphry Davy: »Was ich bin, habe ich mir selbst zu verdanken. Ich sage dies ohne die geringste Eitelkeit, in absoluter Einfachheit des Herzens.« Davys sprach in seiner Antrittsrede vor der *Royal Society* in London vom Mut. Er meinte damit nicht den Mut, den es zu abenteuerlichen Unternehmungen braucht, sondern den Mut zu den täglichen kleinen Entscheidungen, die letztlich unsere Unabhängigkeit ausmachen. Und eben diese Eigenschaft betrachtet Stephen Covey als wichtigstes Charaktermerkmal seines »effektiven Menschen«.

Wo aber führt »Charakter« uns hin? Und wie tragen positive Charaktereigenschaften zu unserem Lebensunterhalt bei? Damals galt das Geschäftsleben noch nicht wie heute als Tummelplatz der Klügsten und Begabtesten, doch Smiles sah diese Entwicklung voraus. Er machte die wesentlichen Elemente des Unternehmertums aus: Integrität in Wort und Tat. Da Vertrauen der Leim ist, der eine freie Gesellschaft zusammenhält, folgt daraus, dass dauerhafter Erfolg nur vertrauenswürdigen Menschen beschieden ist. Wie Max Weber argumentierte, war diese Eigenschaft so selten, dass die ersten protestantischen Unternehmer Europas durch ihre Zuverlässigkeit immense Vermögen anhäufen konnten.

Nichts lähmt den Geist so sehr wie Alkohol und Drogen. Daher ließ Smiles keine Gelegenheit aus, die Bedeutung der Mäßigkeit zu unterstreichen. Wir lachen heute, wenn wir in alten Filmen hören, wie Priester gegen die »Straße zur Verdammnis« zu Felde ziehen. Die Angst vor dem Alkohol amüsiert uns, weil wir ja angeblich damit umgehen können. Doch gestehen wir uns ruhig ein, dass auch der mäßige Genuss über lange Zeit Konsequenzen mit sich bringt: Wie viele Dinge mussten wir schon verschieben, weil wir vom »kleinen Drink« am Vorabend noch halb betäubt waren. Dass Alkohol heute gesellschaftlich akzeptiert ist, heißt letztlich nur, dass wir uns mit dem Mittelmaß abgefunden haben. Smiles aber ruft uns Walter Scott ins Gedächtnis: »Von allen Lastern ist das Trinken das größte Hemmnis auf dem Weg zur Größe.«

Zu guter Letzt

Zu Smiles' Lebzeiten erstreckte sich das britische Empire über fast ein Viertel des gesamten Planeten. Wie jedes andere Riesenreich brachte es durch den Zwang, den es ausübte, eine Menge Leid mit sich. Seine positiven Qualitäten wie Sozialreformen, politische Prinzipien, Energie und

Erfindungsreichtum beruhten auf dem unerschütterlichen Glauben an den »Fortschritt«.

Es war John Stuart Mills Verdienst, dass er diese Qualitäten einer anderen Perspektive überantwortete. Sein *Über die Freiheit* wurde zum Aufschrei gegen politische Unterdrückung und bahnte unbeabsichtigt dem Sozialismus den Weg, der die Idee der Gemeinschaft so weit trieb, dass das Individuum der Notwendigkeit enthoben wurde, seine Begrenzungen zu überwinden. Doch Smiles erinnert uns daran, was Mill wirklich meinte: »Der Staat ist letztlich nur so viel wert wie die Menschen, aus denen er besteht.«

Wenn das Fortschrittsideal im 21. Jahrhundert wiederkehren sollte, dann ist es vermutlich nicht mehr an Staaten gebunden, sondern gilt als Ideal für die Entwicklung des Einzelnen. Mills Prinzip der politischen Freiheit ist die Basis für persönlichen Fortschritt, das Ethos aber, das sich in *Self-Help* ausdrückt, zeigt uns, was wir mit unserer Freiheit tatsächlich anfangen können. Interessanterweise war Smiles in seinen jungen Jahren ein leidenschaftlicher Verfechter politischer Reformen, gab diese Haltung jedoch auf, als er begriff, dass wahrer Fortschritt nur auf der persönlichen Ebene stattfinden kann.

Self-Help ist ein absolut sexistisches Buch, denn es gibt unter all den vorgestellten Lebensgeschichten nicht eine einzige von einer Frau. Man könnte zur Entschuldigung vielleicht anführen, dass das Buch aus Vorträgen vor männlichen Mitgliedern der Arbeiterklasse entstand, die zu jener Zeit weibliche Rollenmodelle vermutlich abgelehnt hätten. Wäre dieser Mangel nicht, würde das Buch vielleicht weniger altmodisch wirken. Doch Leser, die sich darüber mit einem Lächeln hinwegsetzen können, werden reich belohnt. *Self-Help* ist die Titanic unter den Selbsthilfebüchern – ein Buch, so kostbar, dass es unbedingt wieder entdeckt werden sollte.

Über Samuel Smiles

Smiles kam 1812 im schottischen Haddington zur Welt und war das älteste von elf Kindern. Sein Vater war Papiermacher. Mit vierzehn Jahren verließ Smiles die Schule und arbeitete drei Jahre lang, bevor er sich an der Universität von Edinburgh einschrieb, um Medizin zu studieren. Nachdem er einige Zeit als Arzt gearbeitet hatte, begann er sich mehr und mehr für Politik zu interessieren. Aus diesem Grund wurde er 1838 Herausgeber der radikalen *Leeds Times*. Dort blieb er bis 1842. Beeinflusst von den Utilitariern Jeremy Bentham und James Mill (John Stuart Mills Vater) setzte er sich für freien Handel, die Erweiterung des Wahlrechts und bessere Arbeitsbedingungen für Fabrikarbeiter ein.

Doch bald hatte Smiles alle Illusionen über die Möglichkeiten politischer Reformen verloren. Er wandte sich mehr und mehr der Frage der Persönlichkeitsentwicklung zu. Im selben Jahr, in dem er eine Stelle als Verwalter der Eisenbahn übernahm, begann er mit den Vorträgen, die später in *Self-Help* mündeten. Es wurde in mehrere Sprachen übersetzt und gehörte zu den wenigen englischen Büchern, die im Japan nach der Meiji-Restauration kursierten, als das Land sich zunehmend für westliche Einflüsse öffnete. Es wurde zur Bibel der westlich orientierten Geschäftsmänner. Der Industrielle und Millionär Lord Leverhume sowie der amerikanische Schriftsteller und Begründer der Zeitschrift *Success*, Orison Swett Marden, gehörten zu den Menschen, die ihren Erfolg freimütig auf die Lektüre dieses Buches zurückführten.

Smiles schrieb auch eine Biografie des Eisenbahn-Pioniers George Stephenson (1857), eine dreibändige Wirtschaftsgeschichte mit dem Titel *Lives of the Engineers* (1874), sowie *Character* (1871), *Thrift* (1875) und *Duty* (1880). Außerdem verfasste er die Biografie des berühmten Porzellanmachers Josiah Wedgwood (1894). Nach seinem Tod im Jahr 1904 erschien seine Autobiografie.

Der Mensch im Kosmos
1955

Der Mensch der Moderne weiß nicht mehr, was er mit den Möglichkeiten anfangen soll, die er entfesselt hat … Manchmal sehen wir uns versucht, diese Überfülle in den Boden der Materie zurückzustampfen, aus der sie hervorging – ohne darüber nachzudenken, wie barbarisch solch ein Akt wider die Natur wäre.

Wir haben gesagt, dass das Leben durch seine innerste Struktur, so es denn einmal auf eine bestimmte gedankliche Ebene gehoben wurde, nicht anders kann, als nach Erhöhung zu streben. Dies sollte schon genügen, um die zwei Kriterien, die unser Handeln unmittelbar benötigt, festzulegen. Da ist zum einen die Tatsache, dass es in der Zukunft in der ein oder anderen Form, jedenfalls aber für das Kollektiv, die Möglichkeit geben muss, nicht nur zu überleben, sondern ein wunderbares Leben zu führen. Und zum anderen das Faktum, dass wir, um diese höhere Form der Existenz ersinnen, entdecken und erlangen zu können, nur immer weiter in die Richtung denken bzw. gehen müssen, in welcher die Entwicklung der Evolution ihre maximale Kohärenz zeigt.

In dieser Vision ist der Mensch nicht mehr das statische Zentrum der Welt – für das er sich lange Zeit hielt –, sondern die Achse, der Leitspross der Evolution, was eine wesentlich subtilere Angelegenheit ist.

Kurz gesagt
Indem Sie Ihre Einzigartigkeit ausdrücken und zu schätzen wissen, treiben Sie die Entwicklung der Welt voran.

Ähnliche Titel
Abraham Maslow, *Motivation und Persönlichkeit*

Pierre Teilhard de Chardin

Pierre Teilhard de Chardin schrieb die letzten Worte von *Der Mensch im Kosmos* 1938, doch das Buch sollte erst siebzehn Jahre später seinen Weg zu den Menschen finden, als sein Autor längst tot war. Teilhard war ein berühmter Paläontologe, gleichzeitig aber war er jesuitischer Priester, und die Kirche vertrat lange Zeit die Auffassung, dass er mit seinem Werk die Grenzen des Glaubens verletzt habe, weshalb sie die Veröffentlichung untersagte. Jeder andere hätte das Priesteramt verbittert verlassen, nicht so Teilhard. Er hielt sich an das Gehorsamsgelübde, was angesichts eines so freien Geistes seltsam erscheinen mag.

Durch seine intellektuelle und materielle Isolation (er wurde nach China »verbannt«, wo er wissenschaftlich tätig war) konnten seine ohnehin radikalen Ideen ausreifen. Mit ihnen war er seiner Zeit teilweise so weit voraus, dass ihr Sinn sich erst heutigen Lesern erschließt. Die Qualität eines Visionärs erweist sich häufig erst nach seinem Tod. Heute, an der Schwelle des 21. Jahrhunderts, können wir erkennen, dass Teilhard uns eine sehr umfassende Vision des Menschen hinterlassen hat.

Der Mensch im Kosmos ist kein Selbsthilfebuch im eigentlichen Sinne. Viele Leser werden es zu »christlich« finden, doch das Buch übte auf viele Autoren auf diesem Sektor einen enormen Einfluss aus. Seine Ideen werden sehr abstrakt dargestellt, doch die Vorstellungen über geistige und spirituelle Entwicklung, die sich darin finden, geben Antwort auf viele Fragen, vor allem im Hinblick auf das größere Ganze, in dem wir zur Entwicklung aufgerufen sind.

Die menschliche Evolution

Teilhards Evolutionstheorie umfasste sowohl die geistige als auch die materielle Welt. In seinen Augen genügte es nicht zu wissen, dass wir von den Affen abstammen. Unsere Aufgabe sei es vielmehr herauszufinden, weshalb wir uns so entwickelten. Die Evolutionsbiologie geht davon aus, dass das menschliche Gehirn sich über die Jahrtausende hinweg kaum verändert hat, doch dass wir dieselbe Gehirnstruktur besitzen wie unsere Vorfahren, heißt ja nicht, dass wir uns nicht verändert hätten. Teilhard glaubte, dass die Menschheit sich zwangsläufig weiter entwickelte, sobald sie über sich nachzudenken begann. Unser Fortschritt war also unausweichlich. Und irgendwann würden wir nicht nur ums Überleben kämpfen, sondern ein wunderbares Leben führen.

Teilhard war vielleicht der Einzige, der dazu in der Lage war, die Erkenntnisse der Evolutionswissenschaft mit den größeren Fragen des Menschseins zu verbinden. Wo gewöhnliche Wissenschaftler zurückschreckten, weil sie sich nicht der Spekulation verdächtig machen wollten, und den Männern des Glaubens sein wissenschaftlicher Hintergrund und seine intellektuellen Fähigkeiten fehlten, hatte er eine einzigartige Aufgabe zu erfüllen. Als Paläontologe und Anthropologe interessierte Teilhard sich leidenschaftlich für den Ursprung des Men-schen. Andererseits war für ihn auch klar, dass wir umso weiter in die Zukunft blicken könnten, je mehr wir von der Vergangenheit begriffen.

Die Menschheit als Forschungsgegenstand

Obwohl Teilhard Der Mensch im Kosmos als wissenschaftliche Arbeit betrachtete, lehnte er die moderne Wissenschaft mit ihrer zunehmenden Spezialisierung ab. Seiner Ansicht nach konnte sie erst dann sinnvolle Ergebnisse erzielen, wenn sie endlich darauf verzichtete, den Menschen nur als körperliches Wesen zu sehen. »Wahre Physik wird eines Tages den Menschen in seiner Gänze betrachten und ihn in ein kohärentes Weltbild stellen.«

Teilhards Mensch war ein Phänomen, das sowohl von den Natur- als auch von den Geisteswissenschaften noch nicht ausreichend erklärt worden war. Die Abenteuer, Leistungen und Ereignisse der menschlichen Geschichte mussten seiner Ansicht nach als eine einzige Bewegung gesehen werden. Heute verwenden wir das große Wort von der »Menschheit« so häufig, dass es beinahe seine Bedeutung verloren hat, dabei ist die Vorstellung, dass alle Menschen – trotz Krieg, Nationalbewusstsein und Territorialanspruch – eins sind, noch relativ jung.

Für Teilhard war die Menschheit nicht das Zentrum der Welt, sondern ihre »Achse«, an der entlang sich die Evolution ausbildete, ihr »Leitspross« sozusagen. Das bedeutet nicht, dass wir uns über die Natur erheben sollen, sondern dass unsere geistige und spirituelle Suche ihre Vielfalt und Intelligenz vergrößert. Je facettenreicher und intelligenter wir werden, desto weniger Macht hat das materielle Universum über uns. Auf dieselbe Weise wie der Raum, die Sterne und Galaxien sich ständig ausbreiten, ist das Universum einer »Involution« unterworfen, die es vom Einfachen zum immer Komplexeren führt. Auch die menschliche Psyche entwickelt sich dementsprechend. Diese Evolution der Menschheit ist es, was Teilhard unter »Menschwerdung« versteht, ein Prozess, in dem der Mensch *sich* immer mehr seiner menschlichen Qualitäten bewusst wird und sein Potenzial erfüllt.

Persönlichkeit = Evolution

Obwohl Teilhard sich intensiv mit Astro- bzw. Geophysik beschäftigte, mit den Räumen innerhalb bzw. außerhalb der Erde, kam er immer wieder auf die Persönlichkeit des Menschen zurück. So trat er in seiner 1947 vor der UNESCO gehaltenen Rede, in der es um die Möglichkeit einer neuen Menschenrechts-Charta ging, nicht für die Autonomie des Individuums ein, sondern für die »unsagbare Einzigartigkeit, an der jeder Mensch teilhat«. Das hört sich reichlich abgehoben an, doch letztlich heißt es, dass die Menschheit sich nicht durch Menschen entwickeln wird, die über sie hinauswachsen wollen, und auch nicht durch den Individualismus als solchen. Wir werden uns als Art nur dann weiterentwickeln, wenn wir für jeden Einzelnen den Raum schaffen, in dem er seine Persönlichkeit entwickeln kann.

Je weiter sich die Menschheit technologisch entwickelt, desto klarer tritt auch ihr Interesse an spirituellen Fragestellungen hervor. (Teilhard nannte dies die »Interiorisierung«.) Doch auch diese Entwicklung findet nicht gleichmäßig und unabhängig von den Individuen statt. Sie verläuft sprunghaft und wird immer von einzelnen Menschen vorangetrieben.

Die Noosphäre und der Punkt Omega

1925 schuf Teilhard den Begriff der »Noosphäre«. So wie die Biosphäre die lebende Hülle rund um den Planeten Erde ist, ist die Noosphäre ihr geistiges Gegenstück, eine unsichtbare Schicht von Gedanken, in der sich der mentale und spirituelle Zustand der Menschheit zeigt, in die alle Kultur, alle Liebe und alles Wissen einfließt. Seiner Ansicht nach brauchte jeder Mensch die Ressourcen des ganzen Planeten, um sich geistig und materiell nähren zu können. Aber diese Beziehung besteht natürlich auch in der anderen Richtung. Der einzelne Mensch konnte

Raum und Zeit beeinflussen, auch wenn er sich nicht vom Fleck rührte. Die Welt wurde zunehmend kleiner und wir würden sie mit unseren Gedanken und Beziehungen überziehen.

Das Konzept der Noosphäre klingt im Zeitalter der vernetzten Gesellschaft beinahe altmodisch. Die Theoretiker des Internet glauben jedoch, dass Teilhard ihre Welt vorhersah – fünfzig Jahre, bevor sie tatsächlich entstand. Auch Lovelocks Gaia-Prinzip, in dem die Welt als lebendiger Organismus betrachtet wird, entstand nach Teilhard.

Teilhard ging davon aus, dass die Menschheit, wenn sie ihre Fähigkeit zur Selbstreflexion steigere und ihren Platz in Zeit und Raum erkenne, sich rasant weiterentwickeln würde. Statt der langsamen Entwicklung durch natürliche Selektion, die in Zeitaltern rechnet, würde eine energiegeladene Verfeinerung unserer Gedankenwelt eintreten, die uns schließlich auch physisch befreien würde. Wir würden uns ungehindert auf eine neue Form der Existenz zu bewegen, in der wir unser gesamtes Potenzial leben könnten. Teilhard nannte dies den »Punkt Omega«.

Zu guter Letzt

Der Mensch im Kosmos ist nicht leicht zu lesen, an manchen Stellen wirkt die Sprache sogar unverständlich und kryptisch. Allerdings müssen wir Teilhard zugute halten, dass er kein Publikum hatte, dem er seine Ideen vortragen und dessen Feedback er berücksichtigen konnte. (Wer Philosophisches lieber in Häppchen verpackt liest, sollte sich *Das göttliche Milieu* oder *Pilger der Zukunft* besorgen). Nichtsdestotrotz handelt es sich um ein wichtiges Buch, dessen Einfluss kontinuierlich zunimmt.

Teilhards Vorstellung von einem wunderbaren Leben, das auf uns wartet, mag auf manche Leser wie ein Luftschloss wirken, doch er war der Ansicht, dass eine Wahrheit, die nur von einer Person erkannt wird, trotzdem eine Wahrheit ist und früher oder später von allen erkannt werden wird. Der *Mensch im Kosmos* entwickelte sich nach seinem Tod zum Bestseller, obwohl die grausamen Realitäten des 20. Jahrhunderts die Idee, dass die Menschheit sich ständig auf einen wunderbaren Punkt Omega in ferner Zukunft hin bewegt, eher zu widerlegen schienen. Spiritueller Fortschritt und intellektuelle Leistung können also durchaus neben dem Bösen existieren. Tatsächlich betrachtete Teilhard Erscheinungen wie den Totalitarismus als natürliche Phase der sozialen Evolution, die bald von besseren Organisationsformen menschlichen Zusammenlebens überwunden sein würden.

Der Mensch im Kosmos ist ein Selbsthilfebuch der höchsten Ordnung, da der Autor uns eine Reihe von Ideen vorstellt, die den Menschen über die Begrenzung von Raum und Zeit im individuellen Leben hinausheben. Wenn wir die Menschen für fähig halten, sich hohe Ziele zu setzen, tritt unsere eigene Aufgabe mit größerer Klarheit hervor. Wenn wir das Universum und die Sterne betrachten, beschleicht uns leicht ein Gefühl der Unbedeutendheit, das Teilhard sicher nicht geteilt hätte. In seiner Weltsicht spielte jede Seele eine wichtige Rolle bei der Entwicklung der Welt, und da wir wissen, wie bescheiden Teilhard selbst war, können wir sicher sein, dass damit nicht die Auswüchse eines gewaltigen Egos gemeint waren. Um diese Rolle auf sich nehmen zu können, muss der Mensch vor allem eines tun: seine Persönlichkeit und seine Fähigkeiten voll zum Ausdruck bringen.

Über Pierre Teilhard de Chardin

Teilhard wurde 1881 in der französischen Auvergne als viertes von elf Kindern geboren. Er wurde Internatsschüler in einem Jesuitenkolleg und ging als Achtzehnjähriger für sechs Jahre in ein Kloster in der Auvergne. Mit 24 schickte man ihn an ein Kolleg in Kairo, wo er Physik und Chemie unterrichtete. Dort blieb er drei Jahre lang. Danach studierte er vier weitere Jahre Theologie in Sussex in England. Während dieser Zeit entwickelte Teilhard sich zum kompetenten Geologen und Paläontologen. 1912 empfing er die Priesterweihe. Der Ausbruch des Ersten Weltkriegs vereitelte seine Pläne, nach Paris zurückzukehren und am Museum für Naturgeschichte geologische Studien zu betreiben. Er wurde Sanitäter und erhielt für seinen Einsatz eine Tapferkeitsmedaille sowie eine Auszeichnung der *Légion d' Honneur.*

Nachdem er an der Sorbonne seine Doktorwürde erworben hatte, ging Teilhard 1923 nach China, wo er ein Jahr am Museum für Naturgeschichte forschte. 1926 kehrte er dorthin zurück und blieb die nächsten zwanzig Jahre dort, weil die Kirche ihn auf Grund seiner Ideen über die Evolution bzw. die Erbsünde ins »Exil« geschickt hatte. Er trug ganz wesentlich zur paläontologischen und geologischen Erforschung Chinas bei und gehörte auch der Gruppe von Wissenschaftlern an, die den Pekingmenschen fanden.

Kurz nach dem Krieg erlaubte man ihm, nach Paris zurückzukehren. Dort konnte er das intellektuelle Leben genießen, bis ihn 1947 ein Herzanfall zu einem Erholungsurlaub auf dem Land zwang. 1951 zog er nach New York, wo er 1955 starb. Seine Schriften hatte er einem Freund vermacht, der sie nach seinem Tod veröffentlichte.

Walden
1854

Ich bin in den Wald gegangen, weil mir daran lag, mit Bedacht zu leben, es nur mit den Grundtatsachen des Daseins zu tun zu haben und zu sehen, ob ich nicht lernen könne, was es zu lernen gibt, damit mir in der Stunde des Todes die Entdeckung erspart bleibt, nicht gelebt zu haben.

Es ist eine Sache, ein Bild zu malen oder eine Statue zu schnitzen und auf diese Weise schöne Dinge herzustellen. Wesentlich ruhmreicher aber ist es, die Atmosphäre und das Medium, durch das wir diese wahrnehmen, selbst zu gestalten, was wir auf der Ebene der Moral erreichen können. Die Qualität des Tages zu beeinflussen, dies ist die höchste Kunst.

Wenn Sie Luftschlösser gebaut haben, sollte Ihre Arbeit nicht verloren gehen, denn genau dort gehören Schlösser hin. Nun müssen Sie ihnen nur noch ein Fundament verleihen.

Wer sich nicht hetzen lässt, erkennt, dass nur Großes und Lebenswertes Bestand hat, während der Kleinkram unserer Sorgen und Freuden nur ein Schatten der Wirklichkeit ist – eine Erkenntnis, die immer etwas Erhabenes und Erheiterndes hat.

KURZ GESAGT
Sorgen Sie dafür, dass Ihr Leben Ihnen genügend Zeit zum Nachdenken lässt.

ÄHNLICHE TITEL
Ralph Waldo Emerson, *Selbstvertrauen*
Thomas Moore, *Seel-Sorge*

Henry David Thoreau

Obwohl es in Thoreaus *Walden* um eine ganz bestimmte Erfahrung geht – der Autor hatte zwei Jahre lang in einer Hütte im Wald gelebt –, wird das Buch heute als Tagebuch persönlicher Bewusstheit und Freiheit betrachtet. Tatsächlich hat es auf beiden Ebenen Wertvolles zu sagen. Thoreau ging am 4. Juli 1845 in die Wälder. Da er die meiste Zeit seines Lebens in Concord, einem kleinen Ort in Massachusetts verbracht hatte, musste er nicht allzu weit gehen, um in die Natur eintauchen zu können. Er suchte die Einsamkeit, um sein Leben in seiner Essenz wahrzunehmen, weit weg von den Lügen und dem Klatsch der Gesellschaft. Er baute eine Hütte mit einer Grundfläche von dreieinhalb mal fünf Metern und genoss die freie Zeit. Er pflanzte Bohnen, um sie auf dem Markt zu verkaufen, und sogar dies machte ihm Freude, weil er es nur so lange tat, wie es nötig war, um bestimmte Kosten zu decken, die er nun einmal hatte. Dann folgte ein idyllisches Leben, in dem er seine Zeit mit Spaziergängen, Büchern oder Schreiben verbrachte, sich der Beobachtung der Vögel widmete oder einfach dem schieren Dasein.

Walden – die Lebensauffassung

Die Vorstellung, einfach nicht zu arbeiten, ist für die meisten Menschen – heute wie damals – so ungewohnt, dass sie entweder als Zeitverschwendung oder als höchst revolutionär betrachtet wird. Thoreau fühlte sich reicher als alle Menschen, die er kannte. Auf der materiellen Ebene hatte er alles, was er brauchte, und darüber hinaus auch die Zeit, um es zu genießen. Jeder andere Mensch musste ununterbrochen arbeiten, um sich etwas leisten zu können. Gleichzeitig ging er an der Schönheit der Natur vorbei und vernachlässigte die feine Seelenarbeit, die nur in der Einsamkeit geschehen kann.

Zu Thoreaus Zeiten stand die Sklaverei in voller Blüte. Er verbrachte sogar eine Nacht im Gefängnis, weil er einer Regierung, die dieses System aufrechterhielt, keine Steuern zahlen wollte. Doch er wandte sich nicht nur gegen die Versklavung der Schwarzen. Er betrachtete alle Menschen als Sklaven. So ist *Walden*, wie Michael Meyer in seinem Vorwort zu amerikanischen Ausgabe schreibt, in Wirklichkeit die Erzählung eines Emanzipationsprozesses, in dem ein Mann sich von der Illusion befreit. Der allseits beschworene »tiefe Süden«, in dem Sklaven völlig rechtlos waren, war in Thoreaus Augen keine zwei Meilen entfernt. Concord, die Stadt, in der seine Freunde und Angehörigen lebten, war eine Art Gefängnis. Die Menschen merkten nur nicht, dass sie hinter Gittern saßen, dass Anpassung und Materialismus sie vollkommen versklavt hatten. Und so schrieb Thoreau seinen berühmten Satz: »Die meisten Menschen führen ein Leben stiller Verzweiflung.«

Seine Zeit am Waldensee war eine bewusste Übung in dem, was die moderne Psychologie »De-Scripting« nennen würde. Er wollte die totale Freiheit des Geistes wiedererlangen. Diese Freiheit war in seinen Augen von den Konventionen von Bildung und Erziehung überlagert. Er zog sich zurück, weil er nicht nur Spiegelbild der Gesellschaft sein, sondern herausfinden wollte, was einen freien Menschen ausmacht. Er philosophierte über John Franklin, den Engländer, der sich auf einer Expeditionsreise verirrt hatte, und Grinnell, den Amerikaner, der sich aufgemacht hatte, um nach ihm zu suchen:

Ist Sir John Franklin der einzige Mensch, der verschollen ist, dass seine Frau ihn unbedingt wieder finden möchte? Und weiß Mr. Grinnell, der Reeder, der ein Schiff zur Suche nach ihm aussandte, wo er selbst ist? Man erforsche doch lieber seine eigenen Flussläufe und Gewässer, erkunde die höheren Breitengrade seines Inneren.

Der Einfluss des Buches

Mit seinem Freund Ralph Waldo Emerson gilt Thoreau mittlerweile als Ahnherr der Ethik des amerikanischen Individualismus. Ironischerweise wandten beide sich massiv gegen all das, was der Westen im Allgemeinen und die Vereinigten Staaten im Besonderen heute geworden sind: reich bestückte Spielwiesen für Konsumenten, die jeden Sinn verloren haben. Aus diesem Grund sind die Werke von Thoreau und Emerson heute vor allem für jene Menschen interessant, die mehr suchen als das. Viele ihrer Ideen sind mittlerweile Gemeingut geworden und finden sich in den besten Selbsthilfebüchern moderner Autoren wieder. So finden wir unter all den Naturbeschreibungen auch Sätze wie diesen: »Wenn ein Mensch vertrauensvoll seinen Träumen nachgeht und sich die Mühe macht, das Leben zu führen, das er sich ersinnt, ist sein Erfolg unvermeidlich.«

Und:

»Ich kenne nichts Ermutigenderes als die fraglose Fähigkeit des Menschen, sein Leben durch bewusste Anstrengung zu veredeln.«

Oder den folgenden Satz, der in dieser Form auch bei Deepak Chopra oder Norman Vincent Peale stehen könnte:

»Das Universum antwortet jederzeit eifrig auf unsere Ideen. Ob wir schnell oder langsam gehen, der Pfad ist uns bereitet. Verbringen wir unser Leben doch einfach damit, uns für seine Gaben zu öffnen!«

Auch in puncto Umweltbewusstsein war *Walden* seiner Zeit weit voraus. Die Jahreszeiten spiegeln sich im Buch selbst wider. Thoreau liebte den Winter (er hatte sich einen offenen Kamin gebaut), freute sich aber ganz besonders auf die machtvolle Wiederkehr des Frühlings. Die Natur war um ihrer selbst willen wert, bewahrt zu werden, denn nur wenige Dinge können uns mehr lehren als Bäume, Wasser und die Geschöpfe um uns herum. Einer seiner berühmten Sätze lautete: »Endlich habe ich die passende Frau gefunden: Ich habe mich in eine Zwergeiche verliebt.«

Thoreau war auch sehr poetisch, vor allem wenn er das Gefühl des Einsseins mit der Umwelt beschrieb:

> *Es ist ein köstlicher Abend, wo der ganze Körper, ein einziges Sinnesorgan, mit allen Poren Lebensfreude aufsaugt. Ich bewege mich mit merkwürdiger Unbeschwertheit in der Natur, weil ich ein Teil von ihr geworden bin.*

Und doch bezog Thoreau die Natur immer wieder auf den Menschen zurück: »Meinetwegen mögen alle Wiesen der Welt verwildern, wenn der Mensch sich anders nicht auf sich selbst zu besinnen vermag.«

Fortschritt und Wohlstand

Auf der anderen Seite des Waldensees verlief eine Eisenbahnlinie. Das geschäftige Kommen und Gehen faszinierte Thoreau. Denn schließlich spiegelte der technische Fortschritt doch die Größe eines Landes wider. Oder etwa nicht?

> *Man ist überzeugt, es sei wichtig, dass der Staat Handel treibe, Eis exportiere, sich telegraphisch verständige und mit fünfzig Stundenkilometern fortbewege, einerlei, ob auch der Einzelne das tut oder nicht: Ob wir aber wie Menschenaffen oder wie Menschen leben sollen, das ist längst nicht so sicher.*

Diese Kritik an der Besessenheit von Innovationen und Neuheiten trifft auch auf unsere Kultur zu.

Es ist weiter nicht erstaunlich, dass Thoreau den schweißtreibenden Heroismus eines Benjamin Franklin, dessen Idealbild der hart an sich arbeitende Aufsteiger war, ablehnte. Soziale Stellung war in seinen Augen unwichtig, Reichtum etwas, das es im Übermaß in der Natur zu bewundern, aber nicht persönlich zu erlangen galt. Arbeit war etwas,

was man auf sich nehmen musste, um lesen, schreiben und die Natur genießen zu können.

Das soll allerdings nicht bedeuten, dass wir uns in eine Hütte zurückziehen und von Sojabohnen leben sollten. Thoreau steht für den Reichtum der Natur im Allgemeinen, die uns alles zur Verfügung stellt, wenn wir beschließen, uns selbst treu zu bleiben. Wenn wir im eng begrenzten Areal unseres Egos bleiben und ständig Angst haben, was irgendjemand über uns sagen könnte, werden wir nur begrenzte Horizonte, Kleinlichkeit und Mangel finden. Über die menschliche Einzigartigkeit schrieb er:

> *Wenn ein Mensch mit seinen Kameraden nicht Schritt halten kann, dann liegt das möglicherweise daran, dass er nach einem anderen Takt marschiert. Lassen wir ihn also zu seiner eigenen Musik tanzen, wie anders und weit entfernt sie auch klingen mag.*

Zu guter Letzt

In *Walden* spüren wir das Denken eines genuin freien Geistes, das wir in allen Klassikern, aber auch in den östlichen Weisheitslehren, den Legenden der amerikanischen Ureinwohner oder in der Natur selbst finden können. Es reflektiert die Schönheit der Umgebung und die vollkommene innere Stille, die aus der Einsamkeit entsteht. Gibt es einen besseren Ort, an dem der Geist des Lesers Ferien machen könnte? Das Buch lädt uns ein, Thoreau zu begleiten auf seinen Wanderungen durch den Wald und am Ufer des Waldensees. Wir genießen sie, wie er es tat, und lauschen dabei seinen Überlegungen über Mensch und Gesellschaft.

Am Ende des Buches findet sich die Geschichte eines Käfers, der nach über sechzigjährigem Winterschlaf wieder aufersteht, weil ein heißes Gefäß auf den alten Tisch gestellt wird, in dem er sich eingenistet hatte. In dieser Geschichte liegt Thoreaus ganze Philosophie begründet: Er war davon überzeugt, dass wir alle jederzeit aus dem »wohltemperierten Grab« der Gesellschaft aufsteigen können, um den Sommer des Lebens zu genießen wie der Käfer.

Über Henry David Thoreau

Thoreau wurde 1817 in Concord im amerikanischen Bundesstaat Massachusetts geboren. Nachdem er 1837 sein Harvard-Studium abgeschlossen hatte, nahm er eine Stelle als Schullehrer an. Da er sich weigerte, die üblichen Disziplinarstrafen zu verhängen, arbeitete er bald in der Bleistiftfabrik seines Vaters. Die Natur wurde ihm 1839 zum Thema, als er zum ersten Mal eine lange Reise den Concord- und den Merrimack-Fluss hinunter unternahm. Dieses Erlebnis veröffentlichte er zehn Jahre später in einem Buch. Zwei Jahre lang (1841–1843) lebte Thoreau im Haushalt von Ralph Waldo Emerson, dessen Kinder ihn liebten.

Der Waldensee lag auf einem Stück Land, das Emerson gehörte. In den Jahren nach seinem zweijährigen »Hüttenleben« arbeitete Thoreau als Landaufseher, Anstreicher und Gärtner. Daneben schrieb er für Zeitschriften, unter anderem für eine Zeitschrift der Transzendentalisten mit dem Titel *Dial*. 1849 verfasste er anlässlich des Krieges mit Mexiko seinen Essay über *Die Pflicht zum Ungehorsam gegen den Staat*, der Gandhi und Martin Luther King tief beeinflusste. Der Artikel *»Sklaverei in Massachusetts«* wurde 1854 veröffentlicht, im selben Jahr wie Walden. Nach seinem Tod 1862 erschienen *Cape Cod* (1865) und *A Yankee in Canada* (1866). Emersons Essay mit dem Titel *Thoreau* ist ein Loblied auf die unglaubliche Naturkenntnis und die praktischen Fähigkeiten seines Freundes.

Rückkehr zur Liebe
1994

Bevor wir wirklich für Gott bereit sind, ist ein gewisses Maß an Verzweiflung nötig. Als meine spirituelle Kapitulation anstand, war dies das Letzte, was ich mir wünschte – nicht solange ich nicht vollständig am Boden zerstört war. Aber irgendwann kam es dann so dick, dass nichts, buchstäblich gar nichts mir hätte helfen können. Die Hysterikerin in mir drehte durch, das unschuldige Kind wurde an die Wand gedrückt. Ich brach in Stücke.

Nimmt man Liebe ernst, so ist sie eine sehr radikale Sache. Sie hat überhaupt nichts mit den psychologischen Grundsätzen zu tun, die heute die Welt beherrschen. Sie ist bedrohlich – eben auf Grund ihrer Größe.

Beziehungen sind Aufgaben. Sie gehören zum großen Plan für unsere Erleuchtung, zur Blaupause des Heiligen Geistes, mit deren Hilfe jede Menschenseele zu mehr Bewusstsein und mehr Liebe geführt wird.

KURZ GESAGT
Wenn wir uns entschließen, uns vollkommen auf Gott zu verlassen und uns selbst zu lieben, geschehen wahre Wunder.

ÄHNLICHE TITEL
Wayne Dyer, *Wirkliche Wunder*
M. Scott Peck, *Der wunderbare Weg*
Florence Scovel Shinn, *Das Lebensspiel und seine mentalen Regeln*

·50·
𝒯𝓂arianne 𝒲illiamson

Marianne Williamson war etwa Mitte zwanzig, ein selbstzerstörerisches Produkt der Ich-Generation, als sie eine Entdeckung machte, die ihr Leben veränderte. 1965 hatte Helen Schucman, Professorin für Psychiatrie an der *Columbia University*, angefangen, die Botschaften einer »Stimme« aufzunehmen und diese dann als Buch veröffentlicht: *Ein Kurs in Wundern*. Die darin präsentierte, auf Liebe und Vergebung beruhende Philosophie wurde in Gruppen auf der ganzen Welt diskutiert. Williamson vertiefte sich intensiv in den Kurs, und hielt darüber Vorträge und Seminare. Diese wiederum veröffentlichte sie dann selbst in ihrem Buch *Rückkehr zur Liebe*.

Das Buch ist schon deshalb der Lektüre wert, weil *Ein Kurs in Wundern* darin meisterhaft zusammengefasst und erklärt wird. Was es für den Leser jedoch noch viel faszinierender macht, ist die Offenheit, mit der Williamson über ihre eigenen Erfahrungen und ihr spirituelles Erwachen spricht. Oprah Winfrey katapultierte das Buch unter die Top Ten der New-York-Times-Bestsellerliste, wo es sechs Monate lang blieb. Die kürzlich erschienene Neuausgabe spricht von über einer Million verkaufter Exemplare.

Kapitualation

Im ersten Kapitel berichtet Williamson von dem Nervenzusammenbruch, der sie zu einer vollkommenen Neuorientierung in ihrem Leben veranlasste. Sie hatte sich selbst immer als Kämpferin betrachtet, sich für die verschiedensten Ideen und gegen Ungerechtigkeit eingesetzt. Sogar die Lösung von ihrem Dämon sah sie zunächst als »Befreiung« an. Doch als ihre Nervenkrise zunächst immer schlimmer wurde, bevor es wieder aufwärts ging, entdeckte Williamson, dass Freiheit keineswegs das kraftvolle Losreißen war, das sie erwartet hatte. Es ging vielmehr um ein langsames Verschmelzen mit der eigenen Natur und Persönlichkeit. Da sie vorher so viel Skepsis an den Tag gelegt hatte und überhaupt nicht bereit gewesen war, etwas von sich zu geben, ist dieser Teil der Geschichte am fesselndsten. Wie jeder normale Mensch wollte auch sie die Macht nicht abgeben. Gerade dieser Kampf zwischen dem Ego und dem höheren, reineren Selbst gibt dem Buch seine Kraft. Erst als sie ganz unten war, war sie willens, ihre Vorurteile loszulassen und etwas Neues zu versuchen. In ihrem Fall kam dies einer Kapitulation vor der Welt des Spirituellen gleich.

Das Ego liebt die Hochs, meint Williamson, gibt sich aber genauso viel Mühe, uns wieder hinabsausen zu lassen. Wir wachsen in dem Gedanken auf, dass Ereignisse und äußere Umstände unser Wohlbefinden beeinflussen können. Ein erleuchteter Mensch aber erkennt, welchen großen Einfluss sein innerer Zustand auf seine Sicht der Ereignisse hat. Auch solch ein Mensch erlebt schwierige Zeiten, doch er durchlebt sie ohne Angst und Pathos. Wenn wir innere Sicherheit erlangt haben, meint sie, ist das Leben immer noch aufregend, doch die Erregung ist von anderer Natur. Sie rührt daher, dass wir die Welt klar wahrnehmen – ohne unser übliches emotionales Gepäck. Es gibt immer noch Krisen und Dramen, aber sie tragen alle zum persönlichen Wachstum bei. Dann haben wir die »Dreigroschenopern« des nicht-spirituellen Lebens ein für alle Mal hinter uns gelassen.

Beziehungen

In *Rückkehr zur Liebe* geht es natürlich um Beziehungen. Vermutlich werden Sie diese Kapitel immer und immer wieder lesen, und sei es nur, um ein klareres Bild von dem Menschen zu bekommen, der Sie sein könnten. Was Williamson uns hier mitzuteilen hat, lässt wohl in jedem

Menschen eine Saite anklingen, vor allem, wenn es um die feine Unterscheidung zwischen einer »unglaublichen« und einer »heiligen« Beziehung geht. Unser Ego bezeichnet sie als den großen »Fehlerdetektor«. Doch Kritik steigert nur die Unsicherheit des anderen Menschen, was ihm letztlich die Möglichkeit nimmt, sich wirklich zu verändern. Und unsere Konzentration auf dessen Mängel führt dazu, dass wir all seine guten Eigenschaften übersehen. Unbedingte Liebe ist vielleicht wirklich schwer zu schaffen, doch werden wir dafür reich belohnt. Dies ist der einzige Weg, mit uns selbst in Frieden zu leben.

Schon *Ein Kurs in Wundern* bezeichnete Beziehungen als das wahre Aufgabenfeld des Menschen. Jede einzelne gibt uns Gelegenheit zum Wachstum. Die romantischen Vorstellungen, die wir uns vom »Seelengefährten« machen, sind falsch, denn unser wahrer Seelengefährte mag ausgerechnet der Mensch sein, der all unsere Komplexe und Probleme aufrührt. Auf diese Weise lernen wir Bescheidenheit, Demut und Liebe. Die Menschen, die uns wütend machen, sind häufig unsere besten Lehrer. Das Ego seinerseits führt uns zu Menschen, die uns wenig Probleme machen, mit denen wir uns oberflächlich vergnügen können. Es versucht, uns von tieferen Bindungen abzuhalten.

Williamson erzählt bereitwillig von ihren eigenen Beziehungen und der Leser folgt ihr in den Dschungel von Liebeskummer, Herzschmerz und der Sehnsucht, endlich den Menschen zu treffen, der alles in Ordnung bringt. Gierig verschlingen wir ihre Worte, weil wir das Gefühl haben, sie schreibe über uns, über die Fragen, die uns immer schon auf der Seele lagen. Und doch fallen die Antworten selten so aus, wie wir sie erwarten.

Arbeit und Leistung

Aber auch Williamsons Ausführungen über das Arbeitsleben sind spannend. Wir reden ja ständig über unseren Job und unsere Karriere. Wir wählen unseren Beruf je nach Interesse, manchmal auch nach Gehalt. Williamson meint, dass wir uns so wahren Erfolg verbauen. Wenn wir unser Arbeitsleben Gott widmen, wird er uns zeigen, was unserem Talent und Temperament am besten entspricht bzw. wo wir der Welt am besten dienen können. Was wir selbst wählen, mag durchaus gut sein, doch geniale Leistungen werden wir nur dann erzielen, wenn wir reine Instrumente göttlichen Willens werden. Der Mensch hat weniger Angst vor dem Versagen als vor der Brillanz, die zum Ausdruck kommt, wenn wir nur loslassen. Mit dieser Einstellung sind wir nicht länger Sklaven des Geldes.

Sich Ziele zu setzen mag sich ja gut anhören, doch letztlich ist dies das Wirken des Ego, das die Welt so formen möchte, wie es ihm gefällt. Unser Geist ist kraftvoll. Normalerweise können wir alles erschaffen, was wir uns wünschen, aber ob wir damit glücklich werden, steht auf einem anderen Blatt. Tun wir aber Gottes Werk, dann freuen wir uns nicht nur, wenn wir das Ziel erreicht haben, dann ist Freude unser Weg. In *Ein Kurs in Wundern* heißt es: »Wenn wir Liebe ausstrahlen, entwickeln wir uns automatisch weiter.« Diese Erkenntnis ist nun nicht gerade Lehrstoff von Management-Kursen, doch wenn Sie Mut haben, probieren Sie es einfach aus. Williamson meint, wir könnten dabei nichts falsch machen, solange Gottvertrauen unsere Schritte lenkt.

Wunder

Bei der Persönlichkeitsentwicklung geht es gewöhnlich darum, sich selbst so zu verändern, dass das eigene Denken und Handeln sich verbessert. Das erfordert eine Menge Verantwortung. Doch wenn wir uns selbst dem Wohlergehen des Universums, also Gott, weihen, dann wird diese Verantwortung von unseren Schultern genommen. Williamson berichtet, dass sie früher Wunder für »pseudo-mystischen Religionsmüll« gehalten habe. Erst viel später merkte sie, dass es durchaus Sinn hat, um Wunder zu bitten.

Wunder geschehen nicht nur, wenn Wasser in Wein verwandelt wird. Alles, was man vorher für unmöglich gehalten hat, ist ein Wunder. Wenn wir unseren Geist öffnen und den Wandel zulassen, kann alles verändert werden, auch wenn es sich scheinbar unserem Einfluss entzieht. Wenn es dabei nicht um die Wünsche des Egos geht, sondern um die Entwicklung des Geistes und der Seele, wird das Wunder geschehen. Wo wir einst unseren Partner aller möglichen Anklagepunkte für schuldig hielten, wissen wir heute, dass er bzw. sie unschuldig ist, und können dementsprechend handeln. Wo wir aus Furcht und Selbsthass eine zerstörerische Sucht entwickelten, ist dieses gefräßige Loch von heute auf morgen zugeschüttet.

Der Titel *Ein Kurs in Wundern* erregt Aufmerksamkeit, da man doch eigentlich etwas Göttliches wie ein Wunder nicht einfach in einem profanen Kurs lernen kann. Damit wird die Beziehung zwischen Mensch und Gott tief greifend verändert, weil der Mensch zum co-schöpferischen Wesen wird. Denken Sie daran, was Jesus den ungläubig um ihn Herumstehenden sagte, wenn er ein Wunder wirkte: Auch sie könnten dies vollbringen und noch besser als er. Die Kirche mag Wunder als physische Ereignisse interpretieren, die nicht erklärt werden können, doch dies würde letztlich bedeuten, dass keineswegs jeder Wunder wirken kann. Es sei sehr traurig, meint Williamson, dass wir so bereitwillig auf unsere Kraft verzichten.

Zu guter Letzt

Die Selbsthilfeliteratur ist meist vom Kontakt mit östlichen Weisheitslehren geprägt, daher überrascht der christliche Hintergrund von *Rückkehr zur Liebe* etwas. Dies ist ein spirituelles Werk, das auf den christlichen Begriffen von *Ein Kurs in Wundern* beruht. Williamson erklärt uns, dass alle Vorstellungen von Gott nur eindimensionale Sichtweisen darstellen (sie selbst kommt aus einem jüdischen Elternhaus). Um *Ein Kurs in Wundern* zu verstehen müssen Sie keine höchstpersönliche Beziehung zu einem bestimmten »Gott« aufbauen. Wer sich auf diesen Weg begibt, wird danach beurteilt, wie er mit anderen Menschen umgeht.

Auf den ersten Blick mag *Rückkehr zur Liebe* als verzweifelte Suche eines Mitglieds der Babyboomer-Generation nach mehr Individualität wirken. In erster Linie aber ist es eine wunderbare Zusammenfassung von *Ein Kurs in Wundern*, dessen machtvolle und zeitlose Ideen es glänzend erläutert. Ein spiritueller Lebenshilfeklassiker von unschätzbarem Wert.

Über Marianne Williamson

Marianne Williamson kam in Houston im amerikanischen Bundesstaat Texas als Tochter eines politisch linksgerichteten Anwalts zur Welt. Mit dreizehn nahm ihr Vater sie nach Vietnam mit, damit sie den »kapitalistischen Komplex von Militär und Industrie« in Aktion sehen sollte. Zwei Jahre war sie auf dem *Pomona College* in Kalifornien, wo sie die Hauptfächer Philosophie und Theater belegt hatte. Dann lebte sie einige Jahre lang ohne festen Job vor sich hin. 1983 begann sie, Vorträge über *Ein Kurs in Wundern* zu halten, die von immer mehr Menschen besucht wurden. Zwischen 1987 und 1989 gründete Williamson in Los Angeles und Manhattan die so genannten *Centers for Living*, in denen lebensbedrohlich erkrankte Menschen (darunter auch Aids-Kranke) kostenlos behandelt und beraten wurden.

Rückkehr zur Liebe war ihr erstes Buch. Auch *Die Wiederentdeckung des Weiblichen* wurde zum Bestseller. Darauf folgte *Illuminata*, ein Buch voller Gebete und Meditationen. In *Verzauberte Liebe* geht es um »heilige« Beziehungen, eine kluge Zusammenschau christlicher, mythologischer und feministischer Positionen. In *The Healing of America* widmet sie sich Amerikas politischer Erneuerung und entwickelt die Idee vom spirituell orientierten Bürger. Zu diesem Zweck gründete sie zusammen mit Neale Donald Walsh, dem Autor der *Gespräche mit Gott*, die *Global Renaissance Alliance*.

WEITERE 50 KLASSIKER

1 Alfred Adler: *Der Sinn des Lebens*, Frankfurt 1994
Adler war der Begründer eines neuen Zweigs des Psychologie (Individualpsychologie). Mit diesem Buch stellte er seine Ideen einem breiteren Publikum vor. Es geht darin um Jugend, Überlegenheits- und Unterlegenheitsgefühle, die Notwendigkeit der Zusammenarbeit, Arbeit, Freundschaft, Liebe und Ehe.

2 Horatio Alger: *Ragged Dick*, 1867
Dies ist vielleicht die berühmteste von Algers Storys, in denen es meist um einen armen Jungen geht, der den amerikanischen Traum für Millionen von Menschen wahr macht. In den amerikanischen Stadtlandschaften des 20. Jahrhunderts angesiedelt, vermittelt das Buch die Notwendigkeit einer Ethik des Erfolgs, ist aber auch gut zu lesen.

3 Mohammed Al-Ghazali: *Das Elixier der Glückseligkeit*, München 1998
Al-Ghazali war im mittelalterlichen Persien ein geschätzter Philosoph, bevor er sich zu einem Wanderleben als Sufi entschloss. Dieses Buch ist der vollendete Ausdruck der Selbsthilfe-Idee in islamischer Gestalt und stellt außerdem zusammengefasst die wichtigsten Ideen von Al Ghazali dar. Die wichtigste davon ist zweifelsohne die, dass Selbsterkenntnis letztlich aus Gotteserkenntnis resultiert.

4 Roberto Assagioli: *Psychosynthese*, Reinbek 1993
Assagioli, ein humanistischer Psychologe aus Italien, war davon überzeugt, dass Freuds Fixierung auf Libido, Komplexe und Triebe in die Irre führte. In seinem Buch versucht er, Seele und Fantasie in die Psychotherapie zu integrieren. Nicht leicht zu lesen, aber sehr lehrreich.

5 Eric Berne: *Spiele der Erwachsenen* (Games People Play), Reinbek 2002

Dieses Buch war eigentlich für ein akademisches Publikum gedacht, entwickelte sich aber trotzdem zum Bestseller. Mit seiner Vorstellung, dass es »Skripten« gibt, die wir gespeichert haben und die unser Leben steuern, übte es einen starken Einfluss auf Thomas Harris (*Ich bin o.k., du bist o.k.*) aus. Das Gute sei, so Berne, dass wir diese Skripten ändern können.

6 Frank Bettger: *Lebe begeistert und gewinne (How I Raised Myself from Railure to Success in Selling)*, Zürich 1990

Bettger war im Amerika der zwanziger und dreißiger Jahre des vorigen Jahrhunderts Vertreter und ein Freund von Dale Carnegie. Sein Buch ist deshalb so populär geworden, weil im Grunde jeder ein wenig Verkaufsgeschick braucht – außerdem ist die Geschichte interessant.

7 John Bradshaw: *Das Kind in uns (Homecoming)*, München 1995

Die Idee vom »inneren Kind« wurde als perfekter Ausdruck der Opfermentalität kritisiert. Bradshaws Bestseller zeigt überzeugend, weshalb eine gute Kenntnis der eigenen Vergangenheit wichtig ist, wenn wir zu verantwortlichen Erwachsenen werden wollen.

8 Nathaniel Branden: *Die sechs Säulen des Selbstwertgefühls (The Six Pillars of Self-esteem)*, Landsberg 2002

Der Schüler und Liebhaber von Ayn Rand legte eines der ersten Bücher zur Steigerung der Selbstachtung vor.

9 Claude M. Bristol: *Entdecke deine mentalen Kräfte (The Magic of Believing)*, München 1993
Dieses Buch hat in den letzten fünfzig Jahren das Leben vieler Menschen verändert. Es ist die Nuauflage eines bereits 1948 erschienen Klassikers mit dem Titel *The Magic of Believing*, das in den Vereinigten Staaten ein Bestseller war.

10 Leo Buscaglia: *Das Elixier des Lebens (Love)*, München 2003
Buscaglia ist ein bekannter Selbsthilfelehrer. Dieses Buch ist eines seiner frühesten Werke über die Liebe – die wir häufig als selbstverständlich nehmen, obwohl wir sie so sehr brauchen.

11 Jack Canfield & Mark Victor Hansen: *Hühnersuppe für die Seele (Chicken Soup for the Soul)*, München 2003
Dies ist kein Selbsthilfebuch im eigentlichen Sinne, sondern eine Sammlung herzerfrischender Kurzgeschichten, die sich unglaublich gut verkauft hat. Das Konzept wurde auf alle möglichen Lebensbereiche angewendet: Hühnersuppe für die Teenie-Seele, die Tier-Seele, die globale Seele etc.

12 Chin-ning Chu: *Thick Face, Black Heart*, 1994
Die Kriegerphilosophie mit östlichen Untertönen ist sowohl bei Geschäftsleuten beliebt als auch bei jenen Fans der Persönlichkeitsentwicklung, die andere Selbsthilfebücher als »weinerlich« betrachten.

13 Konfuzius: *Sinnsprüche und Spruchweisheiten,* München 1983
Diese Kollektion von Aphorismen und Anekdoten stammt von einem der weisesten Menschen der Jahrhunderte. Seine Werke wurden erst nach seinem Tod veröffentlicht und dienten den Chinesen mehr als 2000 Jahre lang als Lebenshilfe. Konfuzius hat dem Leser auch heute noch vieles zu sagen.

14 Russell H. Conwell: *Acres of Diamonds,* 1921
In Conwells inspirierender Lektüre geht es letztlich darum, dass die meisten Menschen ihr Glück sonst wo suchen, während die Diamanten in ihrem eigenen Hinterhof vergraben sind.

15 Emile Coué: *Autosuggestion,* Bergisch Gladbach 1998
Bei Coué findet sich die Affirmation, die mittlerweile zum Selbsthilfemantra wurde: »Es geht mir jeden Tag in jeder Hinsicht immer besser und besser.« Er schuf damit die Grundlage für den Erfolg der Affirmationen. Ein früher einflussreicher Titel, der heute kaum noch gelesen wird.

16 Edward de Bono: *Laterales Denken (Lateral Thinking),* Düsseldorf 1992
De Bono hat den Begriff »laterales Denken« nicht erfunden, doch dank seines Buches wurde er einem breiteren Publikum bekannt. Er bietet eine Alternative zum üblichen »vertikalen Denken« und hat uns so gelehrt, über das Denken selbst zu reflektieren.

17 Stephanie Dowrick: *Nähe und Distanz (Intimacy & Solitude),* München 1996

Dowrick zeigt, dass Glück in der Beziehung und die Fähigkeit, allein sein zu können, eng miteinander verknüpft sind. Dowrick ist Psychotherapeutin, kommt aus Australien und hat einen zweiten Bestseller geschrieben: *Forgiveness.*

18 Albert Ellis: *Training der Gefühle (How to Stubbornly Tefuse to Make Yourself Miserable About Anything – Yes Aanything),* Landsberg 2003

Hier wird gezeigt, wie wir unser emotionales Leben kontrollieren lernen, indem wir unsere Überzeugungen ändern. Wer an einer Wandlung in seinen Beziehungen interessiert ist, sollte sich dieses Buch besorgen.

19 Marsilio Ficino: *Das Buch des Lebens,* Berlin 1980

Dieser Lebensführer aus der Renaissance, wendet spirituelle Ideen auf den Alltag an. Das Buch ist schwieriger zu lesen als ein moderner Klassiker. Es übte einen starken Einfluss auf Thomas Moores Konzept der *Seel-Sorge* aus.

20 Erich Fromm: *Haben oder Sein,* München 2001

Der große Sozialphilosoph zeigt uns hier, dass es einen Unterschied macht, ob wir uns dem Leben von der »Haben-Seite« (einem materialistischen Ansatz, der ironischerweise zu mehr Mangel führt) nähern oder von der des Seins (in der Befriedigung und innerer Friede verborgen liegen). Fromm wird von kritischen, politisch interessierten Menschen ebenso gerne gelesen wie von Selbsthilfeanhängern.

21 Les Giblin: *How to Have Confidence and Power in Dealing with People*, 1956

Ein heute noch aktuelles Handbuch über den Umgang mit Menschen von einem Top-Verkäufer. Er konzentriert sich auf mögliche Reaktionen des Gegenübers und ihre Gründe, um Spannungen zu mindern und ein gutes Klima zu schaffen.

22 Kahlil Gibran: *Der Prophet (The Prophet)*, München 2003

Gibran war Syrer und wanderte in die USA aus. Obwohl er auf mehreren Gebieten künstlerisch tätig war, war es dieser Bestseller mit seinen zwanzig Millionen verkaufter Exemplare, der ihn berühmt machte. Hier finden sich wunderschöne und tiefgründige Verse über Liebe, Verlust, Ehe etc.

23 William Glasser: *Realitätstherapie (Reality Therapy)*, Weinheim 1972

Glasser vertritt die Idee, dass geistige Krankheiten letztlich aus dem Unwillen eines Menschen herrühren, sich mit der Realität auseinander zu setzen und Bindungen einzugehen. Das Buch beruht auf wissenschaftlichen Forschungsarbeiten.

24 Thomas A. Harris: *Ich bin o.k., du bist o.k. (I'm OK – You're OK)*, Reinbek 2002

Der Lebenshilfeklassiker beruht auf der Idee der Transaktionsanalyse, die davon ausgeht, dass unsere Worte und Taten immer eine bestimmte Figur in uns ausdrücken: Eltern, Erwachsener, Kind.

25 Tom Hopkins: *Official Guide to Success*, 1982

Ein schmales, aber sehr eindrucksvolles Buch von einem in Amerika sehr bekannten Selbsthilfeautor.

26 Elbert Hubbard: *A Message to Garcia,* 1899

1895 gründete Hubbard eine Gemeinschaft im Staat New York, die autark leben und positives Denken praktizieren wollte. Der Verlag der Gemeinde veröffentlichte *A Message to Garcia*, in dem eine Heldengeschichte aus dem spanisch-amerikanischen Krieg erzählt wurde. Die Geschichte wurde etwa vierzig Millionen Mal gedruckt und wird heute noch gerne von Offizieren und Arbeitgebern gelesen, weil sich in ihr der Wille ausdrückt, etwas zu erreichen, koste es, was es wolle.

27 *I Ging,* Kreuzlingen 2003

Das chinesische Buch der Wandlungen ist etwa 3000 Jahre alt und dient den Menschen heute noch als Instrument zum besseren Selbstverständnis. Es zeigt dem Leser in Zeiten des Wandels andere Möglichkeiten auf, was es auch für das 21. Jahrhundert zu einem interessanten Titel macht.

28 Harold Kushner: *Wenn guten Menschen Böses widerfährt (When Bad Things Happen to Good People)*, Gütersloh 1994

Rabbi Harold Kushner schrieb dieses Buch anlässlich der tödlichen Krankheit seines Kindes. Es geht um die Dinge im Leben, die wir nicht kontrollieren können, und um den sinnvollsten Umgang mit ihnen. Ein kluges und doch praktisches Buch, das sehr populär geworden ist.

29 Muriel James und Dorothy Jongeward: *Born to Win,* 1971

In dem Bestseller der Transaktionsanalyse (vier Millionen verkaufte Exemplare) werden Kommunikationsstrukturen untersucht. Gleichzeitig versuchen die Autorinnen mit Methoden der Gestalttherapie Ego-Schichten abzubauen, die der geistigen Gesundheit im Wege stehen.

30 William James: *The Will to Believe,* 1907
Der Vater der amerikanischen Psychologie war auch als Selbsthilfeautor sehr einflussreich. Dieses Buch diskutiert so wichtige persönliche Fragen wie Motivation oder Glaube. Es finden sich darin Aufsätze zum Thema, ob das Leben lebenswert ist. William James gibt uns damit Hilfestellung für die schwierigsten Situationen des menschlichen Lebens.

31 Orison Swett Marden: *Pushing to the Front,* 1894
Marden gilt als der Begründer der »Erfolgsbewegung« in Amerika. Er lebte von 1850 bis 1924 und veröffentlichte Unmengen von Selbsthilfebüchern, die alle der Ethik der harten Arbeit im Stile von Samuel Smiles verpflichtet waren. Dieses Buch war sein größter Verkaufsschlager.

32 Rollo May: *Freiheit und Schicksal (Freedom and Destiny),* Frankfurt a. M. 1985
May meint, dass wir die nötige Freiheit zur schöpferischen Tätigkeit und zur Mehrung unseres Wohlstands nur dann erfahren, wenn wir uns ein bestimmtes Ziel setzen. Seine Vorstellung von persönlicher Verantwortung hat Stephen Covey stark beeinflusst.

33 Og Mandino: *Das Geheimnis des Erfolgs (The Greatest Secret in the World),* Bonn 1992
Mandino verpackt seine Geschichte über Selbstverwirklichung und die Notwendigkeit hoher Ziele in eine Erzählung, die sich in neutestamentarischer Zeit abspielt. Mandino war ein Freund von Norman Vincent Peale und steht ebenfalls für eine Ethik des An-sich-selbst-Glaubens.

34 Earl Nightingale: *The Strangest Secret*, 1955

Earl Nightingale wurde bekannt als »König der Persönlichkeitsentwicklung«. Sein Klassiker verkaufte sich mehr als eine Million Mal. Er führte das Tonband als wesentliches Werkzeug der Motivationsführer ein.

35 Robin Norwood: *Wenn Frauen zu sehr lieben (Women Who Love Too Much)*, Reinbek 2002

Ein Talkshow-Bestseller, der sich heute noch einer begeisterten Leserschaft erfreut, obwohl er schon 1988 zum ersten Mal veröffentlicht wurde. Kluge Unterscheidung zwischen Selbstliebe und Abhängigkeit und die Fallen, in die wir tappen, wenn wir einen Partner wählen.

36 Fritz Perls: *Gestalt-Therapie in Aktion (Gestalt Therapy Verbatim)*, Stuttgart 2002

Perls war eine der Schlüsselfiguren des *Human Potential Movements* der sechziger Jahre des 20. Jahrhunderts. Die Gestalttherapie wurde vom Existenzialismus und der Psychoanalyse beeinflusst. Sie unterstreicht die Notwendigkeit, den gegenwärtigen Augenblick wahrzunehmen und über seine Grenzen hinauszublicken.

37 Robert J. Ringer: *Werde Nr. 1 (Looking Out for No. 1)*, München 1995

Ein Bestseller aus den siebziger Jahren, der uns auch heute noch viel zu sagen hat. Ringer zeigt seinen Lesern, wie sie nutzlose Opfer vermeiden und ihre Wünsche ohne Schuldgefühle verwirklichen können.

38 Carl Rogers: *Entwicklung der Persönlichkeit (On Becoming a Person),* **Stuttgart 1989**

Rogers revolutionierte die Psychoanalyse durch seine Forderung, die »Interpretation« von Seiten des Therapeuten solle durch einfühlsames Zuhören ersetzt werden. Obwohl das Buch in den sechziger Jahren des letzten Jahrhunderts erschienen ist, ist es heute noch populär.

39 Bertrand Russell: *Eroberung des Glücks (The Conquest of Happiness),* **Frankfurt a. M. 1995**

Der berühmte Ausflug des Oxford-Philosophen in die Gefilde der Selbsthilfe ist ein wenig veraltet, doch Russells Witz macht aus dem Buch eine lohnende Lektüre. Teil I fragt sich, was Menschen unglücklich macht, Teil II widmet sich dem Glück.

40 Robert H. Schuller: *Erfolg kennt keine Grenzen (Success is Never Ending),* **München 1993**

Der Geistliche der *Crystal Cathedral* in Kalifornien zeigt uns hier, wie wir uns ein diamanthartes Selbstbild schaffen können. Er prägte das Schlagwort vom »Denken in Möglichkeiten«.

41 Gail Sheehy: *In der Mitte des Lebens (Passages),* **München 1994**

Dieser Bestseller aus den siebziger Jahren steuert den Leser durch die Phasen des Erwachsenenlebens. Er wurde in 28 Sprachen übersetzt und kam auf die Liste der einflussreichsten Bücher aller Zeiten, welche die *Library of Congress* regelmäßig aktualisiert.

42 José Silva und Joseph Miele: *Silva mind control (The Silva Mind Control Method)*, München 1995

Der ehemalige Radiotechniker Silva begann mit einem Mal, sich für Techniken der Geisteskontrolle zu interessieren und entwickelte einen berühmten Kurs, der auf dem Wirken der Theta-Gehirnwellen basiert. Das beste Buch über diese Methode.

43 Napoleon Hill und Clement Stone: *Erfolg durch positives Denken (Success Through a Positive Mental Attitude)*, München 1998

Stone war Hills Lehrer und Geschäftspartner. In diesem Buch lassen die Autoren ihre Erkenntnisse zusammenfließen.

44 Deborah Tannen: *Du kannst mich einfach nicht verstehen (You Just Don't Understand)*, München 1998

Diese Untersuchung der Kommunikationsstrukturen von Männern und Frauen beruht auf Tannens Arbeit als Sprachwissenschaftlerin. Der Titel ist eine interessante Alternative zu John Gray.

45 Brain Tracy: *Das Gewinner-Prinzip (Maximum Achievement)*, Wiesbaden 1995

Viele Leser im Selbsthilfebereich würden Tracy wohl an die Spitze ihrer Lektüreempfehlungen stellen. Eine gute Synthese aller gängigen Ideen, aber in einem ganz eigenen Stil präsentiert.

46 Kevin Trudeau: *Mega Memory*, 1995

Hier werden einfache Übungen vorgestellt, die Ihnen zeigen, wie Sie Freunde und sich selbst durch ein glänzendes Gedächtnis überraschen können. Trudeau ist eigentlich Werbefachmann, doch seine Techniken zur Gedächtnisverbesserung reichen teilweise bis ins 17. Jahrhundert zurück.

47 Theodore Zeldin: *Eine intime Geschichte der Menschheit (An Intimate History of Humanity),* **Stuttgart 1997**
Ein Historiker der Universität Oxford unternimmt eine Reise durch die Menschheitsgeschichte, die er immer wieder für faszinierende Porträts moderner Frauen unterbricht. Seiner Ansicht nach verbessert sich die Qualität unseres Lebens erheblich, wenn wir es im Kontext der Menschheitsgeschichte betrachten.

48 Zig Ziglar: *Gemeinsam an die Spitze (Top Performance),* **München 1991**
Dieser Motivationsklassiker alter Schule vertritt das Motto: »Du kannst alles erreichen, was du willst, wenn du anderen dabei hilfst zu erreichen, was sie wollen.« Das Buch ist angenehm zu lesen, doch die christliche Fundierung wird nicht jedem gefallen.

49 Danah Zohar: *The Quantum Self,* **1990**
Quantenphysikalische Erkenntnisse werden auf unser Selbstbild vor dem Hintergrund des Universums angewandt. Dieses Buch ist seiner Zeit voraus und wird vermutlich noch viel Einfluss gewinnen.

50 Gary Zukav: *Die Spur zur Seele (The Seat of the Soul),* **München 1990**
Dies ist vielleicht mehr ein New-Age- als ein Selbsthilfebuch. Es zeichnet die Entwicklung der Menschheit vom sinnlichen Gewahrsein bis zum Seelengewahrsein nach. Seine Ideen sprechen mehrere Millionen Menschen an.

DANKSAGUNG

Allen Autoren möchte ich dafür danken, diese Klassiker, die so vieles zum Weg der persönlichen Entwicklung vieler Menschen beitragen konnten, geschrieben zu haben. Es war für mich eine einzigartige Erfahrung, all diese Bücher zu lesen und andere Menschen darauf hinzuweisen.

Den Herausgebern der Titel danke ich, weil sie diese Form der Literatur pflegen, die zwar sehr populär ist, im offiziellen Literaturbetrieb jedoch nicht viel Anerkennung findet. Ich hoffe, dieses Buch wird Ihren Titeln noch mehr Leser verschaffen.

Meiner Partnerin Tamara Lucas widme ich dieses Buch. Danke für deine Liebe, deine Inspiration und dafür, dass du dich abends noch an den Computer gesetzt hast.

Meiner Mutter, Marion Butler-Bowdon, kann ich für alles, was sie mir in den letzten 35 Jahren gegeben hat, gar nicht genug danken. Niemand hat für dieses Buch mehr Werbung gemacht als sie.

Noah und Beatrice Lucas danke ich, weil sie mich in allem, was ich tue, mit Interesse unterstützen.

Nick Brealey danke ich für die Einsichten, die er mir vermittelte, und für den Enthusiasmus, mit dem er dieses Projekt verfolgte. Sally Landsdell sei für ihre redaktionelle Arbeit gedankt, Angie Tainsh und Terri Welch für die Verlagswerbung.

Alle anderen, die mir in den letzten Jahren mit Ermutigung zur Seite standen, wenn ich die Perspektive zu verlieren drohte, möchte ich ebenfalls meinen tief empfundenen Dank aussprechen: Andrew Arsenian, Andrew Chang, John Melville, Giselle Rosario, meinen Geschwistern Caroline, Teresa, Charles, Edward, Piers und Richard sowie ihren Partnern Charles, Will, Valerie, Kate, Tammy und Ruth, meinen Nichten und Neffen Celeste, Caleb, Jacob, Toby und Conrad, den Pollocks: Joy,

Norman, Jane, Cathy, Adrian und Roger, den Taylors: Maurice, Barbara, Howard und Jessica, den Misaks: Sonia, Albert, Natan und Raphael, Sarah Ravenscroft, Humphrey Butler-Bowdon, Paul Goose, Fitzroy Boulting, Richard Koch, Ronnie Gramazio, Frazer Kirkman, Pria Mitra, Ian Hunter, Nick Harford, Tom Magarey, David Meegan und Yvette, Rosemary, Karen sowie Isobel vom OCC. Auch meinem Vater, Anthony William Butler-Bowdon (1913–2001), verdankt dieses Buch viel.

QUELLEN

Allen, James: *Heile Deine Gedanken (As You Think)*, Freiburg 1995
Andreas, Steve; Faulkner, Charles: *Praxiskurs NLP (NLP – The New Technology of Achievement)*, Paderborn 1997
Marc Aurel: *Selbstbetrachtungen (Meditations)*, Stuttgart 1948
Beck, Martha: *Das Polaris-Prinzip (Finding Your Own North Star)*, München 2002
Die Bhagavadgita, Freiburg 1998
Die Bibel
Bly, Robert: *Eisenhans (Iron John)*, München 1995
Boethius: *Trost der Philosophie*, Düsseldorf 1999
Botton, Alain de: *Wie Proust Ihr Leben verändern kann (How Proust Can Change Your Life)*, Frankfurt a. M. 2000
Bridges, William: *Transitions*, London 1996
Burns, David D.: *Fühl Dich gut (Feeling Good)*, Trier 1988
Campbell, Joseph; Moyers, Bill: *Die Kraft der Mythen (The Power of Myth)*, Zürich 1994
Carlson, Richard: *Alles kein Problem (Don't Sweat The Small Stuff ... And It's All Small Stuff)*, München 2000
Carnegie, Dale: *Wie man Freunde gewinnt (How to Win Friends an Influence People)*, München 2001
Chopra, Deepak: *Die sieben geistigen Gesetze des Erfolgs (The Seven Spritual Laws of Success)*, München 2003
Coelho, Paulo: *Der Alchimist,* Zürich 1998
Covey, Stephen: *Die sieben Wege zur Effektivität (The 7 Habits of Highly Effective People)*, München 2000
Csikszentmihalyi, Mihaly: *Flow (Flow)*, Stuttgart 1995
Der Dalai Lama; Cutler, Howard: *Die Regeln des Glücks (The Art of Happiness),* München 2003
Dhammapada – Die Weisheitslehren des Buddha, Freiburg i. Br. 2002

Dyer, Wayne: *Wirkliche Wunder (Real Magic)*, Reinbek 1994

Emerson, Ralph Waldo: *Selbstvertrauen, in: Essays (Self-Reliance and Other Essays)*, Zürich 1982

Estés, Clarissa Pinkola: *Die Wolfsfrau (Women Who Run with the Wolves)*, München 1997

Frankl, Viktor: *Trotzdem Ja zum Leben sagen (Man's Search for Meaning)*, München 1996

Franklin, Benjamin: *Autobiografie (Autobiography and Other Writings)*, München 2003

Gawain, Shakti: *Stell dir vor (Creative Visualization)*, Reinbek 1994

Goleman, Daniel: *EQ – Emotionale Intelligenz* (Emotional Intelligence), München 2001

Gray, John: *Männer sind anders, Frauen auch (Men Are from Mars, Women Are from Venus)*, München 2003

Hay, Louise: *Gesundheit für Körper und Seele (You Can Heal Your Life)*, München 1996

Hillman, James: *Charakter und Bestimmung (The Soul's Code)*, München 2002

Jeffers, Susan: *Selbstvertrauen gewinnen (Feel the Fear and Do It Anyway)*, München 1995

Koch, Richard: *Das 80-20-Prinzip (The 80/20 Principle)*, Frankfurt a. M. 1998

Langer, Ellen J.: *Aktives Denken (Mindfulness)*, Reinbek 1991

Lao Tse: *Tao Te King*, München 2003

Maltz, Maxwell: *Erfolg kommt nicht von ungefähr (Psycho-Cybernetics)*, Düsseldorf 1993

Maslow, Abraham: *Motivation und Persönlichkeit (Motivation and Personality)*, Reinbek 1999

McGraw, Phillip C.: *Lebensstrategien (Life Strategies)*, Landsberg 2002

Moore, Thomas: *Seel-Sorge (Care of the Soul)*, München 1993

Murphy, Joseph: *Die Macht Ihres Unterbewusstseins (The Power of Your Subconscious Mind)*, München 2002

Peale, Norman Vincent: *Die Kraft des positiven Denkens (The Power of Positive Thinking)*, München 2003

Pearson, Carol S.: *Der Held in uns (The Hero Within)*, München 1990

Peck, M. Scott: *Der wunderbare Weg (The Road Less Travelled)* München 1997

Rand, Ayn: *Atlas wirft die Welt ab (Atlas Shrugged)*, München 1989

Robbins, Anthony: *Das Robbins-Power-Prinzip (Awaken the Giant Within)*, München 2003

Scovel Shinn, Florence: *Das Lebensspiel und seine mentalen Regeln (The Game of Life and How to Play It)*, München 1995

Seligman, Martin: *Pessimisten küßt man nicht (Learned Optimism)*, München 2001

Smiles, Samuel: *Self-Help*, Oxford 2002

Teilhard de Chardin, Pierre: *Der Mensch im Kosmos*, München 1969

Thoreau, Henry David, *Walden (Walden or Civil Disobedience)*, Zürich 1995

Williamson, Marianne, *Rückkehr zur Liebe (A Return to Love)*, München 1993